आदि शंकराचार्य

पवन के. वर्मा एक लेखक, कूटनीतिज्ञ और राजनीतिज्ञ हैं। हाल-फिलहाल तक आप राज्यसभा सांसद थे। आप बिहार के मुख्यमंत्री के सलाहकार भी रह चुके हैं। पवन एक दर्जन से भी ज़्यादा बेस्टसेलिंग किताबों के लेखक हैं, जिनमें शामिल हैं: *ग़ालिब: द मैन, द टाइम्स*; *द ग्रेट इंडियन मिडिल क्लास*; *द बुक ऑफ़ कृष्णा*; *बीइंग इंडियन*; *बिकमिंग इंडियन*; और *चाणक्याज़ न्यू मेनिफेस्टो*। आप कई देशों में राजदूत के तौर पर काम कर चुके हैं, लंदन में नेहरू सेंटर के डायरेक्टर, विदेश मंत्रालय के आधिकारिक प्रवक्ता, और भारत के राष्ट्रपति के प्रेस सचिव रहे हैं।

पवन के. वर्मा को कूटनीति, साहित्य, संस्कृति और सौंदर्य शास्त्र के क्षेत्रों में योगदान के लिए 2005 में इंडियानापॉलिस यूनीवर्सिटी ने डॉक्टरेट की मानद उपाधि दी थी।

पवन के. वर्मा दिल्ली में रहते हैं और उनसे pavank.pa@outlook.com पर या उनके ट्विटर हैंडल @PavanK_Varma पर संपर्क कर सकते हैं।

आदि शंकराचार्य

हिंदू धर्म के महानतम विचारक

पवन के. वर्मा

अनुवाद

धीरज कुमार

eka

eka

First published in English as *Adi Shankaracharya* in 2018 by Tranquebar, an imprint of Westland Publications Private Limited

First published in Hindi as *Adi Shankaracharya* in 2018 by Tranquebar, an imprint of Westland Publications Private Limited, in association with Yatra Books

Published in 2024 by Eka, an imprint of Westland Books, a division of Nasadiya Technologies Private Limited

No. 269/2B, First Floor, 'Irai Arul', Vimalraj Street, Nethaji Nagar, Alapakkam Main Road, Maduravoyal, Chennai 600095

ISBN: 9789360450434

10 9 8 7 6 5 4 3 2 1

Typeset by PrePSol Enterprises Pvt. Ltd

Printed at Nutech Print Services, India

हमारे महान संतों और ऋषियों और विचारकों को
भावभीनी श्रद्धांजलि स्वरूप, जिनके दार्शनिक दृष्टिकोण ने
हिंदू धर्म को दुनिया के सबसे महान धर्मों में से
एक बना दिया है

विषय वस्तु

भूमिका

हिंदू धर्म, इसके अधिकतर अनुयायियों के लिए, जीवन जीने का एक तरीका है। इसका कोई एक पोप नहीं है, कोई एक धर्मग्रंथ नहीं है, कोई कठोर निर्धारित रीति-रिवाज नहीं है, कोई अनिवार्य समूह नहीं है, और ना ही कोई एक मुख्य मंदिर है। शायद इस वजह से यह अनंत काल से फलता-फूलता आ रहा है; यह सनातन और अनंत है क्योंकि जो सर्वव्यापी है लेकिन क्षणभंगुर रूप तक सीमित नहीं है, वो अविनाशी है।

लेकिन शायद इसी वजह से ही, अधिकतर हिंदू जहां एक ओर अपने तरीके से आस्था का पालन करते हैं, वहीं दूसरी ओर अपने धर्म के दार्शनिक आधारों के महत्व से अनजान हैं। हिंदुत्व, एक धर्म के रूप में, हिंदुत्व दर्शन से अलग नहीं है। अगर हिंदू अपने धर्म के दार्शनिक आधार से दूर हैं, तो वो एक तरह से जानबूझकर इसके भीतर के खजाने को छोड़कर उसका आवरण चुन रहे हैं। जब धर्म बड़े पैमाने पर रीति-रिवाजों तक सीमित हो जाता है, तो इस बात का खतरा बढ़ जाता है कि बाहरी रंग-रूप को सार की तुलना में अधिक महत्व मिलेगा। मैं मानता हूं कि यह हिंदुत्व के लिए, और इसके महान संतों, संन्यासियों और विचारकों के लिए—जिन्हें ये पुस्तक मैं विनम्रतापूर्वक समर्पित करता हूं—क्षति होगी, जिन्होंने इस सनातन धर्म को विश्व की कुछ सर्वाधिक प्रगाढ़ दार्शनिक अंतर्दृष्टि दी है।

इसी कारण मैंने ये किताब लिखी। जगद्‌गुरु आदि शंकराचार्य निस्संदेह उन महानतम विद्वानों में एक थे, जिन्होंने अंतिम सत्य की हिंदू धर्म की अथक खोज में योगदान दिया। बत्तीस वर्षों का उनका छोटा सा जीवन उतना ही अद्‌भुत है जितना वो अद्वैत दर्शन जिसे उन्होंने कुशलता से गढ़ा है।

मेरा उद्देश्य इस महान व्यक्तित्व और उसके जीवन की खोज करना था, और मैंने इस तलाश में, उनके जन्म स्थल केरल के कलाडी से लेकर, उनके समाधि स्थल केदारनाथ तक की यात्रा की—और अधिकतर उन स्थानों पर भी मैं गया जो उनके जीवन से संबंधित हैं।

जगद्गुरु के कदमों पर चलते हुए ना सिर्फ मैंने भारत को भौतिक रूप से लंबाई और चौड़ाई में नापा, बल्कि मैंने अपने आपको उनके दर्शन, और इसके स्वयं और ब्रह्मांड के साथ संबंध की मानसिक यात्रा में भी डुबो लिया। सच बताऊं तो मेरे पूरे शोध के दौरान सबसे महत्वपूर्ण पहलू था उनके दार्शनिक सिद्धांतों, और आधुनिक विज्ञान के आविष्कारों, विशेषकर ब्रह्मांड विज्ञान, क्वांटम भौतिकी और तंत्रिका विज्ञान, के बीच तालमेल का मेरा शोध।

इस किताब को लिखने में सहायता के लिए मैं कई लोगों का कृतज्ञ हूं, लेकिन अगर मैं यहां उनमें से कुछ नाम ना लूं तो मेरी गलती क्षमायोग्य नहीं होगी। सबसे पहला नाम है मणि शंकर द्विवेदी का, जो संस्कृत के प्रतिभाशाली युवा विद्वान हैं और उन्होंने जवाहरलाल नेहरू विश्वविद्यालय से डॉक्टरेट की उपाधि ली है। उन्होंने कई दुर्लभ किताबों को तलाश करने में, संस्कृत ग्रंथों को पढ़ने में और चयनित पद्यावली को संकलित करने में बड़ी सहायता की। हमेशा मदद करने की उनकी तत्परता और मेरे काम में उनके विश्वास का मूल्य मैं कभी नहीं दे सकता।

मैंने विद्वान-राजनेता डॉ. मुरली मनोहर जोशी के साथ भी कई घंटे बिताए, और उनसे हिंदू दर्शनशास्त्र के गूढ़ पहलुओं और शंकराचार्य के लेखन की तुलना आधुनिक विज्ञान से करने जैसे विषयों पर गहरी चर्चा की। डॉक्टर साहब, जैसा उनके चाहने वाले पुकारते हैं, ने मेरी लंबी यात्राओं के दौरान कई तरह के प्रबंध में बड़ी मदद की। मैं उनके प्रति कृतज्ञता व्यक्त करता हूं। मैं अपने दिल से जम्मू और कश्मीर के राज्यपाल, एन.एन. वोहरा का भी शुक्रगुजार हूं, जिन्होंने श्रीनगर यात्रा के दौरान मेरी बहुत मदद की, और हिंदू दर्शनशास्त्र और कश्मीर शैववाद के विद्वानों के साथ मेरी मुलाकात का प्रबंध किया। मैं संस्कृत और हिंदू दर्शन के विद्वान डॉ. करण सिंह के साथ बिताए घंटों को भी लंबे समय तक याद रखूंगा।

मैं श्रृंगेरी के शंकराचार्य परम पूज्य भारती तीर्थ महास्वामीजी, पुरी के शंकराचार्य परम पूज्य स्वामी निश्चलानंद सरस्वती, और द्वारका के शंकराचार्य

परम पूज्य स्वामी स्वरूपानंद का भी आभार व्यक्त करता हूं। इनमें से सभी ने मुझे पर्याप्त समय दिया और उस किताब को अपना आशीर्वाद जिस पर मैं शोध कर रहा था। मैं कलाडी में अपनी यात्रा के दौरान मदद के लिए सांसद और मातृभूमि के प्रकाशक एम.पी. वीरेंद्र कुमार का भी तहे दिल से शुक्रगुजार हूं। मेरे पुराने मित्र और पुरी से सांसद पिनाकी मिश्रा ने भी वहां मठ में यात्रा के दौरान काफी मदद की। श्रृंगेरी और द्वारका की मेरी यात्रा के दौरान वहां की सांसदों शोभा करांदलजे और पूनम बेन ने बढ़-चढ़कर सहयोग दिया। विधायक ओम प्रकाश सकलेचा ने ओंकारेश्वर और महेश्वर की मेरी यात्रा के दौरान बहुत जरूरी मदद की।

मैं धन्यवाद करता हूं प्रतिभाशाली कलाकार, मेरे गाइड और मेंटॉर मनीष पुश्कले का, जो ओंकारेश्वर और महेश्वर की यात्रा में मेरे साथ थे; अशोक कपूर का, जिन्होंने वाराणसी में मेरा पूरा ख्याल रखा; गुलाब सिंह का जिन्होंने केदारनाथ, बद्रीनाथ और जोशीमठ की यात्रा को संभव बनाया; प्रोफेसर सुब्रमणिया अय्यर का, जिन्होंने मुझे कलाडी से परिचित कराया; और अंत में, मेरे समर्पित सचिव मनीष तिवारी का, जिनके लगातार सहयोग के बिना मेरे लिए इस किताब को पूरा कर पाना असंभव होता।

मैं अपने दो अभिन्न मित्रों का जिक्र किए बिना नहीं रह सकता जो इस किताब के लिखे जाने में सीधे तौर पर शामिल हैं: मेरी साहित्यिक एजेंट मीता कपूर जो स्याही नाम की साहित्यिक कंसल्टेंसी चलाती हैं, और मेरे प्रकाशक वैस्टलैंड पब्लिकेशंस की मैनेजिंग एडिटर सुधा सदानंद। मीता अपने लेखकों के लिए पूरी मेहनत से काम करती हैं। सुधा 1989 में प्रकाशित मेरी पहली किताब की एडिटर थीं, जो गालिब की जीवनी थी, और अब उन्होंने आदि शंकराचार्य पर मेरी सबसे नई किताब पर ध्यानपूर्वक काम किया है। मीता और सुधा, मुझ पर भरोसा करने के लिए आप दोनों का बहुत धन्यवाद।

मेरी पत्नी रेणुका ने मेरे साथ कलाडी से लेकर केदारनाथ तक की यात्रा की। वो मेरी हर किताब का अभिन्न अंश हैं, और इससे अधिक उनके बारे में मैं और क्या कहूं कि उनकी सहायता के बिना मेरी कोई किताब लिखी नहीं जा सकती थी।

अंत में मैं स्वयं जगद्‌गुरु के प्रति कृतज्ञता में नमन करना चाहूंगा, जो मेरे कुछ पाठकों को अजीब लग सकता है। ऐसे कई मौके आए जब मुझे महसूस

हुआ कि वो मुझे आशा और शक्ति देने के लिए वहां उपस्थित हैं, और दुष्कर बाधाओं का हल निकालने में मदद कर रहे हैं। एक मनुष्य के रूप में, मैंने उनकी उदार उपस्थिति इस किताब को लिखने के दौरान सदा महसूस की है। मैं इस किताब में किसी भी कमी के लिए पूरी जिम्मेदारी लेता हूं, फिर भी, मैं निजी तौर पर महसूस करता हूं कि यह किताब उनके आशीर्वाद के बिना कभी लिखी नहीं जा सकती थी।

जीवन-एक व्यक्तिगत यात्रा

पेरियार नदी पिघली हुई चांदी के समान जगमगा रही थी जब विमान कोच्चि हवाई अड्डे पर उतरा। सामने का दृश्य एक भव्य चित्रपट जैसा था जिसमें नारियल के पेड़, केले के उद्यान और फलों के बागान के बीच सब्जियों की हरी पट्टियां सजी हुई थीं। कोच्चि हवाई अड्डा केरल के पारंपरिक वास्तुशिल्प के आधार पर बना था, आधुनिक लेकिन एक अन्य युग की याद दिलाता हुआ।

मैं कोच्चि आया हूं जगद्गुरु भगवद आदि शंकराचार्य की जन्मस्थली कलाडी की यात्रा करने, जहां हवाई अड्डे से बस बीस मिनट में पहुंचा जा सकता है। ये महात्मा गांधी मार्ग के नजदीक है जो कोच्चि से बाहर की ओर ले जाता है।

788 ईस्वी में, जब शंकराचार्य का जन्म हुआ था, कलाडी निश्चित रूप से अपनी अलग पहचान रखने वाला एक छोटा गांव रहा होगा जो कोच्चि शहर से ज्यादा दूर नहीं है। लेकिन, शहरीकरण ने इस अलग पहचान को खत्म कर दिया है और अब कलाडी अधिकतर मायनों में, कोच्चि का उपनगर है। ये भारत के दूसरे शहरों से अलग नहीं दिखता—दुकान, धूल, कारें, मोटर साइकिल, स्कूटर, कंक्रीट और शोर-शराबा— सिवाय इस मायने में कि यही वो जगह है जहां एक सहस्राब्दी और दो सौ वर्षों पूर्व, एक ऐसे बच्चे का जन्म हुआ था जिसने हिंदू धर्म की धारा को बदल दिया था और दर्शन और तत्वमीमांसा का स्तर इतना ऊंचा कर दिया था जिसकी बराबरी आज तक कोई नहीं कर सका है।

इस यादगार जुड़ाव की पहली निशानी के रूप में दिखता है मुख्य सड़क पर एक नौ मंजिला अष्टकोणीय भवन। ये है श्री आदि शंकराचार्य पादुका मंडपम

जिसमें इस महान संत की प्रतिमा है। कंक्रीट का निष्प्राण सा दिखने वाला ये भवन निराश करता है, इसमें ना तो विशेष सौंदर्य है, ना ही उस व्यक्ति की बौद्धिक क्षमता का कोई चिह्न जिसे ये समर्पित किया गया है। प्रवेश द्वार पर कंक्रीट के दो काले हाथी आपका स्वागत करते हैं, जहां धातु के जंगले लगे हैं जिन्हें खोला-बंद किया जा सकता है। मुख्य मंदिर में शंकराचार्य की एक छोटी प्रतिमा है जिसे संन्यासियों का सफेद वस्त्र पहनाया गया है, और उनके इर्द-गिर्द उनके चार प्रमुख शिष्य हैं, सुरेश्वर, तोतक, हस्तमलका, और पद्मपाद। पास की दीवार पर बेतुके तरीके से श्री कांची शंकर पब्लिक स्कूल के दसवीं कक्षा के छात्रों की तस्वीर लगी थी जिन्होंने परीक्षा में 98 प्रतिशत या ज्यादा अंक हासिल किए थे।

यहां से थोड़ी दूरी पर, पेरियार नदी के किनारे, शंकर का वास्तविक जन्मस्थान है। पेरियार को 'पूर्णा' भी कहा जाता है। पादुका मंडपम के विपरीत इस स्थान पर सौंदर्यपूर्ण शांति है जो तुरंत ही मन में अध्यात्म को जगा देती है। कमल के फूलों से भरा एक तालाब आपको एक पारंपरिक केरल मंडपम की तरफ ले जाता है जिसमें स्लेटी रंग के ग्रेनाइट लगे हैं। पश्चिमी कोने पर शंकराचार्य की स्मृति में एक मंदिर है; पूर्व दिशा में ब्रह्म की पत्नी ब्राह्मी, जो विद्या की देवी सरस्वती का दूसरा नाम है, को समर्पित एक मंदिर है। गर्भगृह के चारों तरफ परिक्रमा में सप्तमाता, देवी के सात अवतारों, की प्रतिमाएं हैं जिनमें महेश्वरी, कौमारी, वैष्णवी, वराही, इंद्राणी और चामुंडा सम्मिलित हैं। हम आगे देखेंगे कि शक्ति के साथ शंकर का काफी नजदीकी संबंध है।

मंडपम में हमारा स्वागत करते हैं बिखरी हुई दाढ़ी और सफेद बालों वाले एक विनम्र बुज़ुर्ग प्रोफेसर सुब्रमणिया अय्यर, जिन्होंने पारंपरिक मुंडु और सफेद कमीज पहन रखी थी। वो श्रृंगेरी के शंकराचार्य पीठ द्वारा कलाडी में चलाए जाने वाले संस्कृत महाविद्यालय के प्रभारी हैं। वो बताते हैं कि कलाडी को कई सदियों तक भुला दिया गया था, जब तक कि उन्नीसवीं सदी के अंतिम वर्षों में, श्रृंगेरी पीठ (शंकराचार्य द्वारा स्थापित प्रथम मठ) के तैंतीसवें मठाधीश सच्चिदानंद शिवाभिनव भारती ने महान संत-दार्शनिक की जन्मभूमि की तलाश शुरू नहीं की थी। दिक्कत ये थी कि केरल में कलाडी के नाम से तीन गांव थे। लेकिन, पूर्णा के तट पर एक ही कलाडी था और ये एक महत्वपूर्ण संकेत था, क्योंकि शंकराचार्य की सभी पारंपरिक जीवनियों में

एकमत से कहा गया था कि उनका पारिवारिक घर पूर्णा के किनारे था।

एक और महत्वपूर्ण प्रमाण था। जब शोध दल उस घर में पहुंचा जिसे शंकर का माना जा रहा था, उन्हें घर के कोने में एक पाषाण स्तंभ पर दीया जलाती हुई स्त्रियां मिलीं। पूछे जाने पर उन्होंने बताया कि इसी स्थान पर शंकर की माता, आर्यम्बा का अंतिम संस्कार हुआ था।

शंकर के माता-पिता, आर्यम्बा और शिवगुरु, नंबूदिरी ब्राह्मण थे। इस कारण वो सामाजिक रूप से सर्वोच्च दर्जे पर थे, हालांकि शिवगुरु की किसी और अलग पहचान के बारे में कोई जानकारी नहीं है। दंपत्ति शास्त्रों में बताई गई धार्मिक रीतियों और शिक्षाओं के अनुसार पावन जीवन बिताते थे। उनके जीवन का खालीपन था उनकी कोई संतान नहीं होना। किवदंती है कि एक रात उनके कुलदेवता, शिव, आर्यम्बा के सपने में आए और एक बच्चे की उनकी प्रार्थना स्वीकार की। दिलचस्प है कि शिव ने आर्यम्बा को दो विकल्प दिए थे कि वो या तो एक मूर्ख को जन्म देंगी जिसका जीवन लंबा होगा या फिर एक विद्वान को जन्म देंगी जिसकी मृत्यु युवावस्था में हो जाएगी। किवदंती के अनुसार, आर्यम्बा ने दूसरा विकल्प चुना।

आधुनिक इतिहासकारों के मुताबिक, शंकर का जन्म अप्रैल-मई 788 ईस्वी में अमावस्या के बाद पांचवें दिन हुआ था।[1] हालांकि, दूसरे कई लोग इस तिथि

1 आनंदगिरि की जीवनी, शंकरविजय, में माना गया है कि उनका जन्म चिदंबरम में 44 ईसा पूर्व में हुआ था और मृत्यु 12 ईसा पूर्व में हुई थी। डॉ. आर. जी. भंडारकर उनकी जन्म तिथि 680 ईस्वी में मानते हैं। हालांकि उनका सर्वाधिक स्वीकार्य जीवन काल है 788-820 ईस्वी। ये शंकर के कुमारिल भट्ट के वर्णन पर आधारित है, जिनका काल 700 ईस्वी के आसपास था, और साथ ही शंकर ने असंग, नागार्जुन और अश्वघोष के सिद्धांतों को अस्वीकार किया था, जिनका जीवनकाल तीसरी शताब्दी ईस्वी के पहले का नहीं था, साथ ही शंकर भर्तृहरि के बाद आए थे जिनका जीवनकाल यिजिंग के अनुसार लगभग 600 ईस्वी का है। शंकर की इन तारीखों को मैक्स मूलर, पॉल ड्युसेन और डॉ. एस. राधाकृष्णन भी सही मानते हैं।

से सहमत नहीं हैं, और उन्हें इसके काफी पहले का बताते हैं। द्वारका, पुरी और कांची के मठों में रखी गुरुपरंपराओं (गुरुओं या मठों के महंतों द्वारा रखे दस्तावेजों) के अनुसार, उनका जीवन-काल लगभग 500 ईसा पूर्व के आसपास था, जबकि श्रृंगेरी मठ के अनुसार उनका जन्म 44 ईसा पूर्व में हुआ था। सच ये है कि शंकर की जन्मतिथि के बारे में प्रत्यक्ष प्रमाण का कोई अस्तित्व नहीं है, और आधुनिक इतिहासकार जो उनके लेखन के निष्कर्षों और उनके समकालीन या पहले जन्मी प्रसिद्ध हस्तियों के संदर्भों के आधार पर कहते हैं कि उनका जन्म 778 ईस्वी में हुआ था, उन्हें भी दूसरी परंपराओं को स्वीकार करना होता है, जो इतिहास लेखन में नहीं बल्कि आस्था (और इससे जुड़े तर्कों) पर आधारित होती हैं।

उनकी जन्मतिथि पर विवाद के बावजूद, उनके जीवन के दूसरे विवरणों का मेल उनकी विद्यमान जीवनियों और इनसे जुड़े प्रमाणों से कराया जा सकता है। हम जानते हैं कि बालक शंकर ने बेहद कम उम्र से ही अपनी चमत्कारिक प्रतिभा दिखानी शुरू कर दी थी। कहा जाता है कि तीन वर्ष की आयु पूरी करने के पहले ही उन्हें वेद और मूलभूत संस्कृत ग्रंथ कंठस्थ हो गए थे, उनकी असाधारण स्मरण शक्ति के कारण वो जिस चीज को एक बार सुनते थे, वो उन्हें याद हो जाती थी। एका श्रुति धारा।

यह लगभग निश्चित है कि प्रारंभ से ही वो संन्यास का जीवन जीने की प्रवृत्ति दिखाने लगे थे, और उन पारंपरिक सुखों का त्याग करने लगे थे जो उनकी सामाजिक पृष्ठभूमि के प्रतिभावान बच्चों को आसानी से मिलते थे। स्वाभाविक रूप से, ये उनकी माता के लिए चिंता का विषय था। एक ओर जहां वो अपने पुत्र की बौद्धिक परिपक्वता पर गर्व करती थीं, जिसकी चर्चा पूरे गांव और उसके बाहर भी होती थी, वहीं वो ये नहीं चाहती थीं कि उनका पुत्र साधु-संन्यासी बने। किसी भी अन्य माता के समान वो चाहती थीं कि उनका पुत्र विवाह करे, बच्चे पैदा करे और उनके साथ रहे, विशेषकर इसलिए क्योंकि उनके पति, शिवगुरु की मृत्यु तभी हो गई थी जब शंकर की आयु बहुत कम थी और वो विधवा का जीवन बिता रही थीं।

हालांकि, शंकर सांसारिक जीवन का त्याग करने और एक संन्यासी का जीवन बिताने के अपने निर्णय से नहीं डिग रहे थे। माता और पुत्र के बीच में

निश्चित रूप से काफी तनाव रहा होगा, लेकिन एक ऐसी घटना के बाद इस विषय पर फैसला हो गया, जिसमें कुछ कल्पना दिखती है और कुछ तथ्य। कहा जाता है कि एक बार जब शंकर नदी में स्नान कर रहे थे, एक मगरमच्छ ने उनका पैर पकड़ लिया। उन्होंने अपनी माता को पुकारकर कहा: 'मां! मुझे बचाओ! एक मगरमच्छ ने मुझे पकड़ लिया है और मैं तब तक नहीं बच सकता जब तक तुम मुझे संन्यासी बनने की अनुमति नहीं देतीं। मां, देर मत करो, अन्यथा बहुत देर हो जाएगी!' आर्यम्बा पल भर के लिए हिचकिचाईं, लेकिन उनके पुत्र को मगरमच्छ खींचकर गहरे पानी में ले जा रहा था, और उनके पास हामी भरने के अतिरिक्त कोई विकल्प नहीं था। जैसे ही उन्होंने अपनी अनुमति दी, कहा जाता है कि मगरमच्छ ने शंकर को मुक्त कर दिया और गायब हो गया।

क्या वास्तव में ऐसी कोई घटना हुई थी, या ये किसी जीवनी लेखक की कल्पना की उड़ान थी? इसका कोई स्पष्ट उत्तर देना कठिन है। इस बात की पूरी संभावना है कि किसी नाटकीय घटना ने आर्यम्बा को हां कहने के लिए विवश किया होगा, क्योंकि सामान्य परिस्थितियों में, एक विधवा माता अपने पुत्र को अपना त्याग करने की अनुमति कभी नहीं देगी। ये भी हो सकता है कि अपनी माता की सहमति प्राप्त करने के लिए शंकर ने कोई चाल चली हो।

दूसरी तरफ, मगरमच्छ सांसारिक जीवन का एक रूपक हो सकता है, जिससे शंकर ने मुक्ति पा ली थी, किसी कल्पनाशील इतिहासकार ने प्रतीकवाद की युक्ति निकाली हो। ऐसी कहानियों में तथ्य, किवदंती, आख्यान और प्रतीकात्मकता आपस में घुल-मिल जाती हैं, लेकिन इतना तो सच है कि आज भी, शंकर के घर के बिलकुल नजदीक, एक मगरमच्छ घाट है जहां इस निर्णायक क्षण को याद किया जाता है, और एक वार्षिक उत्सव आयोजित किया जाता है।

आर्यम्बा ने दबाव में अपनी सहमति तो दे दी थी, लेकिन वो अकेले रहने को लेकर चिंतित भी थीं। उन्हें एक पारंपरिक चिंता भी थी कि उनका अंतिम संस्कार कौन करेगा। शंकर ने उन्हें आश्वस्त किया था कि जब भी उनकी माता, चाहे जाग्रत हो या बेसुध, को उनकी जरूरत होगी, वो लौट आएंगे। उन्होंने ये वचन भी दिया कि उनकी मृत्यु के बाद वही अंतिम संस्कार

करेंगे, भले ही ये संन्यासी जीवन व्यतीत करने वालों के लिए पारंपरिक रूप से वर्जित था। इस प्रतिज्ञा के साथ, उन्होंने माता से विदा ली और बचपन में ही, उपयुक्त गुरु की तलाश में घर छोड़ दिया।

ये तलाश उन्हें दक्कन पठार और सतपुरा श्रेणियों के पार नर्मदा नदी के तट पर ओंकारेश्वर ले आई, जो विंध्य में और इंदौर से थोड़ा दक्षिण की ओर है। शहर की पहाड़ियां ॐ की आकृति से मिलती-जुलती हैं, और शहर के किनारे बहने वाली नर्मदा भी ॐ की तरह दिखती है। दरअसल, ओंकारेश्वर एक द्वीप है, एक तरफ वो नर्मदा से घिरा है और दूसरी तरफ नर्मदा की सहायक नदी रेवा से। दोनों नदियां, जो ओंकारेश्वर से ठीक पहले अलग होती हैं, शहर को पार करने के बाद मिल जाती हैं।

शंकर के आगमन के सदियों पहले से, ओंकारेश्वर को एक पवित्र शहर के रूप में जाना जाता था, जहां शिव के प्रतीक बारह ज्योतिर्लिंगों में से एक स्थित है। लेकिन ये मंदिर मुख्य कारण नहीं था जो शंकर सैकड़ों मील दूर घने जंगलों को पार करके ओंकारेश्वर आए थे। उनकी तलाश सच्चे गुरु के लिए थी, और वो जानते थे कि इस शहर में वेदांत के विद्वान गोविंदपाद रहते थे, जो प्रसिद्ध गौड़पाद के शिष्य और पुत्र थे। गौड़पाद ने कारिका की रचना की थी, जो मांडूक्य उपनिषद पर प्राथमिक व्याख्या है।

अधिकतर लोगों की मान्यता है, और स्थानीय लोग भी यही मानते हैं कि जब शंकर गौड़पाद से मिलने आए तो वो एक गुफा के अंदर ध्यानमग्न थे। शंकर गुफा के बाहर प्रतीक्षा करते रहे, और जब गौड़पाद ध्यान की अवस्था से बाहर आए, उन्होंने उस छोटे बालक से पूछा: 'तुम कौन हो?'

किवदंती के अनुसार, इसके उत्तर में शंकर ने एक श्लोक पढ़ा: 'मैं ना तो पृथ्वी हूं, ना जल, ना अग्नि, ना वायु, ना आकाश, और ना ही कोई अन्य पदार्थ। मैं इन्द्रिय भी नहीं हूं और ना ही मन। मैं शिव हूं, चेतना का अविभाज्य सार।'

इतना सारगर्भित उत्तर सुनकर, गौड़पाद ने शंकर को अपने संरक्षण में ले लिया। कई स्थान पर ऐसा वर्णित है कि अपनी स्वीकृति जताने के लिए, गौड़पाद ने अपना एक पैर गुफा के बाहर फैलाया और शंकर ने आदरपूर्वक झुककर उसका स्पर्श किया।

यह निश्चित नहीं है कि शंकर कितने समय तक गौड़पाद के आश्रम में रहे। हम मान सकते हैं कि वो अठारह महीने से लेकर तीन वर्ष तक वहां रहे होंगे,

जिस दौरान उन्होंने अद्वैत दर्शन में महारत हासिल की होगी। आप कल्पना कर सकते हैं कि आज से बारह सौ वर्ष पूर्व ओंकारेश्वर कैसा रहा होगा: एक द्वीपीय पहाड़ी, चारों तरफ हरियाली, नर्मदा और रेवा के स्वच्छ पानी से घिरा हुआ, पहाड़ी की ढाल पर एक प्राचीन मंदिर, और इससे लगा हुआ गोविंदपाद का आश्रम। आज ये कितना बदल गया है? और जो कुछ बचा है, उनमें से कितनी चीजें शंकर की यात्रा और यहां उनके पड़ाव के तथ्यों की पुष्टि करती हैं?

ये पता लगाने के लिए मैंने दिल्ली से इंदौर की उड़ान भरी। मेरे साथ थी मेरी पत्नी, रेणुका, और प्रतिभाशाली और बेबाक कलाकार, मनीष पुश्काले, जो इसी क्षेत्र के हैं। इंदौर से ओंकारेश्वर पहुंचने में दो घंटे लगते हैं लेकिन हमने वहां के लिए निकलने से पहले संस्कृत के दो प्रसिद्ध विद्वानों से इंदौर में मुलाकात की। हम पहले गए श्री क्लॉथ मार्केट गर्ल्स कॉमर्स कॉलेज के प्रिंसिपल डॉक्टर मंगल यशवंत मिश्रा, और उनकी पत्नी छाया के साधारण मध्यवर्गीय घर। हालांकि वो वाणिज्य पढ़ाते हैं, वो संस्कृत के विद्वान हैं। उनका विजिटिंग कार्ड बेहद दिलचस्प है: डॉ. मंगल यशवंत मिश्रा, बी.कॉम, एम.कॉम, एम.ए. (अर्थशास्त्र), एम.ए. (इतिहास), एम.ए. (समाजशास्त्र), एम.ए. (लोक प्रशासन), एमबीए, पीएचडी (वाणिज्य), पीएचडी (राजनीति विज्ञान), पीएचडी (इतिहास), पीएचडी (समाजशास्त्र), पीएचडी (अर्थशास्त्र), पीएचडी (बिजनेस एडमिनिस्ट्रेशन), डीलिट। मुझे उन्हें कहना पड़ा कि उन्हें सर्वाधिक डिग्रियों के लिए गिनीज वर्ल्ड रिकॉर्ड में अर्जी देनी चाहिए। उन्होंने इस सुझाव को प्रशंसा के रूप में स्वीकार किया, और हल्के से कटाक्ष को नजरअंदाज कर दिया। हालांकि, वो बेहद मिलनसार हैं। उनकी सहज विनम्रता, और उनकी पत्नी छाया—जो स्वयं श्री क्लॉथ मार्केट गर्ल्स कॉमर्स कॉलेज में पढ़ाती हैं—के बात-व्यवहार ने हमारा दिल जीत लिया।

हमें दोपहर के खाने में घर का बना हुआ दाफला (गेहूं से बना स्थानीय व्यंजन), दाल, चावल, कढ़ी और सब्जियों के साथ परोसा गया, और मीठे में हलवा।

एक साधारण धोती और बनियान पहने हुए, डॉ. मिश्रा ने दोपहर के भोजन के दौरान हमसे ओंकारेश्वर के बारे में बातचीत की। उन्हें कोई संदेह नहीं था कि शंकर ओंकारेश्वर में गोविंदपाद के आश्रम में रुके थे और इसके समर्थन में उन्होंने उनके जीवन के कई प्रसंगों का वर्णन किया। उनके वर्णन में पौराणिक आख्यान और तथ्य गुंथे हुए थे। उन्होंने कहा कि वो गुफा जहां शंकर की मुलाकात गोविंदपाद से हुई थी, वो वहां अभी भी है। साथ ही नर्मदा के पार, ममलेश्वर पर वो मंदिर भी है, जो शंकर ने उन तीर्थयात्रियों के लिए बनवाया था जो मॉनसून के दौरान नर्मदा के उफान पर रहने के कारण ओंकारेश्वर के मुख्य शिव मंदिर के दर्शन नहीं कर पाते थे। ममलेश्वर का मंदिर द्वीप पर बने मंदिर के सदृश है। मूल मंदिर को संकल्प कहा जाता है, और नदी के पार बनी उसकी प्रतिकृति को विकल्प।

हमें विद्वान डॉ. मिश्रा से कुछ बहुत नया जानने को नहीं मिला, सिवाय इसके कि शंकर के ओंकारेश्वर के साथ संबंध में उनकी व्यक्तिगत आस्था थी। जब हम विदा ले रहे थे, उन्होंने मेरे हाथों में शिवलिंग की आकृति का एक छोटा पत्थर रखा, और कहा कि नर्मदा में पाया जाने वाला ऐसा हर पत्थर शिव और शंकराचार्य दोनों के संयुक्त आशीर्वाद का प्रतीक है।

हमारा अगला पड़ाव था मिथिलेश प्रसाद त्रिपाठी का घर, जो विनम्र मिश्राजी की तुलना में बिलकुल अलग प्रकृति के थे। उनके ललाट पर लाल तिलक था; उनकी गोलाकार आकृति से भाव आता था कि वो स्वयं को गंभीरता से लिए जाने की आशा करते थे; मूर्खों से बात करके उन्हें कोई प्रसन्नता नहीं होती; संस्कृत का जीवनभर अध्ययन करने पर उन्हें गर्व था, वो नकली विद्वानों को सीधे खारिज कर देते थे; उन्होंने साफ कर दिया था कि उन्हें पारंपरिक सोच सहन नहीं है, और उन पंडितों से उनकी नाराजगी थी जो प्रथाओं के पीछे का अर्थ जाने बगैर उनका पालन करते रहते थे।

त्रिपाठीजी ने जोर देकर कहा कि सभी प्रमाण इस ओर संकेत देते हैं कि शंकर ओंकारेश्वर आए थे, और गोविंदपाद के आश्रम में रहे थे। उन्होंने कहा कि शंकर ने गोविंदपाद, और उनके पिता गौड़पाद से अद्वैत की शिक्षा को ओंकारेश्वर में आत्मसात किया था, और उनके युवा मस्तिष्क पर इसका प्रभाव लंबे समय तक रहा। यहां अपने पड़ाव के दौरान, शंकर को एक विद्यार्थी की तरह देखा जाना चाहिए, जो वेदांत की बारीकियों को जानने का इच्छुक था।

सीखने के प्रति उसकी ललक संदेह के परे थी, और, गोविंदपाद का गुरुकुल ऐसा करने के लिए आदर्श वातावरण देता था, जहां शिक्षक विद्यार्थियों को अध्ययन, जांच और चिंतन की कठोर समय-सारणी के अनुसार शिक्षा देते थे।

खुलकर हो रही हमारी बातचीत के दौरान इधर-उधर की बहुत सारी बातें हुईं, क्योंकि त्रिपाठीजी, जो अपनी छोटी सी बैठक के दीवान पर पालथी मारकर बैठे थे, बार-बार मुख्य विषय से भटककर संस्कृत अध्ययन के क्षेत्र में अपने कुछ समकक्षों की आलोचना करने लगते थे। लेकिन, एक महत्वपूर्ण बिंदु था जिस ओर उन्होंने मेरा ध्यान दिलाया। उन्होंने मुझे कहा कि सिर्फ शंकर के दर्शन और उनके बौद्धिक परिदृश्य पर केंद्रित मत रहो। निस्संदेह, वो तो महत्वपूर्ण है, लेकिन उतना ही महत्वपूर्ण है ये जानना कि शंकर ने गौड़पाद के मठ में जनसेवा, और उन केंद्रों के निर्माण के संदर्भ में क्या सीखा, जहां अद्वैत दर्शन को पढ़ाया जा सके और सुरक्षित रखा जा सके। हालांकि शंकर मीमांसा कर्मकांड (वैदिक निर्देशों के अनुसार प्रथाओं का पालन) के विरुद्ध थे, उन्होंने इस प्रकार की निस्वार्थ सेवा का समर्थन किया था, और इस बारे में उनकी सोच की नींव ओंकारेश्वर में पड़ी थी।

अपने सारे अक्खड़पन के बावजूद, त्रिपाठीजी हमारे विदा लेने तक हमारे साथ काफी घुल-मिल गए थे, और हमें विदा कहने हमारी कार तक आए थे। जब हम जा रहे थे, उन्होंने कहा कि वो अकेले रहना पसंद करते थे। उन्होंने बताया कि उनकी पत्नी अपने बच्चों के पास अमेरिका गई हैं, और उनका भतीजा उनकी देखभाल करता है। वो काफी कुछ एकांतवासी थे, जो संस्कृत और हिंदू दर्शन के अपने अध्ययन में डूबा है, और अपने हजारों पुस्तकों के बीच अकेला रहकर संतुष्ट है, लेकिन अगर कोई उसके विचारों को चुनौती देता है तो वो तर्क-वितर्क करने पर उद्धत हो जाता है।

ओंकारेश्वर तक हमारी यात्रा के दौरान हम विंध्य श्रेणी से गुजरे। सड़कें घुमावदार थीं, भू-भाग पहाड़ी और सागवान के पेड़ों से भरा हुआ, जो तेज धूप में कुम्हला रहे थे, और उनकी कागज की तरह सूखी पत्तियां हर तरफ बिखरी हुई थीं। हमें ओंकारेश्वर में गजानन महाराज आश्रम पहुंचने में दो घंटे लगे, जहां हमारे ठहरने की व्यवस्था की गई थी। आश्रम, जो नर्मदा से बिलकुल नजदीक था, शांति और हरियाली के मरुद्यान के समान था, जिसके परिसर के

बीचोबीच पत्थरों से बना एक शांत मंदिर था। आश्रम के प्रशासक जोशीजी ने हमारा स्वागत चाय और बिस्कुट से किया और हमें हमारे कमरे दिखाए, जो सादे लेकिन साफ, वातानुकूलित, और आधुनिक शौचालयों के साथ थे। हमें पता चला कि गजानन महाराज महाराष्ट्र के शेवगांव से थे, शिरडी साईं बाबा के समकालीन थे, और बड़ी संख्या में उनके भक्त मौजूद हैं। आश्रम में हर तरफ उनकी तस्वीरें लगी हुई थीं, एक दुबले-पतले और लंबे पुरुष, बिखरी हुई दाढ़ी और अंदर तक भेदने वाली आंखें, हाथ में चिलम, और, कुछ तस्वीरों में, शरीर पर कोई वस्त्र तक नहीं।

शाम में हम निकले ओंकारेश्वर मंदिर और उस गुफा को देखने के लिए जहां शंकराचार्य के गोविंदपाद से मिलने की मान्यता है। मंदिर तक पहुंचने के लिए हमने नर्मदा को एक नवनिर्मित पुल पर से पैदल पार किया। ये पूर्णिमा की रात थी, और हनुमान जयंती भी थी; नदी के तट पर बने कई घाटों पर आरती चल रही थी; राम और शिव की स्तुति में गाए जा रहे भजन गूंज रहे थे; चंद्रमा की किरणों में नहाई नर्मदा चांदी के समान चमक रही थी—सही मायनों में अलौकिक दृश्य था।

मंदिर पहाड़ी की ढाल पर बना हुआ है। मूल रूप से ये एक गुफा रही होगी, लेकिन अब, बाहर, एक मंडपम है जिसके स्तंभों और मेहराबों पर बारीक नक्काशी की हुई है। गर्भ गृह में एक शिवलिंग है जो जमीन से बाहर निकली हुई पथरीली रचना है। माना जाता है कि ये स्वयंभू है, स्वतः जन्मा, स्वयं शिव द्वारा स्थापित बारह ज्योतिर्लिंगों में से एक। लिंग के पीछे शिव की अर्द्धांगिनी पार्वती की प्रतिमा है। कहा जाता है कि बारह ज्योतिर्लिंगों में से एकमात्र यही है, जहां पार्वती गर्भ गृह का अंग हैं। यहां पूरे दिन एक अखंड ज्योति जलती रहती है।

हमने रात 9 बजे शयन आरती देखी, जिसके बाद रात भर शिव और पार्वती को अकेला छोड़ दिया जाता है। इस आरती के लिए होने वाला प्रबंध आस्था और मानव कल्पनाशक्ति दोनों को श्रद्धांजलि है। दैवीय युगल के लिए एक झूला गहरे गुलाबी जरीदार वस्त्रों से सुसज्जित किया जाता है। उनके मनोरंजन के लिए झूले पर चौपड़-पासा के खेल के लिए चारखानेदार कपड़ा बिछाया जाता है। खेल में बारह मोहरे होते हैं, जो लिंग की आकृति के होते हैं, और बारह ज्योतिर्लिंगों का प्रतिनिधित्व करते हैं। रात में किसी को भी देवी और देवता की

शांति भंग करने की अनुमति नहीं होती। माना जाता है कि जब सुबह में पुजारी मंदिर में प्रवेश करते हैं, मोहरे अपने स्थान से हिले हुए होते हैं।

मंदिर से कुछ कदम दूर वो गुफा है जहां शंकर गोविंदपाद से मिले थे। हालांकि प्रवेश द्वार के बाहर ईंटों की बनी सुसज्जित रचना है, गुफा को साफ तौर पर उससे अलग रखा गया है। गुफा के भीतर काले पत्थर में शंकर की प्रतिमा है। इसमें उन्हें एक ऊंचे आसन पर पालथी मारकर बैठे दिखाया गया है, और उनके बाएं हाथ में चिरपरिचित याचक दंड है। उनके ऊपर, एक पाषाण भित्ति-चित्र है जिसमें शंकर की दैवीय शक्तियों के बारे में एक लोकप्रिय दंतकथा दर्शाई गई है। एक बार, जब नर्मदा पूरे उफान पर थी, इसका पानी गुफा में घुसने का खतरा था जहां गोविंदपाद गहरे ध्यान में थे। अपने गुरु की शांति में बाधा पहुंचने से रोकने के लिए, शंकर ने अपना हाथ उठाया और नदी का पानी पीछे चला गया। इस दंतकथा के एक और वर्णन में बताया जाता है कि उन्होंने अपना कलश या भिक्षापात्र उठाया, और नदी का सारा पानी उसमें समा गया। पाषाण भित्ति-चित्र में दिखाया गया है कि गोविंदपाद गुफा के अंदर ध्यानमग्न हैं, और शंकर, जिनके पैर उफनती नदी में हैं, नदी को नियंत्रित कर रहे हैं।

गुफा के अंदर एक और बेहद दिलचस्प प्रतिमा है। ये काली, देवी मां, की प्रतिमा है, लेकिन इसका चित्रण तांत्रिक है, शरीर पर लाल साड़ी है, मुखाकृति स्पष्ट नहीं है लेकिन ललाट पर लाल तिलक है। इस चित्रण की सर्वाधिक सम्मोहक विशेषता है देवी की आंखें, काली और भेदने वाली दृष्टि, जो डरावने तरीके से आपका हर दिशा में पीछा करती हैं। मंदिर का मुख्य पुजारी मुझे बताता है कि ये प्रतिमा शंकर की बंगाल यात्रा के बाद बनाई और गुफा में रखी गई थी। वहां वो कई तांत्रिकों से मिले थे, और उन्हें शास्त्रार्थ या वाद-विवाद में हराने में असमर्थ रहे थे क्योंकि तंत्रवाद में उनकी जानकारी पर्याप्त नहीं थी। इसलिए, वो ओंकारेश्वर लौटे और काली सिद्धि के रूप में तंत्र सीखा। देवी की ये प्रतिमा उस समय ही स्थापित की गई थी। ऐसा माना जाता है कि स्वयं को तंत्रवाद में निपुण करने के बाद शंकर फिर से बंगाल गए और अपने तांत्रिक प्रतिद्वंद्वियों को परास्त किया।

नर्मदा एक खूबसूरत नदी है। हालांकि ओंकारेश्वर में अब इसकी धारा पतली है क्योंकि ऊपर की तरफ कई बांध बना दिए गए हैं, अभी भी ये एक आकर्षक नदी है और कई कारणों से बिलकुल अलग भी। ये भारत की एकमात्र बड़ी नदी है जो पूर्व से पश्चिम की ओर बहती है; साथ ही एकमात्र नदी है जिसके दोनों किनारों पर मंदिर बने हैं, जिस कारण इसे उभय तट तीर्थ भी कहा जाता है। नर्मदा नाम का भी विशेष महत्व है। नर का अर्थ है पुरुष, और मादा का अर्थ है स्त्री : नदी दोनों की शक्तियों का प्रतीक है, या दोनों की शक्तियों का सम्मिलन है जैसा अर्द्धनारीश्वर की अवधारणा में चित्रित किया गया है, अर्द्धनारीश्वर हिंदू पौराणिक कथाओं में उभयलिंगी देवता हैं।

अगली सुबह, जब हम नर्मदा में प्रात:काल डुबकी लगाने के बाद ओंकारेश्वर से जा रहे थे, मैं इस शहर के साथ शंकर के संबंध के बारे में सोच रहा था। वो कैसे घने जंगलों से होते हुए सुदूर केरल के कलाडी से यहां तक पहुंचे होंगे? क्या इस पवित्र शहर तक आने का कोई ज्ञात रास्ता था, या फिर उन्होंने नौपरिवहन की पारंपरिक विधियों की मदद ली थी? ऐसे युग में जब संचार आरंभिक दौर में था, उन्हें गोविंदपाद, और उनके पिता, गौड़पाद के बारे में जानकारी कैसे मिली थी? इस समय तक कोई छापाखाना नहीं था। फिर वो अद्वैत दर्शन पर गौड़पाद के मौलिक कार्य के बारे में कैसे जानते थे? क्या उन्हें कारिका या मांडूक्य उपनिषद् के बारे में मौखिक पाठ से जानकारी मिली थी जो एक शिष्य से दूसरे तक प्रसारित होती थी, और आखिर किस तरह ये इतनी दूर कलाडी तक पहुंची थी? पठन-पाठन का ऐसा क्या अनौपचारिक जाल उस समय विद्यमान था जो सूचनाओं के इस प्रवाह को संभव बनाता था?

दर्शनशास्त्र की असाधारण तलाश और धार्मिक प्रथाओं के संस्कारों के बीच आपसी संबंध ने भी मुझे चौंकाया। कहा जाता है कि गोविंदपाद और शंकराचार्य अपने दिन की शुरुआत पास के ज्योतिर्लिंग के दर्शन से करते थे। उस गुफा में जहां गोविंदपाद रहते थे, बौद्धिक अनुसंधान होता था अद्वैत, गुणातीत ब्रह्म के बारे में, जो मानवीय निरुपण के परे था, मानवीय पूजा-पाठ से परे था, निराकार था और सभी धार्मिक संस्कारों से परे था। लेकिन जब एक बार वो मंदिर में प्रवेश करते थे, वो शिव और पार्वती को दंडवत प्रणाम करते थे, एक व्यक्तिरूप देवता की पूजा के लिए सभी धार्मिक संस्कारों का पालन करते थे,

जिनमें शिव और पार्वती के लिए दांपत्य आनंद के साथ रात्रि व्यतीत करने की तैयारी होती थी और मनोरंजन के लिए चौपड़-पासा का खेल भी सम्मिलित होता था। दैवत्व का असाधारण मानवीकरण, और कर्मकांड तथा पूजा-पाठ के आडंबर के पीछे चिंतन और अनुसंधान, इन दोनों का सह-अस्तित्व निर्बाध था।

ओंकारेश्वर में कुछ साल ठहरने के बाद, और जब उन्होंने गोविंदपाद के सान्निध्य में अद्वैत सिद्धांत की गूढ़ता में महारत हासिल कर ली, शंकराचार्य ने अपने गुरु से वाराणसी जाने की आज्ञा मांगी। उन्हें पैदल इस लंबी यात्रा को पूरा करने में कई महीने लगे होंगे, घने जंगलों से, और अज्ञात क्षेत्रों से गुजरना पड़ा होगा, और लुटेरों और डाकुओं के हमले के खतरों से भी जूझना पड़ा होगा। वाराणसी में, वो कई वर्षों तक रहे, और यहीं उन्होंने अपने कई महत्वपूर्ण लेखन कार्य किए, जिनमें शंकर भाष्य, ब्रह्म सूत्र की उनकी व्याख्या, भगवद्गीता पर उनकी व्याख्या, और मुख्य उपनिषद शामिल हैं। शंकर ने वाराणसी जाने का फैसला क्यों किया था? बिलकुल स्पष्ट है कि, ये शहर तब भी, हिंदू आस्था की राजधानी था, जहां संत और दार्शनिक गंगा के तट पर निवास करते थे, और हिंदू दर्शन के कई पहलुओं पर वृहत संवाद किया करते थे। हिंदू विचारधार के किसी विद्वान के लिए, दूसरे दार्शनिक विद्वानों के साथ चर्चा, वाद-विवाद और बातचीत द्वारा, अपनी प्रतिष्ठा प्रमाणित करने के लिए ये बिलकुल उपयुक्त मंच था। इसलिए, ये स्वाभाविक था कि शंकर, दार्शनिक विद्वान के रूप में जिनकी ख्याति दूर-दूर तक फैल चुकी थी, वाराणसी में निवास करने की सोचते।

मैंने वाराणसी में शंकर के पड़ाव के बारे में अधिक जानकारी जुटाने की कोशिश के लिए वहां की यात्रा की। हवाई अड्डे पर मुझे लेने मेरे पुराने मित्र, अशोक कपूर आए। वो वाराणसी के प्रतिष्ठित संस्कृतिकर्मी हैं, और फिलहाल शहर में इनटैक के संयोजक हैं, उनकी गहरी रुचि दुनिया के सबसे प्राचीन शहरों में एक इस शहर के जीर्ण-शीर्ण और उपेक्षित ऐतिहासिक स्थलों के पुनरोद्धार में है। वाराणसी, जिसे बनारस और काशी के नाम से भी जाना जाता है, गंगा के पश्चिमी तट पर संकरी गलियों और मंदिरों की विशाल भूलभुलैया है। इन्हीं

गलियों में, इतनी घनी आबादी रहती है जो मानव कल्पना के परे है। कभी-कभी, आपको आश्चर्य हो सकता है कि ऐसी परिस्थिति में कैसे लोग, मंदिर, मोटरसाइकिल, स्कूटर, कुत्ते, गाय, गंदगी और शोर एक-साथ रहते हैं, जहां स्थान और जनसंख्या का अनुपात अविश्वसनीय रूप से बिगड़ा हुआ है।

लेकिन, वाराणसी ने अनादि काल से ही अविश्वसनीय चीजों को चुनौती दी है। इस प्राचीन शहर का आधुनिकता से जुड़ाव, उस शहर के रूप में जो अब घाटों और गलियों से काफी आगे जा चुका है, बेहद उलझा हुआ कहा जा सकता है। हवाई अड्डे से हमारे सफर में जरूरत से काफी ज्यादा समय लगा क्योंकि एक फ्लाईओवर, जिसका काम काफी पहले खत्म हो जाना चाहिए था, अभी भी निर्माणाधीन था।

नया शहर यातायात, शोर, प्रदूषण और गंदगी से भरा है, संक्षेप में, नगरपालिका के लिए बुरा सपना है जिसका कोई आसान समाधान नहीं है। हालांकि, अद्भुत बात ये है कि वाराणसी के लोग इन सभी को बड़े शांत भाव से स्वीकार करते हैं, शायद इसलिए क्योंकि वो जन्मजात वैरागी हैं, यानी नश्वर जगत के कष्टों से बेपरवाह हैं, जो गलत है उसके लिए बहुत ज्यादा चिंता नहीं करते, क्योंकि, आखिरकार, समय अनंत है, और सहस्राब्दियों पुरानी गंगा के समान, वो समय के अनंत चित्रफलक पर एक कण भर हैं।

वाराणसी में मैं सबसे पहले रुका संपूर्णानंद संस्कृत विश्वविद्यालय। वहां दर्शनशास्त्र की फैकल्टी के प्रमुख प्रोफेसर हरि प्रसाद अधिकारी ने, जो तुलनात्मक धर्मदर्शन पढ़ाते हैं, मेरे लिए शंकर और हिंदू दर्शन के विद्वानों के साथ मुलाकात का प्रबंध किया था। वहां कोई मेज और कुर्सियां नहीं हैं। हम फर्श पर एक सफेद चादर पर बैठते हैं और पीठ को सहारा देने के लिए मसनद हैं। सत्र की शुरुआत होती है मंगलाचार्य से, जो धार्मिक मंत्रों या स्तोत्रों की वंदना है और जिसे शंकराचार्य ने लिखा था। ऐसा लग रहा था कि जैसे वो समय दोहराया जा रहा हो जब शंकर के दिनों में शास्त्रार्थ होता होगा। हिंदू दर्शनशास्त्र के विभिन्न पहलुओं के कई प्रोफेसर मौजूद हैं। उनमें से हर कोई अपने दृष्टिकोण और व्याख्या का कट्टर समर्थक है। वो सभी शंकर द्वारा विकसित अद्वैत सिद्धांत की श्रेष्ठता को स्वीकार करते हैं, लेकिन सभी के उस पर अपने अलग-अलग विचार हैं, और वो इसका मूल्यांकन अपने दार्शनिक दृष्टिकोण से करते हैं।

एक जबर्दस्त वाद-विवाद शुरू हो जाता है, और संस्कृत श्लोकों की बारिश होने लगती है, क्योंकि हर वक्ता शब्द ज्ञान, प्रत्यक्ष ज्ञान, श्रुति की वैधता, शंकर के विचारों पर बुद्धत्व का प्रभाव, अद्वैतवाद की सीमाओं और रामानुज जैसे बाद के हिंदू दार्शनिकों द्वारा विकसित विशिष्ट अद्वैत जैसे गूढ़ विषयों पर अलग-अलग दृष्टिकोण प्रस्तुत करने लगता है।

उत्तेजना बढ़ती है और विचारों का टकराव होता है। जब कोई किसी वक्ता को बीच में टोकता है, तो वो कड़ा विरोध करता है कि ये शास्त्रार्थ के नियमों के विरुद्ध है, जहां आपत्तियां दर्ज होने के पहले हर धुरंधर को उसका दृष्टिकोण पूर्ण रूप से प्रस्तुत करने की अनुमति मिलनी ही चाहिए। प्रोफेसर अधिकारी परिचर्चा को संतुलित करने की भरपूर कोशिश करते हैं लेकिन अक्सर उनकी बात अनसुनी हो जाती है। ऐसा एक घंटे से ज्यादा समय तक चलता है, जब तक कि अधिकारी उप-श्रृंगार, जो सारांश और धन्यवाद ज्ञापन का रूप है, के द्वारा बैठक को समाप्त नहीं कर देते।

इस समय तक सभी का पारा नीचे आ चुका होता है, और मुझे बताया जाता है कि हिंदू अध्यात्म विज्ञान के गूढ़ बिंदुओं पर ऐसा वैचारिक टकराव दर्शनशास्त्र के शिक्षकों के इस छोटे समूह में बेहद आम बात है, जिन्होंने अपना पूरा जीवन संस्कृत ग्रंथों के अध्ययन में बिताया है। कुछ वर्षों पहले एक शास्त्रार्थ में, एक प्रोफेसर, जिनकी विद्वता का बड़ा सम्मान था, अपने एक प्रतिद्वंद्वी की शंकर के सिद्धांतों की व्याख्या से इतने क्रोधित हो गए थे कि उसका खंडन करने के दौरान ही हृदयाघात से उनकी मृत्यु हो गई।

ये कुछ-कुछ अवास्तविक लग रहा था जो मैंने देखा था। यहां, विश्वविद्यालय के एक साधारण से उपेक्षित कमरे में, मुट्ठी भर लोग इस तरह चर्चा कर रहे थे जैसे कि उनका जीवन इस पर निर्भर हो, उन मुद्दों पर जिनके बारे में अधिकतर हिंदुओं को कुछ नहीं पता! क्या मैंने अभी-अभी जो देखा था, वो उसी चीज का पुनरोत्थान था, जो शंकर के समय में गंगा के तट पर होता रहा होगा? शायद हां, लेकिन अंतर ये है कि तब साधारण लोग भी परिचर्चा के विषयों से पूरी तरह अनजान नहीं रहते थे, और वास्तव में धारणाओं और तर्कों के हिंदू दार्शनिक अनुभव को जीते थे।

संपूर्णानंद संस्कृत विश्वविद्यालय भारत के सबसे पुराने शैक्षणिक संस्थानों में से है। इसकी स्थापना 1791 में हुई थी, एक अंग्रेज, जोनाथन डंकन के द्वारा,

जिन्होंने गवर्नर जनरल लॉर्ड कॉर्नवालिस को एक संस्कृत महाविद्यालय की जरूरत बताई थी ताकि महत्वपूर्ण ग्रंथों का अनुवाद किया जा सके, जिनमें प्रशासनिक जरूरतों के ग्रंथ भी शामिल थे। 20,000 रुपए के सालाना बजट को मंजूरी मिली, और जॉन मुइर को कॉलेज का पहला प्रिंसीपल नियुक्त किया गया। 1857 में, कॉलेज ने पोस्टग्रेजुएट की पढ़ाई शुरू की, और 1974 में इसे विश्वविद्यालय का दर्जा दिया गया। लेकिन ये विश्वविद्यालय अब मुरझा रहा है क्योंकि ज्यादातर भारतीयों के पास संस्कृत और इसके ग्रंथों में समाहित ज्ञान के लिए समय नहीं है। इसलिए, कई मायनों में हिंदू दर्शनशास्त्र की गूढ़ताओं पर चर्चा के लिए संस्कृत श्लोक उद्धरित करते हुए उत्तेजनापूर्वक बहस करने वाले प्रोफेसर अपने ही देश में अवशेष जैसे हो गए हैं।

कॉलेज के सरस्वती पुस्तकालय, जिसकी स्थापना 1894 में हुई थी, में संस्कृत पांडुलिपियों का सबसे मूल्यवान संग्रह है, लेकिन उनमें से अधिकतर पढ़े भी नहीं गए हैं। विश्वविद्यालय का सूत्रवाक्य है श्रुतम् मे गोपाय—मेरा ज्ञान सुरक्षित रहे। दुर्भाग्यवश, ऐसा लगता है कि ब्रिटिश—भले ही किन्हीं खास वजहों से इसे लेकर ज्यादा चिंता करते थे, जितनी हम आज करते हैं।

कोई भी प्रोफेसर मुझे वाराणसी में शंकर के पड़ाव के बारे में ऐतिहासिक विवरण नहीं दे सका। उनका तर्क था कि उस युग में, विद्वानों का ध्यान विचारों और अवधारणाओं पर अधिक था, बनिस्पत काल-क्रम और कार्यस्थल के, और इस कारण भावी पीढ़ी के लिए कोई विवरण नहीं छोड़ा गया। जब शंकर यहां रहते थे तो बनारस कैसा दिखता था? वो कहां रहते थे? और वो कितने समय तक यहां रहे थे? ऐसा लगता था कि किसी को नहीं पता। निश्चित रूप से, शहर काफी छोटा रहा होगा, घाटों या नदी तट पर सीढ़ियों, और गंगा के तट पर बनी बस्तियों तक सीमित रहा होगा। संकीर्ण गलियों की भूलभुलैया, जो नदी के किनारे तक ले जाती है, रही तो होगी, लेकिन काफी कम जनसंख्या के साथ; तुलनात्मक रूप से शहर साफ रहा होगा, नदी साफ रही होगी, और तट पर अधिक स्थान होगा, जहां साधु और विद्वान अपने परिचारकों के साथ ठहर सकते थे।

मैं केदार घाट गया जहां संभवतः चौदहवीं सदी में श्रृंगेरी मठ की एक शाखा स्थापित की गई थी। मैंने ये निष्कर्ष 'श्री जगद्गुरु शंकराचार्य मठ' के भीतर लगी एक पट्टी से निकाला जिस पर लिखा था: "इस प्राचीन चंद्रमौलीश्वर

लिंगम की स्थापना और पूजा पूजनीय श्री विद्यारण्य महास्वामीजी श्री श्रृंगेरी शारदा पीठाधिपति ने 1346 ईस्वी में की थी।" मठ के भीतर एक मंदिर है जिसमें गणेश और देवी शारदा की पूजा होती है, साथ ही उन दोनों के बीच में आदि शंकराचार्य की वैसी ही मूर्ति स्थापित है, जैसी कलाडी में है।

क्या श्रृंगेरी मठ ने इस स्थान को चुना क्योंकि शंकर यहां या इसके पास कहीं रहते थे? इस क्षेत्र में दक्षिण भारत के निवासियों की उपस्थिति बहुत अधिक है। ये क्षेत्रीय संबंध कितना पुराना है, और क्या दक्षिण से यात्री यहां बसने के लिए हजार वर्ष पहले आए थे? अगर ऐसा है, तो इस बात की संभावना है कि केरल से आने वाले शंकर ने यहां रहने का फैसला किया होगा। लेकिन, किसी के पास ये उत्तर हैं नहीं।

श्रृंगेरी मठ सुनसान दिख रहा था, जहां मुझे किसी शोध या अध्ययन की कोई हलचल नहीं दिखी। ऐसा लगता था कि ये बाहर से आने वालों के लिए सिर्फ एक धर्मशाला का काम करता था, और मैनेजरों को इसके अलावा किसी चीज में दिलचस्पी नहीं थी। शहर में मठ का एक आश्रम भी है, और कांची मठ का भी आश्रम है, जो बनारस हिंदू विश्वविद्यालय परिसर के नजदीक है। इसे 'श्री जगत गुरु शंकराचार्य आश्रम' कहा जाता है। इसके द्वार पर एक बड़ा सा नोटिस बोर्ड लगा है जिस पर लिखा है कि परिसर में धूम्रपान और गुटखा खाना मना है, लेकिन जो लोग इसे चलाते हैं उन्हें भी वाराणसी में जगद्गुरु के निवास से जुड़े किसी ऐतिहासिक ब्योरे का कुछ पता नहीं है।

मैं मणिकर्णिका घाट पर भी गया, क्योंकि कुछ लोगों का मानना है कि शंकर यहीं रहे थे। यहां, हर कोई मृतकों को चिताग्नि देने के काम में लगा था। जब मैं घाट की तरफ संकरी गलियों से जा रहा था, मृतकों को कंधा देने वाले लोग 'राम नाम सत्य है' का जाप करते हुए गुजर रहे थे, और मृतकों के शरीर का अंतिम संस्कार करने के साज-सामान जुटाने में लगे थे। अपने आप में ये बेमेल सा लगता है कि मृतकों का अंतिम संस्कार करने की जगह कितनी जीवंत है। किसी ऊष्णकटिबंधीय जंगल में फलने-फूलने वाले झाड़-झंखाड़ की तरह, घाट के हर कोने से जीवन फलता-फूलता दिखता है, और ध्वनि, स्पर्श, गंध और दृष्टि का प्रभाव इतना घना है कि वो अब निष्क्रिय और इंद्रियबोध से रहित इन शरीरों को मुक्त करने के प्रयासों पर हावी हो जाता है।

डॉ. राणा पी. बी. सिंह बीएचयू में भूगोल के रिटायर्ड प्रोफेसर हैं, और मैं उनसे विश्वविद्यालय परिसर में उनके साधारण से घर में मिलता हूं। उनका सादा बर्ताव आपको ये नहीं बताता कि वो इस बात के वैज्ञानिक कारणों की जांच करने के लिए विश्वविख्यात विशेषज्ञ हैं कि क्यों कोई स्थान पवित्र स्थल बनने के लिए चुना जाता है। डॉ. सिंह ने काशी के 'पवित्र भूगोल' और 'अंतरिक्षीय ज्यामिति' का सर्वेक्षण किया है, और इसके लिए उन्होंने इसके कई मंदिरों और पवित्र स्थलों के चारों तरफ चुंबकीय शक्तियों का अध्ययन किया है, साथ ही ग्लोबल पोजिशनिंग सैटेलाइटों के निष्कर्षों का मिलान पवित्र ग्रंथों और शहर की परंपराओं के साथ किया है।

वो मुझे बताते हैं कि काशी शब्द का अर्थ है 'जहां अंतरिक्ष से आने वाला प्रकाश वृत्ताकार रूप में संकेंद्रित हो'। वो कहते हैं कि शहर में एक सुव्यवस्थित तीर्थगमन तंत्र है जिसमें चार ज्ञात 'भीतरी पवित्र यात्राएं' हैं और वो सभी प्रमाणित रूप से एक ही बिंदु पर समाप्त होती हैं। ये बिंदु, जिसे वो 'एक्सिस मुंडी' कहते हैं, ज्ञान वापी है। अगर ये सच है तो ये मेरी तलाश के लिए एक दिलचस्प संभावना का रास्ता खोल देता है। ज्ञान वापी, जिसका अर्थ है ज्ञान का कुआं, उसी स्थान पर है जहां शहर का सबसे प्रसिद्ध शिव मंदिर, काशी विश्वनाथ मंदिर हुआ करता था। मंदिर में स्थापित शिवलिंग भारत भर में बारह ऐसे लिंगों में से एक है, और ये बेहद प्राचीन है जिसका वर्णन स्कंद पुराण और दूसरे प्राचीन हिंदू ग्रंथों में मिलता है। 1194 ईस्वी में, मंदिर को कुतुबुद्दीन ऐबक ने नष्ट कर दिया था, लेकिन तेरहवीं सदी में एक गुजराती व्यापारी ने इसका पुनर्निर्माण कराया था। इसे दोबारा पंद्रहवीं सदी में हुसैन शाह या सिकंदर लोधी ने नष्ट कर दिया था, लेकिन बादशाह अकबर के शासनकाल में राजा मानसिंह ने इसका फिर से पुनर्निर्माण कराया था।

हालांकि1669 ईस्वी में, औरंगजेब ने निर्णायक रूप से मंदिर को तोड़ दिया और उसके अवशेष पर ज्ञान वापी मस्जिद बनवा दी। (मंदिर के अवशेष पर बनी नई मस्जिद की जानकारी 1834 के जेम्स प्रिंसेप के स्केच से मिलती है।) अंत में 1780 ईस्वी में, होलकर रानी, अहिल्या बाई ने पास की जगह पर एक नया मंदिर बनवाया।

इतिहास कुछ भी हो, मूल विश्वनाथ मंदिर निश्चित रूप से इसकी मूल जगह, ज्ञान वापी पर रहा होगा, जब शंकर ने वाराणसी की यात्रा की होगी। अब, शंकर

का शिव से लगाव तो ज्ञात है, और वो चाहते होंगे कि अपना निवास अपने प्रिय देवता, और काशी के सर्वाधिक श्रद्धेय मंदिर के पास रहे। लेकिन इस संभावना में एक और पहलू है। ज्ञान वापी ललिता घाट पर स्थित है। ललिता, कल्याण की प्रतीक, शिव की पत्नी पार्वती का पर्याय है। ललिता सहस्रनामा, ब्रह्मांड पुराण में एक ग्रंथ है और शक्ति पूजकों के लिए महत्वपूर्ण पुस्तक है। शक्ति संप्रदाय और 'देवी माता' की अवधारणा के प्रति शंकर का झुकाव इस तथ्य से प्रमाणित होता है कि उनके द्वारा स्थापित चारों मठ शक्तिपीठ कहलाते हैं।

साथ ही, मणिकर्णिका घाट यहां से बस कुछ ही दूरी पर है। ये काशी के लगभग अस्सी घाटों में सबसे पुराने में से है और इसका वर्णन पांचवी सदी के एक गुप्त काल अभिलेख में मिलता है। मणिकर्णिका का अर्थ है कान में पहनने वाले कुंडल। पौराणिक मान्यता के अनुसार, अपने पिता दक्ष के स्वयं और अपने पति के प्रति रूखे व्यवहार के बाद जब सती ने आत्मदाह कर लिया, तो दुख से भरे शिव ने उनके मृत शरीर को उठाया और क्रोध में भरकर हिमालय पर तांडव करने लगे। आखिरकार, उनके दुख को खत्म होता ना देखकर, विष्णु ने सुदर्शन चक्र की मदद से सती के शरीर को इक्यावन टुकड़ों में बांट दिया जो भूमि पर गिर गए। जहां भी उनके शरीर का कोई टुकड़ा या परिधान गिरा, वो एक शक्तिपीठ बन गया। पौराणिक मान्यता के अनुसार, सती का कुंडल मणिकर्णिका में गिरा और तब से इस घाट का नाम मणिकर्णिका घाट पड़ा। इसलिए, शक्ति संप्रदाय के लिए मणिकर्णिका घाट एक महत्वपूर्ण पूजा स्थल है और इसे एकान्य शक्तिपीठ कहा जाता था।

प्रोफेसर सिंह बताते हैं कि मणिकर्णिका घाट को विशेष तौर पर श्मशान स्थल के रूप में देखा जाना सिर्फ अठारहवीं सदी के अंत में शुरू हुआ है। इसलिए, ये कहना कि वाराणसी में अपने पड़ाव के दौरान शंकर, शिव के सर्वाधिक महत्वपूर्ण मंदिर विश्वनाथ मंदिर, और साथ में शक्ति संप्रदाय (जिसके प्रति शंकर का झुकाव बाद के प्रमाणों से सिद्ध होता है) के महत्वपूर्ण स्थलों ललिता और मणिकर्णिका घाट के पास रहना चाहते होंगे, निराधार नहीं है। लेकिन, ये सिर्फ एक अनुमान है, क्योंकि इस बात का कोई ठोस प्रमाण (सिवाय चिदविलास की जीवनी में एक बार वर्णन को छोड़कर) उपलब्ध नहीं है। ये इस बात का सबूत है कि पारंपरिक रूप से इतिहास लेखन की उपेक्षा तो हुई है ही,

हाल के दिनों में, अकादमिक शोध और जिज्ञासा भी उपेक्षित है।

काशी में शंकर के आवास की बिलकुल सही जगह जो भी हो, वहां उनके जीवन से जुड़ी कुछ घटनाओं का वर्णन उनके जीवनीकारों ने किया है। शंकर दिग्विजयम के नाम से उनकी कई जीवनियां हैं, लेकिन सबसे लोकप्रिय है माधवाचार्य की लिखी जीवनी, जिन्होंने बाद में श्री विद्यारण्य नाम धारण किया और श्रृंगेरी शारदा पीठम् के 12वें प्रमुख (1380-1386) बने।

इन पारंपरिक विवरणों में, शंकर के द्वारा किए गए चमत्कारों में खूब अतिशयोक्ति दिखती है। अगर इन्हें जीवनीकारों की कल्पनाशक्ति मान लें, तो भी हम कुछ ऐसी घटनाएं देखते हैं जो सभी विवरणों में एक जैसी हैं और, इसलिए, उनमें कुछ तो आधार होना चाहिए। इस बात पर सभी एकमत हैं कि काशी में, शंकर को अपने सबसे अधिक समर्पित भक्तों में एक, सानंदन मिला था। किवदंती है कि एक दिन जब सानंदन नदी की दूसरी ओर था, शंकर ने उसे चलते हुए नदी पार कर लौटने को कहा। बिना कुछ सोचे वो शिष्य, पूरी आस्था के साथ, आज्ञापालन करने लगा। जब उसने ऐसा किया तो गंगा ने उसकी मदद के लिए एक कमल उत्पन्न किया, और फिर सानंदन ने वास्तव में चलकर नदी पार की। इसके बाद से, शंकर ने उसका नया नाम पद्मपाद (जिसके पैरों में कमल हो) रख दिया।

लेकिन किवदंतियों को छोड़ दिया जाए तो, वाराणसी की तीन घटनाएं हैं जो शंकर की सोच और उस काल की सामाजिक संरचना का चित्र प्रस्तुत करने के लिए महत्वपूर्ण हैं। पहली घटना है उनकी एक चांडाल से मुलाकात, जो पारंपरिक रूप से समाज के सबसे निचले पायदान से आने वाला माना जाता है। ये मुलाकात तटबंध की संकरी गलियों में हुई थी। दरअसल, शंकर गंगा में स्नान के लिए जा रहे थे जब उन्होंने चांडाल को आते देखा। उन दिनों, माना जाता था कि इस जाति के लोगों की उपस्थिति मात्र से ब्राह्मण अशुद्ध हो जाते हैं, और इसलिए शंकर के शिष्यों ने चांडाल को रास्ते से हट जाने को कहा।

लेकिन, चांडाल ने इसका प्रतिकार करते हुए प्रश्न पूछा: 'अद्वैत सिद्धांत में ऐसा अंतर कैसे आ गया कि "ये एक चांडाल है और ये एक ब्राह्मण है"? आखिरकार, सभी शरीरों में एक जैसी आत्मा है, चाहे उनकी जाति कोई भी हो?'

शंकर ये सुनकर भौचक्के रह गए, और तुरंत ही कहा कि जो भी ब्रह्म को एकमात्र वास्तविकता मानता है और सभी आत्माओं को एक समान देखता है,

वो आदरणीय है। दूसरी सभी भिन्नताएं असत्य हैं, और चांडाल, जिसने सर्वोच्च चेतना की एकता का अनुभव कर लिया है, मेरे गुरु के समान है। यही विचार शंकर की पांच छंदों की रचना, मनीषा पंचकम में प्रतिस्थापित किया गया है, जिसमें से एक छंद का अर्थ कुछ इस प्रकार है:

> मैं ही ब्रह्म हूं। और, ये संपूर्ण जगत शुद्ध चेतना से प्रसारित है। यह सब, बिना किसी अवशिष्ट के, अविद्या के माध्यम से मेरे द्वारा आरोपित है जिसके तीन गुण हैं (सत्व, रज और तम)। इसलिए, वो, जिसमें शाश्वत, निष्कलंक और अद्वितीय सुख प्रदान करने वाली सर्वोच्च सत्ता यानी ब्रह्म के बारे में सच्चा ज्ञान है, वो गुरु है, चाहे वो चांडाल हो या ब्राह्मण। ये मेरा अंतिम दृष्टिकोण है।

जाति प्रथा पर शंकर के विचारों पर विस्तार से उनके दर्शनशास्त्र पर अध्याय में चर्चा की गई है। यहां ये बताने की जरूरत है कि कुछ जीवनीकारों ने कट्टर और पक्षपाती सामाजिक तंत्र की वैधता को सही साबित करने के लिए चांडाल की विद्वता को कम महत्व दिया है। उनके विवरण के मुताबिक, जैसे ही शंकर ने अपने विचार रखे—जो सामाजिक-धार्मिक कट्टरता को नकारने वालों के लिए क्रांतिकारी थे—चांडाल गायब हो गया और उसकी जगह पर शिव और चार वेद उपस्थित हो गए। यहां कोशिश ये है कि समानता के लिए चांडाल के असाधारण कथन को नगण्य कर दिया जाए और पूरी घटना को, शिव और वेदों के रूप में, एक पवित्र आवरण पहनाया जाए।

संस्कृत विश्वविद्यालय के जिन विद्वानों से मैं मिला, उन्होंने भी काफी कुछ ऐसा ही किया जब उन्होंने बताया कि चांडाल वाली घटना और कुछ नहीं बल्कि ये प्रदर्शित करने का तरीका है कि काशी में निचले से निचले समुदाय में भी दार्शनिकता भरी हुई थी। हालांकि, सच यही लगता है कि शंकर के लिए चांडाल से उनकी मुलाकात मानव-निर्मित संस्थानों द्वारा विकसित सामाजिक बहिष्कार को स्पष्टतया अस्वीकार करने का तरीका था, और जो उनके अपने दार्शनिक तर्कों से मेल खाता है।

दूसरी घटना है संस्कृत व्याकरण सीखने में उत्साहपूर्वक लगे एक व्यक्ति के प्रति शंकर की प्रतिक्रिया। माना जाता है कि उसे व्याकरण के नियम जोर-

जोर से बोलकर और रटकर याद करने की कोशिश करते हुए देखने के बाद, शंकर ने उसी पल अपने सर्वाधिक लोकप्रिय मंत्रों में से एक, भज गोविंदम्, की रचना की, जिसमें हर छंद की अंतिम पंक्ति में कहा गया है: 'गोविंद की पूजा करो, गोविंद की पूजा करो, गोविंद की पूजा करो, हे मोहग्रस्त! क्योंकि मृत्यु के समय व्याकरण के नियम तुम्हारी कोई सहायता नहीं कर सकते!'

भक्ति मंत्रों के उदाहरण के रूप में, *भज गोविंदम्* का स्थान काफी ऊपर है, और ये आज भी भारत भर में गाया जाता है। ये दिखाता है कि शंकर का विश्वास मशीनी ज्ञान में नहीं था और वो ज्ञान मार्ग के प्रयोग की जरूरत पर जोर देते थे। वो इस बात पर बल देते थे कि ऐसा ज्ञान अर्जित किया जाए जो नश्वर जगत, जिसे हम जरूरत से ज्यादा महत्व देते हैं, की क्षणभंगुरता को समझाए और मोक्ष प्राप्ति का रास्ता दिखाए।

तीसरी घटना एक वाद-विवाद के बारे में है जो ब्रह्म सूत्र की व्याख्या को लेकर एक वृद्ध व्यक्ति के साथ हुआ था। तर्क-वितर्क लगभग एक सप्ताह तक चलते रहे और दोनों ही प्रतिभागियों में से कोई हार मानने को तैयार नहीं था, और, जैसा मैंने संस्कृत विश्वविद्यालय में संक्षिप्त शास्त्रार्थ में देखा था, इस बहस में निश्चित रूप से क्रोध, व्यंग्योक्ति और कटुता का पुट रहा होगा। कहानी के अनुसार, अंत में शंकर के शिष्य पद्मपाद ने विष्णु से आग्रह किया कि इस बहस को समाप्त करें। आखिरकार ये बात सामने आई, जैसा पारंपरिक जीवनियों में दावा किया गया है, कि वृद्ध व्यक्ति ब्रह्म सूत्र के लेखक व्यास का अवतार था। ये घटना संभवतः

> इस तथ्य को दर्शाती है कि वेदांत सूत्र पर शंकर की व्याख्या के ऊपर काफी बहस होती थी, और शायद उन्हें कभी-कभी अपने पुराने मत को त्यागकर प्रतिद्वंद्वी की बात को स्वीकार करना पड़ता था। यहां वृद्ध व्यक्ति ऐसा ही कोई प्रतिद्वंद्वी हो सकता है, जिसे संतुष्ट करना शंकर को आसान ना लगा हो और वेदांत दर्शन के साहित्य का उसका ज्ञान इतना विशाल हो कि उसे व्यास के एक अवतार के रूप में देखा जाने लगा हो।[2]

---

2 सी. एन. कृष्णासामी अय्यर, श्री शंकराचार्य, हिज लाइफ एंड टाइम्स, जी.ए. नटेसन एंड कंपनी, चेन्नई, तिथि अज्ञात, पृष्ठ 28-29

काशी में कई वर्ष बिताने के बाद, जिस दौरान वो कभी-कभी बद्रीनाथ यात्रा पर जाते थे, शंकर प्रयाग (आज का इलाहाबाद) गए। ये कहा जाता है कि बनारस के तत्कालीन शासक रतन सिंह ने उन्हें यहीं ठहरने के लिए मनाने की कोशिश की, लेकिन शंकर ने उन्हें कहा कि उनका लक्ष्य एक पथिक शिक्षक बनने और अपने दार्शनिक दृष्टिकोण को भारत के सभी हिस्सों में प्रसारित करने का है।

प्रयाग में उन्होंने संगम में स्नान किया, जो गंगा, यमुना और पौराणिक सरस्वती का पवित्र मेल है। लेकिन प्रयाग की उनकी यात्रा सबसे अधिक याद की जाती है असम के दुर्जेय ब्राह्मण, और हिंदू दर्शनशास्त्र की पूर्व मीमांसा के महान प्रतिपादकों में एक, कुमारिल भट्ट से मुलाकात के लिए। इस मीमांसा के अनुयायी मानते थे कि जीवन का मुख्य लक्ष्य कर्मकांड है। शंकर, जो ज्ञान मार्ग की वैधता में विश्वास करते थे, प्रथाओं पर इस तरह जोर देने से असहमत थे और इस मतभिन्नता पर भट्ट के साथ वाद-विवाद करने के इच्छुक थे।

नाटकीय कारणों से उन्हें ये अवसर नहीं मिल सका। जब वो कुमारिल भट्ट से मिले, तो ये पूज्य विद्वान आत्मदाह करने की प्रक्रिया के दौरान चावल की भूसी के जलते हुए ढेर पर लेटा हुआ था। उन्होंने ये भयानक कदम उन दो पापों का प्रायश्चित करने के लिए उठाया था जो उनके अनुसार उन्होंने किए थे। पहला, बौद्ध धर्म के कुछ सिद्धांतों को ध्वस्त करने के लिए उन्होंने एक बौद्ध मठ में शिष्य के छद्म रूप में शिक्षा ली थी ताकि वो उन सिद्धांतों में महारत हासिल कर सकें जिन्हें वो काटना चाहते थे। बाद में, वो बौद्ध दर्शन के सर्वाधिक प्रभावशाली आलोचक बने जिसे इसके बाद के सिद्धांतकारों ने प्रतिपादित किया था।

लेकिन इस प्रक्रिया के दौरान, उन्हें अपने गुरु को 'धोखा देने' के अपराधबोध के साथ रहना पड़ रहा था, जिनके चरणों में उन्होंने शिक्षा ली थी। इस धोखाधड़ी के लिए प्रायश्चित की जरूरत थी। दूसरा, कर्मकांड दर्शन को प्रतिपादित करने के लिए उन्होंने ईश्वर के अस्तित्व को भी नकार दिया था। उनका मानना था कि इससे उनका दर्शन अस्वीकार्य चरम पर जा रहा था।

ये कहा जाता है कि शंकर ने भट्ट को आत्मदाह करने का संकल्प छोड़ने के लिए मनाने की कोशिश की थी, लेकिन वो जिद पर अड़े थे। आधे जले शरीर के

साथ वो शंकर के साथ वाद-विवाद करने की स्थिति में नहीं थे। लेकिन जब वो प्राण त्याग रहे थे, उन्होंने शंकर को कहा कि उन्हें उनके शिष्य मंडन मिश्र के साथ शास्त्रार्थ करना चाहिए, जो महिष्मती में रहते हैं।

कई इतिहासकारों का मानना है कि शंकर की भट्ट के साथ नाटकीय भेंट सच्चाई से अधिक कल्पना है। अनुमानित रूप से, भट्ट का जीवन काल सातवीं सदी ईस्वी का दूसरा अर्द्धांश था, और इसलिए वो शंकर के समकालीन नहीं थे। फिर भी, इस भेंट को पारंपरिक रूप से इस तरह स्थापित किया गया है कि इसका उद्देश्य निश्चित रूप से इस तथ्य को सामने लाना होगा कि पूर्व मीमांसा में बताई गई प्रथाओं और ज्ञान आधारित अद्वैत की भिन्नताएं दूर-दूर तक फैल चुकी थीं और इन पर जमकर वाद-विवाद होते थे। पूर्व मीमांसा के सर्वाधिक महत्वपूर्ण प्रतिपादक कुमारिल भट्ट थे और अद्वैत के शंकर, इसलिए उन दोनों की भेंट कराई जानी जरूरी थी। ये भी सच है कि वो दोनों लगभग समकालीन थे इसलिए बाद के जीवनीकारों ने बिना कालक्रम या सही तिथियों की चिंता किए, ऐतिहासिक तथ्य को काल्पनिक प्रतीकवाद से ढक दिया।

मंडन मिश्र के साथ शास्त्रार्थ, कुमारिल भट्ट की सलाह के बाद जिनसे मिलने के लिए शंकर महिष्मती गए थे, उनके जीवन के सभी वृतांतों में महत्वपूर्ण स्थान रखता है। महिष्मती कहां है, इसे लेकर राय काफी बंटी हुई है। कई वृतांतों के अनुसार, जिनमें माधवाचार्य का शंकर दिग्विजयम् भी शामिल है, मंडन मिश्र बिहार के आज के सहरसा जिले में कोसी के तट पर बसे महिषी गांव के थे। इस गांव में आज भी ऐसे परिवार हैं जो दावा करते हैं कि वो मंडन मिश्र के वंशज हैं। यहां के निवासियों की मान्यता के अनुसार, मंडन मिश्र ने कुमारिल भट्ट की बहन, उभया भारती (जिन्हें बाद में शारदा देवी के नाम से जाना गया) से विवाह किया था, जो बिहार के मिथिला क्षेत्र में भट्टपुरा गांव की थीं।

इसके विपरीत, इस दृष्टिकोण के भी उतने ही कट्टर समर्थक हैं कि महिष्मती नर्मदा के तट पर आज के महेश्वर के पास एक साम्राज्य था। और, इस क्षेत्र में यात्रा करते हुए, मुझे कम से कम ऐसे तीन स्थान मिले जो दावा करते हैं कि इसी जगह पर शंकर और मंडन मिश्र का प्रसिद्ध शास्त्रार्थ हुआ था। इनमें सबसे प्रमुख है मंडलेश्वर (जो महिष्मती का नया नाम माना जाता है) में एक मंदिर, जो महेश्वर शहर से बिलकुल नजदीक है।

बड़े-बड़े अक्षरों में एक विशालकाय द्वार पर अंकित है: 'श्री गुप्तेश्वर महादेव (गुफा) मंदिर'। इस द्वार के दाहिनी ओर एक दीवार पर त्रिविमिय भित्ति-चित्र है जिसमें शंकर, मंडन मिश्र और भारती देवी की प्रतिमाएं दिखाई गई हैं, और साथ में एक बोर्ड है जिस पर लिखा है कि यहीं दोनों विद्वानों के बीच प्रसिद्ध शास्त्रार्थ हुआ था।

मंदिर और उसका परिसर बिलकुल सुनसान लग रहा था। वहां कोई आदमी तक नहीं दिख रहा था, यहां तक कि मंदिर का पुजारी भी नहीं। मंदिर के चारों तरफ एक अव्यवस्थित सा बगीचा था जिसमें कोई बाड़ नहीं थी। मंदिर की दीवार पर एक और नोटिस बोर्ड था जिस पर लिखा था: आज से 1200 वर्ष पहले शिव अवतार आदि शंकराचार्य तथा दिग्विजय महा पंडित ब्रह्म अवतार मंडन मिश्र के साथ सनातन धर्म संस्थापन व विश्व कल्याण के लिए शास्त्रार्थ, यहीं श्री गुप्तेश्वर मंदिर से 100 गज दूर स्थित स्थान पर हुआ था।

मंदिर से करीब 100 गज दूर सच में एक खुली जगह थी जहां गूलर और बरगद के पेड़ों की छाया थी, लेकिन मंदिर प्रबंधन किस आधार पर इतने भरोसे के साथ कह सकता था कि वही शास्त्रार्थ का वास्तविक स्थान था, ये साफ नहीं है। जब हम इस प्रश्न के साथ जूझ रहे थे, मंदिर का पुजारी आखिरकार हमें दिख गया।

उसके अनुसार, कोलकाता महा मिलन मठ ने इस विषय पर शोध किया था। 1984 में, मठ के तत्कालीन प्रमुख, प्रेमानंद किशोर मंडलेश्वर आए और उस स्थान पर ये मंदिर बनवाया जहां उनका विश्वास था कि शास्त्रार्थ हुआ था। पुजारी इस शोध के समर्थन में प्रमाण देने में असमर्थ था, ना ही हम इसे मठ से प्राप्त कर सके। हालांकि, पुजारी ने स्पष्ट किया कि ये स्थान पहले नर्मदा के तट पर हुआ करता था, और आज नदी थोड़ी दूर चली गई है, लेकिन मॉनसून में इसका पानी इस स्थान तक आ जाता है।

इस क्षेत्र में कम से कम दो और स्थान हैं जो दावा करते हैं कि वो प्रसिद्ध शास्त्रार्थ वहीं हुआ था। एक महेश्वर में है, और नर्मदा के किनारे होल्कर शासकों के बनाए आलीशान किले से अधिक दूर नहीं है। यहां केवल एक छोटा चबूतरा है जिस पर शिवलिंग और पादुका बनी है। दूसरा स्थान भी महेश्वर में ही है, लेकिन किले से थोड़ी दूरी पर और अधिक प्रभावशाली है। इसे कदंब वन कहा

जाता है, हालांकि केले को छोड़कर वहां मुझे कदंब का कोई वृक्ष नहीं दिखा। मंदिर में एक पट्टिका है जिस पर दावा किया गया है कि इसी क्षेत्र में शास्त्रार्थ हुआ था। पट्टिका के ऊपरी हिस्से पर शंकराचार्य, मंडन मिश्र, और शारदा भारती के चित्र लगे हैं। मंदिर की दीवारों पर भी बड़े-बड़े चित्र हैं जिनमें शास्त्रार्थ होता दिखाया गया है। इनमें सबसे बड़े चित्र में, शंकराचार्य और मंडन मिश्र एक-दूसरे के सामने वाद-विवाद की मुद्रा में छोटी मचिया पर बैठे हैं, शारदा भारती उन्हें देख रही हैं और पृष्ठभूमि में बड़ी संख्या में दर्शक उपस्थित हैं।

इन स्थलों के आपसी दावों की जो भी वैधता हो, ये अपने आप में सच है कि ये सभी महेश्वर शहर और कुछ किलोमीटर दूर इसके उपनगर मंडलेश्वर के क्षेत्र में हैं। इस बात पर भी संदेह नहीं है कि महिष्मती मध्य भारत, जो अब मध्य प्रदेश है, में एक महत्वपूर्ण प्राचीन शहर था। ऐतिहासिक पुस्तकों में बताया गया है कि ये प्राचीन अवंती और अनूप साम्राज्यों का सर्वाधिक महत्वपूर्ण शहर था, और परमार वंश के शासनकाल में भी फलता-फूलता शहरी केंद्र बना रहा जब तक कि 1305 ईस्वी में अलाउद्दीन खिलजी ने इसे परास्त नहीं कर दिया। कुछ जगहों पर इसके प्रमाण हैं कि महिष्मती नर्मदा के तट पर स्थित थी, इसके दक्षिण में उज्जयिनी और उत्तर में प्रतिष्ठान था। यही वो स्थान है, जहां आज महेश्वर और मंडलेश्वर स्थित हैं।

इसलिए, ऐसा लगता है कि शंकराचार्य और मंडन मिश्र के शास्त्रार्थ वाली जगह, महिष्मती, वहीं हो सकती है जहां आज महेश्वर और मंडलेश्वर हैं। कम से कम, जो लोग यहां रहते हैं वो इस बात पर पूरा भरोसा करते हैं। हालांकि, हम उन दृष्टिकोण को भी पूरी तरह नकार नहीं सकते जो महिषी को बिहार के सहरसा जिले में बताते हैं। यहां के निवासी भी मंडन मिश्र पर अपना दावा पूरे दमखम के साथ करते हैं।

हमारा काम इतिहास के दो विपरीत दावों के सही या गलत होने का फैसला करना नहीं है, जिन दोनों के ही समर्थन में कोई पुख्ता सबूत नहीं है। इतिहास के दृष्टिकोण से, बीच का रास्ता ये हो सकता है कि मंडन मिश्र बिहार से आते हों, और वहां महिषी गांव में उनका जन्म हुआ हो, और बाद में वो मध्य भारत के महिष्मती शहर में बस गए हों। इस बात पर विश्वास किया जा सकता है क्योंकि महिष्मती एक बड़ा और प्रसिद्ध शहर था, वहां राजदरबार था, और दरबार

के मुख्य पंडित की हैसियत से उनके समान प्रतिष्ठित विद्वान को उपयुक्त मंच प्रदान कर सकता था। महत्वपूर्ण रूप से, माधव के शंकर दिग्विजयम् के आठवें अध्याय में कहा गया है कि शास्त्रार्थ रेवा नदी के तट पर हुआ था, जो नर्मदा का ही दूसरा नाम है। हालांकि शंकर दिग्विजयम् की सारी बातों को ऐतिहासिक रूप से बिलकुल सही नहीं कहा जा सकता।

स्थान चाहे जो भी हो, इन दोनों विद्वानों के बीच महान शास्त्रार्थ के मौलिक विवरणों में अच्छी-खासी नाटकीयता है, जिसका कारण है भक्त जीवनीकारों द्वारा किया गया भावुक और अलंकृत वर्णन। माना जाता है कि शंकर के इस प्रश्न पर कि वो महिष्मती में मंडन मिश्र को कहां ढूंढ़ेंगे, चिता पर जलते हुए कुमारिल भट्ट ने ये उत्तर दिया था: 'तुम्हें एक ऐसा घर मिलेगा जिसके दरवाजों पर टंगे पिंजरों में तोते ऐसे गूढ़ विषयों पर चर्चा कर रहे होंगे, "क्या वेद स्वमान्य हैं या वो इसके लिए किसी बाहरी प्रभाव पर निर्भर हैं? क्या कर्मों का फल सीधा मिलता है या फिर उसके लिए ईश्वर को हस्तक्षेप करना पड़ता है? क्या जगत शाश्वत है या मात्र एक मिथ्या है?" जहां तुम्हें तोते ऐसे जटिल दार्शनिक विषयों पर चर्चा करते मिलें, तुम समझ जाना कि यही मंडन का घर है'।

जब शंकर ने मंडन के घर में प्रवेश किया, तो वो शंकर को देखकर प्रसन्न नहीं हुए। वो अपने पिता की पुण्य तिथि की प्रथाओं, श्राद्ध में व्यस्त थे और एक ब्रह्मचारी संन्यासी का दिखाई पड़ना उनकी मान्यताओं के अनुसार अशुभ था। उनका मानना था कि सही तरीका यही है कि आप एक गृहस्थ जीवन जिएं और निर्धारित वैदिक प्रथाओं का पालन करें। यही नहीं, उनका व्यवहार शंकर के प्रति रूखा था, हालांकि शंकर इससे विचलित नहीं हुए, और अंत में तय हुआ कि दोनों विद्वानों के बीच शास्त्रार्थ अगले दिन प्रारंभ होगा।

मंडन मिश्र ने शंकर को एक मध्यस्थ चुनने को कहा, लेकिन तब आश्चर्यचकित रह गए जब उन्होंने कहा कि मंडन की पत्नी उभया भारती (शारदा देवी)[3] मध्यस्थ हो सकती हैं।

---

3 कई विद्वानों में इस बात पर मतभेद है कि क्या भारती मंडन मिश्र की पत्नी थीं, लेकिन अधिकतर विद्वानों और लोक मान्यताओं के अनुसार वो मंडन मिश्र की पत्नी थीं, इसलिए हम इस विवाद को यहीं छोड़ते हैं।

वो विदुषी इस चीज के लिए राजी हो गई, और दोनों प्रतिभागियों के गले में फूलों की माला डाल दी, साथ ही ये घोषणा कर दी कि जिसकी माला पहले मुरझाएगी वो पराजित माना जाएगा। ये भी तय हुआ कि जो भी हारेगा, वो अपने प्रतिद्वंद्वी का अनुयायी बनेगा, और उसके जीवन के नियमों को अपनाएगा।

इस घटना के अलग-अलग वर्णनों के अनुसार, दोनों के बीच शास्त्रार्थ सत्रह दिनों से लेकर छह महीने की किसी अवधि तक चलता रहा। अंत में, मंडन मिश्र के गले की माला मुरझाने लगी, और ये स्पष्ट था कि शंकर ने शास्त्रार्थ में विजय प्राप्त कर ली थी।

लेकिन उभया भारती पराजय स्वीकार करने को राजी नहीं थीं। उन्होंने कहा कि मिश्र की पत्नी के रूप में, वो उनकी अर्द्धांगिनी हैं, और इसे हिंदू धर्म में उभयलिंगी अर्द्धनारीश्वर के रूप में मान्यता भी मिली है। इसलिए, वो भी शंकर के साथ शास्त्रार्थ करना चाहती थीं। शंकर ऐसा नहीं करना चाहते थे क्योंकि एक संन्यासी के लिए स्त्री से शास्त्रार्थ करने की अनुमति नहीं थी। लेकिन उभया भारती ने इसकी जिद पकड़ ली थी, और शंकर के पास हामी भरने के अलावा कोई विकल्प नहीं था।

यहां पर हमें इस कहानी का सबसे दिलचस्प मोड़ पता चलता है। उभया भारती ने शंकर से काम शास्त्र पर प्रश्न पूछे जो काम-सुख और यौन संबंधों से जुड़े थे, और जिनसे वो एक विवाहित स्त्री होने के कारण परिचित थीं, लेकिन उनका प्रतिद्वंद्वी एक संन्यासी होने के कारण बिलकुल अनजान था। फिर शंकर ने इस 'विज्ञान' के बारे में सीखने के लिए एक महीने की मोहलत मांगी, और फिर शास्त्रार्थ में वापसी के लिए कहा, जिस पर उभया भारती मान गईं। कहानी के अनुसार शंकर ने अपनी यौगिक शक्तियों के द्वारा अपने शरीर को नर्मदा के तट पर एक गुफा में छोड़ दिया और राजा अमरूक के मृत शरीर में प्रवेश कर गए, जिसे अंतिम संस्कार के लिए ले जाया जा रहा था। वैसे, ये गुफा जिसे गुप्तेश्वर गुफा के नाम से जाना जाता था, अभी भी मंडलेश्वर में गुप्तेश्वर मंदिर में पाई जाती है। ये मंदिर के नीचे है और वहां तक सीढ़ियों से पहुंचा जा सकता है। गुफा बेहद तंग है, इसकी चट्टानी दीवारों पर कोई सजावट नहीं है और फर्श पर सफेद टाइलें लगी हैं। अंदर एकमात्र मूर्ति है पत्थर की एक योनि जिसके बीच में तांबे का एक बड़ा सा सांप बना है।

राजा के पुनर्जीवित होने को एक चमत्कार माना गया और मृत शासक के शरीर में शंकर महल में चल दिए। वहां, मृत राजा की पत्नियों की संगति में, उन्होंने रतिक्रिया की कलाएं सीखीं, और काम शास्त्र में निपुण हो गए। और जैसा उनके जीवनीकार कहते हैं, शंकर अपने इस नए जीवन और महल की विलासिता में इतने रम गए कि वो ये भी भूल गए कि उन्हें एक महीने के अंदर गुफा में रखे अपने शरीर को पुनर्धारण करना है। इससे उनके शिष्य बहुत चिंतित हो गए, और ये याद दिलाने के लिए कि वो वास्तव में कौन हैं, उनके सामने कुछ दार्शनिक गीत गाए।

तब शंकर अपनी विषयात्क्त मूर्छा से जगे, और जल्दी से अपने शरीर में दोबारा प्रवेश किया, और बिलकुल ऐन मौके पर उन्होंने ऐसा कर लिया, क्योंकि गुफा में एक महीने तक रखे रहने के बाद शरीर को राजा के अनुचरों ने ढूंढ़ लिया था और उसका दाह-संस्कार करने वाले थे। काम शास्त्र में महारत हासिल करने के बाद, वो महिष्मती लौटे और उभया भारती के प्रश्नों के सफलतापूर्वक उत्तर दिए। शास्त्रार्थ में वो जीत गए। मंडन मिश्र ने संन्यासियों वाले वस्त्र धारण किए और वो शंकर के शिष्य बन गए। शंकर के मनाने पर उभया भारती ने भी ऐसा ही किया।

इस महत्वपूर्ण कहानी का मूल्यांकन छिटपुट जीवनीकारों द्वारा बाद में जोड़े गए रंग-बिरंगे विवरणों से परे किए जाने की जरूरत है। शास्त्रार्थ वास्तव में इस चीज का प्रतीक था कि रीति-रिवाजों से अधिक महत्वपूर्ण हैं विचार, और वो ऐसे समय में हुआ जब इसका विपरीत ही हिंदुओं के लिए जीवन शैली का स्वीकार्य मार्ग बनता जा रहा था। इसी कारण इस कहानी को शंकर के जीवन का इतना महत्वपूर्ण हिस्सा बताया जाता है।

छठी और सातवीं शताब्दी में हिंदुत्व का पुनरोत्थान हुआ और इसकी तुलना में बौद्ध धर्म का पतन। हालांकि ये पुनरोत्थान पौराणिक कथाओं, अंध भक्ति, और इससे भी अधिक, कुमारिल भट्ट जैसे मीमांसकों द्वारा स्थापित वैदिक प्रथाओं के अनुसरण पर बहुत अधिक केंद्रित था।

कहीं ना कहीं, इन सबमें, विचारों के महत्व को पीछे छोड़ा जा रहा था जो हिंदू दृष्टि का मौलिक आधार था। वैदिक नियम-कायदों के अनुसार बिलकुल सटीक प्रथाओं का पालन करने के लिए, उपनिषदों की महिमापूर्ण आध्यात्मिक अंतर्दृष्टि को भुलाया जा रहा था। मंदिर फल-फूल रहे थे, लेकिन पूजा के तौर-

तरीकों और इसके पीछे की दार्शनिक सोच में असंबद्धता थी। एक बार फिर जरूरत थी मोक्ष के लिए ज्ञान मार्ग पर जोर देने की, हिंदुत्व को फिर से इसकी आध्यात्मिक अंतर्दृष्टि से जोड़ने की, और मनन-चिंतन की महत्ता को फिर से सामने लाने की। शंकर का यही प्रत्यक्ष लक्ष्य था और इसे प्रचारित करने के लिए मंडन मिश्र को शास्त्रार्थ में पराजित करने से बेहतर और कोई उपमा नहीं हो सकती थी।

महिषी का ये प्रतिष्ठित पंडित एक दुर्जेय प्रतिद्वंद्वी था, और उसके समर्थक उसे स्वयं ब्रह्मा का अवतार मानते थे। निस्संदेह वो कुमारिल भट्ट के सर्वाधिक प्रसिद्ध शिष्य थे, और मीमांसा पर कई मौलिक रचनाओं के लेखक थे जैसे मीमांसानुक्रमणिका, भावना-विवेक और विधि-विवेक। इसके अलावा उन्होंने भाषा की दार्शनिकता पर एक महत्वपूर्ण रचना लिखी स्फोट सिद्धि, और भ्रम के सिद्धांतों पर पुस्तक लिखी विभ्रम-विवेक। इसलिए शास्त्रार्थ में शंकर से उनकी पराजय ने भारत भर में हिंदुत्व की आस्थाओं और परंपराओं पर गहरा प्रभाव डाला। संचार के आधुनिक साधनों के बिना भी, शास्त्रार्थ की प्रगति को और तर्कों की बारीकियों को हजारों लोगों ने देखा, और फिर देश भर में हजारों और लोगों तक ये एक-दूसरे से बातचीत के माध्यम से पहुंचा। जब हम इस शास्त्रार्थ को हिंदुत्व के विकास के ऐतिहासिक परिप्रेक्ष्य में देखते हैं तो इसकी महत्ता और बढ़ जाती है, और यही कारण है कि शंकर के जीवन के हर वर्णन में इसे प्रमुख स्थान दिया गया है।

शंकर का काम शास्त्र का ज्ञान हासिल करने की घटना दिलचस्प है। क्या ये वास्तव में हुई थी, या इसे हिंदुत्व के व्यापक दर्शन को सामने लाने के लिए जोड़ा गया था? तर्कवादी इस दावे को नहीं मानेंगे कि शंकर ने अपना शरीर छोड़कर यौगिक शक्तियों के माध्यम से किसी दूसरे के शरीर में प्रवेश किया था। दूसरे कहेंगे कि यौगिक सिद्धियों का अभ्यास करने वाले ऐसी शक्तियों से अनभिज्ञ नहीं रहते। हालांकि, मूल प्रश्न ये है कि उभया भारती ने शंकर की परीक्षा काम-वासना के विषयों पर क्यों ली, और शंकर ने इस चुनौती को स्वीकार क्यों किया?

एक संन्यासी के लिए, कामुकता ईशनिंदा के समान थी, और जीवन भर के लिए की गई प्रतिज्ञाओं का उल्लंघन भी। इससे भी अधिक दिलचस्प ये है कि शंकर के जीवनीकारों ने स्वीकार किया है कि, मृत राजा की रानियों के साथ

और महल के ऐश्वर्यपूर्ण जीवन में, शंकर इतने आसक्त हो गए थे कि अपनी संन्यास की प्रतिज्ञा तक भूल गए थे और काम-साहित्य पर अमरूक शतक नाम से एक नियमावली तक लिख डाली। वो ऐसा क्यों करते, और क्या इससे उनके शारीरिक सुखों से परे उच्च श्रेणी के व्यक्तित्व का ह्रास नहीं होता है?

मेरे अनुसार, इसका उत्तर ये है कि इस घटना का मकसद हिंदू दर्शन में चार पुरुषार्थों की वैधता सिद्ध करना था: धर्म, अर्थ, काम और मोक्ष। काम सूत्र के लेखक वात्सयायन ने शंकर के सदियों पहले बताया था कि पहले तीनों पुरुषार्थों का सही अनुपात में पालन करने से स्वतः चौथे पुरुषार्थ, मोक्ष का रास्ता खुल जाता है। दूसरे शब्दों में, काम को एक संतुलित जीवन के ढांचे में दार्शनिक वैधता मिली हुई है। शंकर ने एक संन्यासी का जीवन चुना हो सकता था, जहां अर्थ और काम की कोई जगह नहीं थी, लेकिन इस कारण आम लोगों के लिए इनकी प्रासंगिकता को नकारा नहीं जा सकता था। इसलिए, इस बात की जरूरत थी कि ब्रह्मचर्य और सांसारिक सुखों का त्याग करने की शंकर की व्यक्तिगत इच्छा को व्यापक हिंदू दर्शन में इन दोनों पुरुषार्थों को मिली मान्यता के विरोध में प्रस्तुत नहीं किया जाए।

एक गृहस्थ का जीवन जीकर, शंकर ने एक संन्यासी की अपनी छवि को कमतर नहीं किया, बल्कि अपने दर्शन के आकर्षण और पहुंच को ब्रह्मचारी संन्यासियों के सीमित दायरे से निकालकर व्यापक रूप दिया।

मंडन मिश्र शंकराचार्य के चार सर्वाधिक महत्वपूर्ण शिष्यों में एक हुए, और (हालांकि कुछ विद्वान इस बिंदु पर सहमत नहीं हैं) नया नाम ग्रहण किया सुरेश्वराचार्य। वो अद्वैत सिद्धांत के प्रतिष्ठित विद्वान हुए, और उन्हें इस विषय पर पैनी दृष्टि वाली एक पुस्तक ब्रह्मसिद्धि का रचयिता होने का श्रेय भी मिलता है। ये माना जाता है कि शंकर ने उन्हें श्रृंगेरी मठ का पहला प्रमुख बनाया, हालांकि कांची मठ भी ऐसा ही दावा करता है। उभया भारती, जिन्हें देवी सरस्वती का अवतार माना जाता था, शंकर और अपने पति के साथ श्रृंगेरी गईं, जहां उनकी मृत्यु हो गई। शंकर ने उनकी प्रतिष्ठा में शहर में एक मंदिर बनवाया, जो आज भी मौजूद है। एक मायने में, वो शंकर के दर्शन में शक्ति सिद्धांत की केंद्रीय भूमिका का प्रतिनिधित्व करती थीं।

महान शास्त्रार्थ को जीतने और दूर-दूर तक अपनी ख्याति फैलने के बाद, शंकर अद्वैत सिद्धांत का उपदेश देने के लिए दक्षिण की ओर गए। महाराष्ट्र में माना जाता है कि उन्होंने मल्लारी ब्राह्मणों के समुदाय को अपने दर्शन से प्रभावित कर दिया, जो आदिम पशु पूजा में विश्वास करते थे। कहा जाता है कि यहीं शंकर कापालिक समुदाय के साथ गंभीर विवाद में उलझ गए थे, जो भैरव देव (शिव का एक रौद्र रूप) की पूजा करते थे और नरबलि की प्रथा मानते थे। दरअसल एक कपाली ने तो लगभग शंकर को मार ही डाला था जब वो गहरे ध्यान में डूबे थे। उनके शिष्य, पद्मपाद के अंतिम क्षणों में हस्तक्षेप के बाद शंकर की जान बच सकी, जब उन्होंने कपाली को आक्रमण करके मार डाला।

शंकर ने तुंग नदी के तट पर एक सुंदर स्थान श्रृंगेरी में एक मठ स्थापित किया। वहां उन्होंने अपने प्रमुख शिष्यों के साथ कुछ समय बिताया, और उन्हें अद्वैत सिद्धांत, और इस पर उनकी अपनी रचनाओं के अलग-अलग पहलुओं पर टीका लिखने को प्रोत्साहित किया। पद्मपाद को शंकर के ब्रह्म सूत्र भाष्य पर टीका लिखने को कहा गया।

इस घटना से जुड़ा एक छोटा प्रसंग है। निर्देश के अनुसार पद्मपाद ने अपनी टीका लिखी और इसे अपने साथ लेकर रामेश्वर की यात्रा पर चले गए। श्रीरंगम में, उन्होंने पांडुलिपि को अपने चाचा के पास छोड़ दिया, जो दरअसल, कर्मकांड में आस्था रखते थे और अद्वैत सिद्धांत के विरोधी थे। वेदांत पर अपने भतीजे की टिप्पणियों को पढ़कर वो क्रोधित हो गए और उस पांडुलिपि को जला दिया। पद्मपाद को बहुत निराशा हुई और उन्होंने पांडुलिपि के नुकसान के बारे में दुखी मन से शंकर को बताया। लेकिन, शंकर ने अपने शिष्य को निराश ना होने के लिए कहा। रामेश्वरम के लिए निकलने से पहले, पद्मपाद ने अपनी टीका शंकर को पढ़कर सुनाई थी। गुरु को वो शब्दशः याद थी और वो उसे आसानी से लिखा सकते थे। ये घटना अगर अप्रामाणिक भी हो तो भी शंकर की कुशाग्र बुद्धि और तीव्र स्मरण शक्ति को दर्शाने के लिए महत्वपूर्ण है। उनके लिए जो सुना, उसे याद रखना कठिन नहीं था, क्योंकि बेहद कम आयु में ही उन्होंने संस्कृत के लंबे-लंबे गूढ़ श्लोकों और आलेखों को आसानी से सीखकर उनकी व्याख्या कर दी थी।

श्रृंगेरी से शंकर अकेले ही अपनी माता से मिलने कलाडी चल पड़े, शायद इसलिए क्योंकि या तो वो उनसे मिलना चाहते थे, या उन्हें सूचना मिली थी कि वो अस्वस्थ हैं। घर पहुंचने पर उन्होंने पाया कि उनकी माता बिस्तर पर हैं और उनकी मृत्यु नजदीक है। शंकर और उनकी विधवा माता का पुनर्मिलन, जिन्हें उन्होंने उनके बचपन में ही त्याग दिया था, निश्चित रूप से उनके जीवन के सर्वाधिक भावुक क्षणों में एक रहा होगा, विशेषकर इसलिए कि वो बेहद बीमार थीं। एक तरह से ये शंकर का अपनी माता को दिया वचन पूरा करने जैसा था कि वो उनके पास होंगे जब उन्हें आवश्यकता होगी। दूसरी तरह से ये भी कह सकते हैं कि जब वो उनके पास लौटे, तो काफी देर हो चुकी थी और उनकी माता का जीवन समाप्त होने वाला था।

शंकर ने उनसे अद्वैत सिद्धांत के बारे में बात करने का प्रयास किया, लेकिन इतने गूढ़ विषय में उनकी माता की कोई रुचि नहीं थी। वो अपने पुत्र से सांत्वना और भरोसा चाहती थीं, जिसे देखकर वो बेहद खुश थीं, लेकिन अधिक समय तक उसके साथ नहीं रह सकती थीं। शंकर के जीवनीकारों ने कहा है कि, उनके आग्रह पर, शंकर ने शिव और विष्णु के सर्वाधिक उत्प्रेरक मंत्र गाए, इसी भक्तिपूर्ण मनोदशा में उनकी माता ने अंतिम सांस ली।

अपनी माता के साथ संबंध का शंकर के जीवन पर बड़ा अधिक प्रभाव था। जैसा हम जानते हैं, वो एकमात्र संतान थे, माता-पिता की बहुत अधिक उम्र में उन्होंने जन्म लिया था, और जब वो छोटे थे तभी उनके पिता की मृत्यु हो गई थी। एक तरफ जहां सांसारिक जीवन का त्याग कर संन्यासी बनने की इच्छा उनके भीतर काफी तीव्र थी, वहीं उनके मन में जीवन भर ये अपराध बोध भी रहा होगा कि इस कारण उन्हें अपनी माता का त्याग करना पड़ा था जिनके पास परिवार के नाम पर उनके अतिरिक्त कोई नहीं था। शक्ति के रूप में देवी मां को वो इतना अधिक महत्व देते थे, उसका एक कारण माता के साथ उनका लगाव भी हो सकता है। इससे ये भी समझ आता है कि जब वो अपनी माता से मिलने आए तो उन्होंने क्यों एक संन्यासी की प्रतिज्ञा तोड़कर अपनी माता के चरण स्पर्श किए। यही कारण रहा होगा कि उन्होंने उनका अंतिम संस्कार भी करने का फैसला किया, हालांकि ये भी संन्यासी जीवन के नियमों के प्रतिकूल था।

लेकिन, अपनी माता के अंतिम संस्कार करने का उनका फैसला कलाडी में उनके नंबूदिरी समुदाय के लोगों को पसंद नहीं आया। उन्होंने ना सिर्फ इसका बहिष्कार करने का फैसला किया, बल्कि दाह-संस्कार की तैयारियों में शंकर की सहायता करने से भी इनकार कर दिया। लेकिन, शंकर अपने संकल्प से डिगने वालों में से नहीं थे। उन्होंने सारे प्रबंध स्वयं करने का फैसला किया, शरीर को छोटे हिस्सों में काटा और अपने घर के आंगन में केले के पौधों से चिता बनाई। उनके जीवनीकार दावा करते हैं कि अपने समुदाय के व्यवहार से नाराज शंकर ने स्थानीय प्रमुख को मनाकर एक राजाज्ञा जारी करा दी कि अब से उनके नंबूदिरी संबंधियों को वेद मंत्रोच्चार करने की अनुमति नहीं होगी, और वो अपने मृतकों के शरीर को टुकड़ों में काटकर, अपने ही आंगन में उनका दाह-संस्कार करेंगे। ये सच हो या नहीं, लेकिन आज भी पारंपरिक नंबूदिरी परिवारों में मृतकों के शरीर के जोड़ों का चाकू से स्पर्श कराया जाता है, जो शरीर को काटने का प्रतीक है, और उनका अंतिम संस्कार घर के परिसर में होता है।

अपनी माता के अंतिम संस्कार के बाद, यायावर उपदेशक शंकर फिर से भारत भर की अपनी यात्राओं पर चल दिए।

वो श्रृंगेरी लौटे, अपने शिष्यों को एकत्र किया, और उज्जैन होते हुए मध्य भारत को पार करते हुए पूर्वी तट पर पुरी की ओर गए, जहां उन्होंने गोवर्धन मठ स्थापित किया। फिर वो पश्चिमी तट की ओर गए, और गुजरात में द्वारका में भी एक मठ स्थापित किया। ये माना जाता है कि अपनी यात्राओं के दौरान वो बंगाल और असम भी गए, जहां उनकी परिचर्चाएं तांत्रिकों और शाक्त पंथ के लोगों से हुईं, जिनमें इसके सर्वाधिक प्रमुख प्रवर्तक अभिनव गुप्त भी शामिल थे।

तथ्य और किवदंतियां दोनों ही बताती हैं कि शंकर ने कश्मीर की यात्रा भी की थी और उनकी इस दुष्कर यात्रा का एक विशेष महत्व था। शंकर श्रीनगर क्यों गए थे? उस काल में ये शहर बौद्ध और हिंदू विद्वानों के लिए प्रसिद्ध था। जब अशोक ने तीसरी सदी ईसा पूर्व में घाटी पर विजय प्राप्त की थी, वहां बौद्ध धर्म फलने-फूलने लगा था। इस बात के ऐतिहासिक प्रमाण हैं कि यहां दूसरी

सदी ईस्वी में चौथी बौद्ध महासभा आयोजित की गई थी जिसमें अश्वघोष और वसुमित्र समेत पांच सौ से ज्यादा विद्वानों ने हिस्सा लिया था।

बौद्ध धर्म के साथ-साथ कश्मीर—उस काल में जो शंकर के साथ मेल खाता है—एक विशेष प्रकार के शैव दर्शन का केंद्र भी था, जिसके संस्थापक वसुगुप्त थे—800-850 ईस्वी। वो शिवसूत्र के लेखक थे, जो सतहत्तर सूक्तियों का संग्रह है और त्रिक या त्रिक योग के नाम से भी जाना जाता है। इसमें कश्मीर अद्वैत परंपरा का विशेष रूप से वर्णन है। ये दर्शन शंकर के अद्वैतवाद की ही तरह था, बस अंतर ये था कि इसमें शिव को ब्रह्म के दोनों रूपों—अंतर्निहित और ज्ञानातीत—का लौकिक प्रतीक माना जाता है। सभी व्यक्ति शिव के अवतार हैं, और केवल उनकी अज्ञानता है जो उनकी वास्तविक पहचान के ज्ञान पर पर्दा डाले रखती है।

कश्मीर शैववाद ने शिव की पूजा के साथ शक्ति पूजा के विचार को अभिन्न बना दिया। निराकार और सर्वव्यापी ईश्वर ब्रह्मा का अवतार था, लेकिन उससे जगत की उत्पत्ति शक्ति के सामर्थ्य के कारण हुई। देवी की ये पूजा तांत्रिक परंपरा का आधार थी, जहां उसे नारी शक्ति का प्रतीक माना जाता था और उसकी पूजा ना सिर्फ शिव के अंतर्भूत अंश के रूप में होती थी, बल्कि महान विश्व के निर्माण में उसकी प्रेरक भूमिका के लिए अलग से भी होती थी।

शंकर को निश्चित रूप से इस शक्तिशाली कश्मीरी परंपरा के बारे में पता रहा होगा और वो यहां इसके प्रमुख उपासक वसुगुप्त से मिलने आए होंगे, जिनकी उनके समकालीन होने की बहुत अधिक संभावना है। निस्संदेह, शंकर ने वसुगुप्त के शिवसूत्र को पढ़ा होगा; अद्वैतवाद उनकी मुलाकात का समान वैचारिक आधार रहा होगा; और इस बात की पूरी संभावना है कि शंकर और वसुगुप्त ने श्रीनगर में मुलाकात की होगी।

स्थानीय किवदंती है कि जब शंकर श्रीनगर पहुंचे तो उन्होंने शहर के बाहर ही अपना पड़ाव डाला। गुरु और उनके शिष्य लंबी यात्रा के बाद भूखे और थके हुए थे, लेकिन भोजन पकाने के लिए आग जलाने में नाकाम हो रहे थे। फिर उनकी सहायता के लिए एक कश्मीरी युवती सामने आई। लकड़ी के दो टुकड़ों को लेकर उसने एक मंत्र पढ़ते हुए उन्हें आपस में रगड़ा और इससे पैदा हुई चिंगारी ने आग जला दी। लड़की ने बताया कि लकड़ी ब्रह्म है। जो आग इससे पैदा हुई है वो शक्ति है, जो ब्रह्म में निहित है।

ये भी माना जाता है कि घाटी में प्रवेश करते ही शंकर ने शक्ति की अवधारणा को लेकर एक कश्मीरी महिला से शास्त्रार्थ किया। ये शास्त्रार्थ सत्रह दिनों तक चला और इसके अंत में शंकर ने पराजय स्वीकार कर ली। ये अप्रमाणिक कहानी शक्ति पूजा को उनकी स्वीकृति, और अद्वैत दर्शन की तांत्रिक व्याख्या से उनके संबंध की दृष्टि से महत्वपूर्ण है।

श्रीनगर में प्रसिद्ध शंकराचार्य मंदिर गोपाद्रि पहाड़ी (जो जबरवान पहाड़ का हिस्सा है जहां से श्रीनगर दिखता है) पर घाटी से लगभग एक हजार फीट ऊपर स्थित है। इसे ज्येतेश्वर मंदिर भी कहा जाता है, और बौद्ध लोग इसे पहले पास बहार कहते थे। कश्मीर के महान इतिहासकार कल्हण कहते हैं कि इसे पहले राजा गोपादित्य—426-365 ईसा पूर्व—ने बनाया था, और बाद में राजा ललितादित्य—697 734 ईस्वी—ने इसकी मरम्मत कराई। दिलचस्प बात ये है कि कश्मीर में शाह मीरी वंश के छठे सुलतान, सिकंदर—1389-1413 ईस्वी—ने इस मंदिर को नष्ट नहीं किया था, जबकि मूर्तियां तोड़ने की उसकी आदत के कारण उसे बुतशिकन कहा जाता था। यही नहीं, बाद के समय में दो मुस्लिम शासकों—पंद्रहवीं सदी में जैन-उल-अबिदीन, और शेख मोहिनुद्दीन जो सिख शासनकाल में इस क्षेत्र का गवर्नर था—ने मंदिर का नवीनीकरण कराया। ये सब इस बात के प्रमाण हैं कि मंदिर को बेहद पवित्र माना जाता था, और यही वो स्थान था जहां शंकर श्रीनगर में अपने पड़ाव के दौरान ठहरे थे।

मैंने मंदिर तक की यात्रा कार से उस सड़क पर की, जो 1974 में राज्य सरकार ने बनाई थी। रास्ते में चारों तरफ देवदार के पेड़ों से भरे जंगल थे और आप सिर्फ कल्पना कर सकते हैं कि आज से एक हजार साल पहले ये जंगल कितना खूबसूरत रहा होगा। सड़क आपको पहाड़ी की चोटी तक ले जाती है, लेकिन इसके बाद मंदिर तक पहुंचने के लिए 243 सीढ़ियों की एक और चढ़ाई है। ये सीढ़ियां उन्नीसवीं सदी में डोगरा शासक गुलाब सिंह ने बनवाई थीं। यहां भारत के हर हिस्से से आए कई पर्यटक मिलते हैं, और जब मैं सीढ़ियां चढ़ रहा था, मुझे तमिल, गुजराती और बांग्ला में लोगों की बातचीत सुनने को मिल रही थीं।

लगभग आधा रास्ता पूरा होने के बाद रुकने की एक जगह है, जहां एक सिख होजा सिंह ने मंदिर के इतिहास, शंकर और हिंदू दर्शन से जुड़ी किताबें और प्रचार-पुस्तिकाएं और पर्यटकों के लिए छोटे-मोटे सजावटी सामान बेचने के लिए एक छोटी दुकान खोल रखी है। मैंने होजा से पूछा कि उसने यहां पर दुकान खोलने की कैसे सोची। उसने बताया कि वो कश्मीर से है और पहले भारतीय पुरातत्व सर्वेक्षण (एएसआई) में काम करता था; रिटायरमेंट के बाद घर पर खाली बैठने से बेहतर उसे ये दुकान खोलना लगा और उसे अपने नए काम में काफी मजा आता है।

मंदिर पत्थर से बना हुआ ढांचा है। इसमें एक बड़ा शिवलिंग है जिसके चारों ओर पार्वती, कार्तिकेय और गणेश की छोटी मूर्तियां हैं। शिवलिंग के पीछे एक लंबा त्रिशूल है जिसके ऊपरी हिस्से पर एक डमरू बंधा है। छोटे से गर्भ गृह में भारत के हर हिस्से से आए पर्यटक भरे पड़े थे, लेकिन मेरी पत्नी और मैं लिंग के अभिषेक में शामिल होने में सफल रहे थे। मंदिर की बाहरी दीवार में बने एक ताखे में संगमरमर से बनी शंकराचार्य की एक प्रतिमा रखी है, जिसके ललाट पर चंदन का लेप था, उनकी आंखें दूर कहीं देखती हुई लग रही थीं। द्वारका के शंकराचार्य ने इस प्रतिमा को 1961 में स्थापित किया था।

मंदिर के पास थोड़ा नीचे जाकर एक गुफा है जहां, माना जाता है कि, शंकर ठहरते थे और ध्यान लगाया करते थे। बाहर लगा एक नोटिस बोर्ड इसे 'जगद्गुरु शंकराचार्य तपस्या स्थल' कहता है। गुफा में जाने का प्रवेश द्वार काफी संकरा और नीचा है। अंदर शंकराचार्य की एक बड़ी सी तस्वीर है, जिसे एक पीढ़े पर रखा गया है, और उनके सामने किताब रखने की तिपाई पर दो खुली किताबें रखी हैं। तस्वीर तंजावुर शैली में है और दक्षिण भारत की पारंपरिक कला का प्रभाव उस पर दिखता है। तस्वीर के पास तांबे से बने सांप की एक बड़ी सी प्रतिकृति है जो फन फैलाकर सुरक्षा की मुद्रा में बैठा है। पास में ही एक त्रिशूल भी है, जैसे रखवाली के लिए कोई चौकीदार हो। गुफा तंग है, लेकिन मैं वहां पर बिछी एक दरी पर अकेला बैठ गया और थोड़ी देर के लिए ध्यान लगाया।

ऐसा माना जाता है कि शंकर ने इसी गुफा में रहने के दौरान शक्ति की स्तुति में सौंदर्य लहरी की रचना की थी। इस रचना से साफ दिखता है कि उन पर कश्मीरी तांत्रिक परंपरा का प्रभाव था। ये निष्कर्ष निकाला जा सकता है कि वसुगुप्त से बातचीत के बाद शंकर ने कश्मीर शैववाद से संबंधित तांत्रिक

परंपराओं का गहन अध्ययन किया होगा, जिससे उन्हें सौंदर्य लहरी लिखने की प्रेरणा मिली होगी।

मंदिर से श्रीनगर का दृश्य सच में मन मोह लेने वाला है। दूर-दूर तक फैली घाटी, चारों तरफ बर्फ से ढकी ऊंची चोटियां, स्वच्छ डल झील, दूर दिखती झेलम नदी, हाउस बोट्स के झुंड, सूर्य की रोशनी को लौटाती हुई घरों की लाल छत, और उन्हें ऊपर से देखती हुई देवदार के पेड़ों से भरी पहाड़ी ढालें, ये सब देखकर दिल खुश हो जाता है। यहां रहकर कश्मीर की शैव परंपरा का अध्ययन करना और इससे जुड़ी शक्ति पूजा के सिद्धांतों को समझना शंकर के लिए निश्चित रूप से एक अलौकिक अनुभव रहा होगा, विशेष रूप से इसलिए क्योंकि उस समय घाटी आज की तुलना में कहीं अधिक शांत रही होगी, कहीं अधिक हरी-भरी रही होगी और डल झील और झेलम का पानी कहीं अधिक स्वच्छ रहा होगा।

इस बारे में कोई जानकारी नहीं है कि शंकर श्रीनगर में कितने समय रहे, लेकिन इस बात की संभावना कम है कि वो वर्ष भर से ज्यादा रहे होंगे। ये पक्का है कि कश्मीरी शैववाद और इसकी तांत्रिक शाखा के महत्वपूर्ण तत्वों का उनकी सोच पर बड़ा प्रभाव पड़ा था।

श्रीनगर में जम्मू और कश्मीर के राज्यपाल एन. एन. वोहरा ने मेरी मुलाकात कश्मीरी शैववाद और हिंदू दर्शन के प्रतिष्ठित विद्वान मारूफ शाह से कराने की व्यवस्था की थी। मुझे जल्दी ही समझ आया कि उनकी प्रतिष्ठा सिर्फ नाम की नहीं है। मैंने पूरी दोपहर उनके साथ शंकर के विचारों और कश्मीरी शैववाद की उनमें व्याप्ति की बारीकियों पर चर्चा की। छोटे कद के और भारी कश्मीरी लहजे में बात करने वाले मारूफ, अविश्वसनीय रूप से, राज्य के पशु चिकित्सा विभाग में काम करते हैं। लेकिन दर्शनशास्त्र उनका जुनून है। उनके मुताबिक, शंकर के अद्वैत और कश्मीरी शैववाद में अंतर से अधिक समानताएं हैं। दोनों अद्वैत में विश्वास करते हैं; दोनों मानते हैं कि केवल ब्रह्म तात्विक वास्तविकता है; दोनों स्वीकार करते हैं कि एक अर्थ में जगत वास्तविक है लेकिन सच्चे अर्थ में मायावी और नश्वर है; और दोनों कहते हैं कि क्षणभंगुर को वास्तविक समझने की हमारी भूल का कारण अज्ञान है।

अंतर सिर्फ जोर पर है। कश्मीरी शैववाद, विशेष रूप से जैसी अभिनव गुप्त ने व्याख्या की, मानता था कि शिव ब्रह्म के अवतार हैं और इस अद्‌भुत जगत

को रचने की उनकी क्षमता उनके अंदर विद्यमान शक्ति की ताकत के कारण आई है। शक्ति की पूजा और साथ में इसका तांत्रिक संबंध, इस कारण कश्मीरी शैववाद के महत्वपूर्ण और विशिष्ट गुणों में एक हो गया, जिसे बाद में शंकर ने भी अपनाया था। मारूफ का कहना है कि पुराण कथाएं अध्यात्म के तत्वों को आसानी से समझ में आने लायक बनाने का माध्यम भर हैं। शंकर का एक कश्मीरी महिला के साथ वो संवाद, जिसमें उन्हें पराजय स्वीकार करनी पड़ी, एक पौराणिक रचना हो सकती है ताकि सिद्ध किया जा सके कि शंकर ने शक्ति पूजा के शक्तिशाली भक्तिमय पहलुओं को स्वीकार कर लिया था। मारूफ का कहना है कि ये सकारात्मक अद्वैतवाद को दिखाता है और इंद्रियों और इंद्रियों को सुख देने वाली वस्तुओं की बात भी करता है। जब हमने अपनी बातचीत खत्म की, मारूफ ने दुख जताते हुए कहा कि अब कश्मीर में कश्मीरी शैववाद पर बहुत कम काम हो पा रहा है। हिंदू दर्शन के इस पहलू पर कहीं अधिक दिलचस्पी विदेशों में है। यहां तक कि कश्मीरी पंडित—बीसवीं सदी के महान विद्वान लक्ष्मण जू जैसे अपवादों को छोड़कर—भी इस परंपरा की महानता या इसके शंकराचार्य से संबंध के बारे में नहीं जानते हैं।

शंकराचार्य मंदिर अधिकतर दर्शनार्थियों के लिए एक पर्यटक स्थल है, और हिंदू दर्शन के साथ कश्मीर की एकमात्र महत्वपूर्ण कड़ी। मैं इसे विडंबना ही कहूंगा कि मुझे ये बात एक ऐसा कश्मीरी धार्मिक मुस्लिम बता रहा था, जिसने हमसे मुलाकात के दौरान रमजान का रोजा रखा था।

शंकराचार्य के जीवन की कोई भी कहानी तब तक अधूरी है जब तक उनके द्वारा स्थापित मठों की चर्चा ना की जाए। दक्षिणाम्नाय श्री श्रृंगेरी शारदा पीठम् उनके द्वारा स्थापित पहला मठ था। जिस स्थान पर ये मठ स्थित है वहां की प्राकृतिक सुंदरता हर दर्शनार्थी का मन मोह लेती है। पश्चिमी घाट के मैसूर पठार की गोद में स्थित ये मठ तुंग नदी के तट पर है और चारों तरफ ऋष्यश्रृंग पर्वत श्रेणी से घिरा है। दंतकथा है कि शंकर ने इस स्थान को इसलिए चुना क्योंकि उन्हें तुंग नदी के तट पर एक असाधारण दृश्य दिखा था: एक कोबरा

अपना फन फैलाकर एक मादा मेंढ़क को तेज धूप से बचा रहा था जो अंडे देने वाली थी।

यहां का सर्वाधिक महत्वपूर्ण मंदिर मंडन मिश्र की पत्नी शारदा को समर्पित है। श्री शारदा को समर्पित मूल मंदिर में सिर्फ एक यंत्र (तांत्रिक रचना) था जो तुंग नदी के बीच में एक चट्टान पर उकेरा गया था और साथ में इस पर चंदन की लकड़ी की एक प्रतिमा थी, जिस पर फूस की छत थी। अब तो मंदिर बेहद भव्य है, चिकने ग्रेनाइट से बना, जिसमें शारदा की स्वर्ण प्रतिमा है, गर्भ गृह के बाहर एक बड़ा कक्ष है और देवी की प्रदक्षिणा के लिए चौड़ा गलियारा है।

मेरा ध्यान खींचा श्री चक्र ने, जो तांत्रिक ज्यामितीय ढांचा है, जिस पर देवी बैठी हैं और मंदिर के प्रवेश द्वार पर एक पंक्ति उकेरी गई है: अहम् ब्रह्म अस्मि: मैं ब्रह्म हूं।

यहां दो और प्रमुख मंदिर हैं। पहला श्रृंगेरी मठ के बारहवें शंकराचार्य, श्री विद्या शंकर—1380-1386 ईस्वी—को समर्पित है। वो अद्वैत विचारधारा के प्रतिष्ठित विद्वान थे, और विजयनगर साम्राज्य से अपने शिष्य विद्यारण्य के माध्यम से जुड़े थे, और उन्हीं के प्रयासों ने श्रृंगेरी को एक साधारण धार्मिक शिविर से एक समृद्ध और प्रभावशाली मठ में परिवर्तित कर दिया था। विद्यारण्य हम्पी में प्रसिद्ध विजयनगर साम्राज्य की नींव डालने वाले भाइयों—हरिहर और बुक्का के सलाहकार थे। विजयनगर के शासकों ने अपने इस सलाहकार को श्रृंगेरी मठ के संचालन के लिए काफी धन-धान्य दिया था। उन्होंने अपने सलाहकार के गुरु विद्या शंकर की स्मृति में मंदिर बनाने के लिए भी धन उपलब्ध कराया। मंदिर ना सिर्फ अपनी भव्य संरचना के लिए आपका ध्यान खींचता है, बल्कि एक विशेष आकर्षण है एक बड़ा गुंबद जो उन बारह स्तंभों पर टिका है जिन पर बारह राशियों के चिह्न अंकित किए गए हैं। शंकर ने शायद ही ये कल्पना की होगी कि उनके देहांत के पांच सौ साल बाद श्रृंगेरी का पुनरुत्थान इतने भव्य पैमाने पर होगा।

जिस मंदिर में आदि शंकराचार्य की प्रतिमा है वो थोड़ा साधारण है। ये मठ के पुराने भवन के आंगन में है और इसके पास में शिव की प्रतिमा है। ये कहा जाता है कि शंकर अपने साथ श्रृंगेरी में एक चमकदार क्रिस्टल का शिवलिंग लाए थे, जिसे स्फटिक चंद्रमौलिश्वरालिंग कहा जाता है, और इसे मठ के महंत अपने पास रखते हैं।

मठ के मौजूदा शंकराचार्य, भारती तीर्थ महास्वामीजी से मिलने के लिए मुझे अपने ऊपरी शरीर पर एक अंगवस्त्रम डालना पड़ा। महंत मठ के मुख्य कक्षों में से एक में श्रद्धालुओं के बीच थे लेकिन गरिमापूर्ण तरीके से आशीर्वाद दे रहे थे। उनके जोर देने पर, मैंने मठ के भोजन कक्ष में दोपहर का भोजन लिया। इसमें मुझे चावल, सांभर, सब्जियां, रसम और एक स्वादिष्ट मिष्ठान्न खाने को मिला। मठ प्रतिदिन 15,000 लोगों को मुफ्त भोजन खिलाता है और 9,500 बच्चों को मध्याह्न भोजन भी उपलब्ध कराता है। इस काम की तो निश्चित रूप से शंकर भी सराहना करते। मठ पढ़ाई के लिए स्कूल-कॉलेज भी चलाता है, जिनमें संस्कृत पर विशेष जोर रहता है। मुझे बताया गया कि बहुत जल्दी मठ से करीब दो किलोमीटर दूर एक स्थान पर शंकर की बत्तीस फीट ऊंची प्रतिमा का अनावरण होना है।

पश्चिमी तट पर, अरब सागर के पास, द्वारका में शंकर द्वारा स्थापित मठ की जगह और रूप बिलकुल अलग है। मठ की भौगोलिक स्थिति, भाषा, खान-पान, पोशाक और सांस्कृतिक परिवेश श्रृंगेरी की तुलना में काफी अलग हैं। पश्चिमी घाट के हरे-भरे पर्वतों और जंगलों के विपरीत, हमें यहां मूंगफली, मक्के और कपास के खेत मिले। मैं कल्पना कर रहा था कि 1,200 वर्ष पहले ये स्थान कैसा रहा होगा, जब शंकर अपने समर्पित शिष्यों के दल के साथ चलकर यहां पहुंचे होंगे, और उनके मार्गदर्शक होंगे वो गड़रिए जो चुस्त सफेद पायजामे, छोटे सफेद कोट और सिर पर घुमावदार पगड़ी पहने अपनी भेड़ों को चरा रहे होंगे। शाकाहारी गुजराती पकवान, जो स्वादिष्ट तो होते हैं लेकिन लगभग सभी व्यंजनों में मिठास का पुट रहता है, उनके लिए बिलकुल अपरिचित रहे होंगे। मैंने जामनगर और द्वारका के बीच के एक शहर खंबालिया में स्वादिष्ट गुजराती थाली दोपहर के भोजन में खाई थी।

आज भी ना तो खाना बदला है, ना ही गड़रियों की पारंपरिक पोशाक। लेकिन जो बदलाव आया है वो है इस कृषि बहुल क्षेत्र में औद्योगीकरण का उल्लेखनीय स्तर। भारत के सबसे बड़े कॉरपोरेट समूहों में एक, रिलायंस ने जामनगर से द्वारका के रास्ते में दुनिया की सबसे बड़ी रिफाइनरी बनाई है। एक और निजी उद्योग समूह, एस्सार का यहां एक विशाल फर्टिलाइजर प्लांट है। और भारतीय वायु सेना का जामनगर में एक बड़ा बेस है, जो द्वारका के लिए सबसे नजदीकी कमर्शियल एयरपोर्ट भी है।

कृष्ण को समर्पित द्वारकाधीश मंदिर और मठ एक ही परिसर में हैं। बलुआ पत्थर से बना एक सुसज्जित तोरण, और फिर चार लेन की सड़क आपको इस परिसर तक पहुंचाती है। द्वारकाधीश की प्रतिमा के नजदीक, जिसके सामने एक विशाल मंडपम है, शंकर की प्रतिमा है जो पद्मासन की मुद्रा में है और एक हाथ में एक पुस्तक है, और उनके सामने चारों वेद—ऋग, अथर्व, यजुर और साम—प्रदर्शित किए गए हैं। पृष्ठभूमि में दीवार पर एक भित्ति-चित्र है जिसमें मंडन मिश्र के साथ उनके शास्त्रार्थ को दिखाया गया है।

मठ मंदिर से सटा हुआ है। मैं मौजूदा शंकराचार्य स्वामी स्वरूपानंद से मिला जब वो दर्शन देने बाहर आए। उनकी आयु बहुत अधिक हो चुकी है इसलिए वो एक व्हीलचेयर पर बैठते हैं। उनकी बोली बहुत साफ नहीं है, लेकिन बाद में मैंने उनके प्रमुख शिष्यों में से एक के साथ वेदांत के दार्शनिक पहलुओं पर विस्तृत चर्चा की। दिलचस्प बात ये है कि द्वारका में एक ऐसा मंदिर है जिसमें राधा नहीं, बल्कि रुक्मिणी की पूजा होती है। यहां भद्रकाली मंदिर भी है, जहां विशाल श्री चक्र, करीब तीन फीट लंबे और तीन फीट चौड़े, देवी के पीछे की दीवार और उनके दोनों तरफ की दीवारों पर स्थित हैं। ऐसी मान्यता है कि इन श्री चक्रों को स्वयं शंकर ने स्थापित किया था। जब मौजूदा महंत द्वारका में प्रवेश करते हैं, वो पहले इस शक्तिपीठ में आकर शहर में प्रवेश करने की अनुमति लेते हैं। ये एक और उदाहरण है कि शंकर के कार्यकलापों में शक्ति सिद्धांत को कितना सम्मान दिया जाता था।

भारत के पूर्वी छोर पर उड़ीसा में, पुरी मठ भी समुद्र के किनारे है, जो बंगाल की खाड़ी का प्रवेश द्वार है। जगन्नाथ मंदिर की वजह से पुरी भारत के सर्वाधिक श्रद्धेय तीर्थ स्थलों में एक है। इसलिए मुझे कोई आश्चर्य नहीं हुआ, जब मैंने देखा कि राज्य की राजधानी भुवनेश्वर, जहां पुरी के लिए सबसे नजदीक हवाई अड्डा है, से इस पवित्र शहर तक पहुंचने के लिए एक आधुनिक हाइवे बनाया गया है। जब मैं भुवनेश्वर से पुरी जा रहा था, और मेरे चारों तरफ धान के हरे-भरे खेत, जिनमें बीच-बीच में नारियल के बहुतेरे वृक्ष थे, दिख रहे थे, मेरा मन शंकर के विचारों की तरफ चला गया। भारत के इस नए हिस्से के बारे में उनकी क्या प्रतिक्रिया रही होगी, जो कलाडी से काफी दूर है, लेकिन कई मायनों में और भौगोलिक स्थिति के संदर्भ में, बहुत अलग नहीं है।

हमने कलिंग को पार किया, जहां तीसरी सदी ईसा पूर्व में सम्राट अशोक का प्रसिद्ध युद्ध हुआ था, जिसके बाद मृत्यु और हिंसा से बेहद दुखी होकर सम्राट ने अहिंसा को गले लगाया था, और बौद्ध धर्म अपना लिया था, जिसने इतिहास की धारा बदल दी। भुवनेश्वर से पुरी के आधे रास्ते में पिपली शहर भी है, जो अपने ऐप्लिक के काम के लिए मशहूर है, लेकिन अब सिंथेटिक आर्ट के साथ प्रतिस्पर्धा में पिछड़ता जा रहा है। रास्ते में राघवपुरा गांव भी है जो ओडिसी नृत्य के महान कलाकार केलूचरण महापात्र का घर है और यहां उनका गोतिपुआ नृत्य विद्यालय भी है।

ये स्थान वैष्णव बहुल है जहां कृष्ण सबसे प्रमुख देवता हैं। जगन्नाथ मंदिर में इस नीलेश की प्रतिमा है, जिसके साथ उनके बड़े भाई बलराम और छोटी बहन सुभद्रा भी हैं। मठ मंदिर परिसर के बाहर एक संकरी गली में है, जो एक समय निश्चित रूप से समुद्र के भीतर रहा होगा। ये तुलनात्मक रूप से साधारण सा भवन है, कुछ उपेक्षित भी, और इसके परिसर में चार महत्वपूर्ण मंदिर हैं। इनमें सबसे महत्वपूर्ण है, शक्ति की प्रतीक, बिमला देवी का मंदिर, जो ऊंचे स्तर पर है और बाकी सभी भवनों से ऊंचा है। यहां एक कृष्ण मंदिर भी है—पीठ का नाम भी गोवर्धन मठ है—और एक मंदिर समर्पित है उभयलिंगी देवता अर्द्धनारीश्वर को। मुझे बताया गया कि शंकर को समर्पित एक कक्ष में शालिग्राम पत्थर का एक बिस्तर है जिस पर वो सोया करते थे।

मैं मौजूदा शंकराचार्य, स्वामी निश्चलानंद सरस्वती से मिला, जो मठ के दस्तावेजों के अनुसार पीठ के 145वें महंत हैं। स्वामी सरस्वती शंकर के जीवन काल की तिथियों को लेकर काफी कड़े विचार रखते हैं। उनके अनुसार, शंकर ढाई हजार से अधिक वर्ष पूर्व हुए थे, आठवीं सदी ईस्वी में नहीं, जिस पर हम 'विदेशी' विद्वानों के षड्यंत्र की वजह से विश्वास करते हैं। वो इस विषय पर, और वेदांत से अलग कई दूसरे और विषयों पर साफ-साफ शब्दों में जब हमें समझा रहे थे, उनके पीछे शंकर की एक बड़ी सी तस्वीर, मुस्कुराहट के साथ उनकी शांत पद्मासन मुद्रा में, हमें देख रही थी।

तमिलनाडु में कांचीपुरम मठ पर कुछ विवाद हैं। अधिकतर विद्वान मानते हैं कि शंकर ने केवल चार मठ स्थापित किए थे—दक्षिण में श्रृंगेरी, पश्चिम में द्वारका, पूर्व में पुरी और उत्तर में जोशीमठ। लेकिन कांची मठ के संचालक दावा

करते हैं कि ये भी शंकर ने स्थापित किया था, और जो कोई भी यहां आता है, उसे गहन आस्था के साथ किए गए इस दावे पर संदेह नहीं रह जाता है।

जब मैंने मठ के मुख्य मंडपम में प्रवेश किया, मृदंगम और नादस्वरम की तेज ध्वनि के साथ आरती हो रही थी। लाल फर्श पर बैठे श्रद्धालुओं से कक्ष भरा हुआ था, ये सभी पुरुष थे जिन्होंने सिर्फ वेष्टि पहना था और कमर से ऊपर उनका शरीर नग्न था। आरती हो रही थी, गर्भ गृह में रखे स्फटिक चंद्रमौलिश्वरालिंग के लिए। शंकर की एक बड़ी सी तस्वीर पूजा-पीठिका पर रखी थी, जिसमें वो पद्मासन में बैठे हैं और उनके कंधे पर लाल कपड़ा है और गले में रुद्राक्ष की माला, उनकी चमकीली आंखों के ऊपर एक लाल तिलक है। कक्ष के एक कोने में शंकर के जीवन के महत्वपूर्ण अध्यायों को दर्शाती हुई चित्रों की एक श्रृंखला थी। मौजूदा मठाधीश जयेंद्र सरस्वती, जो अब काफी वृद्ध हो चुके हैं, और उनके उत्तराधिकारी, विजयेंद्र सरस्वती ने मेरे साथ अच्छा-खासा समय बिताने की उदारता दिखाई।

कांची के शंकराचार्यों का मानना है कि शंकर ने इसी प्राचीन धार्मिक शहर में अपने प्राण त्यागे, या जैसा कहा जाता है कि यहां सर्वज्ञ पीठ प्राप्त किया। उनका कहना है कि शंकर ने चार अन्य मठों को वेदांत के प्रचार और हिंदुत्व की रक्षा और प्रसार के लिए स्थापित किया, लेकिन कांची मठ उन्होंने 'अपने लिए' बनाया, और ऐसे मठ के तौर पर जो बाकी चारों के कार्यकलापों की देख-रेख करेगा।

वो इस विश्वास को सच साबित करने के लिए कई कारण गिनाते हैं। कांची दक्षिण भारत में मंदिरों के सर्वाधिक प्रसिद्ध शहरों में एक था और आज भी है, जहां एक हजार से ज्यादा मंदिर हैं। महाकवि कालिदास ने इसे 'शहरों में शहर' कहा था क्योंकि ये तमिल और संस्कृत के विद्वानों के लिए जाना जाता था। प्राचीन ग्रंथों में, इसके स्थान को 'पृथ्वी की नाभि' कहकर संबोधित किया गया है। कांची पल्लव और चोल राजवंशों की राजधानी भी थी। शहर का सर्वाधिक प्रसिद्ध कामाक्षी मंदिर पार्वती को समर्पित है, जहां उन्हें प्रेम की देवी के रूप में प्रदर्शित किया गया है। शंकर के शक्ति संप्रदाय में विश्वास को देखते हुए और इस बात को ध्यान में रखते हुए कि उनके बाकी सभी मठों को शक्तिपीठ कहा गया है, क्या ये संभव है कि वो कांची नहीं आए होंगे, और पार्वती को समर्पित मंदिरों और शिक्षा के इस प्राचीन शहर में मठ स्थापित नहीं किया होगा?

विजयेंद्र सरस्वती ने मुझे बताया कि कांची में शंकर लगभग सर्वव्यापी हैं, और हर मंदिर में उनकी एक प्रतिमा या उन्हें समर्पित कोई रूप जरूर है। सुंदर कामाक्षी मंदिर में, जिसका नवीनीकरण कांची मठ ने हाल ही में किया है और जो बिलकुल पास है, सचमुच शंकर की एक चमकदार प्रतिमा है जिसके ऊपर सोने की छतरी है, और इसे मंदिर परिसर में एक ऐसी पीठिका पर स्थापित किया गया है जो कामाक्षी की पीठिका से भी ऊंची है।

कांची मठ के अनुसार, शंकर ने स्वयं कामाक्षी के पैरों में श्री चक्र स्थापित किया था। वो रामेश्वरम, श्री सैलम और तिरुपति होते हुए, अपने जीवन के अंतिम चरण में कांची आए थे और यहीं उनकी मृत्यु हुई या उन्होंने समाधि ली, और कांची मठ का दावा है कि ये समाधि कामाक्षी मंदिर के परिसर में ली गई थी। समाधि के पहले, उन्होंने मठ के संचालन का जिम्मा अपने मुख्य शिष्य सुरेश्वर, जिन्हें उनके पुराने नाम मंडन मिश्र से ज्यादा जाना जाता है, को सौंप दिया था। विजयेंद्र सरस्वती ने मुझे ये भी बताया कि कांची में एक गली है जिसका नाम मंडन मिश्र अग्रह है। मिश्र के कुछ वंशज, जो मूल रूप से बिहार से थे, अब कांची में बस गए हैं हालांकि उन्होंने मुस्कुराते हुए बताया कि वो सभी अब तमिल बोलते हैं। मठ के परिसर में सर्वाधिक प्राचीन संरचना है वो मंदिर जिसमें सुरेश्वर की प्रतिमा है, और मठ का दावा है कि इसी स्थान पर उनका अंतिम संस्कार किया गया था।

इस बारे में कोई संदेह नहीं है कि कांची मंदिरों का शहर है। चेन्नई से कांची तक पहुंचने में एक घंटे से कुछ ज्यादा समय लगता है और इस दौरान आपको कारखानों और निजी विश्वविद्यालय परिसरों के लंबे-चौड़े इलाके दिखेंगे, लेकिन जैसे ही आप कांची में कदम रखते हैं वहां आपको हर दिशा में मंदिर ही मंदिर दिखेंगे। ये भी सच है कि कांची की पहचान काशी, उज्जैन, द्वारका, अयोध्या और हरिद्वार की तरह 'मोक्षपुरी' की है, यानी वो स्थान जहां हिंदुओं को मृत्यु के बाद मुक्ति पाने का विश्वास है। इसलिए ये संभव है कि यायावर गुरु शंकर अपनी यात्राओं के दौरान कांची आए होंगे। ये भी संभव है कि उन्होंने कामाक्षी मंदिर में श्री चक्र स्थापित किया होगा, क्योंकि उन्होंने देवी को समर्पित दूसरे मंदिरों में भी ऐसा किया था और कामाक्षी को हमेशा से सर्वाधिक महत्वपूर्ण शक्तिपीठों में एक माना जाता था।

हालांकि, सभी—और कम से कम चार प्रमुख मठों के सभी मठाधीश—नहीं मानते कि कांची शंकर द्वारा स्थापित पांचवां मठ था। सामान्य धारणा है कि कांची मठ मूल रूप से श्रृंगेरी मठ का अंश था। श्रृंगेरी मठ ने तमिलनाडु के तंजावुर जिले के एक शहर कुंभकोणम में एक शाखा 1821 ईस्वी में स्थापित की थी, जिसमें उन्हें तंजौर के राजा प्रताप सिंह तुलजाजी की सहायता मिली थी। कुंभकोणम की इस शाखा ने अपने आप को श्रृंगेरी से अलग कर लिया और 1842 ईस्वी के आसपास कांची आ गई, जिस वर्ष इसे ईस्ट इंडिया कंपनी के अंग्रेज कलेक्टर द्वारा कामाक्षी मंदिर का एकमात्र ट्रस्टी नियुक्त कर दिया गया।

इस बात पर भी गंभीर असहमति है कि कांची में ही शंकर ने समाधि ली थी। अधिकतर का मानना है कि शंकर ने अपने प्राण केदारनाथ में त्यागे थे। ये अनुमान कि कांची मठ के नेतृत्व के लिए शंकर ने सुरेश्वर को नियुक्त किया था, इस पर भी बड़ी आपत्तियां हैं। सबसे अधिक यही माना जाता है कि शंकर ने सुरेश्वर को उनके पहले मठ यानी श्रृंगेरी का प्रभारी बनाया था।

हालांकि कांची मठ इनमें से किसी आपत्ति को स्वीकार नहीं करता। दरअसल यहां के मठाधीशों ने शंकर की विद्यमान जीवनियों को खंगालकर अपने दावों के समर्थन में जितने प्रमाण हो सकते हैं, ढूंढ़ने की कोशिश की है और अपनी स्वतंत्र पहचान को 2,500 वर्ष पुराना बताया है। यहां तक कि शंकर के मृत्यु स्थल के संबंध में, उनके पास 6 जुलाई 1958 का एक पत्र है, जो उत्तर प्रदेश के तत्कालीन मुख्यमंत्री डॉ. संपूर्णानंद ने नई दिल्ली में पुरातत्व विभाग के संयुक्त निदेशक को लिखा था।

डॉ. संपूर्णानंद की द्वारका मठ के तत्कालीन प्रमुख के साथ मिलकर केदारनाथ में शंकर के लिए एक स्मारक स्थापित करने में बड़ी भूमिका थी। हालांकि, इसके बावजूद उन्होंने ये पत्र लिखा था:

> हाल ही में मुझे द्वारका पीठ के शंकराचार्य के साथ इस विषय पर चर्चा करने का मौका मिला था। सबसे पहले तो ये कि समाधि (केदारनाथ में) शब्द से इस संबंध में गलत अर्थ निकलता है। ये सिद्ध करने के लिए कोई प्रमाण नहीं है कि श्री शंकराचार्य की मृत्यु इस स्थान पर हुई थी।[4]

---

4 श्री शंकराचार्या एंड हिज कनेक्शन विद कांचीपुरम, ए.कुप्पास्वामी, श्री कांची मठ, 2003, पृष्ठ 44 में उद्धरित

इसलिए, कांची मठ का विश्वास है कि शंकर ने केदारनाथ में केवल 'संकल्प समाधि' यानी जगत का त्याग करने का संकल्प लिया था, और वास्तव में उनकी मृत्यु जिस स्थान पर हुई थी, वो कांचीपुरम है।

विचारों में भले ही ऐसे अंतर हों, सच्चाई यही है कि कांची मठ ना सिर्फ कायदे से स्थापित है, बल्कि काफी संपन्न भी है। श्रद्धालुओं की यहां भीड़ रहती है; ये भारत भर में शिक्षा और स्वास्थ्य के क्षेत्रों में कई धर्मार्थ कार्यक्रम चलाता है; मठाधीश को काफी सम्मान मिलता है और इस क्षेत्र में विशेष रूप से उनका बहुत अधिक प्रभाव है। हाल ही में जिस ढंग से मठ ने कामाक्षी मंदिर का नवीनीकरण किया है, इससे शंकर को गर्व की अनुभूति होती।

मैंने मंदिर में शाम की आरती देखी, और ये एक विचारोत्तेजक अनुभव है, सोने में देदीप्यमान देवी, उनकी चमकीली आंखें आरती की ज्वाला के साथ घूमती प्रतीत होती हैं, श्री चक्र उनके सामने चमकता रहता है, मंदिर को सुंदर तरीके से रोशन किया जाता है, मंदिर के आंगन में बने सरोवर में चंद्रमा की छाया दिखती है, हल्की ठंडी हवा सुगंधित झाड़ियों को छेड़ती हुई बहती है, और आंगन के कोने से, शंकर की प्रतिमा, चैन से बैठी हुई सारी कार्यवाही को शांत मन से देखती रहती है।

शंकर ने हिमालय में ज्योतिर्मठ की स्थापना अपने उत्तरी गढ़ के तौर पर की। जोशीमठ, जो अब शहर का नाम है, एक भीड़-भाड़ वाला हिल स्टेशन है और बद्रीनाथ मंदिर की यात्रा के प्रारंभ बिंदु के रूप में अधिक प्रसिद्ध है, जो यहां से लगभग 30 किलोमीटर दूर है। मठ पहाड़ी की एक ढाल से सटा है जिसके आधार पर आपको संकरी और भीड़-भाड़ वाली गलियों और कुरूप कंक्रीट का वही कोलाहल मिलता है जो सभी भारतीय शहरों की खासियत है। मठ तक पहुंचने के लिए आपको इनमें से एक गलियारे से ऊपर जाना होता है। जर्जर 'भारत गेस्ट हाउस'—जो ऐसे ही टूटे-फूटे भवनों में एक है—मठ जाने के रास्ते में आपका स्वागत करता है, और इतने महत्वपूर्ण भवन तक जाने के लिए निश्चित रूप से स्वागतयोग्य तो नहीं है।

हालांकि, मठ के प्रवेश द्वार पर कंक्रीट का एक बड़ा सा दरवाजा है लेकिन परिसर एकदम सुनसान प्रतीत होता है। इसके पीछे एक कारण है। ये शंकर द्वारा स्थापित एकमात्र मठ है जिसमें अभी कोई शंकराचार्य नहीं है। अंतिम 'विधि सम्मत' महंत थे स्वामी ब्रह्मानंद सरस्वती, जो 1941 में नियुक्त हुए थे। 1953 में उनकी मृत्यु के बाद से उत्तराधिकार कई कानूनी मुकदमों में उलझा है, और द्वारका के मौजूदा महंत ही इस मठ का अतिरिक्त कार्यभार संभालते हैं। मुझे बताया गया कि इलाहाबाद उच्च न्यायालय ने हाल ही में कहा है कि विधि सम्मत महंत चुने जाने के विषय में फैसला जल्द किया जाएगा, लेकिन इस बात की कोई गारंटी नहीं है कि जिसे चुना जाएगा, उसे फिर से कानूनी चुनौती नहीं मिलेगी। निश्चित रूप से ये दुखद है कि अशोभनीय राजनीति अक्सर धार्मिक सत्ता का हिस्सा बनती दिखती है।

ब्रह्मचारी श्रवणंद, जो मूल रूप से मध्य प्रदेश से हैं, लेकिन यहां तीन दशकों से रह रहे हैं, इस स्थान के प्रभारी हैं और हमें चारों तरफ घुमाने ले जाते हैं। भले ही ये अभी उपेक्षित हो, इस मठ में शंकर की उपस्थिति के स्पष्ट प्रमाण दिखते हैं। यहां शंकर के शिष्य तोतकाचार्य के नाम की एक गुफा है, जिन्हें शंकर ने इस मठ का पहला महंत बनाया था। तोतकाचार्य का असली नाम था गिरि। वो श्रृंगेरी में शंकर के पड़ाव के दौरान उनके साथ आए थे, और उनके चार मुख्य शिष्यों में एक बन गए थे। गिरि अपनी विद्वता और पांडित्य के लिए कम, और अपने गुरु के प्रति अगाध समर्पण के लिए ज्यादा जाने जाते थे।

एक कहानी के अनुसार, एक दिन गिरि को शंकर की प्रतिदिन की कक्षा के लिए देर हो गई। दूसरे शिष्य अधीर हो रहे थे और चाहते थे कि कक्षा शुरू हो, लेकिन शंकर ने उन्हें प्रतीक्षा करने को कहा। गिरि ने तभी कक्षा में प्रवेश किया, और सभी को एक स्वरचित भजन गाकर आश्चर्यचकित कर दिया। ये भजन तोतक नामक छंद में था। तोतकाष्टम नामक ये लघु भजन, खूबसूरती से रचा गया था और उनके गुरु को श्रद्धांजलि था जिसमें मोक्ष प्राप्त करने में गुरु की भूमिका का वर्णन किया गया था। तभी से, शंकर ने गिरि को तोतकाचार्य नाम दे दिया। और, ज्योतिर्मठ अपने पहले आचार्य, तोतक को काफी महत्व देता है।

तोतकाचार्य के नाम की गुफा आज भी करीब-करीब उसी स्थिति में है जैसी ये शंकर के समय रही होगी, इसलिए क्योंकि इसके साथ छेड़-छाड़ नहीं की गई

है। गुफा के ऊपर एक बड़ी सी चट्टान आगे की तरफ निकली हुई है, और श्रवणंद हमें चट्टान के ऊपर बनी ओम के समान एक आकृति दिखाते हैं। ध्यानमग्न मुद्रा में बैठे हुए शंकर की एक सुंदर सी प्रतिमा गुफा में है, साथ ही उनके द्वारा स्थापित एक छोटा सा स्फटिक का लिंग भी। श्रवणंद कहते हैं कि यहीं शंकर और तोतकाचार्य ध्यान लगाते थे।

परिसर में एक और गुफा है जिसका प्रयोग शंकर ध्यान लगाने के लिए करते थे। और बाकी सभी मठों की तरह, यहां भी एक मंदिर है जो शक्ति को समर्पित है। ज्योतिर्मठ में उन्हें राजराजेश्वरी त्रिपुर सुंदरी के रूप में दिखाया गया है। उनके मंदिर में मेरा ध्यान खींचा प्रवेश द्वार पर सुंदर श्री चक्र ने, जहां सफेद संगमरमर में ज्यामितिय आकृतियां उकेरी गई हैं।

मठ के परिसर में कल्प वृक्ष भी है जिसके बारे में कुछ लोगों का दावा है कि ये भारत में सबसे पुराना वृक्ष है। ये देखने में प्राचीन लगता है, इसके तने में भारी गांठें हैं और इसकी शाखाएं हर दिशा में फैली हुई हैं। कहा जाता है कि यहां भी शंकर ने ध्यान लगाया था, और पेड़ के नीचे एक शिवलिंग स्थापित किया था, जो आज भी एक छोटे मंदिर में मौजूद है। मुझे लगा कि शंकर के समय में मठ निश्चित रूप से एक शांत पहाड़ी ढाल पर, जंगल के बीच, ध्यान और आश्रय के लिए उपयुक्त कुछ प्राकृतिक गुफाओं के चारों तरफ एक छोटा प्रबंध रहा होगा। मौलिक सौंदर्य के कुछ निशान अभी भी हैं, लेकिन चारों तरफ शहरीकरण का ऐसा आक्रमण हो चुका है कि उस मौलिकता को पुनर्जीवित करने के लिए गहरी कल्पनाशक्ति की जरूरत होगी।

मठ से थोड़ी ही दूरी पर नरसिम्हा मंदिर है जिसे शंकर द्वारा स्थापित माना जाता है। नरसिम्हा को विष्णु का अवतार समझा जाता है और वो आधे मनुष्य, आधे शेर के रूप में थे, जिन्हें पृथ्वी पर बुराई और धार्मिक अत्याचारों को खत्म करने के लिए भेजा गया था। मंदिर का वास्तुशिल्प पर्वतीय है, लकड़ी और पत्थर के मिश्रण से बना, लकड़ी की पट्टियां चमकीले लाल और नीले रंग से पुती हैं। मंदिर के अहाते में महालक्ष्मी का एक छोटा सा मंदिर है, वैसा ही शक्तिपीठ जो शंकर से संबंधित हर धार्मिक प्रतिष्ठान का स्थायी अंग है।

मंदिर भूतल पर है। इसके ऊपर एक बड़ा कक्ष है, बहुत बड़ा नहीं लेकिन एक छोटे जनसमूह के लिए पर्याप्त, जिसे शंकराचार्य की गद्दी के तौर पर जाना

जाता है। कक्ष के दूर छोर पर शंकर की एक प्रतिमा है। ऐसा लगता है कि ये वो स्थान हो सकता है जहां शंकर अपने शिष्यों से मिला करते होंगे और अद्वैत सिद्धांत के विभिन्न पहलुओं पर चर्चा करते रहे होंगे। इस कक्ष का शंकर द्वारा स्थापित मंदिर का हिस्सा होना इस अनुमान को बल प्रदान करता है। बिलकुल नजदीक असली मठ में शंकर ठहरा करते होंगे, जहां वो अकेले रहते होंगे या ध्यानमग्न रहते होंगे, जबकि नरसिम्हा मंदिर की गद्दी वो स्थान होगा जहां वो सार्वजनिक चर्चा करते होंगे।

शंकर ने मठों की स्थापना ऐसे संस्थानों के निर्माण के विशेष उद्देश्य से की थी जो अद्वैत सिद्धांत को विकसित करें और प्रचार-प्रसार करें। उनका लक्ष्य निश्चित रूप से हिंदुत्व को एक संस्थागत ढांचा देना रहा होगा, बिलकुल उसी तरह जैसे बौद्ध धर्म ने अपने मठों के माध्यम से किया था। जब तक मठ स्थापित नहीं किए गए थे, हिंदुत्व एक व्यापक जीवन मार्ग था—जो ये अभी भी है—लेकिन बिना किसी केंद्रीय मर्म के जो इसके सिद्धांत और अभ्यासों को सुरक्षित रख सके।

ये जरूर याद रखना चाहिए कि वैसे तो शंकर अद्वैत वेदांत सिद्धांत के पक्के समर्थक थे, जिसमें प्रथाओं, प्रार्थना, भक्ति और मंदिरों की परा विद्या (श्रेष्ठ ज्ञान) के स्तर पर अधिक महत्ता नहीं थी, लेकिन इसके साथ-साथ वो अपरा विद्या (व्यावहारिक ज्ञान) के निर्देशों के दायरे में इन धार्मिक कृत्यों का अनुमोदन करते थे। इस मायने में, वो ना सिर्फ वेदांत सिद्धांत के अभिभावक बने, बल्कि सनातन धर्म (संपूर्ण हिंदुत्व) के भी अभिभावक बने, अभ्यास और दर्शन दोनों में। ये भी महत्वपूर्ण है कि उन्होंने अपने मठों को उन्हीं क्षेत्रों में स्थापित किया, जो आज भारत में हैं।

इससे उस औपनिवेशिक सिद्धांत पर विराम लग जाता है, बदकिस्मती से कई अनजान भारतीय भी जिसका समर्थन करते हैं, कि भारत की परिकल्पना एक ब्रिटिश कृति है, और उनके पहले भारत सिर्फ एक भौगोलिक रूपरेखा था जिसमें एकता नहीं थी। शायद अंग्रेजों ने राष्ट्रव्यापी प्रशासनिक ढांचा तैयार

किया था, लेकिन भारत का अस्तित्व एक परिभाषित सभ्यता और सांस्कृतिक एकता के साथ, इस पर ब्रिटिश जीत के काफी पहले से रहा था।

आज ये मठ हिंदू श्रद्धालुओं के लिए आकर्षण का केंद्र हैं, और काफी हद तक उन उद्देश्यों को पूरा कर रहे हैं जिनके लिए शंकर ने उन्हें स्थापित किया था। हालांकि, उनमें आपस में समन्वय बेहद कम है, और अक्सर वो एक-दूसरे से प्रतिस्पर्धा करते ज्यादा दिखते हैं, या एक मठ का शंकराचार्य स्वयं को दूसरे से अधिक श्रेष्ठ सिद्ध करता दिखता है। ये अप्रत्याशित नहीं है क्योंकि निष्ठा और व्यक्तिगत प्राथमिकता के मुद्दे मानव संचालित परिस्थितियों में आते ही हैं, और जहां अनुशासित अंतर्संबंध या नियोजित विचार-विमर्श की कोई रूपरेखा नहीं है। आपको ये भी महसूस होता है कि हर महंत पूजा-अर्चना के जिन आडंबरों और साज-सामान को महत्व देता है, उनके सामने काफी हद तक शंकर के इन मठों को हिंदू दर्शनशास्त्र और संस्कृत अध्ययन, विशेषकर अद्वैत सिद्धांत के श्रेष्ठ केंद्रों के रूप में विकसित करने के मूल विचार गौण हो गए हैं।

हालांकि शंकर को इस बात का श्रेय देना चाहिए कि आज से एक हजार वर्ष से भी पहले उन्होंने इन मठों को स्थापित करने की जरूरत महसूस की थी, और अपने लक्ष्य को हासिल करने के लिए संगठनात्मक ऊर्जा दिखाई थी। अपने जीवनकाल के दौरान, उन्होंने अपने चारों मुख्य शिष्यों को मठों का प्रमुख नियुक्त कर दिया था, और उनके कार्यकलापों से संबंधित दूसरे संगठनात्मक कार्य पूरे कर दिए थे। नीचे दिए गए चार्ट में मठों का संगठनात्मक ढांचा दिया गया है, साथ ही उन शिष्यों के नाम भी जो शुरुआती प्रभारी बनाए गए थे।

बद्रीनाथ और केदारनाथ के महान हिमालयी तीर्थस्थल ज्योतिर्मठ की परिधि के भीतर हैं। बद्रीनाथ सड़क मार्ग से करीब तीस किलोमीटर दूर है, और 10,000 फीट (3,133 मीटर) से ज्यादा की ऊंचाई पर है। मंदिर केवल छह महीने तक खुला रहता है, अप्रैल से नवंबर तक, और हिमपात की वजह से शीत ऋतु में बंद रहता है। सारे वर्णनों में इस बात का जिक्र है कि बद्रीनाथ शंकर को बहुत प्रिय था। ये माना जाता है कि विष्णु की वो प्रतिमा जो मंदिर में स्थापित है, वो मंदिर के पास बहने वाली अलकनंदा नदी में शंकर को मिली थी। शंकर ने उसे पाने के बाद उसे मंदिर के गर्भ गृह में स्थापित किया था।

	पूर्व	दक्षिण	पश्चिम	उत्तर
पीठम का नाम	गोवर्धन मठ	श्रृंगेरी मठ	कालिका मठ	ज्योतिर्मठ
स्थान	पुरी (उड़ीसा)	श्रृंगेरी (कर्नाटक)	द्वारका (गुजरात)	बदरिकाश्रम (उत्तराखंड)
देवी-देवता	जगन्नाथ (पुरुषोत्तम, शक्ति-वर्सला विमला)	मालाहानिकर लिंग, वराह, शक्ति-शारदा	सिद्धेश्वर शक्ति-भद्र काली	नारायण शक्ति, पूर्णागिरी
तीर्थ	महोदधि (बंगाल की खाड़ी)	तुंगभद्रा नदी	गोमती नदी	अलकनंदा नदी
वेद	ऋग्वेद	यजुर्वेद	सामवेद	अथर्ववेद
संप्रदाय	भोगावल	भूरिवल	कितावल	नंदावल
महावाक्य	प्रज्ञानं ब्रह्म	अहं ब्रह्मास्मि	तत्त्वमसि	अयमात्मा ब्रह्म
महंत की उपाधि	अरण्य, वन	सभी उपाधियां, विशेषकर सरस्वती, पुरी, भारती, अरण्य, तीर्थ, गिरि, आश्रम	तीर्थ, आश्रम	गिरि, पर्वत, सागर
पीठम के प्रथम आचार्य	श्री हस्तमलकाचार्य	श्री सुरेश्वराचार्य	श्री पद्मपादाचार्य	श्री तोतकाचार्य

दिलचस्प ये है कि इस प्रतिमा का रंग-रूप पारंपरिक नहीं है, हालांकि ये कोई संयोग नहीं है। एक मान्यता है कि शंकर के जीवनकाल के पहले, पास में तिब्बती बौद्धों के एक आक्रमण के दौरान, मंदिर के रक्षकों ने प्रतिमा की रक्षा करने के उद्देश्य से उसे नारद कुंड (गर्म पानी का सोता) में फेंक दिया था, जो अलकनंदा नदी का ही हिस्सा है। वो वहां तब तक पड़ी रही जब तक वो शंकर को प्राप्त नहीं हुई, लेकिन तब तक उसका रंग-रूप मिट चुका था। दार्शनिक व्याख्या ये है कि बिना किसी स्पष्ट चेहरे, मुंह, या कान और आंखों की प्रतिमा का महत्व भक्तों की कल्पना पर छोड़ दिया गया है। मंदिर निश्चित रूप से वैष्णव है, लेकिन इसके देवता रंग-रूप में सीमाओं से परे हैं, काफी कुछ हिंदुत्व की तरह जो अपने कई समुदायों की भिन्नताओं से परे है। आशानुरूप, बद्रीनाथ में विष्णु की पत्नी, लक्ष्मी को समर्पित एक मंदिर भी है, जो शक्ति का प्रतीक है। मुख्य मंदिर के चारों तरफ बने कक्षों में से एक में श्री चक्र भी है।

बद्रीनाथ का रंग-रूप सामान्य मंदिरों से अलग है। सामने चौड़े खंभे और ऊपरी संरचना की पैगोडा शैली वास्तव में एक बौद्ध विहार की याद दिला देती है। इसलिए, शायद इस मान्यता में थोड़ी सच्चाई लगती है कि पहले ये एक बौद्ध ढांचा था, और शंकर के आने के बाद इसे हिंदू मंदिर में बदल दिया गया था।

मंदिर की परिक्रमा के एक कोने में शंकर की प्रतिमा है, वो एक ऊंचे आसन पर बैठे हैं, और उनके पैरों में चार मुख्य शिष्य बैठे हैं। इस प्रतिमा में, शंकर का चेहरा आश्चर्यजनक स्पष्टता से चित्रित किया गया है और उनके नैन-नक्श उनके सामान्य चित्रण से काफी अलग हैं। उनके मुंडे हुए सिर के चारों तरफ एक केसरिया वस्त्र है और उनके चेहरे में स्पष्ट चित्रित आंखें, उन्नत नाक और स्पष्ट रेखांकित होंठ हैं, जिन पर ऐसी दिव्य मुस्कुराहट है जो एक साथ यथार्थवाद और अध्यात्म और वैराग्य की गहरी अनुभूति कराती है।

हिमालय की हिमाच्छादित ऊंची चोटियों की गोद में बसे, बाकी विश्व के कोलाहल से दूर, बद्रीनाथ की प्राकृतिक सुंदरता और नजदीक के हिमनदों से निकली तरुणा अलकनंदा की गर्जना, जो इस स्थायी शांति को भंग करने वाली एकमात्र आवाज है, ने ही निश्चित रूप से शंकर को इस स्थान पर मुग्ध किया होगा और वो अक्सर ही यहां आकर लंबे समय तक मनन, लेखन और ध्यान करते रहे होंगे। उनके कुछ जीवनीकार मानते हैं कि उन्होंने 814 से 820 ईस्वी

के दौरान बद्रीनाथ की यात्रा लगातार की, वहां वो गर्मी के महीनों में रहा करते थे और जब मंदिर जाड़ों में बंद हो जाता था वो ज्योतिर्मठ चले जाते थे।

अगर बद्रीनाथ सुरम्य है तो करीब 12,000 फीट (3,583 मीटर) की ऊंचाई पर केदारनाथ भव्य है। हिमालय की हिमाच्छादित चोटियां ऐसा आभास कराती हैं कि मंदिर उनकी गोद में, नीचे की तरफ मनमोहक घाटियों के किनारे पर एक छोटे पठार पर स्थित है। केदारनाथ तक पैदल पहुंचना निश्चित रूप से एक साहसिक कार्य है।

मैंने ये यात्रा देहरादून से हेलीकॉप्टर के माध्यम से चालीस मिनट में की। मेरे नीचे पहाड़ और घाटियों की कभी ना खत्म होने वाली श्रृंखला थी, जहां तक नजर देख सकती थी जंगल ही जंगल थे, रूई के फाहों समान दिख रहे बादलों में लिपटे हुए पर्वतों में कहीं किसी स्रोत से फूट रहीं पारदर्शी झीलें और नदियां थीं। बीच-बीच में एक छोटा गांव सूर्य की रोशनी में चमकता दिखता, और मैं सोचता कि क्या इनमें से कोई उतना पुराना स्थान है जहां शंकर ने अपनी उद्योगी तीर्थयात्रा के दौरान कभी विश्राम किया होगा और भोजन और आश्रय ग्रहण किया होगा।

केदारनाथ मंदिर आज भी उसी पारंपरिक संरचना में है जिसमें उसे शंकर ने बनवाया था, हालांकि बाद में कुछ नवीनीकरण और सुधार कार्य कराए गए होंगे। ये शिव को समर्पित है और बारह पवित्र ज्योतिर्लिंगों में एक है। अद्भुत बात ये है कि लिंग एक बड़ी सी चट्टान का बाहर की तरफ उभरा हुआ, साधारण हिस्सा है जो पारंपरिक आकार में भी नहीं है। मेरे अनुसार, अपरिभाषित की ये उपासना अद्वैत सिद्धांत के अनुकूल है क्योंकि लिंग ब्रह्म की गुणातीत प्रकृति का प्रतीक है। लिंग मौजूद तो है, लेकिन सिर्फ एक अनिश्चित आकार में, और उस उच्च सत्य को प्रतिबिंबित करता है जो परिभाषा के परे है। ये पृथ्वी की परत से बाहर की तरफ निकला हिस्सा है लेकिन उसके साथ एकाकार है जिससे वो बाहर निकला है और किसी मानवीय अलंकरण से रहित है, काफी कुछ उसी तरह जैसे आत्मा ब्रह्म के साथ एकाकार है।

इस सत्य के सामने सभी मानवीय विभेद समाप्त हो जाते हैं। इन चीजों की सच्ची एकरूपता भौगोलिक बंधनों के नष्ट होने से दिखती है। मंदिर में आरती कन्नड़ में होती है, जो दक्षिण भारत में कर्नाटक की भाषा है। बद्रीनाथ में विष्णु

की प्रतिमा का कोई विशिष्ट रंग-रूप नहीं है। यहां के मुख्य पुजारी शैव संन्यासी हैं जो केरल के नंबूदिरी संप्रदाय से आते हैं। केदारनाथ में मंदिर तो शिव का है, लेकिन पूज्य प्रतिमा ऐसी किसी भी स्पष्ट पहचान से मुक्त है और ये किसी भी देवता का प्रतिनिधित्व कर सकती है, या संपूर्ण ब्रह्मांड का भी।

शंकर निश्चित रूप से केदारनाथ को देखकर मंत्रमुग्ध हो गए होंगे। मान्यता है कि वो यहां बद्रीनाथ से अकेले आए थे और अपने शिष्यों को वहीं रुकने को कहा था। यहां हिमालय की चोटियां बद्रीनाथ की तुलना में अधिक नजदीक दिखती हैं। मंदिर के पास बहने वाली मंदाकिनी के अलावा यहां कम से कम चार और छोटी नदियां हैं जो पास के हिमनदों से निकलती हैं और एक-दूसरे के साथ-साथ मंदाकिनी में मिल जाती हैं। ये प्राकृतिक सुरम्यता और शांति आपको स्वतः सर्वशक्तिमान के पास ले आती है। आप सिर्फ कल्पना कर सकते हैं कि शंकर दूर-दराज के इस स्थान पर पैदल आए होंगे, जहां पहुंचना दुष्कर है और जिसका वर्णन महाभारत की दंतकथाओं में मिलता है, और मंदिर में या फिर मंदाकिनी के तट पर, अकेले, ध्यान लगाते होंगे और प्रकृति व शांति के सान्निध्य में स्वयं को पूरी तरह डूबा पाते होंगे।

2013 की बाढ़ ने केदारनाथ मंदिर की जगह को तहस-नहस कर दिया था। ऊपर के पहाड़ों से एकाएक पानी, चट्टान और पत्थरों के अबाध स्खलन ने अपने रास्ते में आने वाली हर चीज को बहा दिया था और जान-माल की ऐसी बर्बादी की थी जैसी पहले कभी नहीं हुई थी। हालांकि मंदिर सही-सलामत बच गया था। चट्टान का एक बहुत बड़ा आयताकार टुकड़ा भीषण बाढ़ के बहाव में मंदिर के ठीक पीछे आकर अटक गया था और मंदिर पर पानी की सीधी मार से उसे बचा रहा था। आसपास की सारी चीजें जहां बर्बाद हो गई थीं, मंदिर प्रकृति के कोप से बच गया था। जिन्होंने मंदिर में शरण ली थी वो बच गए थे, जिन्होंने नहीं ली वो बाढ़ में बह गए थे।

हालांकि अब मंदिर के पीछे बनी संरचनाओं का कोई हिस्सा बचा नहीं है। इसमें करीब तीस फीट पीछे संगमरमर का एक दरवाजा भी शामिल है जो

शंकर के दंडी स्थल तक ले जाता था, जिस स्थान पर वो अपना पारंपरिक दंड रखा करते थे। थोड़ा और पीछे, मंदाकिनी के तट पर एक चबूतरा था जहां वो ध्यान लगाया करते थे। वहां पास ही में एक छोटा मंदिर भी था जहां उन्होंने एक स्फटिक लिंग स्थापित किया था। और उसके पीछे हिमालय की वो चोटियां हैं, जहां मान्यताओं के अनुसार, एक गुफा में वो ध्यान लगाने गए, और अंतिम समाधि ली, और ब्रह्म में लीन हो गए।

किसी भी कसौटी पर शंकर का जीवन असाधारण था। बत्तीस वर्ष के जीवनकाल में उन्होंने हिंदू दर्शनशास्त्र की महान परंपरा की गहराइयां समझ लीं, अद्वैत सिद्धांत को एक अजर विचारधारा के रूप में व्यवस्थित और विकसित किया, हिंदुत्व को पुनर्जीवित और सुसंस्कृत किया, भारत के चारों कोनों की यात्रा की, केरल में कलाडी से लेकर हिमालय में केदारनाथ तक, और हिंदुत्व के संरक्षण और प्रसार को सुनिश्चित करने के लिए चार मठों की स्थापना की। हिंदुत्व ने उनके समान क्षमता का ना तो ऐसा विचारक देखा है, ना ही उनके पहले या बाद में ऐसा कोई व्यक्तित्व देखा जिसने अपने लक्ष्यों को हासिल करने के लिए अपरिमित ऊर्जा दिखाई हो।

उपनिषदों को लिखने वाले महान संतों ने भी नहीं सोचा होगा कि उनके असाधारण कार्य के सदियों बाद कोई ऐसा व्यक्ति आएगा जो उनके विचारों को इतने व्यापक पैमाने पर प्रचारित-प्रसारित करेगा।

अपने अनवरत भ्रमणशील और विख्यात, लेकिन बेहद छोटे जीवन में ही शंकर हिंदुत्व और उसकी आधारभूत विचार संरचना के उद्भव में एक चमकदार प्रकाशस्तंभ बन गए। इस अर्थ में, वो सहस्राब्दियों पहले शुरू हुई गहन अध्यात्म, चिंतन, वाद-विवाद, परीक्षण, परिचर्चा और ब्रह्मांड एवं इसमें हमारे स्थान के बारे में विचारों की एक वृहत विरासत के संरक्षक थे। उनके मौलिक दार्शनिक योगदान को पूरी तरह समझना तभी संभव है जब हम कम से कम संक्षिप्त रूप में ही सही, इस विरासत के बारे में जागरूक हों। हम अगले अध्याय में इसकी समीक्षा प्रस्तुत करेंगे, और फिर शंकर के दर्शन और ब्रह्मांड एवं हमारी दुनिया के बारे में वैज्ञानिक जानकारी के संदर्भ में इसकी आश्चर्यजनक प्रासंगिकता की जांच करेंगे।

ज्ञान की परंपरा

900 से 1200 ईसा पूर्व के बीच कभी लिखे गए ऋग्वेद में उत्पत्ति पर एक महत्वपूर्ण स्तोत्र (नासदीय सूक्त) है:

> उस समय ना तो अनस्तित्व था ना ही अस्तित्व; उस समय ना तो अंतरिक्ष था, ना आकाश और ना ही उसके परे कुछ। फिर क्या हलचल हुई? कहां? किसके संरक्षण में? क्या वहां अथाह गहरा जल था?
>
> उस समय ना तो मृत्यु थी ना ही अमरत्व। उस समय दिन और रात भी नहीं थे। उस समय वह तत्व ही प्राण युक्त, क्रिया से शून्य, स्वतः विद्यमान था। उसके अतिरिक्त उससे परे कुछ भी नहीं था।
>
> सच में कौन जानता है? कौन इसका दावा करेगा? कब इसकी उत्पत्ति हुई थी? यह रचना कब हुई है? इस ब्रह्मांड की रचना के बाद ईश्वर आए हैं? फिर कौन जानता है कि कब इसका आविर्भाव हुआ है?
>
> इस रचना की उत्पत्ति कब हुई है—शायद इसका निर्माण स्वतः हुआ था या शायद नहीं हुआ था—वो जो इसका अवलोकन करता है, ऊंचे स्वर्ग में बैठा है, केवल वो जानता है—या शायद वो नहीं जानता है।[1]

---

1 वेंडी डॉनिगर द्वारा अनुवाद, द ऋग्वेदा, पेंगुइन, 1981, पृष्ठ 25-26

ये स्रोत, शायद हिंदू दर्शनशास्त्र में ब्रह्मांड की उत्पत्ति पर पहला लिखित चिंतन है, अपने सारगर्भित सुर और प्रवृत्ति के कारण उल्लेखनीय है। यहां कुछ निश्चित नहीं है; श्रद्धा के लिए कोई बाध्यता नहीं है; कोई धार्मिक आज्ञा नहीं है, या किसी प्रथा का निर्देश नहीं है। यहां विस्मय नहीं है, आश्चर्य है, लेकिन सबसे अधिक यहां प्रश्न है, परीक्षण की आवश्यकता और पारंपरिक विचारों से लेकर अटकलों के क्षेत्र से परे जाने पर बल है, और सोचने-विचारने का निमंत्रण है।

प्रश्नों में सच जानने की उत्साही आकांक्षा है, लेकिन ये आकांक्षा ये स्वीकार करने को तैयार है कि उत्तरों में प्रतिवाद को अंगीकार करना पड़ सकता है जब वो सही अभिकथनों की तलाश कर रहे हैं, और इस प्रक्रिया में सच्चाई का मार्ग कुछ भी हो सकता है लेकिन साधारण या संकीर्ण नहीं।

ये बेहतरीन विचारशील अनुच्छेद ऋग्वेद में शंकर के जन्म के करीब दो सहस्राब्दी पहले लिखे गए होंगे, लेकिन ये उस दार्शनिक विरासत की मौलिक शुरुआत का संकेत देते हैं जो उन्हें उत्तराधिकार में मिली।

उत्पत्ति के अनुसार वेद का अर्थ है पवित्र ज्ञान या विवेक। वेद चार हैं: ऋग, यजुर, साम और अथर्व। एक साथ मिलकर वो संहिता का निर्माण करते हैं जो हिंदू धर्म प्रणाली का शाब्दिक आधार है। इन संहिताओं के साथ तीन अन्य प्रकार के धर्मग्रंथ जोड़े गए थे। पहले हैं, ब्राह्मण, जो मूल रूप से पुरोहित वर्ग यानी ब्राह्मणों के लिए प्रथाओं के विस्तृत वर्णन की नियमावली हैं। दूसरे हैं, आरण्यक। अरण्य का अर्थ है जंगल या वन, और ये 'वन नियमावली' प्रथाओं, मंत्रों और जादू-टोने से हटकर अध्यात्म की व्यापक परिकल्पनाओं की बात करती हैं। एक प्रकार से उन लोगों के विचारों और चिंतन का सारांश जिन्होंने संसार का त्याग कर दिया है।

आरण्यक से ही निकले हैं तीसरे धार्मिक ग्रंथ उपनिषद, जो विचारों की अपनी ऊंचाई के कारण हिंदू दर्शन और अध्यात्म के आधारभूत ग्रंथ हैं। चूंकि ये सब वेदों के बिलकुल अंत में आते हैं, उन्हें सामूहिक रूप से वेदांत भी कहा जाता है, जो ब्रह्मांड की अद्वैत प्रकृति की व्याख्या करते हैं।

उपनिषद का शाब्दिक अर्थ है एक गुरु के चरणों में 'पास आकर बैठना' जो अपने शिष्यों को आध्यात्मिक सत्य या विवेक की शिक्षा देता है। आप कल्पना कर सकते हैं कि आज से 1500 ईसा पूर्व या उससे भी पहले, गंगा के नजदीक

जंगल में किसी आश्रम में एक ऋषि, जिसने सत्य और विवेक की तलाश में शायद दशकों बिताए हों, उन छात्रों के एक समूह के साथ अपने विचार बांट रहा है, जो दीर्घ वृत्त के आकार में बैठे हैं और जीवन के रहस्यों को समझने के लिए अपनी यात्रा शुरू करना चाहते हैं। ये वार्तालाप औपचारिक संवाद के रूप में नहीं है, बल्कि दृष्टांत और सुझाव, कथा और सूचनाओं, या गहन अंतर्दृष्टि के उन बयानों के रूप में है जो हमारे जीवन और इस ब्रह्मांड की आधारभूत ज्ञानातीत वास्तविकता बताते हैं।

उपनिषदों के लेखक अज्ञात हैं, और ना ही हमें उनके सही-सही क्रम या तिथियां पता हैं। ये निश्चित है कि प्रारंभ में वो, सभी हिंदू धर्मग्रंथों के समान, एक पीढ़ी से दूसरी पीढ़ी में मौखिक रूप से पहुंचते गए थे, और करीब 600 से 400 ईसा पूर्व उन्हें संस्कृत ग्रंथ की शक्ल दी गई। उपनिषद किसी एक खंड में नहीं हैं; दरअसल, उनकी सही संख्या भी ज्ञात नहीं है, लेकिन इस बात पर सर्वसम्मति है कि लगभग बारह मुख्य उपनिषद हैं जो साम, यजुर और अथर्व वेदों से जुड़े हैं। शंकर ने मुख्य उपनिषदों में से दस पर टीकाएं लिखीं: ईश, केन, कठ, प्रश्न, मुंडक, मांडूक्य, तैत्तिरीय, ऐतरेय, छांदोग्य और बृहदारण्यक।

यहां एक महत्वपूर्ण बिंदु पर ध्यान देने की आवश्यकता है। प्रारंभ से ही हिंदू धर्म की दो अलग धाराएं थीं। पहली प्रथाओं और प्रार्थनाओं और देवी-देवताओं और निचले स्तर पर अंधविश्वास से भरी थी। ये धारा देवताओं के एक समूह की शक्ति और सामर्थ्य पर ध्यान केंद्रित करती थी, साथ ही उन रीति-रिवाजों में विश्वास करती थी जिनकी सहायता और ब्राह्मणों के हस्तक्षेप के माध्यम से उन देवताओं तक पहुंचा जा सकता था और उनकी पूजा की जा सकती थी।

वैदिक युग में बिलकुल शुरुआत में हमें देवताओं या अर्द्ध-देवताओं की एक अंतहीन श्रेणी मिलती है, जिसमें से कई प्रकृति की नाटकीय शक्तियों का प्रतिनिधित्व करते थे और इसे इसलिए समझा जा सकता है क्योंकि शुरुआत में मनुष्य इन शक्तियों को आश्चर्य और श्रद्धा से देखता था। इसलिए हमारे पास इंद्र जैसे देवता थे जो मूलभूत तत्वों को नियंत्रित करते थे, आग के देवता अग्नि थे, या माता देवी की प्रारंभिक रूप अदिति थीं, जो उत्पत्ति की रहस्यमयी शक्तियों का प्रतीक थीं।

लेकिन, जैसा कि आरण्यक और उपनिषद दिखाते हैं, और जैसा पहले ऋग्वेद में उत्पत्ति से संबंधित सूक्तियों में बताया गया है, शुरुआत से उतनी ही मजबूत धारा ऐसी भी थी जो उत्पत्ति, जीवन के अर्थ और उद्देश्यों को समझने पर जोर देती थी, साथ ही उस संयोजक शक्ति की तलाश करती थी जो ब्रह्मांड की आश्चर्यजनक विविधता में अंतर्निहित है। ये धारा धर्म के अभ्यास से जुड़ी प्रथाओं-परंपराओं पर कम, और इसके धार्मिक आधार पर अधिक जोर देती थी। धीरे-धीरे ये दो धाराएं दो अलग-अलग विचारधाराओं के रूप में सुगठित हो गईं : पहली कर्मकांड, जिसमें धर्म के अभ्यास के लिए साजो-सामान, रीति-रिवाजों और प्रथाओं की महत्ता थी और दूसरी ज्ञानकांड, जो मोक्ष प्राप्ति के मार्ग के रूप में ज्ञान का अनुसरण करने को प्राथमिकता देती थी।

विश्व के दूसरे महान धर्मों की तुलना में, हिंदुत्व इस मायने में शायद अलग ना हो कि इसमें इतनी विपरीत धाराओं को फलने-फूलने दिया, लेकिन ये तो लगभग निश्चित है कि उस समय किसी भी अन्य धार्मिक परंपरा में ज्ञान का अनुसरण करने को अपनेआप में लक्ष्य घोषित नहीं किया गया था। शंकर मोक्ष के लिए ज्ञानमार्ग को एकमात्र माध्यम मानते थे। उन्होंने कहा: सत्यम् ज्ञानम्, अनंतम् ब्रह्म—ज्ञान सत्य है और ब्रह्म चिरंतन, और उनके ज्ञान का स्रोत थे उपनिषद।

उपनिषद आध्यात्मिक पद्य हैं। उनमें पांडित्य की प्रतिध्वनि है जो गहन ध्यानात्मक अंतर्दृष्टि का परिणाम है, जिनकी संरचनात्मक प्रस्तुति अबाधित और दृढ़ है, और जो निर्विवाद रूप से व्यक्तिगत अनुभव की उपज हैं। यहां एक आत्म है, जो किसी परिभाषा या नाम या रूप या गुण से परे है क्योंकि कोई भी गुण उसकी अपरिमितता को सीमित करेगा। यही आत्म सर्वोच्च सत्य है। इसके दायरे में सभी रचनाएं आती हैं: हम इसके अंश भी हैं और इसकी अभिव्यक्ति भी—तत् त्वम् असि—तुम वो हो। आत्म वही है जो ब्रह्म है—अहम् आत्म ब्रह्म—आत्म ब्रह्म है। ये दो कथन उपनिषदों के चार महावाक्यों में से हैं। उपनिषद आत्म और ब्रह्म का प्रयोग आपस में बदल-बदल कर करते हैं। जगत की दृष्टिगोचर होने वाली विविधता एक भ्रम है। एक बार जब गहन ध्यान के माध्यम से अहंकार और इंद्रियां स्थिर हो जाती हैं, हमें अपने वास्तविक स्वयं का अनुभव होता है जो हर दुख और पीड़ा से परे है, और हम अनुभव करते हैं

कि हमारा वास्तविक सत्य 'वो' है। फिर मानवों के सभी विभेद असत्य यानी भ्रम या माया की उपज हो जाते हैं। ब्रह्म के साथ उस अद्वैत तादात्म्य में हम उस परमानंद में सम्मिलित हो जाते हैं जो मानवीय समझ के परे है।

शंकर ने उपनिषदों को श्रुति यानी अभिव्यक्त ग्रंथों की तरह देखा, जो मानवीय प्रश्नों के परे हैं और उन्हें अपनी दार्शनिक प्रणाली का आधार बनाया। इसलिए कुछ आलोचक उन पर मौलिकता के अभाव का आरोप लगाते हैं: वो केवल एक श्रुतिवादी थे, ऐसा व्यक्ति जिसने उपनिषदों को आंख मूंदकर संपूर्ण सत्य मान लिया। हालांकि, हम इस बारे में आगे चर्चा करेंगे कि शंकर का वास्तविक—और अभूतपूर्व—योगदान था दर्शन शास्त्र के एक दृढ़ तंत्र को बाहर निकालने में जो उपनिषदों के विचारों के मूल विश्वास पर आधारित तो था लेकिन इसकी असंगठित प्रस्तुति और विरोधाभासी घुमावदार बातों से प्रभावित नहीं था। यहीं उनका पांडित्य झलकता है, और चूंकि उपनिषदों ने उनके दर्शन शास्त्र के गठन में इतनी महत्वपूर्ण भूमिका निभाई थी, ये जरूरी है कि हम उपनिषदों की संकल्पनाओं के कुछ उदाहरण दें।

मुंडक उपनिषद में कहा गया है: 'ब्रह्मांड ब्रह्म से निकलता है और ब्रह्म में लौट जाएगा। वस्तुतः सबकुछ ब्रह्म है।'

कठ उपनिषद में इसकी व्याख्या की गई है:

इंद्रियों से श्रेष्ठ मन है,
मन से श्रेष्ठ बुद्धि है,
और उससे श्रेष्ठ है अहम,
और अहम से श्रेष्ठ
है अव्यक्त कारण
और उससे परे है ब्रह्म, सर्वव्यापी,
गुणातीत। इसका अनुभव कर व्यक्ति
जन्म और मृत्यु के चक्र से मुक्त हो जाता है।[2]

---

2 उपनिषदों के कई बेहतरीन अनुवाद मिलते हैं, लेकिन भाषा और रचना के प्रवाह के लिए, मैंने एकनाथ ईश्वरन का अनुवाद चुना है, द उपनिषद्स, जो ब्लू माउंटेन सेंटर ऑफ मेडिटेशन द्वारा 1987 में सबसे पहले प्रकाशित हुआ था

मुंडक उपनिषद भी आत्म की श्रेष्ठता के बारे में स्पष्ट कहता है:

दिव्य आत्म, जो चिंतन से परे है,
बृहत्तम में प्रकाशित होता है, सूक्ष्मतम में प्रकाशित होता है,
दूरस्थ में प्रकाशित होता है, निकटस्थ में प्रकाशित होता है
और शरीर की गुप्त हृदयगुहा में प्रकाशित होता है।
बहती हुई नदी समुद्र में विलीन हो जाती है;
दिव्य संत आत्म में लीन हो जाता है
बहती हुई नदी समुद्र हो जाती है;
दिव्य संत आत्म हो जाता है।

मांडूक्य उपनिषद स्पष्ट ढंग से आत्म और ब्रह्म के एकीकरण पर बल देता है। इस एकीकरण, और वास्तव में सभी अस्तित्वमान वस्तुओं के एकीकरण का अभिकथन उपनिषदों में बार-बार दोहराया गया है।

छांदोग्य उपनिषद में इस बात को खूबसूरती से श्वेतकेतु की कहानी में दिखाया गया है जो अपने पिता उद्दालक से पूछता है: ज्ञान क्या है? और उद्दालक श्वेतकेतु से कहते हैं:

प्रिय, जैसे मिट्टी के एक लौंदे को जानकर,
हम मिट्टी से बनी सभी वस्तुओं को जान जाते हैं:
कि वो केवल नाम और रूप में भिन्न होती हैं,
जबकि जिस वस्तु से वो बनी हैं वो मिट्टी है;
प्रिय, जैसे स्वर्ण की एक डली को जानकर,
हम सोने से बनी सभी वस्तुओं को जान जाते हैं:
कि वो केवल नाम और रूप में भिन्न होती हैं,
जबकि जिस वस्तु से वो बनी हैं वो स्वर्ण है;
प्रिय, जैसे हम लोहे से बने एक औजार को जानकर,
हम लोहे से बनी सभी वस्तुओं को जान जाते हैं:
कि वो केवल नाम और रूप में भिन्न होती हैं,
जबकि जिस वस्तु से वो बनी हैं वो लोहा है—

इसलिए, प्रिय, उस आध्यात्मिक ज्ञान के माध्यम से,
हम जान जाते हैं कि सभी जीवात्मा एक हैं।

सभी वस्तुओं की एकरूपता की व्याख्या कर, छांदोग्य उपनिषद द्वैतवाद की सभी धारणाओं पर पूर्ण रूप से इस मूलभूत विचार की घोषणा करके लगाम लगा देता है: तत् त्वम् असि:- तुम वो हो:

आरंभ में केवल वो था,
कोई दूसरा नहीं।
स्वयं में से उसने ब्रह्मांड की रचना की
और सब कुछ उसमें समाहित कर दिया।
ऐसा कुछ नहीं जो उससे बाहर नहीं आता।
हर वस्तु का वो निकटस्थ केंद्र है।
वो सत्य है; वो स्वयं भू श्रेष्ठ है।
तुम वो हो, श्वेतकेतु; तुम वो हो।

लेकिन ब्रह्मांड की इस मौलिक और अविनाशी एकरूपता को छिपाए रखती है जगत की प्रत्यक्ष विविधता। फिर हम इन दोनों का सामंजस्य कैसे बैठाएं? श्वेताश्वतर उपनिषद इसका उत्तर देता है:

उसकी दिव्य शक्तियों से यह सब बाहर आता है
नाम और रूप की माया, तुम्हारे
और मेरे, जो दुख और सुख का जादू दिखाती है।
मात्र जब हम इस मायावी पर्दे को भेद पाते हैं
हम उस एक को देखते हैं जो अनेक प्रतीत होता है।

ईश्वर, जो सर्वश्रेष्ठ मायावी है,
स्वयं में से बाहर निकालता है सभी धर्मग्रंथ,
आहुतियां, बलिदान, आध्यात्मिक शास्त्र,
भूत और वर्तमान, संपूर्ण ब्रह्मांड।
माया के जादू के माध्यम से अदृश्य
वो छिपा रहता है सभी के हृदय में।

एक साधारण मनुष्य कैसे अपने आप को दुख और पीड़ा और प्रत्यक्ष द्वैतवाद के इस जगत से मुक्त कर सकता है? कठ उपनिषद में इसका उत्तर दिया गया है:

जब पांचों इंद्रियां स्थिर होती हैं, जब मन स्थिर होता है,
जब बुद्धि स्थिर होती है,
विद्वान उसे सर्वोच्च स्थिति कहते हैं।
वो कहते हैं कि योग यही पूर्ण स्थिरता है
जिसमें व्यक्ति संयुक्त स्थिति में प्रवेश करता है,
कभी भी पृथक नहीं होने के लिए।

जब हृदय में उत्पन्न होने वाली सभी इच्छाओं
का त्याग होता है, नश्वर अमर बन जाता है।
जब हृदय का दमन करने वाली सभी गांठें
ढीली हो जाती हैं, नश्वर अमर बन जाता है।
यही धर्मग्रंथों की शिक्षाओं का सार है।

ये अनुभूति मुक्ति और असीमित आनंद लाती है। उपनिषदों में साफ कहा गया है कि जब कोई व्यक्ति ब्रह्म के व्यापक सर्वज्ञान को समझ लेता है, और अहंकार एवं इंद्रियों द्वारा निर्मित भिन्नता के भाव को जीत लेता है, परिणाम होता है सर्वोच्च सुख। तैत्तिरीय उपनिषद में कहा गया है: 'ये अनुभव करने के बाद कि जहां से सभी शब्द वापस आ जाते हैं, और विचार कभी पहुंच नहीं सकते, वो ब्रह्म के सुख को जान जाते हैं और फिर कभी भयभीत नहीं होते।' तब आता है शुद्ध विपुलता का भाव जो सही मायने में हमारे वास्तविक आत्म की विशेषता है। इस भाव को ईश उपनिषद के पहले श्लोक में अद्‌भुत तरीके से प्रकट किया गया है, जिसके बारे में मान्यता है कि महात्मा गांधी ने कहा था कि वो मात्र इस श्लोक को रखकर हिंदुत्व के सभी धर्मग्रंथों को खुशी-खुशी भूल सकते हैं:

ये सभी पूर्ण हैं। वो सभी पूर्ण हैं।
पूर्णता से, पूर्णता आती है।
जब पूर्णता से पूर्णता ले ली जाती है,
तब भी पूर्णता शेष रहती है।

ये अपने आप में कम आश्चर्यजनक नहीं है कि सत्ता-मीमांसा की वास्तविकता रचने वाले ये धर्मोपदेश आज से 3,500 से 4,000 वर्ष पहले वनों के गुरुकुलों में दिए जा रहे थे, जिस काल के अधिकतर धार्मिक अन्वेषण प्राकृतिक घटनाओं को देव-सदृश मानने या साधारण जादू-टोने तक सीमित थे। 600 से 400 ईसा पूर्व की वो अवधि, जिसमें उपनिषदों को ग्रंथ का रूप दिया गया, यूनान के शास्त्रीय युग की अवधि से मेल खाती है, लेकिन ये नहीं भूलना चाहिए कि उससे एक सहस्राब्दी या उससे भी अधिक वर्ष पूर्व, ये उपनिषद हमारी मौखिक परंपरा का हिस्सा थे।

दिलचस्प ये है कि इतने प्राचीन होने के बाद भी पश्चिमी दार्शनिकों को उपनिषदों की जानकारी उन्नीसवीं सदी के प्रारंभ में ही मिल पाई थी। ऑक्वेटिल डुपेरोन नामक एक फ्रांसीसी ने पचास उपनिषदों के लैटिन अनुवाद कराए, ये अनुवाद 1657-68 ईस्वी में शहजादा दारा शिकोह के फारसी अनुवाद पर आधारित थे। इस कारण संस्कृत से अन्य यूरोपीय भाषाओं में सीधे अनुवाद को लेकर लोगों की रुचि बढ़ने लगी। जर्मन भाषा में डॉयसन के साठ उपनिषद्स दैर वेदा 1897 में प्रकाशित हुए, जो एक और महान जर्मन भारतविद आर्थर शोपेनहावर को समर्पित थे।

लेकिन जहां पश्चिम में उपनिषदों को लेकर जानकारी का अभाव था, भारत में ये दार्शनिक विचार-विमर्श की धुरी बन गए थे। इस प्रक्रिया में शायद सर्वाधिक प्रभावशाली ग्रंथ था बादरायण द्वारा करीब 450 ईसा पूर्व लिखित ब्रह्म सूत्र। भारतीय परंपरा में, बादरायण को प्रसिद्ध व्यास की श्रेणी में रखा जाता है जिन्होंने वेदों का संकलन किया था। ब्रह्म सूत्र को कई नामों से जाना जाता है: न्याय-प्रस्थान, क्योंकि ये उपनिषदों की शिक्षाओं को सुव्यवस्थित ढंग से पेश करता है; वेदांतसूत्र, क्योंकि ये ग्रंथ वेदांत पर है; सरिरका-सूत्र, क्योंकि ये सन्निहित आत्मा की प्रकृति और क्रमिक विकास के बारे में बताता है; और, उत्तर-मीमांसा सूत्र, क्योंकि ये वेदों के अंतिम खंड के बारे में बताता है, जबकि पूर्व मीमांसा में शुरुआती खंडों का वर्णन है। शंकर का मौलिक कार्य है ब्रह्म सूत्र पर वृहत—और संभवतः पहला व्यापक—भाष्य, ये भाष्य इतना मौलिक है कि इसकी गहराई, विवरण, स्पष्टता और तार्किक व्याख्या को कोई चुनौती नहीं दे सका है।

सूत्र एक लघु वाक्य या सूक्ति है, जिसमें कोई शब्दाडंबर नहीं है और जिसे किसी धार्मिक या दार्शनिक विचार के सार को कम से कम शब्दों में व्यक्त करने के लिए रचा गया है।[3] अभिव्यक्ति के संक्षेपण, और विचारों की गहनता के अर्थ में, ब्रह्म सूत्र के समान दूसरा ग्रंथ ना तो साहित्य में है और ना ही दार्शनिक विचार-विमर्श में। उदाहरण के लिए, पहला सूत्र बस ये कहता है: अथातो ब्रह्म जिज्ञासा (अब ब्रह्म की विवेचना शुरू होती है)।

मैक्स मूलर ने महान व्याकरणविद पातंजलि को उद्धरित करते हुए कहा है कि सूत्र लेखकों को किसी सूक्ति को एक शब्द या शब्दांश में सीमित करने पर एक पुत्र को जन्म देने से अधिक प्रसन्नता होती थी!

ब्रह्म सूत्र में पांच सौ पचास सूत्र हैं, किसी में भी एक या दो शब्दों से अधिक नहीं है, जो एक साथ मिलकर उपनिषदों की जगतदृष्टि का सुनियोजित ढंग से परीक्षण करते हैं, लेकिन उन्हें अलग-अलग करके समझ पाना लगभग असंभव है। विचारों के इन संक्षिप्त संकेतों, जिनमें अर्थ भरे हुए हैं, पर सैकड़ों पन्नों और हजारों श्लोकों में टीकाएं लिखी गई थीं।

उपनिषदों और भगवद् गीता के साथ, ब्रह्म सूत्र हिंदू धर्म के तीन मौलिक धर्मग्रंथों की त्रयी बनाता है। दार्शनिक और आध्यात्मिक सिद्धांतों के विस्तार और व्याख्या की हिंदू प्रणाली को समझने के लिए, ब्रह्म सूत्र की संरचना को देखने की आवश्यकता है, जो चार अध्यायों में बंटी है; हर अध्याय के चार अंश हैं जिन्हें पाद कहा जाता है, और हर पाद के कई खंड हैं जिन्हें अधिकरण कहा जाता है।

इससे भी महत्वपूर्ण ये है कि चारों अध्याय एक अनुक्रम में हैं जिसमें दावे और उससे असहमति, अवधारणा और उसका प्रतिपक्ष, और साथ में इसी जीवन में मोक्ष या मुक्ति की सकारात्मक प्रतिज्ञा शामिल है।

पहला अध्याय है समन्वय पर। इसका उद्देश्य है उपनिषदों में वर्णित कई भिन्न बयानों को साथ लाकर उनका आपस में समन्वय कर उनका एकमात्र निर्विवाद संदेश समझाना: ब्रह्म ही एकमात्र, व्यापक, और सर्वश्रेष्ठ सत्य है, जिसकी विशेषता है सत् चिद् आनंद या आत्म, ज्ञान और सुख।

दूसरे अध्याय में विचार-विमर्श की हिंदू विधि में असहमति और संवाद दोनों की बड़ी गुंजाइश के बारे में बताया गया है। इसका शीर्षक है अविरोध,

3 वाई. केशव मेनन, द माइंड ऑफ आदि शंकराचार्य, जयको, 1976, पृष्ठ 5

और ब्रह्म की अद्वैत श्रेष्ठता के वेदांत के दावे पर आपत्तियों को इसमें शामिल किया गया है। ये आपत्तियां हिंदू दर्शनशास्त्र की दूसरी धाराओं के साथ-साथ बौद्ध धर्म और जैन धर्म से भी सामने आती हैं।

तीसरा अध्याय, साधना बात करता है मोक्ष के माध्यमों की। प्रमुख माध्यम है ब्रह्म के साथ अपनी पहचान, और अभिन्नता का ज्ञान और इस सत्य का ध्यान। ये ध्यान प्रत्यक्ष जगत की क्षणभंगुर विविधता के परे ले जाने वाला होना चाहिए। सूत्र कहता है कि 'अज्ञान के कारण, बिलकुल उस प्रकाश के समान जिसका कोई रूप नहीं है लेकिन वो वही रूप लेता हुआ प्रतीत होता है जिस वस्तु को वो प्रकाशित करता है, ब्रह्म जिसका कोई गुण नहीं है, ऐसा प्रतीत होता है जैसे वो गुणों से सम्पन्न हो'।[4] ब्रह्म अद्वैत शुद्ध चेतना है जो सहज और निष्कलंक है। इसी कारण इसे किसी परिभाषा की परिधि में नहीं लाया जा सकता और उपनिषदों में इसका विवरण नकारात्मक रूप में है: नेति, नेति, यह नहीं, यह नहीं। इसे समझना ही मुक्ति का माध्यम है।

अंतिम अध्याय फल मोक्ष के परिणामों की चर्चा करता है। सार ये है कि इसी जीवन में ज्ञान और अनुभव के माध्यम से मोक्ष संभव है।

लेकिन यदि ब्रह्म एकमात्र सच है, और इसके साथ अपनी पूर्ण पहचान को समझना ज्ञान है, तो हम इस प्रत्यक्ष जगत और मनुष्यों के लिए निश्चित कार्यकलापों का सामना कैसे करें? हम वस्तुओं की अस्थायी और अवास्तविक प्रकृति का मेल दैनिक जीवन, कार्य और गतिविधियों की ठोस और अपरिहार्य आवश्यकताओं से कैसे बिठाएं? इसका उत्तर भगवद् गीता में दिया गया है, जिसके ऊपर भी शंकर ने एक प्रामाणिक और पैनी टीका लिखी।

गीता, जिसमें अठारह अध्यायों में सात सौ श्लोक हैं, महाभारत का अंश है। महाभारत एक विशालकाय महाकाव्य है जो ओदिसी और इलियड के संयुक्त आकार से भी आठ गुना बड़ा है। ये महाकाव्य संभवतः 500 ईसा पूर्व लिखा गया

4 ब्रह्म सूत्र भाष्य ऑफ शंकराचार्य, स्वामी गंभीरानंद द्वारा अनूदित, अद्वैत आश्रम द्वारा 1965 में प्रकाशित, भूमिका से, पृष्ठ ix

था और चूंकि इसमें बौद्ध धर्म का कोई उल्लेख नहीं है, अधिकतर विद्वान मानते हैं कि ये बुद्ध के अवतरण के पहले लिखा गया होगा।

जब महाभारत का युद्ध शुरू होने वाला था, पांडवों में सर्वाधिक प्रतिष्ठित योद्धा अर्जुन ने लड़ने से मना कर दिया। विपक्ष में उसके अपने परिजन थे—चाचा, भाई, शिक्षक, बुजुर्ग, साथी और उसका हौसला डगमगा गया। 'मुझे ना विजय चाहिए, ना साम्राज्य, ना ही सुख,' उसने नीलेश कृष्ण से कहा, 'यदि इन सभी की प्राप्ति इतने रक्तपात के मूल्य पर होती हो।' कृष्ण, जो उसके सारथी थे, ने फिर उसे समझाया; और अंत में, अर्जुन का मानसिक संतुलन लौटा और उसकी दुविधा दूर हो गई, तथा उसने अपना धनुष-बाण उठाया और युद्ध में पूरी हिम्मत से प्रवेश किया।

गीता अर्जुन और कृष्ण के बीच संवाद के रूप में है और ये किसी कठोर दार्शनिक प्रणाली की रूपरेखा प्रस्तुत नहीं करती। अद्वैत वेदांत, भागवतवाद, सांख्य वेदांत और यौगिक ध्यान के अनुयायी, सभी ने इसमें अपनी-अपनी अभिरुचि के अनुसार विचार और वाक्य ढूंढ़ लिए हैं। गीता की महानता इसमें नहीं है कि ये किसी एक विचारधारा के प्रति दार्शनिक रूप से पवित्र है, बल्कि इसमें है कि ये मनुष्यों को उनके अस्तित्व संबंधी दुविधाओं से मुक्त करती है: व्यक्ति जन्म लेता है, जीवित रहता है और मर जाता है, और इस दौरान सुख हो सकता है, लेकिन दुख और पीड़ा भी होती है। इस निष्प्राण लेकिन पूर्वानुमेय पहेली की कठोर सच्चाई से छुटकारा पाने का कोई उपाय नहीं है, लेकिन एकाएक महत्वाकांक्षा और उपलब्धि, कारण और लक्ष्यों को प्राप्त करने के उद्देश्य अस्पष्ट हो जाते हैं।

इस मायने में, अर्जुन की शिथिलता एक 'साधारण व्यक्ति' की शिथिलता का प्रतीक है। वो इस प्रत्यक्ष विश्व में कार्य की अनिवार्यता को समझ नहीं सका था जो बिलकुल गूढ़ है। गीता की महानता यही है कि वो कृष्ण को उनके विमर्श के माध्यम से, इस बात के लिए सक्षम बनाती है कि वो अर्जुन जैसे व्यक्तियों की दुविधा को उद्देश्य और अर्थ दें।

> गीता में सर्वाधिक महत्वपूर्ण अवधारणा है निष्काम कर्म की, जिसमें कोई चाहत या पुरस्कार की सोच ना हो और जिसे निस्वार्थ भाव से समर्पण की भावना के साथ किया जाए। कृष्ण कहते हैं:

अर्जुन, कर्मों के समर्पण के बारे में मुझसे सच सुनो। हे नरश्रेष्ठ, समर्पण तीन प्रकार के होते हैं।

त्याग, उपहार और स्व-सामंजस्य के कार्यों को नहीं छोड़ना चाहिए, बल्कि उन्हें पूरा करना चाहिए; क्योंकि ये कार्य शुद्धीकरण के होते हैं।

लेकिन ये कार्य भी, अर्जुन, शुद्ध मन से और बिना किसी पुरस्कार की आशा के करने चाहिए। ये मेरा अंतिम मत है।

उस पवित्र कार्य को अधूरा छोड़ना सही नहीं है, जिसे करना ही चाहिए। कर्मों का ये समर्पण अंधकार से भरी माया होगी।

और जो अपने कर्तव्यों का त्याग करता है क्योंकि उसे दर्द का भय है, उसका समर्पण राजस है, अपवित्र है, और सत्य ये है कि उसे कोई पुरस्कार नहीं प्राप्त होता।

लेकिन जो पवित्र कार्य करता है, अर्जुन, क्योंकि इसे करना ही चाहिए, और अपना स्वार्थ और पुरस्कार का विचार त्याग देता है, उसका कार्य शुद्ध है और शांत।

इस व्यक्ति को कोई संदेह नहीं है: वो समर्पण करता है, वो शुद्ध है और शांत है। आनंददायक हो या पीड़ादायक, कर्म उसके लिए सुखद है।

क्योंकि पृथ्वी पर ऐसा कोई व्यक्ति नहीं है जो पूरी तरह अपने कर्मों का त्याग कर दे, लेकिन जो अपने कर्मों के फल का त्याग करता है, सच में वही संन्यासी होता है।

जब कर्म किसी फल के लिए किया जाता है, तो वो अपने साथ प्रसन्नता लाता है, या पीड़ा, या दोनों; लेकिन जब कोई व्यक्ति शाश्वत भाव से कर्म करता है, तो वही शाश्वततत्व उसका पुरस्कार होती है।[5]

यानी किसी व्यक्ति के लिए इस लौकिक जगत की मांग के अनुसार किए जाने

---

5 यह अनुवाद और गीता के उसके बाद के अंश जुआन मैस्कैरो के संगीतमय अनुवाद से लिए गए हैं, जो 1962 में पहले प्रकाशित हुआ था, और फिर 1994 में पेंगुइन बुक्स इंडिया ने इसे पुनःप्रकाशित किया था।

वाले कर्मों और चुने गए विकल्पों में संतुलन और समभाव बनाए रखने के लिए गीता का व्यावहारिक सूत्र है— निष्काम कर्म। उपनिषदों में इस बात पर बल दिया गया है कि हम वह हैं—तत् त्वम् असि—लेकिन उनमें ये नहीं बताया गया कि इस सच्चाई को जानने के बाद भी हम अपने दैनिक जीवन में संतुलन कैसे लाएं।

गीता इस उलझन का उत्तर देती है और कहती है कि इस जगत में कोई भी पूरी तरह से कर्मों का त्याग कर जीवित नहीं रह सकता। लेकिन, हम उन कर्मों से उत्पन्न होने वाली नकारात्मक संवेदनाओं से मुक्त रह सकते हैं यदि हम फल की चिंता किए बिना, और बिना किसी मोह के और समर्पण के भाव से कर्म करें। ये नजरिया गीता की इस पुनरावृत्ति से पूरी तरह मेल खाता है कि ब्रह्म वो ज्ञानातीत सत्य है जो ब्रह्मांड में सर्वव्यापी है और इसे संभाल रहा है। गीता तो ये भी कहती है कि वैसा व्यक्ति जिसने अपने वास्तविक सच को समझ लिया है वही निष्काम कर्म का पालन सर्वश्रेष्ठ तरीके से कर सकता है:

> वो व्यक्ति जो ब्रह्म को देखता है वो ब्रह्म में दृढ़ रहता है; उसकी विचार शक्ति स्थिर होती है, भ्रम दूर हो जाता है। जब सुख आता है तो वो विचलित नहीं होता, और जब दुख आता है तो वो कांपता नहीं है।
>
> वो बाहरी वस्तुओं से बंधता नहीं है, और स्वयं के भीतर वो आंतरिक आनंद पाता है। उसकी आत्मा ब्रह्म से एकाकार होती है और उसे शाश्वत सुख की प्राप्ति होती है।
>
> क्योंकि जो सुख जगत से आते हैं वो अपने साथ दुख भी लाते हैं। वो आते हैं और जाते हैं, वो क्षणिक हैं: बुद्धिमान उनमें आनंद नहीं ढूंढ़ते हैं।
>
> लेकिन जो इस पृथ्वी पर, अपने प्रस्थान से पहले, इच्छाओं और क्रोध के तूफानों को सहन कर लेता है, वो व्यक्ति एक योगी है, वो व्यक्ति आनंदित है।
>
> इस व्यक्ति के पास आंतरिक आनंद है, आंतरिक प्रसन्नता है, और उसने आंतरिक प्रकाश ढूंढ़ लिया है। ये योगी ब्रह्म का निर्वाण प्राप्त करता है: वो ईश्वर के साथ एकाकार है और ईश्वर में लीन हो जाता है।

> पवित्र व्यक्ति ब्रह्म के निर्वाण तक पहुंचते है: वो पाप से मुक्त होते हैं, उनके संदेह दूर हो चुके होते हैं, उनकी आत्मा ब्रह्म के साथ सामंजस्य में होती है, उनका आनंद सभी के हित में होता है।

उपनिषदों की ही तरह, गीता भी इस बात की पुष्टि करती है कि हर व्यक्ति की आत्मा ब्रह्म की लौकिक ऊर्जा के समान है। कृष्ण अर्जुन को बताते हैं कि तुम्हारे संदेह और दुख गलत हैं, क्योंकि ब्रह्म के अंश के रूप में तुम्हारी वास्तविक प्रकृति मृत्यु से परे है। सिर्फ भौतिक शरीर नष्ट होता है और मृत होता है, जबकि तुम स्वयं शाश्वत सनातन के अंश हो:

> वो कभी जन्म नहीं लेता, और ना कभी मरता है। वो सनातन है: वो अनंत काल के लिए है। अजन्मा और शाश्वत, बीते हुए या आने वाले समय से परे, वो तब भी नहीं मरता जब शरीर मरता है।

लेकिन एक साधारण मनुष्य की तरह अर्जुन भी सिर्फ आध्यात्मिक सिद्धांतों से संतुष्ट नहीं था। वो उस देवत्व का आश्वासन चाहता था जिसके साथ वो अपनी पहचान निश्चित कर सके, एक व्यक्तिगत ईश्वर, जो निर्गुण ब्रह्म की तुलना में आसानी से मिल सके। वो कृष्ण से विनती करता है, 'आपकी कृपा है कि आपने मुझे अपनी आत्मा के श्रेष्ठ रहस्य बताए, और आपके शब्दों ने मेरे भ्रम को दूर कर दिया है, लेकिन हे योगेश, मुझे अपने सर्वश्रेष्ठ अस्तित्व की महिमा दिखाएं।' और कृष्ण उसकी इच्छा पूरी करते हैं, और अर्जुन को अपने विराट दिव्य रूप के दर्शन कराते हैं:

> और अर्जुन ने उस रूप में अनगिनत आश्चर्यजनक दृश्य देखे: असंख्य चेहरों की आंखें, अनेक दिव्य आभूषण, अगणित दैवीय शस्त्र;
>
> दिव्य माला और वस्त्र, दिव्य गंधों का सारे शरीर में लेप। सीमारहित परमेश्वर का मुख सभी दिशाओं में था, सभी प्रकार के आश्चर्य उनमें समाहित थे।
>
> आकाश में हजार सूर्यों के एक साथ उदय होने से उत्पन्न जो प्रकाश हो, उस विश्वरूप परमात्मा के तेज की तुलना उसी से की जा सकती है।

और अर्जुन ने उस तेज में पूरे ब्रह्मांड के अनेक रूपों को देखा, जो देवों के देव के उस शरीर में एक जगह स्थित थे।

उसके बाद आश्चर्य और मोह से कांपते हुए शरीर के साथ अर्जुन ने अपना सिर झुकाया और श्रद्धा-भक्तिसहित हाथ जोड़कर अपने परमेश्वर से इस प्रकार कहा।

हे देव, मैं आपमें सम्पूर्ण देवों को तथा आपके द्वारा रचित अनंत जीवात्माओं को देखता हूं। मैं कमल के आसन पर विराजित ब्रह्मा को, सम्पूर्ण ऋषियों को तथा दिव्य सर्पों को देखता हूं।

दैवीय दर्शन की इस एक घटना के माध्यम से गीता बेहद स्पष्टता के साथ उपनिषदों के अपरिभाषित ब्रह्म-आत्म को एक व्यक्तिगत ईश्वर में परिवर्तित कर देती है। निर्गुण ब्रह्म का एक धार्मिक ईश्वरवाद में अवमूल्यन दरअसल देवत्व को व्यक्ति रूप में देखने की मानवी इच्छा का सम्मान है। ये रियायत दी तो गई, लेकिन हिंदू धर्म के उसी सामंजस्य भरे अंतर्विरोधों के साथ, कि ब्रह्म की सर्वोच्च सत्ता को चुनौती नहीं दी जा सकती। अर्जुन को परामर्श देने के दौरान, कृष्ण मोक्ष के कई मार्गों का उल्लेख करते हैं, जिन सभी को हिंदू परंपरा में मान्यता मिली है: ज्ञान मार्ग, कर्म मार्ग, और भक्ति मार्ग।

शंकर हिंदू दर्शन शास्त्र के इन तीन मूलभूत ग्रंथों—उपनिषदों, ब्रह्म सूत्र, और भगवद् गीता—से काफी प्रभावित थे, और इनमें से सभी पर व्यापक और निर्णायक टीकाएं लिखीं। लेकिन, उनके वेदांत या अद्वैत दर्शन प्रणाली के अतिरिक्त, कम से कम ऐसी पांच प्रमुख विचारधाराएं थीं जो समय के साथ पनपीं। कुछ गौण धाराएं भी मौजूद थीं जो हिंदू दर्शनशास्त्र की छह प्रणालियों का अंश नहीं थीं। और, हिंदू धर्म के बाहर दो प्रमुख धर्मों, बौद्ध और जैन, के दार्शनिक सिद्धांत तो थे ही। इन सभी ने शंकर के विचार प्रवाह को महत्वपूर्ण ढंग से प्रभावित किया था।

दार्शनिक विचारधाराओं के मंथन की उस गहराई और दायरे की तुलना, जो रचनात्मक वर्षों में भारतीय विचार-प्रक्रिया के विकास और उद्भव की पहचान है, यूनान समेत दुनिया में कहीं से भी नहीं की जा सकती।

इसकी विशेषता थी एक महत्वपूर्ण बौद्धिक जिज्ञासा जो किसी भी वस्तु को तुच्छ नहीं मानती थी या ईश्वरवाद की साधारण अवधारणा या व्यक्तिगत सुख-समृद्धि के पारंपरिक वर्गों तक स्वयं को सीमित नहीं रखती थी। यहां चिताएं अधिक बड़ी थीं, कारण और उत्पत्ति, वस्तुओं की प्रकृति, ब्रह्मांड के रहस्यों, तर्कों और निष्कर्षों की शुद्धता, और मन, इंद्रियों और शरीर के आपसी संबंधों के बारे में—एक सामूहिक चिंतन जो ज्ञात की सीमाओं से परे, अनंत के आगे जाता था।

इन प्रणालियों के संस्थापक ऋषियों ने आस्था और ईश्वरत्व में अपने आप को अधिक नहीं उलझाया। दरअसल, छह प्रणालियों में से अधिकतर जिसमें वेदांत भी सम्मिलित है, शुद्ध दर्शन के स्तर पर थीं, उनके स्वर में नास्तिकवाद था और वो पदार्थ और आत्मा की मौलिक प्रकृति का परीक्षण करने की बजाय उसे ढूंढ़ने में विश्वास करती थीं। इस प्रक्रिया में, जोर इस पर नहीं था कि अटल क्या है, या दृढ़ता से क्या होना ही चाहिए, या आवश्यक रूप से क्या होना चाहिए, बल्कि इस पर था कि संभवतः क्या हो सकता है।

जिस उत्साह और ऊर्जा के साथ इन विचारकों ने ज्ञात—और सुबोध—सीमाओं को स्वेच्छा से छोड़कर अज्ञात की गहराई में छलांग लगाई, वो आश्चर्य से कम नहीं है। उन जटिल दार्शनिक परंपरा की प्रचुरता, जो शंकराचार्य को उत्तराधिकार में मिली और जिस पर उन्होंने काम किया, को समझने के लिए ये जरूरी होगा कि हम उन विचारधाराओं के कुछ तंतुओं पर दृष्टि डालें।

शंकर के वेदांत अध्यात्म के प्रतिपादन के पहले दर्शन की पांच विचारधाराएं थीं—न्याय, वैशेषिक, सांख्य, योग और पूर्व मीमांसा। इन सभी के अनिवार्य रूप से दो मौलिक तत्व थे—जगत की मौलिक प्रकृति, और आनुषंगिक जीवन के उद्देश्यों पर

मीमांसा और विचार। अपनी धारणाओं और तर्कों में वो कई मायनों में एक-दूसरे को प्रभावित करते हैं, लेकिन उनकी भिन्नताएं भी स्पष्ट थीं, और इस अर्थ में, वो तत्कालीन युग के उदार परिवेश का पुख्ता प्रमाण देते हैं, और साथ ही विचारों की उस स्वतंत्रता और दृढ़ता का भी, जिसे उन्होंने पल्लवित किया।

न्याय सूत्र की रचना तीसरी सदी ईसा पूर्व में हुई मानी जाती है और इसका श्रेय मिलता है ऋषि गौतम को। इस विचारधारा में तर्क और द्वंद्व, विश्लेषण और विचार को प्रमुखता दी गई है। इसके लिए, न्याय मुख्य रूप से ज्ञान के चार स्रोतों पर निर्भर करता है: प्रत्यक्ष, अनुमान, उपमान और शब्द। न्याय ने इस बात पर जोर दिया था कि ऐसे उपकरण ये स्थापित करने के लिए आवश्यक थे कि जिस सिद्धांत की कल्पना की गई है, उसका अस्तित्व है या नहीं। दूसरे शब्दों में, न्याय की महत्ता इस तथ्य में है कि ये परीक्षण के लिए विश्लेषणात्मक रूपरेखा प्रस्तुत करता है, और किसी भी चीज को सिर्फ उसके दावे के आधार पर स्वीकार करने से इनकार करता है।

ऋषि कणाद (तीसरी सदी ईसा पूर्व) का वैशेषिक दर्शन तर्क के उन्हीं उपकरणों पर निर्भर है जिनका प्रतिपादन न्याय ने किया था, लेकिन ये उसके आगे जाकर एक ऐसा सूत्र प्रस्तुत करता है जिसे निश्चित रूप से परमाणु की मान्यता का पहला दार्शनिक सिद्धांत माना जा सकता है।

ये कहता है कि सभी पदार्थ अंतिम रूप से पृथ्वी, जल, अग्नि या वायु में पाए जाने वाले चार आधारभूत परमाणुओं से बने हैं। अपने समय के हिसाब से, आश्चर्यजनक रूप से ये सिद्धांत इस निष्कर्ष पर पहुंचता है कि सभी परिमित वस्तुएं टुकड़ों में तोड़ी जा सकती हैं और अंत में वो एक अति सूक्ष्म, अविनाशी और अविभाज्य परमाणु में परिवर्तित हो जाती हैं। परमाणुओं का मिश्रण अलग-अलग वस्तुओं को उत्पन्न करता है, जो अपने अंतिम रूप में अपने अवयवों से भिन्न हो सकती हैं। सिद्धांत कहता है कि परमाणु से परिमित आकार की इस विकासवादी प्रक्रिया में, अंतिम परिणाम किसी प्रमुख गुण विशेष पर आधारित हो सकता है, लेकिन वास्तव में वैशेषिक का दृष्टिकोण बहुलवादी है।

अपने दृष्टिकोण में बुनियादी रूप से वास्तविक होने के बावजूद, वैशेषिक कहता है कि सभी पदार्थ भौतिक नहीं हैं। ब्रह्मांड विज्ञान के अभौतिक पहलू हैं अंतरिक्ष, समय, आकाश, मन और आत्मा। इस बिंदु पर, कुछ-कुछ

अनिच्छापूर्वक, कणाद एक ईश्वर की संभावना स्वीकार करते हैं जिसने चारों प्रकार के परमाणुओं और पांच अभौतिक पदार्थों को मिलाकर एक व्यवस्थित ब्रह्मांड की रचना की। हालांकि, इस दर्शन का वास्तविक स्वर अनीश्वरवादी है, क्योंकि ईश्वर के अस्तित्व को स्वीकार करने के बाद भी ये उसकी भूमिका को सिर्फ ब्रह्मांड की व्यवस्था तक सीमित करता है, इसे रचने वाले तत्वों के निर्माण में नहीं।

कपिल द्वारा प्रतिपादित सांख्य दर्शन सातवीं सदी ईसा पूर्व में अस्तित्व में आया था और ये हिंदू दर्शन शास्त्र की सबसे पुरानी व्यवस्थित विचारधाराओं में है। सार रूप में, सांख्य ब्रह्मांड के लौकिक द्वैत का सिद्धांत देता है जिसमें प्रकृति और पुरुष सम्मिलित हैं। वैशेषिक के बहुलवादी परमाणुवादी दृष्टिकोण के विपरीत, प्रकृति एक व्यापक व्यक्तित्व है, जो शाश्वत और स्वतंत्र है, और जिससे ब्रह्मांड विकसित होता है। लेकिन ये विकास तभी होता है जब प्रकृति पुरुष के प्रभाव में आती है, जो जागरूकता का प्रतीक है।

जब तक पुरुष का प्रभाव नहीं होता, प्रकृति या 'प्रकृति का सामर्थ्य'[6] सुप्त रहती है और इसके तीन अवयवों—सत्व, रजस और तमस में संतुलन बना रहता है। सत्व शुद्धता का प्रतीक है; रजस ऊर्जा और गतिविधि का; और तमस जड़त्व और सुस्ती का।

इस संतुलन में विघ्न पड़ता है जब पुरुष प्रकृति के साथ आता है, और विकास अपनी सभी प्रत्यक्ष विविधताओं के साथ शुरू होता है। पांच ज्ञान संबंधी अंगों—स्वाद, स्पर्श, दृष्टि, ध्वनि और गंध—और पांच गति संबंधी अंगों का उद्भव इस विकास का हिस्सा है, और साथ ही बुद्धि और अहंकार का उद्भव भी। सांख्य के अनुसार, ये विकास चक्रीय है, जिसमें सृष्टि के बाद प्रलय आती है और फिर प्रलय के बाद सृष्टि। एक मनुष्य के लिए, पदार्थरूपी प्रकृति और बोधरूपी पुरुष के बीच अंतर को समझना ही मुक्ति है। ये समझ ज्ञान प्राप्ति के द्वारा अज्ञान के पर्दे को उठाने से आती है।

अवधारणा के स्तर पर, सांख्य द्वारा वर्णित लौकिक स्थापत्य में एक प्रेरणादायक भव्यता है। विशेष रूप से दिलचस्प ये है कि इसकी स्व-विकसित लौकिक संरचना में ईश्वर का कोई स्थान नहीं है। जैसा हम बाद में देखेंगे, इस

---

6 के.एम. सेन, हिंदुइज्म, पेंगुइन बुक्स, यूके, 1961, पृष्ठ 80

विचारधारा के कई पहलू हैं जिनका प्रभाव शंकर पर हुआ। विशेष रूप से मोक्ष के लिए ज्ञान पर जोर का, हालांकि वो व्यवस्था की द्वैतता के दृढ़ विरोध में रहे।

योग दर्शन मोटे तौर पर सांख्य के दृष्टिकोण को स्वीकार करता है, लेकिन उस भौतिक अनुशासन और ध्यान संबंधी नियमों को अलग रखता है जो किसी व्यक्ति को कैवल्य (अचेतन प्रकृति से चेतन पुरुष को अलग करना) का अनुभव कराने के लिए आवश्यक हैं। योग सूत्र का श्रेय पातंजलि को दिया जाता है और इसका रचना काल 400 ईस्वी के पहले का माना जाता है। कई विद्वान इसे और अधिक प्राचीन मानते हैं, और ये काफी हद तक संभव भी है कि भले ही इसकी रचना बाद में हुई हो, सूत्र में जिन परंपराओं और अभ्यासों को संहिताबद्ध किया गया है, वो कई शताब्दियों पहले के हों।

योगसूत्र इस सूक्ति के साथ शुरू होता है:- योग चित्त वृत्ति निरोध: यानी योग चित्त की वृत्तियों को रोकना है। ऐसा विश्वास है कि ये निरोध शारीरिक और मानसिक अनुशासन से लाया जा सकता है। सूत्र में, अनुशासन को अष्टांग मार्ग के रूप में दिखाया गया है, जो हैं यम (स्व-निरोध), नियम (पवित्र अनुष्ठान), आसन, प्राणायाम (सांसों पर नियंत्रण), प्रत्याहार (इंद्रियों को वश में करना), धारणा (एकाग्रचित्त होना), ध्यान, और समाधि (ध्यान के विषय के साथ पूर्ण रूप से एकाकार होना)।

योग का शाब्दिक अर्थ भी है 'जुड़ना', और अष्टांग मार्ग के संपूर्ण नियमों का उद्देश्य है शिष्य को पुरुष के साथ जुड़ने के लिए तैयार करना। वेदांत व्यवस्था के विपरीत, जिसमें ये माना जाता है कि ज्ञान पर आधारित प्रबोधन किसी भी व्यक्ति को कभी भी प्रत्यक्ष अनुभव से मिल सकता है, योग सांख्य के लिए सावधानीपूर्वक रचे गए मानसिक और शारीरिक व्यायामों की पूरक व्यवस्था उपलब्ध कराता है जो मोक्ष के लिए आवश्यक पूर्व-शर्त मानी जाती है। हालांकि एक महत्वपूर्ण बिंदु पर योग सांख्य से अलग मत रखता है, और वो है व्यक्तिगत ईश्वर में इसका विश्वास, जो निर्माण से लेकर विनाश तक के चक्रीय विकास प्रक्रिया को निर्देशित करता है।

वेदों में बताई गई प्रथाओं के माध्यम से धर्म का अभ्यास पूर्व मीमांसा का केंद्र बिंदु है। लगभग 400 ईसा पूर्व में जैमिनी इसके प्रणेता थे। ये सिद्धांत मोक्ष के मार्ग के लिए ज्ञान नहीं, बल्कि कर्म में विश्वास करता है। इसमें वैदिक संस्कारों

और प्रथाओं के अभ्यास और व्याख्या पर जोर दिया गया है, जिन्हें एक कर्तव्य की तरह किया जाना चाहिए, और उसी तरीके से जैसा वेदों से संबंधित धार्मिक ग्रंथों में बताया गया है, उदाहरण के लिए ब्राह्मण।

ये विचारधारा मानती है कि अनिवार्य प्रथाओं को पूरा करने, और उन प्रथाओं से बचने से, जिनका निषेध किया गया है, स्वतः बुराई का नाश और आत्मा की शुद्धि के माध्यम से मोक्ष की प्राप्ति का मार्ग खुल जाता है।

सातवीं सदी ईस्वी में, कुमारिल भट्ट ने जैमिनी के मूल निबंध पर व्यापक टीका लिखी। शंकर, जिनका मानना था कि कर्म नहीं बल्कि ज्ञान मुक्ति का मार्ग है, कुमारिल भट्ट से मिले, और जैसा हमने पहले बताया है, उनका इस विषय पर एक निर्णायक शास्त्रार्थ मंडन मिश्र के साथ हुआ।

ऊपर वर्णित छह प्रमुख दार्शनिक व्यवस्थाओं के अतिरिक्त, हिंदू विचारधाराओं के परिदृश्य में अन्य महत्वपूर्ण तत्व भी थे, जिनके अपने समर्पित अनुयायी थे, और जिन पर शंकर ने ध्यान दिया था। उदाहरण के लिए, चार्वाक लोकायत विचारधारा जो उस समय के बौद्धिक विचार-विमर्श के बारे में दिलचस्प जानकारी देती है, और ये भी बताती है कि पारंपरिक सोच से विचलन को किस सीमा तक सहन किया जाता था। ये तो सच है कि हिंदू दर्शन की कई प्रमुख विचारधाराओं में व्यक्तिरूप ईश्वर पर उतना जोर नहीं दिया गया था, और उन्होंने अपनी वैचारिक संरचना को अनीश्वरवाद के सांचे में गढ़ा था, चार्वाक के अनुयायियों ने तो खुलकर ईश्वर या किसी अलौकिक शक्ति के अस्तित्व से इनकार किया, और सुविचारित भौतिकवाद की विवेचना की। उन्होंने कहा कि बाहरी जगत निष्पक्ष ढंग से अस्तित्व में रहता है, और उसका नियंत्रण सत्यापित करने योग्य नियमों के द्वारा होता है, किसी अलौकिक शक्ति द्वारा नहीं।

उनका तर्क था कि निष्कर्ष का एकमात्र वैध स्रोत है प्रत्यक्ष या अनुभूति, और जिसका अनुभव नहीं किया जा सकता, उसका अस्तित्व नहीं है। प्रत्यक्ष अनुभूति के माध्यम से हम जिन पदार्थों के बारे में निष्कर्ष निकाल सकते हैं, वो हैं पृथ्वी, जल, अग्नि और वायु। ये विश्व इन्हीं चार आधारभूत तत्वों (महाभूत) के विविध संयोजन से बना है। उन्होंने कहा कि चेतना कोई गूढ़ चीज नहीं है, बल्कि इन्हीं तत्वों का एक विशेष रूप और निर्णायक स्थितियों में मिश्रण है। मृत्यु के बाद कोई आत्मा नहीं

बचती; शरीर उसका निर्माण करने वाले चार महाभूतों में लौट जाता है। पुनर्जन्म के लिए कुछ नहीं बचता। वेदों में कोई पवित्रता नहीं है क्योंकि वो अंतर्विरोधों, असत्य और अर्थहीन पुनरावृत्ति की तीन गलतियों से पीड़ित हैं।

ये कहा जाता है कि बृहस्पति, जिन्होंने सातवीं सदी ईसा पूर्व के आसपास चार्वाक विचारधारा की नींव रखी थी, भौतिक सुखवाद के प्रणेता थे। चूंकि हमें जो जीवन मिला है, उसके पहले ना तो कुछ था, और ना ही उसके बाद कुछ होगा, इसलिए हमें इसका आनंद बिना किसी संकोच या बाहरी शक्तियों के विचार के बिना उठाना चाहिए:

जब जीवन तुम्हारा है, सुख से जियो
कोई भी मृत्यु की तलाशती आंख से बच नहीं सकता;
जब एक बार हमारा ये ढांचा वो जला देंगे
फिर ये दोबारा कैसे लौटेगा?[7]

हालांकि, इसके साथ ये भी तर्क दिया जा सकता है कि चार्वाक का वास्तविक उद्देश्य था व्यक्ति को बिना किसी बाहरी देवता या अभिकर्ता की सहायता के उसके अपने जीवन के लिए उत्तरदायी बनाना। दरअसल, बृहस्पति एक विद्रोही थे। वो अंधविश्वास, कर्मकांड, जाति, धर्मग्रंथों की सत्ता, और ब्राह्मणवादी नेतृत्व के विरोध में थे। उन्होंने कहा कि धर्म पुरोहितों के हाथ में सामान्य व्यक्ति के शोषण का औजार है, और ईश्वर समृद्ध व्यक्तियों का आविष्कार मात्र है। हमें अपने मौजूदा जीवन में इसी अन्याय और अत्याचार से लड़ने की आवश्यकता है, बजाय इसके कि हम ये विश्वास करते हुए चीजों को उनके हाल पर छोड़ दें कि हमारी समस्याएं पूर्व जन्म के कर्मों का परिणाम हैं, और पुरोहित हमें यही विश्वास दिलाना चाहते हैं। इस अर्थ में बृहस्पति और चार्वाक विचारधारा मार्क्स से डेढ़ हजार वर्ष पुरानी हैं जिनका प्रसिद्ध कथन है कि धर्म जनता की अफीम है।

दर्शनशास्त्र की एक और दिलचस्प धारा है जो ध्वनि की पवित्रता से संबंधित है और जिसे शब्दों के माध्यम से ठोस रूप दिया गया है। छठी और

7 एस. राधाकृष्णन, इंडियन फिलॉसफी, वॉल्यूम 1, जॉर्ज एलेन एंड अनविन लि., लंदन, 1977, पृष्ठ 281

चौथी सदी ईसा पूर्व के बीच के किसी समय में महान वैयाकरण पाणिनि ने अष्टाध्यायी लिखी, जो संस्कृत व्याकरण पर आधारभूत ग्रंथ है। दूसरी सदी ईसा पूर्व में पातंजलि ने अष्टाध्यायी पर अपना महाभाष्य लिखा। इस विषय पर एकमत नहीं है कि क्या ये वही पातंजलि थे जिन्होंने योगसूत्र लिखी थी। चाहे जो हो, महाभाष्य हिंदू व्याकरण पर आधारित दर्शनशास्त्र पर सबसे प्राचीन रचना है, जिसमें शिक्षा, व्याकरण और निरुक्त (शब्द-साधन) पर काफी जोर दिया गया है।

पांचवीं सदी ईस्वी में भर्तृहरि ने वाक्यपदीय की रचना की और इस भाषा संबंधी दर्शनशास्त्र की और अधिक व्याख्या की। वैयाकरणों द्वारा इन प्रेरक चिंतनों का संचयी प्रभाव हुआ, शंकर के समय से पहले, एक ऐसे विशेष दर्शन के उद्भव में, जिसे शब्द अद्वैत कहा गया और जो शाश्वत ध्वनि को एक सनातन, सर्वव्यापी और अविभाज्य सिद्धांत, वाक् शक्ति के रूप में देखता था, जो ब्रह्मांड को एक करती है।

जटिल धारणाओं और नैदानिक विश्लेषणों से पूर्ण इन व्यवस्थित दार्शनिक विचारधाराओं के बीच में, साधारण भक्तिपूर्ण चेतना की अंतर्धारा भी थी जिसे विपत्ति में सहायता के लिए व्यक्तिरूपी ईश्वर के पास जाने में कोई संकोच नहीं था। ईश्वर के अवतारों में विश्वास करने वाली भक्ति की इस संस्कृति के अनुयायी सिर्फ शैव और वैष्णवों में नहीं थे, बल्कि दूसरे पंथों में भी थे जो स्थानीय देवताओं की पूजा करते थे। अध्यात्म के उत्कृष्ट तर्क-वितर्क से तुलनात्मक रूप से दूर, भक्ति की प्रेरणा के स्रोत महाकाव्य और पुराण थे। इसके अनुयायियों ने भावपूर्ण धार्मिक स्तुतियां और मंत्र रचे, जैसा हम शैव नयनार और वैष्णव अलवर संतों की रचनाओं में देख सकते हैं।

मनुष्य रूप में आसानी से ईश्वर तक पहुंचने की इस मानवी उत्कंठा को शंकर भी उपेक्षित नहीं कर सके थे। इसलिए, जैसा हम बाद में देखेंगे, उन्होंने समर्पण के भाव को जगाने के उद्देश्य से, व्यक्तिरूप ईश्वरवाद को स्वीकार किया लेकिन साथ ही अद्वैत, सर्वव्यापक और अपरिभाषित ब्रह्म की अपनी विचारधारा के प्रति दृढ़ दार्शनिक निष्ठा के साथ कोई समझौता नहीं किया।

भक्ति विचारधारा में शक्ति की शाखा विशेष रुचि की है, जिसमें स्त्रैण प्रमुख की पूजा की जाती है, जैसे दुर्गा का रूप। भक्ति के इस रूप का पालन करने वाले मानते हैं कि शिव की वास्तविक शक्ति उनकी पत्नी के बिना अपूर्ण है,

और उन्होंने गुप्त और रहस्यात्मक संस्कारों और मंत्रों की एक जटिल व्यवस्था विकसित की।

ये धीरे-धीरे गूढ़ तांत्रिक दर्शन के रूप में विकसित हो गया जो संहिता या आगम ग्रंथों में नियमबद्ध और वर्णित है। सामान्यतः देवी संप्रदाय की लोकप्रियता बहुत थी, और इसे मानने वाले भारत भर में फैले हुए थे। ये निश्चित है कि शंकर पर देवी पूजा और तंत्र दोनों का गहरा प्रभाव पड़ा था, जैसा कि देवी मां की स्तुति में उनके लिखे गए भावपूर्ण भजनों के संग्रह सौंदर्य लहरी में देखा जाता है।

हिंदू धर्म के इन विविध विचारधाराओं और अभ्यासों के अतिरिक्त दो और बड़े धर्म थे जो उसी समय उभरे थे और कई मायनों में हिंद दर्शनशास्त्र की संपूर्ण परिधि को चुनौती दे रहे थे। ये थे—बौद्ध धर्म और जैन धर्म।

बुद्ध का जन्म 563 ईसा पूर्व लुंबिनी में कपिलवस्तु के राजपरिवार में हुआ था और वो अस्सी वर्ष की आयु तक जीवित रहे। युवा राजकुमार पर अपने आस-पास के मानवीय दुखों का गहरा प्रभाव पड़ा था। वो मानते थे कि ये दुख जीवन में अपरिहार्य है जो क्षणिक और अपूर्ण है, और सुख-दुख के सतही चक्र से परे निरर्थक है। इसके बाद उन्होंने सांसारिक जीवन का त्याग करने का फैसला किया, और उस सत्य की तलाश में लग गए जो जीवन-मरण के चक्र से मुक्ति यानी निर्वाण की ओर ले जाएगा।

बुद्ध की बड़ी चिंता थी दुख, जो मूर्त जीवन में अंतर्निहित है। बोधगया (बिहार) में बोधि वृक्ष के नीचे ध्यान लगाते हुए जब उन्हें ज्ञान प्राप्त हुआ, उन्होंने चार आर्य सत्य और मोक्ष के अष्टांग मार्ग का प्रतिपादन किया। चार सत्य को आसान शब्दों में इस तरह समझा जा सकता है, इस जगत में दुख है, दुख का कारण है, दुख से मुक्ति मिल सकती है, और अष्टांग मार्ग दुख से मुक्ति का रास्ता है। अष्टांग मार्ग, जिसे मध्य मार्ग भी कहा जाता है थे—सम्यक दृष्टि, सम्यक संकल्प, सम्यक वाक, सम्यक कर्म, सम्यक जीविका, सम्यक प्रयास, सम्यक स्मृति, और सम्यक समाधि।

यहां तक बुद्ध के उपदेश में ऐसा कुछ भी नहीं है जो पूरी तरह से मौलिक हो या हिंदू धर्म के या उपनिषदों के अद्वैत दर्शन और शंकर की उसकी व्याख्या के विरुद्ध हो। लेकिन, दुख के कारणों और उससे बाहर निकलने के बुद्ध के दार्शनिक तर्क कई मायनों में उपनिषदों के सिद्धांत से भिन्न हैं। बुद्ध ने कहा कि स्थायी आत्म, ब्रह्म या आत्मन जैसी कोई चीज नहीं है; अनत्त की इस अवस्था में जिसका अस्तित्व है वो है शरीर (रूप) और मन (नाम)। हर वो वस्तु जिसे हम देखते हैं वो एक समूह है (संघट); सभी स्वभावतः निर्मूल हैं (नैरात्म्य)। यही नहीं, यहां तक कि शरीर और मन के स्तर पर, आत्मा भी मूलतः क्षणिक और अस्थायी है (अनित्यत्व)।

उन्होंने आगे कहा कि जिस वास्तविकता को हम अपने चारों तरफ देखते हैं, उसका कोई उत्कृष्ट आधार नहीं है (स्वभाव); ये लगातार प्रवाह में रहता है (संतन), और हर अनुभव विचारों की एक श्रृंखला है, जो एक पल ही उत्पन्न होती है और मिटती है (क्षण भंग वाद), यानी कोई भी कभी एक ही नदी में दो बार कदम नहीं रख सकता। निर्वाण, यानी दुख से मुक्ति, का शाब्दिक अर्थ है आत्म बोध की शून्यता की अनुभूति, ऐसी प्रक्रिया जिसमें अपने आप को संसार के जाल के बंधनों से बाहर निकाला जाए।

बुद्ध के दर्शन के इस तत्व को बाद के बौद्ध विचारक नए चरम पर ले गए। महायान बौद्ध धर्म की योगाचार्य विचारधारा ने इस बात पर जोर दिया कि सिर्फ विचार, अपने सतत-परिवर्तनशील प्रवाह में, वास्तविक है, और कोई अन्य बाहरी वास्तविकता नहीं है। क्षणिक मन को एकमात्र पहचान योग्य वास्तविकता मानने से लेकर बाकी सभी चीजों को छोड़ देने के इस सिद्धांत पर इस विशेष बल ने आत्मवाद को एक अलग स्तर पर पहुंचा दिया, और इसे विज्ञानवाद कहा गया।

एक और विचारधारा थी महायान बौद्ध की माध्यमिक विचारधारा जिसके मुख्य प्रणेता थे नागार्जुन (150 ईस्वी)। नागार्जुन ने शून्यता का सिद्धांत प्रतिपादित किया, जिसमें उन्होंने ना सिर्फ बाहरी वस्तुओं के अस्तित्व को नकारा बल्कि अनुभव करने वाली आत्मा को भी। चूंकि आत्मा जैसी कोई चीज नहीं है, और सभी वस्तुएं क्षणभंगुर और आश्रित उत्पत्ति की उत्पाद हैं (प्रतीत्यसमुत्पाद), संपूर्ण विश्व, मन और पदार्थ, भ्रम हैं। इस नाशवाद संबंधी शून्य की समझ का फल है, निर्वाण।

साफ तौर पर, बौद्ध धर्म के अध्यात्म में ऐसा काफी कुछ था जो अद्वैत और शंकर की विचार संरचना के सीधे विरोध में था। आत्मा के अस्तित्व या ब्रह्म की सत्तामूलक वास्तविकता को नकारना, उपनिषदों की महान लौकिक रचना को ठुकराना था। साथ ही, बौद्ध विचारधारा के बाद के विकास के दौरान जब बाहरी वास्तविकता या मन को ही पूरी तरह नकार दिया गया, तो इसने एक ऐसे आत्मवाद और संशयवाद को उत्पन्न किया जिसका समर्थन शंकर नहीं करते थे। एक से अधिक तरीके से, बुद्ध ने हिंदू धर्म के कर्मकांड संबंधी पहलुओं का विरोध किया और ऐसा करते हुए उन्होंने लगातार उपनिषदों की विचारधारा के दार्शनिक आधार को अस्वीकार किया।

शायद बौद्ध विचारधारा और वेदांत के बीच सबसे महत्वपूर्ण अंतर था वो महत्व जो दोनों ने दुख और आनंद पर अलग-अलग दिया। शंकर ने, उपनिषदों के ही समान, ब्रह्म की अंतिम अनुभूति को अवर्णनीय सुख के रूप में परिभाषित किया। बुद्ध ने निर्वाण को दुख के अंत की तरह परिभाषित किया, सुख के आशीर्वाद की तरह नहीं। बौद्ध धर्म की दृष्टि में, निर्वाण नकारात्मक है, एक शून्यता है जहां सभी लालसाएं और विरक्तियां समाप्त हो जाती हैं।

वेदांत सकारात्मक है, जहां जब कोई व्यक्ति शरीर और मन की सीमा को पार कर लेता है, तो वो ब्रह्म से जुड़ जाता है और विशुद्ध आनंद की ज्योति फिर से जल जाती है। नागार्जुन की शून्यता नाशवाद से जुड़ी थी; ये एक ऐसी आनंददायक शून्यता को परखती है, जो सामान्य अशांति और मन की व्याकुलताओं को स्थिर कर देती है। लेकिन नागार्जुन ने शून्यता का वर्णन आनंद की तरह सकारात्मक रूप में करने का बड़ा प्रयास नहीं किया।

लेकिन, इतना होते हुए भी, बौद्ध धर्म और वेदांत में समानताएं भी थीं। बाहरी जगत का अवमूल्यन दोनों में एक समान था। दोनों के लिए ही दुख से बाहर निकलने का रास्ता ढूंढ़ना एक अनिवार्य शर्त थी। मन की हलचलों को शांत करने के तरीके पर दोनों ही सहमत थे। शंकर ने बुद्ध के अष्टांग मार्ग के कई नियमों का समर्थन किया। और बौद्ध धर्म और वेदांत दोनों ही अपने दर्शन में अंतिम लक्ष्य को लेकर एकमत थे, मुक्ति, मोक्ष या निर्वाण।

हालांकि दुख और आनंद के बीच का मूलभूत विरोधाभास दोनों को अलग-अलग करता है। बौद्ध धर्म में, आनंद दुख के अंत का एक उत्पाद हो

सकता था, लेकिन ये लौकिक व्यवस्था की प्रेरक शक्ति नहीं माना जाता था, जैसा कि वेदांत ने ब्रह्म की धारणा में जोर दिया है। बौद्ध ग्रंथों में से एक में वर्णन है कि लगभग 150 ईसा पूर्व उत्तर-पश्चिमी भारत के भारतीय-यूनानी राजा मिलिंद ने सम्मानित बौद्ध संत नागसेन से बुद्ध के निर्वाण की प्रकृति के बारे में पूछा।

> 'महाराज क्या कहेंगे—यदि एक बड़ी अग्नि जल रही थी, तो उसके बुझने के बाद क्या किसी लपट को दिखाकर ये कहा जा सकता है कि वो यहां थी या वहां?'
>
> 'नहीं पूज्य, लपट बुझ चुकी है, इसे ढूंढ़ा नहीं जा सकता।'
>
> 'महाराज, बिलकुल इसी प्रकार, बुद्ध निर्वाण में गुजर चुके हैं...'[8]

बौद्ध धर्म में, निर्वाण में नकारात्मकता है, जैसे कि कोई ज्वाला बुझ जाती है; अद्वैत में, ब्रह्म के ज्ञान और आभास में सकारात्मकता है, जहां ज्वाला और तेजी से जलती है, और पारंपरिक इच्छाओं के उन तुच्छ पदार्थों को भी जला डालती है जिन्हें बुद्ध ने भी खत्म करना चाहा था। ये महत्व का अंतर था, लेकिन इस अंतर के कारण कथन का केंद्रीय तत्व बदल गया था, और विपरीत दार्शनिक सिद्धांतों की एक उप-संरचना बन गई थी।

हालांकि बौद्ध धर्म के एक पहलू ने शंकर पर बड़ा प्रभाव डाला था। बौद्ध धर्म के तीन रत्न—बुद्ध, धर्म और संघ। इनमें से अंतिम यानी संघ महंतों की व्यवस्था था जिसे बुद्ध ने विशेष रूप से अपनी शिक्षाओं के प्रचार-प्रसार के लिए बनाया था। शंकर ने ऐसे संस्थान के विशेष महत्व को महसूस किया और इसका अनुसरण करते हुए अपने महंतों की व्यवस्था को श्रृंगेरी, पुरी, द्वारका और जोशी मठ के गठन के माध्यम से बनाया।

अद्वैत के इस विश्वास कि सत् चित् आनंद को प्रकट करने वाले ब्रह्म का अस्तित्व व्यापक है, और बौद्ध धर्म के इस विश्वास कि क्षणभंगुरता और दुख के महासागर के मध्य किसी भी स्थायी तत्व का अस्तित्व नहीं है, के बीच जैन धर्म की सुविचारित दोहरी राय थी। हालांकि उनके पहले चौबीस तीर्थंकर हुए थे, महावीर को जैन धर्म का मुख्य प्रतीक माना जाता है।

---

8 ए ट्रेजरी ऑफ इंडियन विस्डम में उद्धरित, करण सिंह, पेंगुइन इंडिया, 2010, पृष्ठ 64-65

बुद्ध की ही तरह वो भी एक राजपरिवार में जन्मे थे। उनका जन्म 599 ईसा पूर्व बिहार के मुजफ्फरपुर जिले में हुआ था और उनकी मृत्यु 527 ईसा पूर्व पावापुरी में हुई थी। लगभग तीस वर्ष की आयु में, उन्होंने भी कपिलवस्तु के राजकुमार की तरह सत्य की तलाश में घर छोड़ दिया था। बारह साल की कठोर तपस्या और ध्यान के बाद उन्हें केवल ज्ञान की प्राप्ति हुई।

पूर्ण सत्य के सिद्धांतों के विपरीत, जैन धर्म ने सप्रयोजन अनिश्चितता के सिद्धांत को प्रतिपादित किया। महत्वपूर्ण बात ये है कि ऐसा जैन धर्म ने सिर्फ किसी चीज को अस्वीकार करने के लिए नहीं किया, बल्कि तत्कालीन समय के बौद्धिक विचार-विमर्श की परंपरा के अनुरूप, विचारों की सैद्धांतिक संरचना के माध्यम से किया। जैन धर्म कहता है कि वास्तविकता जटिल है और वो दृष्टिकोण की अनेकता और विविधता को स्वीकार करता है, जिसे उसने अनेकांतवाद कहा। सत्य की तलाश के लिए निरपेक्षतावाद का त्याग निश्चित रूप से करना चाहिए और आंशिक दृष्टिकोण की वैधता को स्वीकार करना चाहिए, जिसे उसने न्यायवाद कहा। कोई भी सिद्धांत इस ढंग से नहीं बनाना चाहिए कि वो सशर्त पूर्वानुमानों की संभावना को नकार दे, जिसे उसने स्यादवाद कहा।

सापेक्षवाद के इस सुविचारित सिद्धांत के समर्थन में, जैन धर्म एक हाथी को जांच रहे सात नेत्रहीन व्यक्तियों का दृष्टांत देता है, जो हाथी की कल्पना उसी रूप में करते हैं, उसके शरीर के जिस हिस्से को वो छू रहे होते हैं। जैन धर्म अपने सप्तभंगी सिद्धांत के माध्यम से 'पक्षपात' के समर्थकों का असली रूप दिखाता है, जिसका उद्देश्य ये स्थापित करना है कि वास्तविकता का ज्ञान सापेक्ष है। सप्तभंगी सिद्धांत सात संभावनाओं की बात करता है: शायद यह है; शायद यह नहीं है; शायद यह है और नहीं है; शायद यह अवर्णनीय है; शायद यह है और अवर्णनीय है; शायद यह नहीं है और अवर्णनीय है; शायद यह है और नहीं है और अवर्णनीय है।

सभी सात दृष्टिकोणों में एकमात्र शब्द जो सभी में है, वो है 'शायद'। जैन धर्म में, 'शायद' हठधर्मिता का प्रतिकारक है, और विशेष रूप से हिंदू और बौद्ध अध्यात्म का।

लेकिन जैन धर्म में भी अपने 'पूर्ण सत्य' थे। ये मानता है कि जीव या आत्मा, कार्मिक पदार्थ, अजीव के समावेश के कारण दूषित हो जाती है और

परिणामस्वरूप बंधन में घिर जाती है। आध्यात्मिक खोज का उद्देश्य है जीव को इस अजीव से छुटकारा दिलाना, पहले नए कार्मिक पदार्थ के प्रवेश को रोककर, और फिर अतीत के संग्रहित कर्मों को नष्ट कर। इस लक्ष्य को प्राप्त करने के लिए जैन धर्म अत्यधिक तपस्या के मार्ग और अहिंसा को उतना ही अधिक महत्व देने का समर्थन करता है।

नैतिक शिक्षा की दृष्टि से, इसके अपने त्रिरत्न हैं: सम्यक श्रद्धा, सम्यक ज्ञान, और सम्यक आचरण। कठोर तपस्या, पूर्ण अहिंसा, और त्रिरत्नों को अपनाकर एक व्यक्ति अपनी आत्मा को पवित्रता की मूल अवस्था में ला सकता है और निर्वाण प्राप्त करता है। जैन धर्म ईश्वर के प्रश्न पर दोहरी राय रखता है, लेकिन विश्वास करता है कि देवत्व अनंत या केवल ज्ञान को प्राप्त करने में है।

यानी, ज्ञान की सापेक्षता के जैन सिद्धांत और अपना नैश्चित्य निर्धारित करने वाले जैन अभ्यास में एक विरोधाभास है। जैन धर्म को इस प्रश्न का उत्तर भी देना चाहिए, कि यदि हर ज्ञान सापेक्ष है, तो निरपेक्षवाद को इसकी अस्वीकृति के साथ ऐसा क्यों नहीं है? शंकर ने जैन धर्म की इसी अनिच्छा के लिए इसकी आलोचना की है। केवल ज्ञानमीमांसा के धरातल पर, वो इस सिद्धांत से भी असहमत हैं कि कोई चीज हो भी सकती है, और नहीं भी। वास्तविकता के 'बहु-पक्ष' होने के जैन सिद्धांत पर टिप्पणी करते हुए, वो कहते हैं कि एक ही समय पर एक वस्तु को दो प्रत्यक्ष विरोधाभासी अवस्थाओं में नहीं रखा जा सकता।

लेकिन फिर भी, जैन धर्म वैचारिक वाद-विवाद को एक नई ताजगी देता है, जब वो दर्शन शास्त्र की अन्य व्यवस्थाओं की इस धारणा पर प्रश्न उठाता है कि मात्र वो ही सही हैं। और, कई मायनों में, जिस सापेक्षिकता की रूपरेखा इसने खींची है, उसने भारतीय विचारधाराओं की भावी उन्नति पर गहरा प्रभाव डाला है। उदाहरण के लिए शंकर की माया की परिभाषा देख सकते हैं जो कहती है कि माया कोई ऐसी वस्तु है जो है, और नहीं है, और अवर्णनीय है।

शंकराचार्य के पहले की सहस्राब्दियों में साम्राज्यों का उत्थान और पतन हुआ, सेनाओं ने विजय हासिल की और पराजय भी, राजा आए और गए, और शहर

फले-फूले और नष्ट हुए, लेकिन दार्शनिक विचारधाराओं का कभी पतन नहीं हुआ। मस्तिष्क में उठने वाले ये प्रश्न कि हम कौन हैं, ब्रह्मांड क्या है, और मानव अस्तित्व के अंतिम लक्ष्य क्या हैं, अपनी जीवंतता के साथ लोगों को उद्वेलित करते रहे।

एक बार स्पष्ट होने के बाद, विचारों की व्यवस्था कभी मृत नहीं हुई। बौद्ध धर्म जैसी कुछ विचार-व्यवस्थाओं को बड़े पैमाने पर राजसी समर्थन मिला, और वो भारत की सीमाओं के बाहर दूर-दूर तक पहुंचीं। कुछ दूसरी विचार-व्यवस्थाएं, जिन्हें राजाओं का समर्थन नहीं भी मिला, भी अपने समर्पित अनुयायियों के सहारे फलती-फूलती रहीं जो उनके संस्थापकों की मूल शिक्षाओं को नियमबद्ध करते, उन पर विचार-विमर्श करते और उनकी व्याख्या करते। व्याख्यान या भाष्य की भारतीय प्रणाली ने ये सुनिश्चित किया था कि विचार संरचना कहीं धुंधली ना पड़े। साथ ही तर्क-वितर्क और वाद-विवाद की परंपरा, जिसमें प्रायः थोड़ी उग्रता आ जाती थी, ने आलोचकों और समर्थकों दोनों की सक्रियता को सुरक्षित रखा।

महत्वपूर्ण बात ये थी कि ये सभी तर्क-वितर्क केवल आश्रमों या मठों या मुट्ठी भर शिष्यों तक सीमित नहीं थे, बल्कि इन्होंने इतनी लोकप्रियता हासिल कर ली थी कि आम लोग भले ही अध्यात्म की बारीकियों में प्रवीण नहीं थे, लेकिन वो मोटे तौर पर इसकी रूप-रेखा से परिचित थे। गहराई, तर्कों की मजबूती, आस्था का साहस, और विरोध की स्वीकृति और, जहां आवश्यक हो, विश्लेषण ने शंकर तक के काल में दार्शनिक परिधि को काफी अलग स्वरूप दिया था। उन्हें विरासत में दार्शनिक परीक्षण, आध्यात्मिक खोज, धार्मिक अभ्यास और आत्मविषयक विश्लेषण का ये अद्‌भुत चित्रफलक मिला था। इस प्रकार वो, वैचारिक रूप से, केरल में पूर्णा नदी के तट पर एक छोटे गांव में जन्मे बच्चे को मिलने वाली सामान्य औपचारिक शिक्षा से कहीं अधिक के उत्तराधिकारी थे। और इस उत्तराधिकार के आधार पर उन्होंने पूरी बारीकी से विचारों के जिस ढांचे को खड़ा किया, उसकी चर्चा हम अगले अध्याय में करेंगे।

साहसिक विचार

वैश्विक अध्यात्म को शंकर का योगदान है एक ऐसी विचार-संरचना जो दृढ़ रूप से सुसंगत है, आंतरिक रूप से एकजुट है और ब्रह्मांड की अद्वैत वास्तविकता को प्रस्तुत करने में अभूतपूर्व है। ब्रह्म और आत्म पर उपनिषदों के रहस्यपूर्ण बयानों, वेदांत सूत्रों की गुप्त सूक्तियों और अपने पहले से चली आ रही दर्शन शास्त्र की दूसरी विचारधाराओं के अध्ययन के आधार पर, उन्होंने एक ऐसी दृष्टि विकसित की जो हमारे जीवन की आश्चर्यजनक बहुलता, और इसमें अंतर्निहित एकता के शाश्वत आधार, दोनों की व्याख्या करती है।

उनके कार्य में जो बात प्रशंसनीय है, वो है मस्तिष्क का प्रयोग, विश्लेषण और निरीक्षण का वास्तविक परिमाण।

जैसा पहले वर्णन किया गया था, कुछ आलोचक हैं जो उनके योगदान की मौलिकता पर संदेह जताते हैं। उनका मानना है कि वो वास्तव में श्रुतिवादी थे—ऐसे व्यक्ति जिन्होंने उपनिषदों को सत्य मान लिया, और केवल उन सूचनाओं की व्याख्या कर दी जो वहां पहले से उपलब्ध थीं। ये आलोचना स्पष्ट तो है, लेकिन सही नहीं।

ये सच है कि शंकर ने उपनिषदों को अविवादित ग्रंथों की तरह देखा। लेकिन उपनिषद अपने आप में एक आत्मनिर्भर या तार्किक रूप से वर्णित विचारों का पुंज नहीं बनाते। वो टुकड़ों-टुकड़ों में गहन अंतर्ज्ञान पर आधारित कथनों का संकलन हैं, साथ ही कई अन्य विचारों का सारांश भी, अधिकतर इतरोक्तियां हैं जिनमें

पारंपरिक ईश्वरवाद भी शामिल है। वो पूर्णता के बारे में आकर्षक झलक तो प्रस्तुत करते हैं, लेकिन उसके परे एक सुसंगत दर्शन की संरचना तैयार करने का कोई प्रयास नहीं करते।

शंकर की महानता इसमें है कि उन्होंने उपनिषदों के ज्ञान की नींव पर एक पूर्ण और मौलिक दार्शनिक भवन खड़ा कर लिया। इस दर्शन ने उपनिषदों में उल्लेखित बातों को तो मान्यता दी ही, लेकिन उससे कहीं आगे जाकर बौद्धिक परीक्षणों और विश्लेषण का एक पूरा तंत्र उपलब्ध कराया। इस उद्यम में, वो सर्वोत्कृष्ट परमार्थचिंतक थे, ऐसा व्यक्ति जिसने ब्रह्मांड के रहस्यों के पीछे के अंतिम सत्य को जानने की इच्छा की, और सिर्फ एक सृष्टिचिंतक नहीं थे, जिसकी चिंता सिर्फ भौतिक जगत की व्याख्या करने तक सीमित रहती है।

इसलिए, शंकर का कार्य मात्र दोहराव नहीं था। उनकी मौलिकता उपनिषदों के सत्य में उनके अटूट विश्वास में नहीं, बल्कि उस विश्वास के समर्थन में गठित विचार-व्यवस्था में है। 'महान कौशल, दृढ़ तर्क, स्पष्ट सच्चाई, गहन विश्वास और प्रकांड पांडित्य के साथ... शंकर ने उपनिषदों और वेदांत सूत्रों की शिक्षाओं को उसी रूप में प्रस्तुत किया जैसा उन्होंने समझा। ऐसा करते हुए, उन्होंने स्वतंत्र रूप से वैचारिक दर्शन शास्त्र की वास्तव में महत्वपूर्ण व्यवस्था और वेदांतिक अध्यात्म को विकसित किया, और दोनों ही प्रकृति से शंकर के अपने हैं।'[1]

उनके दर्शन का सबसे साहसपूर्ण अंश—और मुख्य आधार—है ब्रह्म की संकल्पना जो सर्वव्यापी है और ब्रह्मांड में हर ओर फैली परम शक्ति है। शंकर के लिए, ब्रह्म असीमित ऊर्जा, शुद्ध चेतना, और शुद्ध ज्ञान है। ये व्यक्तिरूप प्रज्ञा है—जिसका ब्रह्मांड में सत्यापित व्यवस्था के माध्यम से अनुमान लगाया जा सकता है, सूक्ष्म और वृहत दोनों स्तरों पर। दरअसल, शंकर कहते हैं कि प्रज्ञा ब्रह्म की अनन्य प्रकृति है, बिलकुल उसी तरह जैसे नमक की डली की असंदिग्ध विशेषता है लावणिकता।

सही ज्ञान का प्रतीक ब्रह्म ज्ञान, ज्ञानी या ज्ञात के परे है, इसका कोई आरंभ नहीं है क्योंकि ये शाश्वत है; इसका कोई कारण नहीं है क्योंकि ये समय, अंतरिक्ष और कारणवाद के वर्गों के परे है; इसका कोई अंत नहीं है, क्योंकि ये सदा था

1 पी.डी. देवनंदन, द कन्सेप्ट ऑफ माया, वाई.एम.सी.ए. पब्लिशिंग हाउस, 1954, पृष्ठ 91

और सदा रहेगा। इसकी शक्तियां असीमित हैं; ये सर्वशक्तिमान और सर्वज्ञ है, एक विलक्षण, अविभाज्य पूर्ण और सार्वभौमिक शक्ति—एकम् एका सर्वव्यापी।

ब्रह्म का एक महत्वपूर्ण पहलू है कि ये पूर्णतः ज्ञानातीत है। क्या एक प्रज्ञ शक्ति का कोई उद्देश्य होना जरूरी है? और, अगर हां, तो क्या उस उद्देश्य को पारंपरिक मानवीय समझ के अनुरूप होना होगा? क्या इसके उद्देश्य को हम उस लक्ष्य के आधार पर आंकेंगे जिसे हम सही मानते हैं, भले ही हम ये स्वीकार करते हों कि सही धारणा वो है जिसे हमारे प्रतिदिन के मानवीय जीवन में सार्वभौमिक स्वीकृति प्राप्त है?

ब्रह्मांड में सभी चीजें ब्रह्म से निकली हैं, लेकिन ये हमारी सीमित सोच के तरीके के अनुसार सभी गतिविधियों और उद्देश्यों के परे है। ये अविकारी है, और इसे विकसित होने, बढ़ने या घटने की आवश्यकता नहीं है। अपनी निष्क्रियता में ये स्वयं क्षमता है; अपनी उदासीनता में ये सर्वशक्तिमान है; अपनी उद्देश्यहीनता में ये असीमित ज्ञान है; और अपनी अनिश्चितता में ये स्वयं निश्चितता है। इसका अस्तित्व है। बिना किसी वस्तु के इसका अस्तित्व है। और फिर भी, अपनी अभिन्न पूर्णता में, इसका मार्ग सर्वोच्च रूप से व्याप्त है, जो किसी विकल्प या आकांक्षा की विवशता के परे है। सूर्य के समान ये तब भी चमकता रहता है जब किसी वस्तु को प्रकाशमान करने की आवश्यकता नहीं है। इसकी एकरूपता में कोई विभाजन नहीं है (एकरस); इसकी पहचान अखंड है। इस अर्थ में ये आत्मदीप्त है, जिसे किसी विधान, शर्त या योग्यता की आवश्यकता नहीं है। शंकर के शब्दों में, ब्रह्म 'चिरकालिक शुद्ध, ज्ञानी और मुक्त है, अविकारी है, एकमात्र है, किसी वस्तु के संपर्क में नहीं है, और निराकार है।'[2]

शंकर उपनिषदों के इस विधान का समर्थन करते हैं कि ब्रह्म अवर्णनीय है। इसे परिभाषित करने की कोई भी कोशिश इसकी अनंतता को सीमित कर देगी। नेति, नेति—यह नहीं, यह नहीं इसे समझने का सर्वश्रेष्ठ मार्ग है, क्योंकि ये नकारात्मकता ही इसकी असीमित सकारात्मकता की स्वीकृति है। शंकर स्पष्ट करते हैं कि

> 'यह ऐसी कोई वस्तु नहीं है जिसे अनुभवजन्य अर्थ में शब्दों के माध्यम से इंगित किया जा सके; ना ही यह गाय के समान कोई वस्तु

---

2 ब्रह्म सूत्र पर शंकर का भाष्य

> है जिसे हम ज्ञान के साधारण माध्यमों से जान सकें। यहां तक कि इसे सामान्य गुणों या विशेष चिह्नों के माध्यम से भी वर्णित नहीं किया जा सकता; हम नहीं कह सकते कि यह इस प्रकार या उस प्रकार कार्य करता है, क्योंकि ये सदा से कार्यहीन रहा है। इसलिए, इसका स्पष्ट रूप में वर्णन नहीं किया जा सकता।'[3]

लेकिन जहां ब्रह्म निर्गुण है, यह शून्य, या अनियत प्रसार नहीं है। यहां शंकर बौद्ध धर्म के शून्यवाद से निर्णायक रूप में अलग राय रखते हैं, जो मानता है कि अंतिम सत्य शून्य है। नेति, नेति, या यह नहीं, यह नहीं का अर्थ ये नहीं निकालना चाहिए कि ब्रह्म का अनुभव नकारात्मक तरीके से करना है, बल्कि इसका अर्थ है कि मानव मस्तिष्क द्वारा विचारित परिभाषाओं के माध्यम से ब्रह्म की अनंतता का महत्व कम नहीं करना है। दरअसल, शंकर ने उनकी कटु आलोचना की थी, जो ब्रह्म की व्याख्या नकारात्मक रूप से करना चाहते थे। वेदांत सूत्र पर अपने भाष्य में वो कहते हैं: ब्रह्म, अंतरिक्ष, गुण, गति, आनंद और भिन्नता से परे है, जिसका अस्तित्व सर्वोच्च अर्थ में है, और जो धीमे मन को अस्तित्वहीन से अधिक प्रतीत नहीं होता।'

उन्होंने मांडूक्य उपनिषद पर अपनी टीका में इसे दोहराया है:

> नहीं, ब्रह्म शून्य नहीं है, और ना ही अस्तित्वहीन। ब्रह्म सदा परिवर्तनों की नींव रखता है और उनका पोषण करता है। सभी अभिव्यक्तियां उसी मुख्य पोषक आधार से बाहर आती हैं। वो आधार जो इन परिवर्तनों को संबल देता है और उन्हें अनवरत पोषण देता है, उसे मात्र शून्य या अस्तित्वहीन सिद्ध नहीं किया जा सकता। यदि पोषक आधार को अस्तित्वहीन—कुछ नहीं—माना जाता है तो, क्या मात्र 'कुछ नहीं' से विश्व की सकारात्मक चीजों का जन्म हो सकता है?[4]

---

3 पूर्वोक्त. एस. राधाकृष्णन द्वारा उद्धरित, इंडियन फिलॉसफी, वॉल्यूम 2, ओयूपी, 1923, पृष्ठ 450

4 कोकिलेश्वर शास्त्री, ऐन इंट्रोडक्शन टू अद्वैत फिलॉसफी, यूनिवर्सिटी ऑफ कैलकटा, 1926, पृष्ठ 15-16

इसलिए शंकर का ब्रह्म स्वयं में सकारात्मकता है, शुद्ध सत्ता है, जिसकी विशेषता है अस्तित्व (सत्), चेतना (चित्) और सुख (आनंद): सतचितानंद। कुछ लोगों को ये विरोधाभासी लग सकता है। यदि, एक तरफ, आप कहते हैं कि ब्रह्म अवर्णनीय और अपरिभाषित है, तो आप फिर इसका संबंध स्पष्टतः परिभाषित विशेषताओं से कैसे जोड़ सकते हैं? शंकर इसके दो उत्तर देते हैं। पहला, ये विशेषताएं उससे अनुमानित हैं जो ब्रह्म नहीं है। यह अस्तित्वहीन नहीं है, इसलिए यह सत् है, सर्वोच्च अस्तित्व, सभी कालों में अपरिवर्तनीय है; यह चेतना से रहित नहीं है, इसलिए यह चित् है, शुद्ध चेतना, संपूर्ण ज्ञान की प्रकृति; और इसकी प्रकृति पीड़ा की नहीं है, इसलिए यह आनंद है, सर्वोच्च सुख, संपूर्ण प्रसन्नता की प्रकृति। दूसरा, ब्रह्म की सत्ता अनुभवात्मक है, बौद्धिक नहीं। ज्ञान संबंधी प्रक्रिया, जहां मस्तिष्क हस्तक्षेप करता है, हमें ब्रह्म के बारे में बौद्धिक रूप से सिखा सकती है, लेकिन अनुभव संबंधी उत्कृष्ट क्षण नहीं दे सकती, जहां विचार समाप्त हो जाते हैं और अंतर्ज्ञान का अधिकार हो जाता है। हम इस प्रक्रिया के बारे में विस्तार से आगे चर्चा करेंगे, लेकिन अभी इतना कहना पर्याप्त है कि शंकर के लिए ब्रह्म संपूर्ण समृद्धि थी, एक पूर्णता, जिसका एक बार अनुभव कर लेने के बाद किसी व्यक्ति को इसकी सत्ता के सत्य के बारे में कोई संदेह नहीं रहता।

ब्रह्मांड में एकमात्र वास्तविकता के रूप में ब्रह्म की संपूर्ण दृढ़ता का सिद्धांत देने के बाद, शंकर ने जोर देकर कहा कि ब्रह्म और आत्मा एक हैं। मनुष्य, जिसके पास विचार और इच्छा-शक्ति की क्षमता है, उसके शरीर और मन के योग से कहीं अधिक है। हममें से प्रत्येक के भीतर एक प्रेक्षक है—साक्षी—जो मस्तिष्क के निरंतर लेकिन क्षणिक पूर्वाग्रहों से अलग रहता है। यह साक्षी चेतना हमारे शरीर को नियंत्रित करने वाली ऐंद्रिक अनुभूतियों से ऊपर है। दैनिक जीवन की स्थायी व्यग्रता में यह सुप्त हो सकती है, या उपेक्षित भी हो सकती है, लेकिन हममें से सभी में यह चित्त शक्ति के रूप में विद्यमान रहती है और केवल खोज की प्रतीक्षा में रहती है।

शंकर कहते हैं कि पदार्थ और चेतना दो अलग-अलग वास्तविकताएं हैं। पहली वस्तु है, दूसरी विषय। एक विषय और एक वस्तु कभी एक समान नहीं हो सकते। हम सबके भीतर यह विषय है, आत्मा। मन चंचल होता है, हमारी इंद्रियां परिवर्तनशील होती हैं और हमारा शरीर रूप बदलता है, लेकिन आत्मा अपरिवर्तनीय और सर्वज्ञ चेतना है—सर्वप्रत्ययदर्शिन।

जबकि संपूर्ण ब्रह्मांड ब्रह्म से निकला है, आत्मा और ब्रह्म एक समान हैं। दोनों ही शुद्ध चेतना के तत्व हैं। एक का अस्तित्व व्यक्तिगत स्तर पर है, दूसरे का लौकिक स्तर पर लेकिन दोनों एक दूसरे के हैं, एक सिक्के के दो पहलू। जब हम अनुभवजन्य अभिव्यक्तियों—मन, शरीर और इंद्रियों—को दूर कर देते हैं तो जो बच जाता है वो है निर्विशेषचिन्मात्रम्—अविभेदित चेतना जो ब्रह्म और आत्मा दोनों की विशेषता है। फिर वस्तुनिष्ठ और विषयनिष्ठ दोनों एक हो जाते हैं। आत्मा चा ब्रह्म—आत्मा ब्रह्म है—उपनिषदों का कहना है। चेतना के स्तर पर हम वह हैं, यह उपनिषदों के विधान के अनुरूप है—तत त्वम् असि—वह तुम हो। यही विचार उपनिषदों के एक और महावाक्य में दिखाई देता है: अहम् ब्रह्मास्मि—मैं ब्रह्म हूं।

लेकिन, यदि लौकिक स्तर और हमारे व्यक्तिगत स्तर दोनों पर एक, अपरिवर्तनीय, शाश्वत और सर्वव्यापी चेतना है और कुछ नहीं है, तो फिर ब्रह्मांड की ये प्रत्यक्ष, स्पंदित बहुलता क्या है? यदि वास्तविकता का कोई और रूप नहीं है, और हर उस चीज में ये व्याप्त है जिसका अस्तित्व है, तो फिर हमारे जीवन में, और हमारे चारों तरफ ब्रह्मांड के असंख्य पहलुओं में वो चेतना महत्वहीन क्यों है? असीमता और सीमाबद्धता का अस्तित्व एक साथ क्यों है? क्या असीमता सीमाबद्धता का निर्माण करते हुए स्वयं का ह्रास करती है, या सीमाबद्धता असीमता को अटल रूप से परिवर्तित कर देती है? यदि ब्रह्म अविभाज्य है, और सभी परिवर्तनों के परे है, तो फिर हम उस अविभाजन के इतने सारे प्रारूपों को कैसे समझें? यदि कारण गतिविधि के परे है और पूर्णतः आत्मनिर्भर है, जिसे किसी की आवश्यकता नहीं है, तो फिर हम इसे इतने सारे प्रभावों को उत्पन्न करते क्यों देखते हैं? यदि केवल ब्रह्म का अस्तित्व है, और कोई द्विविधता नहीं है, हम ब्रह्मांड की विविधता की व्याख्या कैसे करें? तो क्या ब्रह्म मात्र भाव भर है, केवल एक बौद्धिक रचना, और जगत वो सत्य है जिससे

हम भाग नहीं सकते? या, यह जगत एक भ्रम है, और ब्रह्म और आत्मा एकमात्र सत्य हैं?

इस पहेली का उत्तर देते हुए शंकर जोर देकर कहते हैं कि यह प्रत्यक्ष जगत एक स्तर पर सत्य है, लेकिन सत्ता मीमांसा के स्तर पर ब्रह्म एकमात्र सत्य है। इस आश्चर्यजनक बहुलता के बीच, ब्रह्म निरंतर अपरिवर्तनीय और शाश्वत बना रहता है, हर वस्तु में व्याप्त रहता है, अनुभवजन्य विविधता का साक्षी रहता है, लेकिन पूरी तरह अक्षत और अप्रभावित रहता है। जो है, जो था और जो होगा, के कारण के रूप में ब्रह्म, हर प्रभाव में उपस्थित रहता है। लेकिन कारण और प्रभाव के बीच द्वंद्व में, प्रभाव पूरी तरह कारण द्वारा आत्मसात कर लिया जाता है, जबकि कारण पर प्रभाव का असर नहीं पड़ता। एक सदा एक रहता है, जबकि कई अनेक इसकी छाया के रूप में उत्पन्न होते हैं, फिर भी एक की मूल प्रकृति में कोई परिवर्तन नहीं आता।

वो इसकी व्याख्या अपने कार्य कारण सिद्धांत के माध्यम से करते हैं। सार्वभौमिक कारण का स्वभाव अपरिवर्तनीय रहता है; प्रभाव केवल एक क्षणिक अवस्था है। कारण और प्रभाव के बीच, दो प्रकार की संभावनाएं हैं। पहली कहलाती है परिणामवाद, जहां प्रभाव को उत्पन्न करने के लिए कारण बदल जाता है। दूसरी है विवर्तवाद, जहां प्रभाव उत्पन्न होता है जबकि कारण स्वयं में अपरिवर्तित रहता है। शंकर प्रत्यक्ष जगत की व्याख्या विवर्तवाद के रूप में करते हैं। प्रभाव ना तो कारण में गुप्त है, ना ही इसकी अभिव्यक्ति अपरिहार्य है, और ना ही यह कारण से भिन्न है। यदि यह स्वाभाविक रूप से गुप्त होता, तो इसकी एक दृढ़ स्वायत्तता होती, जो कारण से स्वतंत्र होती। यदि अभिव्यक्ति अपरिहार्य होती, तो ये किसी भी रूप में कारण पर निर्भर नहीं होती। और, यदि भिन्न होती तो ये एक द्विविधता का निर्माण करती जो शंकर के अद्वैतवाद को पूरी तरह अस्वीकार्य थी।

शंकर के लिए, ब्रह्म लौकिक कारण है जिससे नाम और रूप की क्षणिक बहुलताएं प्रकट होती हैं, और, उसी में उनका पतन हो जाता है। नाम और रूप अंतहीन हो सकते हैं, लेकिन कारण एक और अपरिवर्तनीय है। जब कोई कारण बिना किसी प्रयास या संकल्प के एक प्रभाव उत्पन्न करता है, और बिना स्वयं में परिवर्तन लाए, तो करणीय प्रक्रिया निमित्त कारण कहलाती है। शंकर कहते

हैं कि कारण और प्रभाव के बीच के संबंध की कुछ विशेषताएं हैं। पहली, यह पारस्परिक नहीं है: प्रत्यक्ष जगत का आधार है ब्रह्म, जबकि ब्रह्म स्वयं प्रत्यक्ष जगत के परे है। दूसरी, यह परनिर्भर नहीं है: हमारी इंद्रियों को दिखने वाला अनुभवजन्य जगत ब्रह्म पर निर्भर है, जबकि ब्रह्म उनसे स्वतंत्र है। तीसरी, कारण और प्रभाव अनन्य और अव्यतिरिक्त (अलग नहीं) हैं।

शंकर का महत्वपूर्ण तर्क है कि कारण और प्रभाव के बीच अंतर करना गलत है। कुछ भी स्वयं से उत्पन्न नहीं हो सकता; और इसलिए, यदि प्रभाव के लिए कारण आवश्यक है, तो वो कारण केवल लौकिक आधार या सत्व हो सकता है, जिसका प्रतिनिधित्व ब्रह्म करता है। 'केवल कारण सत्य है और परिवर्तन केवल प्रत्यक्ष है। कारण केवल प्रभाव में बदलता हुआ प्रतीत होता है; जो वास्तव में बदलता है वो नाम और रूप है। मिट्टी और पात्र दोनों के सत्व मिट्टी हैं; लेकिन जब पात्र बनता है तो नाम और रूप में परिवर्तन हो जाता है। इसी प्रकार, पात्र के भीतर का स्थान अनंत अंतरिक्ष का एक प्रभाव प्रतीत हो सकता है, लेकिन स्पष्ट रूप से यह एक कारण के साथ है'।[5] एक वस्त्र और इसे बुनने के लिए प्रयुक्त धागा दिखने में अलग होते हैं, लेकिन अगर गहराई से देखें तो वस्त्र धागों का केवल एक भिन्न रूप है। शंकर कहते हैं कि देवदत्त, देवदत्त ही रहता है भले ही उसका रूप बदल जाए, जब वो बैठता है या खड़ा होता है। 'भ्रूण में शिशु की पहचान उस शिशु से अलग नहीं होती जो जन्म लेता है। हमें उस चीज की अभिव्यक्ति से भ्रमित नहीं होना चाहिए जो गुप्त है। हम किसी वस्त्र का स्वरूप तब तक नहीं देख सकते जब तक उसे खोला ना जाए। पौधा बीज के भीतर छिपा होता है...'[6]

इसलिए हम जितनी भी विविधता देखते हैं, उसका प्रमुख कारण ब्रह्म है। प्रत्यक्ष जगत इसकी उत्पत्ति है, और शाश्वत पूर्ण और अनंत विभाज्य एक साथ मिलकर तादात्म्य स्थापित करते हैं। प्रभाव का कारण से अंतर साफ है, लेकिन अंतिम परिणाम पूरी तरह भ्रामक नहीं होता जैसे कि किसी बंध्या स्त्री का पुत्र, या एक चौकोर वृत्त। ब्रह्मांड में निवास करने वाले विशालकाय सजीव और निर्जीव रूपों से बनने वाले प्रभाव का अस्तित्व तो है, लेकिन केवल सापेक्षिक रूप में।

---

5 वाई. केशव मेनन, पूर्वोक्त, पृष्ठ 57

6 पूर्वोक्त, पृष्ठ 59

शंकर वास्तविकता के तीन रूपों की पहचान करते हैं: परमार्थिक, व्यावहारिक और प्रतिभासिक। परा विद्या के दृष्टिकोण से, व्यावहारिक की कोई प्रामाणिकता या मौलिकता नहीं है। हालांकि अपरा विद्या के निम्न स्तर से, व्यावहारिक से इनकार नहीं किया जा सकता। इसलिए शंकर नाम और रूप के साधारण जगत को पूरी तरह भ्रामक कहकर अस्वीकार नहीं करते, जैसा कि उनके कुछ आलोचकों ने उनके दर्शन की गलत व्याख्या की है। उन्होंने मात्र तत्व मीमांसा के दृष्टिकोण से वास्तविक और अवास्तविक के बीच का आधारभूत अंतर बताया है।

ब्रह्मांड में व्याप्त अपरिवर्तनीय, अविभाज्य शुद्ध चेतना और ऊर्जा के रूप में ब्रह्म शाश्वत है, और, इसलिए एकमात्र सत्य है; हमारे साधारण बोध का जगत, जो विषय और वस्तु के झूठे द्वंद्व में विभाजित है, क्षणभंगुर है, और, इसलिए यदि इसका अस्तित्व है भी तो वो सत्य नहीं हो सकता। यह परिवर्तन, ह्रास और क्षय के अधीन है। इसका अस्तित्व तो है लेकिन केवल थोड़े समय के लिए। इसकी उत्पत्ति होती है, यह जीवित रहता है और फिर नष्ट हो जाता है। ब्रह्मांड का अस्तित्व करीब चौदह अरब वर्षों से है, जैसा आधुनिक विज्ञान अब बताता है, पूरी आकाशगंगाएं जन्म लेती हैं और मरती हैं। शाश्वत समय के चित्रपट पर उनका अस्तित्व उतना ही क्षणिक है जैसे पानी पर बुलबुला या अंधेरे में चमकने वाली चिंगारी। इतनी क्षणिक किसी भी वस्तु को पूर्ण अर्थ में सत्य नहीं माना जा सकता। नाम और रूपों के असीमित समूह के नीचे, एक अन्य सत्य अवश्यंभावी है जो ना तो उत्पत्ति के अधीन है और ना ही ग्रहण के। परिभाषा के अनुसार ऐसा कुछ भी जो अस्थिर है, या परिवर्तनशील है, या अस्थायी है, पूर्ण नहीं हो सकता। जो असंशोधनीय प्रवाह में है, और जिसका अस्तित्व नष्ट होने के लिए ही है, वो शाश्वत नहीं हो सकता। ऐसा आधार जो अपने आप में सदैव अस्थिर है वो ब्रह्मांड की सुव्यवस्थित संरचना को थाम नहीं सकता। इस प्रकार, शंकर का उद्देश्य अनुभवजन्य अर्थ में जगत की सापेक्षिक वास्तविकता से इनकार करना नहीं है, बल्कि पूर्ण अर्थ में इसकी क्षुद्रता पर ध्यान दिलाना है। तैत्तिरीय उपनिषद पर अपनी टीका में शंकर ने संक्षेप में इसका सार दिया है: 'जो शाश्वत है उसका आरंभ नहीं हो सकता और जिसका आरंभ है वो शाश्वत नहीं हो सकता।'

यदि सीमित और असीमित के बीच का अंतर इतना स्पष्ट, अचूक और पारदर्शी है, तो फिर हम इन दोनों में भूल क्यों करते हैं? शंकर का उत्तर है कि यह अविद्या के कारण होता है। अविद्या समझ में त्रुटि लाती है जिससे वास्तविक और अवास्तविक, शाश्वत और क्षणिक के बीच का अंतर धुंधला पड़ जाता है। और ऐसा करने के लिए, इसे हम सब मनुष्यों में एक मजबूत आधार मिल जाता है। ऐसा क्यों होता है, इसे समझने के लिए शंकर के नैदानिक विश्लेषण को समझना होगा कि आखिर क्या है जो मनुष्य यानी जीव को बनाता है, और कैसे, हमारी अपनी सीमाओं की प्रकृति यानी उपाधि के कारण हम अविद्या की शक्तियों के आसानी से शिकार हो जाते हैं।

सीमित जगत पांच महाभूतों या मूल तत्वों से बना है: आकाश, वायु, अग्नि, जल और पृथ्वी। आकाश सबसे पहले आता है, और फिर इससे, बढ़ते हुए क्रम में आते हैं वायु, अग्नि, जल और पृथ्वी। इनमें से प्रत्येक तत्व का एक मुख्य गुण है। आकाश से ध्वनि आती है, वायु से स्पर्श, अग्नि से उष्मा, जल से स्वाद, और पृथ्वी से गंध। सभी पदार्थ इन्हीं पांच तत्वों और इनके गुणों के विविध मिश्रित रूप हैं। निर्जीव पदार्थ अचेतन होते हैं और सहायक उद्देश्य पूरा करते हैं (परार्थ)। मनुष्य अलग होते हैं। उनमें सोचने, प्रतिक्रिया देने, तर्क करने और विश्लेषण करने की शक्ति होती है। स्थूल पदार्थ जो बुद्धिरहित हैं और जिनमें संवेदी क्षमताएं नहीं हैं, या वैसी प्रजातियां जो मुख्य रूप से सहज वृत्ति या जीव विज्ञान द्वारा निर्देशित होती हैं, की तुलना में मनुष्य के पास विवेक और समझ की शक्ति है, और चुनने की क्षमता भी। इसी कारण जीव या मनुष्य शंकर के विशेष विचार का केंद्र बिंदु है।

भारतीय विचार परंपरा के दूसरे कई दर्शनों के अनुसार भी जीव एक जटिल यौगिक है। यह भी उन्हीं पांच मूल तत्वों से बना है जिससे सभी सजीव और निर्जीव पदार्थ बने हैं। इसके अतिरिक्त इसके पास पांच इंद्रियां हैं, गति के लिए पांच अंग,श्वसन के लिए पांच अंग और सबसे महत्वपूर्ण मस्तिष्क और बुद्धि हैं। दृश्य, ध्वनि, स्पर्श, स्वाद और गंध इसकी ज्ञान संबंधी अनुभूतियां हैं। और इन अनुभूतियों के लिए अंग हैं आंखें, कान, त्वचा, जीभ और नाक। गति के पांच अंग वो हैं जो वाणी का निर्माण करते हैं, साथ ही हाथ, पैर, गुदा और प्रजनन अंग। प्राण या श्वसन एक महत्वपूर्ण कार्य है, और पांच उपवर्गों से बनता है- प्राण, अपान, उदान, समान और व्यान।

लेकिन मनुष्य को सभी प्राणियों से अलग करने वाली मूल विशेषता है मस्तिष्क और बुद्धि, सामूहिक रूप से जिसे मनस कहते हैं, जो ज्ञानेंद्रियों द्वारा प्राप्त संदेशों का विश्लेषण और वर्गीकरण करता है। मनस एक आंतरिक अंग में स्थित है जिसे अंतःकरण कहते हैं, और जिसके चार पहचान योग्य हिस्से हैं। जब केवल एक अनियत संज्ञानात्मक क्षमता हो तो उसे मन या मनस कहते हैं; जब वो संज्ञानात्मक क्षमता समझ की ओर ले जाए, उसे बुद्धि कहते हैं; जब ऐसी समझ के परिणामस्वरूप आत्मज्ञान का निर्माण हो, तो उसे अहंकार कहते हैं; और जब अहंकार के परे ये एक उच्च्च एकाग्रता का निर्माण करे तो उसे चिद् कहते हैं।

जीव का निर्माण करने वाला हर तत्व इसे शक्तियां देता है, जिनमें से कई अनन्य हैं; लेकिन साथ ही इनमें से सभी ब्रह्मांड की बहुलता के आधारभूत सिद्धांतों को पहचानने की क्षमता को सीमित करते हैं। उदाहरण के लिए, हमारी इंद्रियां उन्नत हैं, लेकिन वो वस्तुओं की पहचान केवल मस्तिष्क को साधारणतया समझ आने वाली अनुभूति के अनुसार करती हैं। हम वस्तुओं को देखते हैं जबकि वास्तव में आधुनिक विज्ञान बताता है कि आकृति और रूप हमारे मस्तिष्क के भ्रम हैं, क्योंकि सभी वस्तुएं मूल रूप में कुछ और नहीं बल्कि खाली स्थान और ऊर्जा तरंगों का मिश्रण हैं। ज्ञानातीत और अनुभवजन्य के बीच के अंतर को लेकर दुविधा काफी हद तक हमारी ज्ञानेंद्रियों की सीमाओं के कारण है। जैसा एस. राधाकृष्णन कहते हैं: 'जैसे हम अपनी ज्ञानेंद्रियों से ध्वनि और रंग का अनुभव करते हैं, जबकि वास्तविकता में वो केवल तरंगें हैं, यहां तक कि हम ब्रह्म की वास्तविकता के स्थान पर विविधतापूर्ण ब्रह्मांड को देखते हैं।'[7]

हालांकि, अपनी वास्तविकता को जानने में सबसे बड़ी बाधा है मन और अहंकार। शंकर मन को सूक्ष्म मानते हैं। अवलोकन दिखाता है कि यह बेहद चुस्त, सतत अस्थायी, निरंतर क्षणिक और जन्मजात अस्थिर है। एक शाखा से दूसरी शाखा पर लगातार कूदने वाले बंदर की भांति, यह भी कभी स्थिर नहीं रहता। लिटमस पेपर की तरह, यह कभी ना खत्म होने वाले विचारों और छवियों (वृत्तियों) का रंग ले लेता है। इसका ढंग प्रतिक्रियावादी है, जो हमेशा बाहरी वस्तुओं या घटनाओं की पकड़ में रहता है। शायद ही कभी विचारशील

7 एस. राधाकृष्णन, पूर्वोक्त, पृष्ठ 536

और सदा गतिशील, यह हमेशा स्मृतियों, चाहतों, और भावनाओं की गिरफ्त में रहता है, इसलिए उन बदलावों का शिकार होता है जो विचारों में एक ही पल में जन्म लेते और मरते हैं। यह या तो अतीत में रहता है, या फिर कल्पित भविष्य में, लेकिन कभी भी वर्तमान में नहीं रहता। संक्षेप में, मन, और इसकी नित्य छाया में, बुद्धि शक्तिशाली ज्ञान संबंधी उपकरण हैं लेकिन अपनी प्रकृति के कारण आवेगशील, चंचल, लापरवाह और अस्थिर हैं, और इसलिए, अविद्या की शक्तियों के आसान शिकार हैं।

अहंकार दूसरी बड़ी बाधा है। ऐसा क्या है जो अहंकार को हमारे जीवन का इतना केंद्रीय विषय बना देता है, और हम किसी दूसरी चिंता से लगभग निरपेक्ष हो जाते हैं? अहंकार प्रत्येक जीव में 'अहम्' का झूठा भाव जगाता है जो ब्रह्म-आत्मा की एकात्मक श्रेष्ठता की समझ के लिए लगभग अभेद्य अवरोध बना देता है। विज्ञान अब बताता है कि ब्रह्मांड एक अविभाजित इकाई है। इसका हर हिस्सा ब्रह्म की एकात्मक और व्यापक ऊर्जा के दायरे में, आपस में जुड़ा और निर्भर है। और फिर भी, अहंकार हम सभी को एक पृथकता का भाव देता है। तब ब्रह्मांड सिकुड़कर भ्रमात्मक आत्मवाद में बदल जाता है, जिसका मुख्य परिणाम इस बेतुकी धारणा का पोषण होता है कि हम, अपने व्यक्तिगत स्तरों पर, जगत के मुख्य चालक (कर्ता) हैं, जबकि वास्तव में हम केवल अस्तित्व के प्रतिनिधि (भोक्ता) हैं। फिर अस्तित्व स्थायी विषय और वस्तु के कृत्रिम द्विगुण में बंट जाता है। असीमित लक्ष्य घटकर सीमित विषय में बदल जाता है। इस अहम् के साथ भावनाओं की पूरी श्रृंखला आती है: चाहत, इच्छाएं, गर्व, महत्वाकांक्षा, आनंद, दुख, ईर्ष्या, क्रोध, दर्द और घृणा। ये भावनाएं जब हमारे विश्वास के साथ जुड़ती हैं तो 'मैं' फिर हमारे आभासी जगत की सीमा बन जाता है।

जिस ढंग से हम इस अहम् को हासिल करते हैं, उसे जानना जरूरी है। एक नवजात शिशु में कोई अहंकार नहीं होता है। लेकिन जल्दी ही वो एक नाम या पहचान हासिल कर लेता है, जो उसके परिवार और पते से जुड़ा होता है, और मूल सरलता गायब हो जाती है। हम अपनी बनाई हुई रचना के कैदी हो जाते हैं। ये हठ और संकीर्णता तर्क या निष्पक्षता के सभी भावों को मिटा देती है। हर चीज को हम अपनी धारणा के चश्मे से देखते हैं। हम भूल जाते हैं कि सीमित स्तर पर हमारे क्षुद्र जीवन की नींव एक अंतर्निहित कमजोरी रखती है जो हमारी क्षमताओं

से परे है। आखिरकार, एक व्यक्ति, जो पूरी तरह अहंकार में डूबा है, हमारे सीमित जीवन को नियंत्रित करने वाली कमजोरी और अनिश्चितता के चलते, कल को मर सकता है। किसी सांप के मुंह में जकड़े मेंढ़क की भांति, जो किसी कीट को पकड़ने की कोशिश करता है, हम ऐसे व्यवहार करते हैं जैसे हम हमेशा होंगे। अहंकार आत्मकेंद्रित स्थायित्व का भ्रम रचता है, जबकि वास्तविकता में वो स्वभावतः क्षणभंगुर है। साथ ही, जब काल और स्थान के अनंत चित्रपट से तुलना की जाती है, तो एक व्यक्ति कैसे मान सकता है कि वो कर्ता है, जबकि उसका अपना अस्तित्व पलक झपकने से भी अधिक क्षणिक है?

हमारी ऐंद्रिक समझ की सीमाएं, हमारे मन की अस्थिरता, और अहंकार का झूठा भाव, जो हमारे जीवन का स्थायी अंग बन जाता है, एक साथ मिलकर ऐसा जीव बनाते हैं जो अपनी वास्तविक प्रकृति से अनजान अपनी सीमाओं में आनंदित रहता है। अविद्या की शक्ति जीव की कमजोरियों के सीधे अनुपात में उसे घेरती है। इसी कारण से शंकर ने अविद्या को नैसर्गिक, अनंत और अनादि कहा। अविद्या आसानी से हमसे वास्तविकता का अवमूल्यन कराती है, जबकि अवास्तविक को प्राथमिकता दिलाती है। यह दोष, जिसमें किसी वैसी चीज को मूल्यवान समझा जाता है जिसका मूल्य है ही नहीं, अध्याष कहलाता है, और ये दोहरे ढंग से काम करता है। पहला, अविद्या में वस्तुओं की सच्चाई को छिपाने की क्षमता है (आवरण), और दूसरा अविद्या में उनका गलत चित्रण करने की क्षमता है (विक्षेप)। इस तरह से, विकृति का आवरण वास्तविकता की सच्ची प्रकृति (वस्तुस्वरूपम) को छिपा देता है।

आवरण ब्रह्म की व्यापक वास्तविकता को छिपाता है; विक्षेप इसका गलत चित्रण करता है और हमें विश्वास दिलाता है कि केवल जगत की अस्थायी घटना वास्तविक है। परिणामस्वरूप, हमारे भीतर का मूक साक्षी सुप्त हो जाता है, और आत्मा की उपस्थिति हाशिये पर चली जाती है। यह याद रखना महत्वपूर्ण है कि परिमित जीव और अपरिमित आत्मा दो अलग-अलग हस्तियां नहीं हैं। आत्मा-ब्रह्म सभी में व्याप्त है, लेकिन अविद्या के कार्य के माध्यम से, जीव सीमाओं के बंधन में आत्मा का प्रतिबिंब बन जाता है। शंकर ने उपमा दी है कि म्यान में रखी तलवार के समान, आत्मा की शुद्ध चेतना अज्ञान में छिपी रहती है। हमारे मानसिक उपकरण के स्वयं को सीमित करने वाले सहायक या उपाधियां, पूर्ण

को हमारी विचारशील चेतना से छिपा देती हैं (उपाधि परिछिन्न)। हम क्षणिक प्रभावों से अभिभूत हो जाते हैं और अपरिवर्तनीय कारण को नहीं देख पाते। हम जगत की क्षणिक बहुलता को चैतन्य समझने की भूल कर बैठते हैं। जबकि ब्रह्म ही वास्तविक और स्थायी बिंदु है (बिंब), और जगत केवल इसकी परछाईं है (प्रतिबिंब), हम परछाईं को उस वास्तविकता की तरह देखने लगते हैं जो हमारे जीवन को परिभाषित करती है। जैसा कि शंकर लिखते हैं: 'संपूर्ण अनुभवजन्य वास्तविकता, अपने नामों और रूपों के साथ, जिसे ना तो सजीव या निर्जीव रूप में परिभाषित किया जा सकता है, अविद्या पर टिकी है; जबकि सर्वोच्च वास्तविकता के अर्थ में, सजीव विद्यमान होता है, बिना किसी परिवर्तन के'।[8]

शंकर का कथन कि विश्व का रूप (जगत प्रपंच) ना तो सजीव है और ना निर्जीव, एक महत्वपूर्ण बिंदु है। ब्रह्म के दृष्टिकोण से, यह नहीं है और कभी नहीं हो सकता (असत्); लेकिन अविद्या द्वारा निर्मित विकृति के दृष्टिकोण से, यह है और सदा रहेगा (सत्)। हम इस दुविधा की व्याख्या कैसे करें जब सत् और असत् दोनों की अलग-अलग वैधता है? शंकर ऐसा करने के लिए कई उपमाएं देते हैं। इनमें से सबसे प्रसिद्ध है रस्सी और सांप की उपमा: रस्सी वास्तविकता है, लेकिन हम इसे सांप समझने की भूल करते हैं। इसी तरह, सीप के टुकड़े को चांदी समझने की भूल करते हैं; एक स्फटिक अपने नजदीक रखे लाल पुष्प के कारण लाल दिखने लगता है; एक सीधी छड़ी पानी में रखी होने पर मुड़ी हुई दिखती है; मरुस्थल में एक मृगतृष्णा वास्तविक लगती है; और आकाश, हालांकि रंगहीन है, नीला प्रतीत होता है। ये सभी समझ की त्रुटि के कारण गलत ज्ञान (मिथ्यास्वरूप) का निर्माण करते हैं।

हालांकि महत्वपूर्ण बिंदु यह है कि जब तक त्रुटि रहती है, सांप समझने वाले के मन में उपस्थित रहता है, और चांदी, लाल स्फटिक, मुड़ी हुई छड़ी, मृगतृष्णा और नीला आकाश भी। विकृति प्रत्यक्ष है, लेकिन समझ को जब तक सुधारा नहीं जाता, वो अस्तित्वहीन नहीं होती। इसी तरीके से हमारे नित्य अनुभव का जगत अस्तित्व में रहता है, और एकमात्र वास्तविकता मान लिया जाता है, लेकिन जिस क्षण इसकी जांच ब्रह्म द्वारा प्रतिनिधित्व किए जा रहे सर्वोच्च सत्य के विरुद्ध होती है, समझ की त्रुटि समाप्त हो जाती है। इस प्रकार शंकर का इरादा यह बताना नहीं

8 शंकर भाष्य, एस. राधाकृष्णन द्वारा उद्धरित, पूर्वोक्त, पृष्ठ 540

है कि अविद्या बिलकुल अस्तित्वहीन जगत का निर्माण करती है। ऐसा जगत अस्तित्व में रहता तो है लेकिन तभी तक जब तक कि हम अविद्या का आवरण नहीं हटाते। उनका उद्देश्य बोध-अनुभव के जगत को नकारना उतना नहीं है जितना कि इसकी पुनर्व्याख्या करना। 'जो वास्तविक है, उसका निश्चित रूप से कोई स्वतंत्र अस्तित्व नहीं है, फिर भी इसका अस्तित्व है: यह अवास्तविक तभी है जब हम भूलवश इसे स्वतंत्र मान लेते हैं। जगत अवास्तविक है लेकिन भ्रामक नहीं।'[9]

ब्रह्म की सर्वशक्ति को देखते हुए, इसकी प्रत्यक्ष वास्तविकता को ढकने के लिए बड़ी शक्ति की आवश्यकता होगी। व्यक्तिगत स्तर पर जो अविद्या है, वो लौकिक स्तर पर माया है, और जब दोनों एक साथ मिल जाती हैं तो इतनी बड़ी शक्ति अर्जित कर लेती हैं। चूंकि ब्रह्म एकमात्र वास्तविकता है, और कोई दूसरा नहीं, माया और अविद्या इसका अंश हुए बिना नहीं रह सकतीं। दरअसल, शंकर माया—रहस्यमयी लेकिन भ्रम का लौकिक आवरण—को ब्रह्म की बीज शक्ति के रूप में देखते हैं। ब्रह्म ही इस रचनात्मक शक्ति को सशक्त बनाता है, काफी कुछ वैसे ही जैसे एक मकड़ी अपने शरीर से ही जाल बुनती है। माया द्वारा निर्मित विकृति का आधार ब्रह्म ही रहता है। 'भले ही एक सांप, चांदी या मृगतृष्णा उत्पन्न होती हुई दिखती है, ये सभी छवियां निरपवाद रूप से एक पोषक आधार पर समर्थन पाती हैं, जैसे एक रस्सी, सीप या मरुस्थल की सतह, और अगर इन आधारों का समर्थन ना मिले तो ये छवियां एक क्षण भी टिक नहीं सकतीं।'[10]

अगर ब्रह्म और आत्मा, एवं माया और अविद्या वास्तव में एक ही हैं, और किसी तरह की द्विविधता प्रस्तुत नहीं करतीं, तो फिर हम अनुभवजन्य जगत की आवश्यकता की व्याख्या कैसे करें, जहां वास्तविक और अवास्तविक साथ-साथ समाप्त होते प्रतीत होते हैं? शंकर का स्पष्ट उत्तर है कि यह अवर्णनीय और अपरिभाषित है: अनिर्वचनीय। अज्ञान का अस्तित्व है। और पूर्ण ज्ञान का भी। शाश्वत का अस्तित्व है। लेकिन साथ ही क्षणिक का भी। एक कभी परिवर्तित नहीं होता। फिर भी, ये निरंतर प्रवाह का समर्थन करता है। जो सभी समय और कारणों के परे है और उद्देश्य के परे है, उसका अस्तित्व करणीय

---

9 पी.डी. देवनंदन, पूर्वोक्त, पृष्ठ 110

10 शंकर भाष्य, कोकिलेश्वर शास्त्री में उद्धरित, पृष्ठ 16, पूर्वोक्त

समय, और सीमा के साथ है। तब फिर ब्रह्म और माया, जो अविद्या का मूल हैं, के बीच ये रहस्यमय संबंध क्या है?

यह संबंध अवर्णनीय है क्योंकि इसे तार्किक ढंग से नहीं समझाया जा सकता। शंकर ने अलग-अलग संभावनाओं का विश्लेषण किया है जो इस घटना की व्याख्या कर सकते हैं लेकिन वो भी उन्हें अपुष्ट पाते हैं:

> 'यह कहना कि अपरिमित ब्रह्म परिमित जगत का कारण है और इसका निर्माण करता है, इसे स्वीकारना है कि अपरिमित समय की सीमाओं के अधीन है। कारण और प्रभाव का संबंध ब्रह्म और जगत के संबंधों पर लागू नहीं हो सकता, चूंकि कारण का अर्थ केवल परिमित तरीकों के संबंध में वहां होता है, जहां वंशक्रम है। हम नहीं कह सकते कि ब्रह्म कारण है और जगत प्रभाव है, क्योंकि इसका अर्थ होगा कि हम ब्रह्म को जगत से अलग करके देख रहे हैं और इसे दूसरी वस्तु से संबंधित एक वस्तु बना रहे हैं। पुनः जगत परिमित और प्रतिबंधित है, और इसका कारण कोई अपरिमित और बंधनरहित कैसे हो सकता है? यदि परिमित सीमित और क्षणिक है, तो अपरिमित, परिमित की सीमा के रूप में, स्वयं परिमित है और अपरिमित नहीं। ये सोच पाना कठिन है कि अपरिमित स्वयं से बाहर निकलकर परिमित कैसे बन जाता है? क्या अपरिमित समय के किसी विशेष क्षण में परिमित होने की आवश्यकता के अधीन बाहर आता है?'[11]

शंकर स्वीकार करते हैं कि उनके पास कोई स्पष्ट उत्तर नहीं है। हालांकि एक आधारभूत बिंदु पर वो अटल रहते हैं। माया और अविद्या का अस्तित्व हो सकता है, लेकिन उनका अस्तित्व किसी भी रूप में अपरिवर्तनीय ब्रह्म-आत्मा को नहीं बदलता। उन्होंने इसकी व्याख्या इस तरह की है:

---

11 एस. राधाकृष्णन, पूर्वोक्त, पृष्ठ 528-529

> हमारे अनुभव भांति-भांति के, क्रमिक होते हैं और वो अपने स्वरूप हमेशा बदलते रहते हैं। लेकिन इन बदलते अनुभवों का आधार होता है हमारा सच्चा आत्म जो इनका अहसास तो करता है लेकिन इनसे अप्रभावित रहता है। यह आत्म हमारे सभी अनुभवों का पोषक आधार है, जिसकी अनुपस्थिति में अनुभव ना तो टिक सकते हैं और ना काम कर सकते हैं। अनुभव क्रमिक हैं, अपनी प्रकृति में विभाज्य और क्षणिक हैं। लेकिन उनकी आधार आत्मा जो उनमें रहती है और उनका पोषण करती है, वो एक है और इन परिवर्तनीय अनुभवों से अपनी पहचान को अप्रभावित रखती है। हमारी आत्मा ज्ञानातीत ब्रह्म के संपर्क में रहती है, जो हमारी वास्तविक आत्मा है... वेदांत में ब्रह्म को नित्य विद्यमान और कार्यशील माना गया है, एक अक्षय स्रोत के समान, जो स्वयं में से विकसित परिवर्तनों के पीछे होता है। इस प्रकार इसका अंतरंग संबंध नाम-रूपों, विकारों या परिवर्तनों के साथ, उनके सर्वदा विद्यमान आधार और नियंत्रक के रूप में है।[12]

इस प्रकार, अपरिवर्तनीय ब्रह्म जगत या माया के व्यापार की रचना करता है, जैसी शंकर ने उपमा दी है, कि एक जादूगर एक भ्रम रचता है जबकि स्वयं उस भ्रम से अप्रभावित रहता है। या, एक चुंबक की तरह, जो अपने संपर्क में आने वाले लोहे के गुणों को बदल देता है जबकि स्वयं अपरिवर्तित रहता है। माया, और इसके द्वारा प्रस्तुत सापेक्षिक वास्तविकता, ब्रह्म की असीमित ऊर्जा का प्रवाह है। यह ब्रह्म की लीला है, बिना कारण और बिना उद्देश्य के। जादूगर के लिए जादू दिखाने का कोई कारण नहीं है; फिर भी, वो माया के साथ सहज जुगलबंदी में ऐसा करता है। हिंदू पौराणिक शास्त्रों में ऐसे विरोधाभासों की कमी नहीं है—और उनका कोई उद्देश्य नहीं दिखता।

इसे हम मनमोहक नीलेश कृष्ण की छवि में स्पष्ट देख सकते हैं। रास के नृत्य में, कृष्ण वृंदावन में गोपियों के साथ बेहिचक क्रीड़ा करते हैं, और कहा जाता है कि उनकी 16,000 पत्नियां हैं, जबकि साथ ही वो शाश्वत ब्रह्मचारी हैं! वो सर्वशक्तिमान हैं, और फिर भी, एक बच्चे के रूप में वो मक्खन चुराते हैं और

---

12 कोकिलेश्वर शास्त्री, पूर्वोक्त, पृष्ठ 16-17

इसके लिए अपनी मां से दंड पाते हैं। ब्रह्मांड उनकी आज्ञा के अधीन है, फिर भी वो महाभारत में अर्जुन के सारथी बनने को तैयार होते हैं। वास्तविकता में कृष्ण कुछ नहीं करते, वो इन झंझटों से बिलकुल परे हैं, केवल खेल में शामिल होते हैं। उत्कृष्ट और हास्यास्पद, पवित्र और अपवित्र, हिंदू कल्पनाओं में साथ-साथ रहते हैं ताकि उनके अंतर पर जोर दिया जा सके और जहां आवश्यक हो, उनकी पहचान बताई जा सके। मूल सिद्धांतों को कमजोर किए बिना, दूसरी श्रेणियां कभी भी रचनात्मक वर्गीकरण के लिए अभेद्य नहीं रही हैं।

ये सिद्धांत भी है कि शंकर नारी श्रेष्ठता के तांत्रिक विचार से प्रभावित हुए थे, जो शक्ति के बल के रूप में मूर्त होता है, और जैसा हमने ध्यान दिया है (और आगे चर्चा करेंगे), कि उन्होंने जिन मठों को स्थापित किया उन्हें शक्तिपीठ कहा। माया, देवी की रचनात्मक ऊर्जा, शक्ति का प्रतीक है, हालांकि उसे ब्रह्म से अलग नहीं किया जा सकता। उदाहरण के लिए, आनंद लहरी में:

> शंकर ने माया को परा-ब्रह्म की सर्वोच्च रानी कहकर संबोधित किया है (त्वामि पराब्रह्म महिषी)। उसे लक्ष्मी भी कहा गया है। वो अपने बारे में कहती है: "जो ब्रह्म में 'मैं' के रूप में रहता है, वो पुरातन 'अहम्' हूं मैं। 'मैं' बनने वाले सभी प्राणियों की जो भीतरी आत्मा है, उसे हरि के रूप में याद किया जाता है। इसलिए, मैं सभी प्राणियों का पुरातन 'अहम्' हूं... भगवान नारायण और मैं, लक्ष्मी, और उनका सर्वोच्च विचार, सभी प्राणियों में हैं, और 'मैं' का अर्थ तब पूरा हो जाता है जब वो अहम् के साथ मिल जाता है। 'मैं' के विचार से जो जन्म लेता है वो अहम् कहलाता है। मेरा अस्तित्व उसके बिना नहीं है, ना उसका अस्तित्व मेरे बिना। हम दोनों का अस्तित्व साथ-साथ है, हम दोनों एक-दूसरे पर निर्भर हैं। ज्ञात हो कि मेरा और ईश्वर का संबंध वैसा ही है जैसा पदार्थ और गुण का होता है। बिना अहम् के, 'मैं' अपना भाव खोकर अर्थहीन हो जाता है; और 'मैं' के विचार के बिना अहम् अपना आधार खोकर अर्थहीन हो जाता है।"[13]

शंकर ने माया को शक्तियों के जिस रूप में देखा, उसने उन्हें व्यावहारिक स्तर पर ईश्वर के रूप में एक व्यक्तिगत ईश्वरवाद को स्वीकार करने का कारण दिया।

---

13 पी.डी. देवनंदन, पूर्वोक्त, पृष्ठ 107

किसी व्यक्ति के लिए, जो ब्रह्म-आत्मा के अद्वैतवाद में इतनी दृढ़ता से विश्वास करता हो, यह आध्यात्मिक रूप से महत्वपूर्ण हस्तकौशल था। लेकिन शंकर अपने तर्कों के साथ सामंजस्य बैठाते हुए ऐसा कर सके, और इसके लिए वो ब्रह्म के प्रति अपनी अनिवार्य और दृढ़ निष्ठा के मार्ग से विचलित भी नहीं हुए।

जैसा वर्णन किया गया है, शंकर ने दो प्रकार के ज्ञान को मान्यता दी है: परा विद्या या उच्च ज्ञान और अपरा विद्या या निम्न ज्ञान। ये दो स्तर वास्तविकता के उनके दोहरे स्तरों से मेल खाते हैं, पहला है परमार्थिक, और दूसरा है व्यावहारिक। अब, यदि अपरिभाषित माया के पास अनुभवजन्य जगत की सापेक्षिक वास्तविकता का निर्माण करने की शक्तियां हैं, तो ये व्यावहारिक स्तर पर एक ईश्वर का निर्माण भी कर सकती है। शंकर की अपनी चिंता ईश्वरत्व को लेकर नहीं थी बल्कि वास्तविक और अवास्तविक के अंतर को लेकर थी। हालांकि, एक बार जब उन्होंने ये मान लिया था कि एकमात्र सत्य, ब्रह्म, माया की लौकिक भ्रमात्मक शक्तियों के माध्यम से एक जगत की छवि का निर्माण कर सकता है जो वास्तविक प्रतीत होता है, तो फिर ये स्वीकार करने में कोई विरोधाभास नहीं था कि अपरा विद्या के मापदंडों के दायरे में एक व्यक्तिरूप ईश्वर है, जो प्रत्यक्ष ब्रह्मांड के स्तर पर ब्रह्म है, और माया द्वारा रचित नाम और रूप के क्षणिक जगत में मुख्य देवता है। यदि ब्रह्म निर्गुण है तो ईश्वर सगुण है, उन सभी गुणों के साथ जो व्यक्ति पूजा की अनुमति देते हैं। जीव पूजक और कर्ता बन जाता है और ईश्वर पूजित। हालांकि ईश्वर और माया दोनों ही ब्रह्म से अलग नहीं हैं, लेकिन माया के माध्यम से, ब्रह्म ईश्वर की रचना करता है, और अविद्या के माध्यम से ब्रह्म जीव की रचना करता है।

ऐसे विद्वान (जैकोबि, सुखटंकर) भी हैं, जो महसूस करते हैं कि शंकर की काफी हद तक पेचीदा कोशिश दुविधा में डालने वाली है जिसमें वो ब्रह्म को एकमात्र वास्तविकता बताते हैं और फिर प्रत्यक्ष जगत की सापेक्षिक वास्तविकता को समायोजित करते हैं। उनका मानना है कि मायावाद, जहां माया प्रत्यक्ष स्तर पर जगत की उत्तरदायी है, और कुछ नहीं बल्कि विज्ञानवाद या शून्यवाद की बौद्ध अवधारणाओं का रूपांतरण है, जिसमें बाह्य जगत का अस्तित्व नहीं है या वहां एक शून्य भर है। यह सच है कि शंकर ने गोविंदपाद से शिक्षा ग्रहण की, जिनके पिता गौड़पाद ने मांडूक्य उपनिषद पर प्राथमिक

टीका 'कारिका' लिखी। स्पष्ट रूप से गौड़पाद पर प्रमुख बौद्ध विद्वानों अश्वघोष, नागार्जुन, असंग और वसुबंधु का प्रभाव था, और वो इस दृष्टिकोण का समर्थन करने के बिलकुल करीब आ गए थे कि जगत पूरी तरह से एक भ्रम है। गौड़पाद ने कहा था कि ब्रह्म एकमात्र वास्तविकता है—अदृष्ट (जो दिखे नहीं), अव्यवहार्यम् (जिसका किसी से संबंध ना हो), अग्राह्यम् (जिसे समझा ना जा सके), अचिंत्यम् (जिसके बारे में सोचा ना जा सके) और अव्यपदेश्य (जिसका वर्णन शब्दों में ना किया जा सके)। बाकी सब भ्रम है। दरअसल, आगे जाते हुए और काफी कुछ शून्वादियों के समान, वो व्यक्तिगत चेतना को नकारते हुए प्रतीत होते हैं:

> इसलिए विचार (चित्त) उत्पन्न नहीं होता, ना ही विचार का उद्देश्य उत्पन्न होता है; वो लोग जो विचारों की उत्पत्ति को पहचानने का दिखावा करते हैं, वो हवा में (पक्षियों के) निशान को भी पहचान सकते हैं।[14]

इसकी संभावना बहुत अधिक है कि शंकर ने इस चरम अद्वैतवाद के कुछ अंश को समावेशित कर लिया हो। यह उनकी प्रसिद्ध पंक्तियों से समझा जा सकता है:

> श्लोकर्धेना प्रवक्ष्यामि यद् उक्थम् ग्रंथकोटिभि
> ब्रह्म सत्यम् जगन मिथ्या जीवो ब्रह्मैव नपरह

आधे श्लोक में मैं करोड़ों ग्रंथों की व्याख्या कर दूंगा; ब्रह्म वास्तविक है, ब्रह्मांड एक भ्रम है, ब्रह्म और जीव अभिन्न हैं|

फिर भी, यह उतना ही सच है कि शंकर के मन में जगत को पूरी तरह भ्रम मानकर खारिज करने को लेकर शंकाएं थीं। उन्हें अद्वैत की अपनी व्याख्या को बौद्ध मत के शून्यवाद से बचाना था, और गौड़पाद की व्याख्या से भी। इसलिए उन्होंने मायावाद का सिद्धांत प्रतिपादित किया, जबकि ब्रह्म एकमात्र वास्तविकता है। शंकराचार्य का चातुर्य था कि वो वहां अपनी दृढ़ता दिखाने को तैयार थे जहां वो दिखा सकते थे, लेकिन साथ ही वो उन विषयों पर लचीलापन भी दिखा रहे थे जहां कोई निश्चित उत्तर नहीं था। ब्रह्म के बारे में उनकी दृढ़ता

---

14 गौड़पाद, कारिका, (सूक्त 4, 28), देखें पी. डी. देवनंदन, पूर्वोक्त, पृष्ठ 88

और ब्रह्म के माया के साथ संबंध को लेकर उनके सुविचारित लचीलेपन में सामंजस्य है। इस संबंध को उन्होंने अनिर्वचनीय कहा है।

वो इसकी व्याख्या कर सकते हैं कि क्यों किसी व्यक्ति की कमजोरियां, विशेषकर ज्ञानेंद्रियों की सीमा एवं मन और अहंकार द्वारा निर्मित भ्रमों से संबंधित, अविद्या को अपना काम करने की अनुमति देती हैं। लेकिन वो ये भी स्वीकार करते हैं कि इसका वर्णन नहीं किया जा सकता कि ब्रह्म के सर्वशक्तिमान होने पर ऐसा होता ही क्यों है। दूसरे शब्दों में, वो हमारे आसपास हो रही घटना के पूर्णतः अनस्तित्व पर अड़कर अपने मुख्य सिद्धांत को कमजोर नहीं करना चाहते थे। दरअसल, ये रणनीतिक लचीलापन ही संभवतः वो कारण है कि ब्रह्म को लेकर उनकी दृढ़ता आज भी तार्किक रूप से सुसंगत है।

हालांकि माया शक्तिशाली हो सकती है, क्या हम, इसके भ्रम के आवरण को भेद सकते हैं, और वास्तविक और अवास्तविक के बीच का अंतर महसूस कर सकते हैं? शंकर का स्पष्ट उत्तर है: हां। ब्रह्मज्ञान संभव है, लेकिन इसके लिए सर्वप्रथम इसे ग्रहण करने का सच्चा प्रयास आवश्यक है। ज्ञान वो संक्षारक है जो आवरण को पिघला देता है, समझ की त्रुटि को दूर करता है, और हमें घेरे रखने वाली अविद्या को लुप्त कर देता है। यह ज्ञान आधारभूत ग्रंथों, जिनमें सभी उपनिषद, ब्रह्म सूत्र, और उन पर टीकाएं शामिल हैं, के गहन अध्ययन (श्रवण), और फिर उन पर विचार (मनन) और ध्यान (निदिध्यासन) से प्राप्त किया जा सकता है। इस प्रक्रिया में, एक गुरु की उपस्थिति का विशेष महत्व है क्योंकि वही शिष्य को सही ज्ञान के मार्ग पर सफलतापूर्वक ले जाता है। गुरु को समर्पित एक भावप्रवण स्रोत में शंकर कहते हैं:

> यद्यपि तुम्हारी जिह्वा पर वेदों का ज्ञान विराजता है,
> यद्यपि तुम शास्त्रों में विद्वान हो, गद्य और पद्य लिखने में प्रवीण हो,
> फिर भी अगर मन गुरु के चरण कमलों में डूबा ना है,
> यह सब तुम्हारे किस काम का होगा? वास्तव में, यह सब किस काम
> का होगा?

सच्चा गुरु ज्ञान को आत्मा और गहराई देता है, क्योंकि यांत्रिक ज्ञान पर्याप्त नहीं है; ज्ञान समझ की ओर ले जाने वाला हो, समझ चिंतन की ओर, और चिंतन पांडित्य की ओर ताकि शाश्वत और क्षणभंगुर में अंतर किया जा सके—नित्य-अनित्य विवेक। शंकर की सर्वाधिक उद्धरित सूक्तियों में है: सत्यम् ज्ञानम्, अनंतम् ब्रह्मः—ज्ञान सत्य है, ब्रह्म अनंत है।

फिर भी, ज्ञान की अपनी सीमाएं हैं। बुद्धि सीमित है भले ही वो असीमित को जानना चाहती है। ज्ञान व्यक्ति को सशक्त बनाता है लेकिन बुद्धि की सीमाओं के भीतर। जैसा राधाकृष्णन कहते हैं, 'सबसे बड़ी बुद्धिमानी इस ज्ञान में है कि बुद्धिमानी पर्याप्त नहीं है।'[15] परोक्ष ज्ञान को एक ऐसी गुलेल की आवश्यकता होती है जो हमें सीखी हुई चीज के वास्तविक अनुभव, अपरोक्ष ज्ञान, की कक्षा में पहुंचा सके। एक बड़ी छलांग लगानी होती है, ज्ञान से आगे अंतर्दृष्टि तक। शंकर ने इस अंतर्दृष्टि को ब्रह्मानुभव कहा है। यह वो विस्फोटक क्षण होता है जब ज्ञान तत्काल अंतःज्ञान की चेतना में बदल जाता है। शंकर ने अंतःज्ञान को वैसा अचूक कदम बताया है जो कारण से परे है।

> हमारी ज्ञानेंद्रियों का एक कार्य है जिसे हम मन के साधारण संचालन की तुलना में अधिक तीक्ष्ण, कम मध्यस्थ और अधिक संतोषजनक पाते हैं। हम इस अंतःज्ञान को अंतर्दृष्टि कहते हैं, और कभी-कभी अनुभव।[16]

वो मानते थे कि माया के आवरण के आगे वास्तविकता की एक झलक अंतःज्ञान की अंतर्दृष्टि के उस क्षण में मिल सकती है, जब अचानक हम पारंपरिक रूप से वास्तविक वस्तुओं को असत्य समझने लगते हैं, और वास्तविक, जो हमारी चेतना के सामने धुंधला पड़ा हो सकता है, एकाएक हमें ऐसी दृढ़ता से घेर लेता है जिसमें कोई विरोधाभास नहीं है—अबाध। शंकर के अनुसार, अंतःज्ञान का यह क्षण,

> मिट्टी से किसी सुराही को बनाने के समान नहीं उत्पन्न होता, ना ही इसे तपस्या से लाया जा सकता है; ना ही यहां तक अपने घर जाने वाले

---

15 एस. राधाकृष्णन, पूर्वोक्त, पृष्ठ 584

16 रिचर्ड डी स्मेट, अंडरस्टैंडिंग शंकरा, मोतीलाल बनारसीदास, दिल्ली, 2013, पृष्ठ 211-212

> एक पथिक की तरह पहुंचा जा सकता है; ना ही इसे किसी गंदे दर्पण को साफ करने के समान केवल आंतरिक शुद्धता से पाया जा सकता है। यह एक अपरिभाषित, अवर्णनीय अंतःज्ञान है कि व्यक्ति ब्रह्म है।[17]

यानी, ब्रह्मानुभव होता है जब बुद्धि अपने क्षितिज के परे छलांग लगाती है। यह किसी के भी साथ किसी भी समय हो सकता है। इसके लिए केवल हमारे भीतर के एंटीना को घुमाने की जरूरत पड़ती है जो उस ब्रह्मांडीय ऊर्जा को ग्रहण करे जो ब्रह्म है। शंकर का स्पष्ट मत था कि इस प्रलयकारी क्षण के लिए ज्ञान पूर्वशर्त नहीं है। हालांकि, ज्ञान का ग्रहण उसी तरह सहायता कर सकता है, जैसे कई अन्य प्रारंभिक कदम। जैसी हमने पहले चर्चा की है, मन की निरंतर अस्थिरता, और अहंकार द्वारा निर्मित अहम् का भ्रम हमारे वास्तविक आत्म की अनुभूति के रास्ते की मुख्य बाधाएं हैं। इसलिए, ऐसा कोई भी कार्य जो मन को स्थिर करे और अहंकार को दूर, वो लाभप्रद है। इस संदर्भ में, शंकर योग की उपयोगिता को स्वीकार करते हैं, इसके शारीरिक आसन, और मन के प्रशिक्षण दोनों के लिए। आसन और प्राणायाम के अतिरिक्त, आत्मसंयम सिखाने वाले यम और नियम के अभ्यास, और मन पर नियंत्रण रखने वाले कदम—प्रत्याहार, धारण, ध्यान और समाधि को उनका अनुमोदन प्राप्त है।

विख्यात लेखक एकहार्ट टोल और दार्शनिक-लेखक जे. कृष्णमूर्ति ने भी गैर-आलोचनात्मक तरीके से मन की निरंतर समीक्षा की बात कही है, और वो मानते हैं कि यह प्रक्रिया समभाव लाने में सहायता करती है। मन, और इसके लगातार शोर, की सबसे पहले समीक्षा और अवमूल्यन करना चाहिए, इससे पहले कि इसे उन्नत किया जाए। जब हम मन को चाहत, डर, असुरक्षा, क्रोध, ईर्ष्या, कृतज्ञता और दर्द जैसे प्रतिदिन के भावों के इसके पारंपरिक ढर्रे से दूर कर देंगे, तभी इसे स्पष्ट स्थिरता मिलेगी और ये ब्रह्म के साथ संबंधित परमानंद की क्षणिक झलक देखने में समर्थ होगा। इसे शंकर ने लक्षण कहा है, जिसका अनुभव करने की क्षमता केवल स्थिर मन में है।

उतना ही महत्वपूर्ण है व्यवहार में उन अभ्यासों को लाना जो मानसिक शांति के लिए सहायक हैं। शंकर कहते हैं कि घृणा, ईर्ष्या, चाहत और लालच

---

17 वाई. केशव मेनन, पूर्वोक्त, पृष्ठ 131

जैसी भावनाओं पर विजय पाओ, और शांति (शम), संयम (दम), विरक्ति (उपरति) और निवृत्ति (तितिक्षा) जैसी भावनाओं को पल्लवित करना चाहिए, क्योंकि बाद वाली भावनाएं ही स्थायी मानसिक संतुलन की ओर ले जाती हैं।

अनियंत्रित मन अहंकार को प्रबल करने के लिए काम करता है। दरअसल, मन और अहंकार एक-दूसरे से मजबूती से जुड़े हैं, और दोनों एक-दूसरे का पोषण करते हैं। यदि मन की अंतर्निहित बेचैनी को नियंत्रित करना कठिन है, अहंकार की पकड़ को ढीला करना उससे भी कठिन चुनौती है। जब अहम का भाव मजबूत होता है, आत्मा सुप्त हो जाती है। जैसा कि शंकर ने उपदेशसहस्री में लिखा है:

> जब किसी भी व्यक्ति को "अहम्" द्वारा व्यक्त अहंकार की धारणा और "ममः" द्वारा व्यक्त व्यक्तिगत आधिपत्य की धारणा अवास्तविक लगने लगती है, तब वो आत्मा को जान जाता है।[18]

इसलिए, ब्रह्मज्ञान को अंतःस्थ करने के लिए महत्वपूर्ण पहला कदम है अहंकार को पीछे रखना, और इसके द्वारा पोषित आत्मकेंद्रिकता और पृथकता को कम करना। निष्काम कर्म, यानी फल की इच्छा किए बगैर काम करना, अहंकार को घटाने का एक मार्ग है, और भगवद्गीता पर शंकर की टीका स्पष्ट रूप से इसे सामने लाती है। जिस क्षण इसका अभ्यास किया जाता है, हम अहंकार रूपी जिद से मुक्त हो जाते हैं, और ऐसी मानसिक अवस्था को प्राप्त कर लेते हैं जो उस एकता की झलक देख पाती है जहां सभी मानवीय विभाजन गायब हो जाते हैं और हम उस एक से एकाकार हो जाते हैं।

शंकर कहते हैं कि अहंकार का एक दूसरा उपचार है आत्म समर्पण। जब कोई व्यक्ति अपने इस विश्वास को छोड़ देता है कि वो ब्रह्मांड का कर्ता है, और अपनी व्यक्तिगत आकांक्षाओं को उच्चतर शक्ति के ज्ञान और कृपा के सामने समर्पित कर देता है, अहंकार का बंधन ढीला पड़ने लगता है। आदर्श रूप में, यह आत्मसमर्पण ब्रह्म की वेदी पर होना चाहिए, जो ज्ञान का सर्वशक्तिमान कोष है। लेकिन चूंकि ब्रह्म, पवित्र ऊर्जा के रूप में निर्गुण है और उसे पहचान पाना कठिन है, विशेषकर उनके लिए जो अपनी आध्यात्मिक खोज शुरू ही कर रहे हैं, शंकर को व्यक्तिरूप ईश्वर के सामने समर्पण में भी कोई आपत्ति नहीं है।

---

18 उपदेशसहस्री से, एस. राधाकृष्णन द्वारा उद्धरित, पूर्वोक्त, पृष्ठ 584

शंकर इस विरोधाभास के साथ आसानी से रहे। निराकार ब्रह्म में उनका दृढ़ विश्वास था; लेकिन व्यावहारिक स्तर पर एक व्यक्तिगत ईश्वर को उनकी स्वीकृति भी भावप्रवण है। उन्होंने तो हिंदू धर्म के सर्वाधिक मार्मिक स्तोत्रों में से कुछ की रचना भी की है। विष्णु की स्तुति में वो लिखते हैं:

मुझे अहंकार से बचाओ, हे विष्णु! मेरे बेचैन मन को रोको
इस जगत की मृगतृष्णा के जल के लिए मेरी प्यास शांत करो
दयालु हो, हे प्रभु! अपने तुच्छ प्राणी के प्रति
और उसे जगत के महासागर से बचाओ।

शिव के लिए उनकी भक्ति प्रशंसा से भरी है:

मैं उस परमात्मा की पूजा करता हूं,
जो एक है और दूसरा नहीं
जो ब्रह्मांड का कारण है
आदि, निराकार आत्म और क्रियाविहीन
जिसे ओम के उच्चारण से प्राप्त किया जाता है
मैं उसकी पूजा करता हूं
शिव, जिससे ब्रह्मांड का जन्म होता है
जिससे यह पोषण पाता है
जिसमें यह विलीन हो जाता है!

उनके कई भक्तिपूर्ण स्तोत्र शक्ति की अवतार माता देवी के लिए हैं:

कोई पिता नहीं है मेरा, कोई माता नहीं, कोई संगी नहीं
कोई पुत्र, कोई पुत्री, कोई पत्नी नहीं, और न ही पौत्र
कोई सेवक या स्वामी नहीं, कोई ज्ञान नहीं, कोई उद्यम नहीं:
केवल आप में ही मेरा आश्रय है
आप में, मेरी सहायता और मेरा सहारा, हे भवानी!

उनके भक्तिपूर्ण स्तोत्रों में एक सुंदर स्तोत्र गंगा नदी को समर्पित है, जिसे शंकर ने भगवती कहकर संबोधित किया है:

हर लो हे भगवती! मेरे सारे रोग;
मेरी मुसीबतें, मेरे पापों और मेरे दुःख को दूर करो;
मेरी अनियंत्रित आकांक्षाओं को पूरी तरह कुचल दो,
देवी, सभी लोकों में सर्वोच्च!
तुम, माता पृथ्वी की सबसे मूल्यवान कंठहार हो!
तुम इस जगत में मेरा सहारा हो!

यदि शंकर द्वारा किया गया ब्रह्म का चित्रण आडंबरहीन और भव्य है, उनकी भक्तिपूर्ण भावना बेहद काव्यात्मक है। ऐसा प्रतीत होता है कि ब्रह्म का चित्रण करने के लिए उन्होंने बौद्धिक दृढ़ता का अधिकतम प्रयोग किया है, जबकि अपने भक्तिपूर्ण स्तोत्रों के लिए, उन्होंने अपने हृदय को गाने के लिए छोड़ दिया है। उनकी स्तुतियों में एक समान जो चीज है वो है ईश्वर के प्रति पूर्ण आत्मसमर्पण। इस आत्मसमर्पण में मुक्ति है। जब कोई व्यक्ति एक उच्चतर शक्ति की उपस्थिति में आत्म-महत्व की अपनी भावना त्याग देता है, और भक्तिपूर्ण आवेग में डूबकर मन के विचलन पर विजय प्राप्त कर लेता है, वो दैवीय कृपा का पात्र बन जाता है। ऐसी अवस्था में, पांडित्य उसे बालक के समान सादगी (बाल्यम्) की ओर ले जाता है, और फिर वहां होती है हृदय की शुद्धि (चित्तशुद्धि)। यही वो अवस्था है जब व्यक्ति को ब्रह्म के अंतःस्थापित ज्ञान की संभावना सर्वाधिक होती है।

यद्यपि शंकर की मुख्य रुचि ब्रह्मानुभव थी, जहां एक व्यक्ति को अपने सच्चे आत्म की अनुभूति होती है, और वो क्षणभंगुर जगत के क्षणिक प्रलोभनों के पार देख पाता है। उनके लिए ज्ञान, योग, ध्यान, भक्ति, आत्मसमर्पण और मुक्ति की प्रबल इच्छा (मुमुक्षत्व) इस प्रयास के प्रभावी उपकरण हैं। शंकर आत्मबोध में कहते हैं कि ये सभी व्यक्ति के भीतर एक ऐसी चमकदार सतह का निर्माण करते हैं जो आत्मा को सर्वश्रेष्ठ ढंग से प्रतिबिंबित करता है। हालांकि, वो कर्म को अपने आप में एक लक्ष्य मानने में विश्वास नहीं करते हैं। इस बिंदु पर वो

मीमांसकों से असहमत थे, जिन्होंने वैदिक प्रथाओं को अनावश्यक महत्व दिया।

कर्म, पूर्व निर्धारित अभ्यास के अनुसार, किए जाने पर उनमें भक्ति की कमी भले ना हो, यदि निरपेक्षता और कर्तव्य भाव से किए जाएं तो वो उच्च आध्यात्मिक अंतर्दृष्टि के लिए अनुकूल मनोदशा बना सकते हैं; लेकिन अधिकतर, उनका प्राथमिक उद्देश्य संसार की परिधि के भीतर किसी उद्देश्य या लक्ष्य को प्राप्त करना होता है—अभ्युदय—और मुक्ति या निःश्रेयस नहीं। निष्काम कर्म जीवन की नित्य आवश्यकताओं को सुलझाने का आदर्श रास्ता है। लेकिन वो मानते हैं कि केवल उन्नति के उद्देश्य से किया गया कर्म, पुरस्कार के साथ अनुरक्ति को बढ़ाता है, और अंत में कर्मशील व्यक्ति को सांसारिक जगत की अनेकता (नानात्वम्) में और अधिक फंसा लेता है।

तैत्तिरीय उपनिषद पर अपनी टीका में वो लिखते हैं, प्रथाओं के रूप में कर्म—चाहे उन्हें वेदों की स्वीकृति ही क्यों ना प्राप्त हो—का उद्देश्य 'उत्पत्ति, विकार, संस्कार या आप्ति होता है; इनमें से कोई मोक्ष नहीं है'।[19]

जब, ब्रह्मानुभव के द्वारा मोक्ष प्राप्त होता है, यह अनंत शांति और परम आनंद की प्रकृति का होता है। सतह पर कुछ नहीं बदलता, ना तो व्यक्ति और ना ही उसके आसपास का सांसारिक जगत। लेकिन व्यक्ति के भीतर सभी कुछ और जगत से उसके व्यवहार का तरीका बदल जाता है। मोक्ष का अर्थ भौतिक परिवर्तन, कहीं पहुंचना, अलग से कोई स्वर्ग, या साधना के किसी रूप का संपन्न होना नहीं होता। यह तो बस चीजों को देखने के हमारे तरीके में क्रांतिकारी बदलाव होता है, और उस बदलाव में, वास्तविकता की प्राथमिकताएं बदल जाती हैं: जिसे हम वास्तविक मानते थे वो अवास्तविक लगने लगता है, और हम जिसे अस्तित्वहीन मानते थे वो अपनी पूरी भव्यता के साथ एकमात्र वास्तविक के रूप में प्रकट होता है। संसार और इसका प्रवाह अबाधित चलता रहता है; केवल हम अनंत के साथ अपने एकाकार होने के बाद उनकी क्षणभंगुरता को समझ पाते हैं।

कृपा और आनंद हमें घेर लेते हैं, जब हम अनुभव करते हैं कि हमारा वास्तविक आत्म ब्रह्म के साथ एक है। उस ऊर्जा में खोकर, हम ब्रह्मांड के

---

19 तैत्तिरीय उपनिषद पर शंकर की टीका से, ii, 11, एस. राधाकृष्णन में उद्धरित, पूर्वोक्त, पृष्ठ 587

अंतर्संबंध को देखते हैं। जो इस ऊर्जा के साथ तादात्म्य स्थापित कर लेते हैं, और अल्पकालिक, क्षणिक और अवास्तविक को अस्वीकार कर देते हैं, वो आनंद, शांति और परम सुख की अनुभूति करते हैं, और उस ब्रह्मांडीय वास्तविकता के साथ विश्राम की अनुभूति करते हैं जिसे शंकर ने ब्रह्म कहा है। अवास्तविक को वास्तविक समझने की भूल करके, और अपने तुच्छ विश्व को उनके क्षितिज की सीमा समझकर, जो इसका प्रतिरोध करते हैं, वो दर्द, ईर्ष्या, दुख और क्रोध की भावनाओं, जिनमें अस्थायी प्रसन्नता के क्षण बिखरे होते हैं, के आसानी से शिकार बन जाते हैं।

यह परमानंद ब्रह्मांड के ताल के साथ संयोजन में होता है, इसके भ्रामक और अनुत्पादक विरोध में नहीं। इसके घेरे में, हमारा पृथकता का भाव गायब हो जाता है। विषय और उद्देश्य के बीच के बंधन टूट जाते हैं। मन का विचलन समाप्त हो जाता है। हम रहते इसी जगत में हैं लेकिन इसके उतार-चढ़ाव से अप्रभावित, क्योंकि हम जान चुके होते हैं कि हमारा वास्तविक आत्म अविद्या द्वारा निर्मित क्षणिक बहुलताओं से परे है। हमारी समझ के दोष का स्थान वस्तुओं की वास्तविक प्रकृति को समझने वाली प्रगाढ़ अंतर्दृष्टि ले लेती है। भ्रांतियां अब हमें धोखा नहीं दे पाती हैं—रस्सी वही दिखती है जो वो है, और उसे सर्प समझने की भूल नहीं होती; सीप चांदी के समान दिख सकती है लेकिन वो अब हमें मूर्ख नहीं बनाती; स्फटिक हमें श्वेत दिखता है भले ही एक पुष्प उसे रक्तिम आभा दे; छड़ी के सीधी होने का ज्ञान हो जाता है भले ही आंखें उसे मुड़ा हुआ देखती हैं; और आकाश हमें रंगहीन दिखता है भले ही वो नीला प्रतीत होता है। हमारे भीतर सदा उपस्थित लेकिन सुप्त आत्मा, ब्रह्म के साथ आनंददायक पुनर्मिलन के लिए जग जाती है।

यहां एक महत्वपूर्ण अंतर को ध्यान में रखने की आवश्यकता है। ब्रह्म आनंद का वचन नहीं देता, जैसे पारंपरिक धर्मों में स्वर्ग को पुरस्कार के समान दिखाया जाता है। ब्रह्म ही आनंद है। शंकर आनंद के तीन अलग प्रकारों की बात करते हैं। पहला है किसी सांसारिक इच्छा के पूरे होने का परिणाम यानी लौकिक आनंद। दूसरा है वो आनंद जो ब्रह्म का ज्ञान प्राप्त करने वाले को मिलता है, यह है ब्रह्मानंद। और तीसरा है, स्वयं ब्रह्म की अद्वैत प्रकृति का परमानंद। यह आनंद सर्वोच्च है, आनंद की सभी मानवीय धारणाओं से ऊपर। जब मोक्ष की तलाश कर रहा व्यक्ति ज्ञान से परे जाकर ब्रह्म का अनुभव करता है,

> वो बिना किसी अपवाद के, सभी आकांक्षाओं और इच्छित वस्तुओं से मिलने वाली हर प्रसन्नता का आनंद उठाता है। क्या वो एक-एक करके पुत्रों, स्वर्ग, इत्यादि का भी आनंद लेता है, जैसा हम करते हैं? नहीं, वो सभी इच्छित वस्तुओं का आनंद, एक अकेली अनुभूति द्वारा, साथ-साथ उठाता है, जैसे वो एक ही क्षण में संकलित हों, और जो सूर्य के प्रकाश के समान शाश्वत है, जो ब्रह्म के सार से अभिन्न नहीं है और जिसका हमने वास्तविकता, ज्ञान, अनंत के रूप में वर्णन किया है... वो उस ब्रह्म द्वारा सभी वस्तुओं का आनंद लेता है जिसकी प्रकृति सर्वज्ञाता की है।[20]

शंकर का उद्देश्य उस अविनाशी शांति और पूर्णता का चित्रण करना है जो, कृपा वृष्टि के समान, उस व्यक्ति को प्राप्त होती है जो ब्रह्म का अनुभव करता है। वही अनुभव मोक्ष है और यही ब्रह्म का सार है।

> जो संपूर्ण अर्थ में वास्तविक है, अचल, शाश्वत, आकाश के समान सर्वव्याप्त, परिवर्तन से मुक्त, सभी को संतोष देने वाला, अविभाजित, जिसकी प्रकृति है उसका अपना प्रकाश, जिसमें न अच्छा और न बुरा, न प्रभाव, न भूत या न वर्तमान या न भविष्य का कोई स्थान है, इस अमूर्त को मोक्ष कहा जाता है।[21]

शंकर ब्रह्म के अनुभव और हमारी ज्ञान-संबंधी अवस्थाओं के बीच एक सादृश्य दिखाते हैं। हमारी ज्ञान प्रक्रिया की तीन स्तर की चेतना होती है: जाग्रत, स्वप्नदर्शी मन, और गहन निद्रा (सुषुप्ति) की अवस्था। जब हम जगे होते हैं, हम अपने आसपास की दुनिया के बारे में जागरूक होते हैं। तब हमारा ज्ञान बाहरी (बहिष् प्रज्ञा), स्थूल और लौकिक (वैश्वानर) होता है। स्वप्नदर्शी मन भीतर देखने वाला (अंतःप्रज्ञा) होता है और हमारे सूक्ष्म शरीर को दर्शाता है। सुषुप्ति में हमारी अंतर्निहित चेतना एकाग्र रहती है, और हम सर्वेश्वर, सर्वज्ञ, अंतर्यामी, और योनि सर्वस्य (सभी के स्रोत) के संपर्क में रहते हैं। जाग्रत अवस्था में अहम् का भाव प्रभावी होता है; स्वप्न में यह मंद होता है; और, सुषुप्ति में, मन श्रेष्ठता के अनुभव के सबसे निकट होता है।

---

20 तैत्तिरीय उपनिषद पर शंकर भाष्य, रिचर्ड डी स्मट में उद्धरित, पूर्वोक्त, पृष्ठ 344

21 शंकर भाष्य, एस. राधाकृष्णन में उद्धरित, पूर्वोक्त, पृष्ठ 593-94

एक चौथी अवस्था है तुरीय, जो सुषुप्ति से भी आगे की है। मांडूक्य उपनिषद (सातवें छंद) में इसका भावप्रवण वर्णन किया गया है:

आंतरिक रूप से ज्ञानात्मक नहीं, भीतरी रूप से ज्ञानात्मक नहीं
ज्ञानात्मक द्रव्यमान नहीं, ज्ञानात्मक नहीं, अज्ञानात्मक नहीं
अदृश्य, जिसके साथ कोई कार्य नहीं हो सकता
अग्रहणीय, जिसका कोई विशिष्ट चिह्न नहीं है
अविचारणीय, जिसे नामित नहीं किया जा सकता
आश्वासन का सार
स्वयं के साथ एक होने की अवस्था है
विकास का अंत, शांत, सौम्य
किसी दूसरे के बिना
इसे ही वो चौथी अवस्था मानते हैं
वह स्व (आत्म) है; उसे पहचानना चाहिए।[22]

तुरीय अवस्था में, अंतर्दृष्टि अमात्र (जिसे मापा नहीं जा सके) बन जाती है, और ये योग प्रणाली में समाधि के समतुल्य है, और इसमें वैसा ही परमानंद प्राप्त होता है जैसा ब्रह्मानुभव में होता है।

ऐसे असंख्य व्यक्ति हुए हैं जिन्होंने उच्चतर ऊर्जा अर्थात ब्रह्म के साथ एकाकार होने के परमानंद का वर्णन किया है, और उनका अनुभव दिखाता है कि कैसे हममें से किसी में भी वो अकस्मात, अंतर्निहित चेतना जगाई जा सकती है।

एकहार्ट टोल विश्व प्रसिद्ध समकालीन आध्यात्मिक चिंतक हैं, जो कनाडा में रहते हैं और किसी विशेष धर्म या परंपरा से जुड़े नहीं हैं। अपनी बेस्ट-सेलिंग किताब 'द पावर ऑफ नाउ' में उन्होंने इस क्षण का वर्णन किया है। उस समय, टोल भारी तनाव के दौर से गुजर रहे थे जो आत्मघातक अवसाद तक पहुंच चुका था। उनके लिए सभी चीजें निरर्थक थीं, और एक रात उनके भीतर 'विनाश की, अन-अस्तित्व की तीव्र इच्छा' जगी।

---

22 ट्रांसलेशन ह्यूम, रॉबर्ट अर्नेस्ट, दि 13 प्रिंसिपल उपनिषद्स (1921), ओयूपी, पृष्ठ 391-393

मैं स्वयं के साथ अब नहीं रह सकता। यही विचार उनके मन में बार-बार आ रहा था। तभी अचानक मुझे महसूस हुआ कि यह विचार कितना अजीब है। "क्या मैं एक हूं या दो? अगर मैं स्वयं के साथ नहीं रह सकता, तो मेरे दो रूप होने चाहिए: एक 'मैं' और दूसरा 'स्वयं' जिसके साथ 'मैं' नहीं रह सकता"। "शायद, मैंने सोचा, कि उनमें से कोई एक ही वास्तविक है"।

मैं इस विचित्र अनुभूति से इतना स्तब्ध था कि मेरे दिमाग ने काम करना बंद कर दिया। मैं पूरी तरह होश में था लेकिन कुछ सोच नहीं रहा था। फिर मैंने अपने आप को ऊर्जा के एक भंवर में खिंचता पाया। पहले तो इसकी गति धीमी थी और फिर वो तेज हो गई। मुझे बहुत तेज डर लगा, और मेरा शरीर कांपने लगा। मुझे अपने भीतर से जैसे ये शब्द सुनाई दिए "किसी चीज का प्रतिरोध नहीं करो"। मैं अपने आपको किसी शून्य में खिंचा जाता महसूस कर सकता था। और इसके बाद क्या हुआ, मुझे याद नहीं है।

मैं खिड़की के बाहर एक पक्षी के चहचहाने से जगा था। मैंने ऐसी आवाज पहले कभी नहीं सुनी थी। मेरी आंखें अभी भी बंद थीं और मुझे एक मूल्यवान हीरे की छवि दिखाई दी। जी हां, अगर कोई हीरा आवाज कर सकता हो, तो वो आवाज ऐसी ही होगी। मैंने अपनी आंखें खोलीं। पर्दों से छनकर भोर का पहला उजाला आ रहा था। बिना किसी विचार के, मुझे महसूस हुआ, मैं जानता था कि प्रकाश में उससे कहीं ज्यादा कुछ है जितना हम समझ पाते हैं। पर्दों से छनकर आता वो नर्म उजाला प्रेम ही तो था। मेरी आंखों में आंसू आ गए। मैं उठा और कमरे में टहलने लगा, और मैं जानता था कि मैंने इसे सच्चे मायनों में पहले कभी नहीं देखा था। हर चीज स्वच्छ और मौलिक थी, जैसे कि वो अभी-अभी सामने आई हो। मैंने चीजें उठानी शुरू कीं, एक पेंसिल, एक खाली बोतल, और इन सभी चीजों की खूबसूरती और जीवंतता पर मैं मोहित हो रहा था।

अगले पांच महीनों तक, मैं अबाधित गहन शांति और परमानंद की अवस्था में रहा... मैं समझ गया था कि उस रात पीड़ा के तीव्र दबाव

> ने निश्चित रूप से मेरी चेतना को नाखुश और भयभीत आत्म से मुक्त होने को मजबूर कर दिया होगा, जो और कुछ नहीं मन की कल्पना है। यह प्रक्रिया इतनी पूर्ण रही होगी कि उस अवास्तविक, पीड़ित आत्म ने तुरंत दम तोड़ दिया होगा, जैसे कि किसी हवा भरे खिलौने की सारी हवा निकाल दी गई हो। तब जो बचा रहा था वो मेरी वास्तविक प्रकृति थी जैसे वो हमेशा मौजूद थी: आकार के साथ तादात्म्य के पहले अपनी शुद्ध अवस्था में चेतना। बाद में मैंने उस भीतरी कालनिरपेक्ष और चिरस्थायी क्षेत्र में जाना सीखा जिसे मैंने पहले शून्य समझा था और पूरे होश में था। मैं परमानंद और पवित्रता की ऐसी अवर्णनीय अवस्था में रहता था कि जो मैंने वर्णन किया है वो भी उसके सामने महत्वहीन है।[23]

एकहार्ट टोल का ईश्वरानुभूति के उस अंतर्भासी पल का विवरण, और अवास्तविक 'मैं' और आत्म के बीच की भिन्नता, और एक खाली शून्य और पूर्ण परमानंद के बीच के अंतर, और उन्हें हुई आनंद की अनुभूति, सुनने में पूरी तरह वेदांतिक है। इस व्यक्तिगत अनुभव की सत्यता पर संदेह नहीं किया जा सकता। जिस 'अवर्णनीय परमानंद और पवित्रता' का अनुभव टोल ने किया था, और जो उनके साथ रही, वो अचानक आई लेकिन उनके जीवन को परिवर्तित कर दिया।

आश्चर्यजनक रूप से, आधुनिक भारत के दिग्गज आध्यात्मिक गुरुओं में एक, सद्‌गुरु जग्गी वासुदेव की भी कहानी काफी हद तक मिलती-जुलती है। युवावस्था में जब सद्‌गुरु को प्रेम से विरक्ति हो गई थी, वो एक दिन अपनी मोटरसाइकिल पर बैठे और अपने निवास स्थान मैसूर के पास चामुंडी पहाड़ी की तरफ चल दिए, पहाड़ी का करीब दो-तिहाई रास्ता तय करने के बाद, वो रुके और एक चट्टान पर बैठ गए, जिसे वो 'चिंतन शिला' कहते हैं, और नीचे शहर को देखने लगे।

> उस पल तक, मैं जानता था कि मेरा शरीर और मन "मैं" था और दुनिया "बाहर" थी। लेकिन अचानक मैं भूल गया कि क्या मैं था और क्या मैं नहीं था। मेरी आंखें अभी भी खुली थीं। लेकिन जिस हवा में मैं

---

23 एकहार्ट टोल, द पावर ऑफ नाउ, योगी इम्प्रेशंस, मुंबई, 2001, पृष्ठ 1-3

सांस ले रहा था, जिस चट्टान पर मैं बैठा था, चारों तरफ का वातावरण, सब कुछ मैं बन गया था। मैं वो सब कुछ था जो वहां था। मैं होश में था, लेकिन मेरी इंद्रियां काम नहीं कर रही थीं। इंद्रियों की विभेदक प्रकृति अब अस्तित्व में नहीं थी। मैं इस बारे में जितना बताऊंगा उतना पागल कहलाऊंगा क्योंकि जो हो रहा था वो अवर्णनीय था। जो मैं था, वो सच में हर जगह था। हर चीज बिना किसी सीमा के फूट रही थी; हर चीज फूटकर किसी और चीज में बदलती जा रही थी। यह लगभग पूर्ण आयामरहित एकता थी।

मेरा जीवन बस वही पल है, जो ईश्वरीय कृपा से चिरस्थायी है।

जब मैं अपने होश में लौटा, ऐसा लगा जैसे सिर्फ दस मिनट बीते थे। लेकिन मैंने जब घड़ी देखी तो पाया कि शाम के साढ़े सात बज चुके थे! साढ़े चार घंटे बीत गए थे। मेरी आंखें खुली थीं, सूर्य अस्त हो चुका था, और चारों तरफ अंधेरा था। मैं पूरी तरह जगा था लेकिन उस वक्त तक जिसे मैं स्वयं समझता था वो पूरी तरह गायब हो चुका था।

मुझे कभी रोना नहीं आता था। और यहां, पच्चीस वर्ष की आयु में, चामुंडी पहाड़ी की एक चट्टान पर, मैं इतना भावुक हो चुका था कि मेरे आंसू बह रहे थे और मेरी पूरी कमीज गीली हो गई थी!

मेरे लिए शांत और खुश रहना कोई बड़ी बात नहीं थी... लेकिन यहां मैं अस्तित्व के एक बिलकुल अलग आयाम में पहुंच चुका था जिसके बारे में मैं कुछ नहीं जानता था, बिलकुल नई अनुभूति—और ऊर्जा, एक परमानंद—में डूब चुका था जिसे मैं ना तो जानता था और ना संभव मानता था।[24]

टोल और सद्‌गुरु के अलग-अलग अनुभवों में अद्भुत समानताएं हैं। दोनों को ही अनुभव अचानक हुए, जो शंकर के आकस्मिक अंतर्भूत चेतना के सिद्धांत से मेल खाते हैं, जो बुद्धि के क्षितिज के परे है। दोनों कहते हैं कि अनुभव 'अवर्णनीय' था,

---

24 सद्‌गुरु, इनर इंजीनियरिंग-ए योगीज गाइड टू जॉय, पेंगुइन रैंडम हाउस, इंडिया, 2016, पृष्ठ 8-9

जो एक बार फिर शंकर के दृष्टिकोण से मेल खाता है कि उस परिवर्तनशील क्षण का वर्णन करने के लिए शब्द पर्याप्त नहीं हैं। दोनों ही उस ज्ञानातीत अवस्था की बात करते हैं, जिसमें सभी चीजें एक हो जाती हैं और 'मैं' का भाव खत्म हो जाता है, सिर्फ ब्रह्म व्याप्त रहता है। और, दोनों ही सर्वोत्कृष्ट परमानंद और हर्षोन्माद के भाव की बात करते हैं, जिसे शंकर ने ब्रह्म का सार बताया है।

ऐसे अनुभव कई व्यक्तियों और साधु-संन्यासियों को अनंत काल से होते आ रहे हैं, हालांकि उन्हें अच्छी तरह कहीं वर्णित नहीं किया गया है। बंगाल के प्रसिद्ध संत, स्वामी रामकृष्ण (1836-1886) ने ऐसे परमानंद का अनुभव कई बार बचपन में किया था। जैसा उन्होंने वर्णन किया है, उन्हें ऐसा पहला अनुभव छह साल की आयु में हुआ था। वो गांव में धान के खेतों के पास से गुजर रहे थे जब उन्हें घने काले बादलों की पृष्ठभूमि में सफेद बगुलों का एक झुंड दिखा। ये देखकर अचानक उनकी बाहरी चेतना चली गई और वो एक अवर्णनातीत आनंद में डूब गए।

जैसा उन्होंने बताया है, यह अनुभूति उन्हें बचपन में ही कई बार फिर से हुई, जब वो देवी विशालाक्षी की प्रार्थना कर रहे थे, या शिवरात्रि पर नाटक में शिव की भूमिका कर रहे थे। परमानंद की ये मोहावस्था उनके दसवें वर्ष से आम हो गई, और बाद के वर्षों में वो लगभग प्रतिदिन होने लगी। यह महत्वूपर्ण है कि स्वामी रामकृष्ण वेदांती थे और उन्हें अद्वैत वेदांत की आधारभूत शिक्षा एक यायावर संन्यासी, तोतापुरी ने दी थी। रामकृष्ण ने स्वयं माना है कि जो मोहावस्था उन्हें अनुभव होती थी, वो निर्विकल्प समाधि के रूप में होती थी, यानी ब्रह्म के साथ एकाकार होने की वही अवस्था जिस बारे में शंकर ने बात की है।

ऐसे कई और उदाहरण हर धर्म—ईसाई, बौद्ध, सूफी, इस्लाम, यहूदी—के अनुयायियों की ओर से मिलते हैं, जिन्हें ब्रह्मानुभव के समान परमानंद का परिवर्तनकारी अनुभव हुआ है। हालांकि, चौंकाने वाली बात ये है कि मौत का पास से अनुभव करने वाले लोग भी वैसा ही आनंद और परम सुख प्राप्त करने की बात कहते हैं।

अपनी बेस्टसेलिंग किताब, *डाईंग टू बी मी*, में अनिता मूरजानी कैंसर की वजह से मौत का पास से अनुभव करने का जिक्र करती हैं। वो लिखती हैं कि

जब वो कोमा में थीं, जो मृत्यु के समान था क्योंकि उनके सभी अंगों ने काम करना बंद कर दिया था, और डॉक्टर ने उनके कुछ ही घंटे और जीवित रहने की बात कह दी थी, उन्होंने स्वयं को 'स्वच्छंद, बंधनमुक्त और भव्य महसूस किया। हर दर्द, पीड़ा, उदासी और दुख चला गया था।'

> जब मेरी भावनाएं मेरे परिवेश से दूर जा रही थीं, मैंने देखा कि मैं कैसे हर स्थान को भरती जा रही थी, जब तक कि मेरे और हर चीज के बीच कोई अलगाव नहीं रह गया। मैंने सभी चीजों और सभी व्यक्तियों को घेर लिया था—नहीं, मैं सभी चीजों और सभी व्यक्तियों में बदल गई थी... यह ऐसा था जैसे मैं अब स्थान और समय की सीमाओं में बंधी नहीं थी और मैं चेतना के बड़े से बड़े प्रसार को भरने के लिए स्वयं को फैलाती जा रही थी। मैंने स्वच्छंदता और बंधनमुक्ति की ऐसी भावना महसूस की जैसी मैंने अपने जीवन में पहले कभी नहीं की थी। मैं इसका वर्णन केवल आनंद के भाव और उल्लास और खुशी की मुक्तहस्त फुहार के मिश्रण के रूप में कर सकती हूं... मैंने महसूस किया कि मेरे प्रियजनों और मेरे परिवेश के साथ मेरा भावनात्मक जुड़ाव धीरे-धीरे दूर जा रहा था... प्रेम, आनंद, उल्लास और विस्मय मेरे भीतर, मेरे माध्यम से, और मुझे चारों तरफ से भरते जा रहे थे। हालांकि मैं अपनी पांच ज्ञानेंद्रियों का इस्तेमाल नहीं कर रही थी, मेरी समझ असीमित थी। उस क्षेत्र में समय अलग सा महसूस होता था, और मैंने एक साथ ही सभी पलों को महसूस किया... और फिर मैं इस अनुभूति से आह्लादित हो गई कि ईश्वर कोई सत्ता नहीं है, बल्कि सत्ता की अवस्था है... और मैं अब सत्ता की वही अवस्था हूं! मैं अकल्पनीय स्पष्टता में परिवर्तित हो गई थी जब मैंने महसूस किया कि यह दूर तक फैला हुआ, भव्य सार वास्तव में मैं थी... जो चीज हो रही थी उसके प्रवाह, महिमा और अद्भुत सुंदरता के मार्ग में कोई बाधा नहीं थी... मैं जान गई थी कि हम सभी जुड़े हुए हैं... मैंने महसूस किया कि पूरा ब्रह्मांड जीवित है और चेतना से भरा हुआ है...[25]

25 अनिता मूरजानी, डाईंग टू बि मी, हे हाउस पब्लिशर्स, इंडिया, 2012, पृष्ठ, 62-70

मौत के पास के उनके अनुभव के बाद, अनिता मूरजानी की हालत में काफी सुधार आया था। उन्हें जल्दी ही अस्पताल से छुट्टी दे दी गई और चमत्कारिक रूप से कैंसर के किसी निशान के बिना। परमानंद और दीप्ति की अवस्था में होने का उनका अनुभव उन विवरणों से मेल खाता है जो हमने जीवित और स्वस्थ लोगों के अनुभव में देखा है। अनुभवों की इन दोनों श्रेणियों—एक बिना किसी जानलेवा रोग के, और दूसरा जीवन के उस पार—का संबंध यह है कि दोनों ही जीवन बदलने वाले हैं, और परमानंद और सुख की अनुभूति के लिए स्पष्ट रूप से याद किए जा रहे हैं। अनिता अपने अनुभव का वर्णन करने के लिए एक बिलकुल उपयुक्त उपमा देती हैं। जब तक वो मौत के करीब थीं वो एक विशालकाय, अंधेरे गोदाम से निकलने की कोशिश कर रही थीं जिसमें सिर्फ एक फ्लैशलाइट थी, जबकि जो उन्होंने मृत्यु-शय्या पर अनुभव किया वो ऐसा था कि जैसे किसी ने एक स्विच दबाया हो और एकाएक प्रकाश और ध्वनि का विस्फोट हुआ हो।

फिर ये प्रश्न उठता है: अनुभवजन्य जगत से उसका क्या संबंध है जिसने ब्रह्म के साथ एक होने की अनुभूति कर ली है, और इस अनुभूति के साथ उसे अवर्णनीय परमानंद का भी अनुभव हो गया है? क्या वो अब भी समाज के तौर-तरीकों से बंधा है? क्या मनुष्य द्वारा पारंपरिक जीवन के लिए बनाए गए नियम-कायदे उस बंधनमुक्त व्यक्ति पर भी लागू होते हैं? क्या ज्ञानातीत अनुभव क्षणभंगुर की प्रथाओं और संस्कारों के अधीन हो सकता है? क्या वो लोग जो माया के आवरण से परे गए हैं, उन्हें सांसारिक नियम-कायदों के अधीन किया जा सकता है? एक बार जब अविद्या द्वारा निर्मित अस्थायी जगत उस आनंदपूर्ण ज्ञान के एक विस्फोट में नष्ट हो जाता है, तो क्या उस व्यक्ति को उसी संसार के नियम-कायदों को मानने के लिए बाध्य किया जा सकता है, जिसे वो अवास्तविक मानता है?

ये प्रश्न नीतिशास्त्र के प्रति शंकर के रुख को समझने के लिए सामने आते हैं। इस बात में कोई संदेह नहीं है कि अगर उनके अपने तर्कों के आधार पर निष्कर्ष

निकाला जाए तो जिस व्यक्ति ने ब्रह्म की एकमात्र वास्तविकता को समझ लिया है, वो पारंपरिक न्याय के सामाजिक नियम-कायदों से परे चला गया है। निर्वाण शतकम् स्तोत्र में वो स्वयं कहते हैं कि ऐसे व्यक्ति के लिए, ना कुछ पुण्य है ना पाप, ना उसके लिए चारों पुरुषार्थों—धर्म, अर्थ, काम और मोक्ष—की कोई प्रासंगिकता है। उसके लिए ना तो मंत्र, ना ही तीर्थ, ना वेद और ना यज्ञ किसी परिणाम के हैं। यहां तक कि गुरु भी उसके लिए अपरिहार्य नहीं है। बस उसके लिए जिस चीज के मायने हैं वो है चिद् और आनंद का ज्ञान और अनुभव।

इस दृष्टिकोण की उन लोगों ने आलोचना की है जो मानते हैं कि शंकराचार्य, ब्रह्म की एकमात्र वास्तविकता को लेकर अपने आग्रह में, एक निश्चित नैतिक आचार संहिता के प्रति उदासीन हो गए हैं, और उन्हें अच्छा और बुरा, सही और गलत के बीच के अंतर की चिंता नहीं है। हालांकि अगर उनके दर्शन की केवल सैद्धांतिक व्याख्या देखें, तो यह निष्कर्ष गलत नहीं है।

अगर सिर्फ ब्रह्म का अस्तित्व है, फिर इंद्रियग्राह्य जगत की नैतिक विशिष्टताओं की पवित्रता नहीं हो सकती। वो केवल मानव मन के परिणाम हैं, सामाजिक मान्यताओं की अस्थिर रचनाएं, जो अलग लोगों के लिए अलग-अलग हैं, और अविद्या के जगत के सहायक हैं। नैतिक आचार संहिता का कोई महत्व नहीं है जब इसे बनाने वाला अनुभवजन्य जगत ही महत्वहीन है। शंकर के लिए, चूंकि प्रत्यक्ष जगत का अस्तित्व माया के प्रभाव के अधीन क्षणिक है, तो फिर इसके द्वारा तय आचार-विचार कैसे बाध्यकारी हो सकते हैं?

सच यह है कि अपनी दर्शन संरचना के साथ तालमेल बैठाते हुए शंकर ने आध्यात्मिक मुक्ति को पारंपरिक नैतिकताओं से अधिक महत्व दिया है। लेकिन, यह मानना गलत होगा कि वो किसी मायने में नैतिक विद्रोहवादी थे। यह सच है कि वो मानते थे कि उस व्यक्ति के लिए, जिसने ब्रह्म के अद्वैत सत्य को समझकर मोक्ष प्राप्त कर लिया है, संसार के साधारण नियम लागू नहीं होते। लेकिन ऐसा मानते हुए भी वो मूलभूत नैतिक व्यवहार की प्रासंगिकता को उतना नहीं नकारते जितना वो बंधनमुक्त अवस्था की श्रेष्ठता पर जोर देते हैं। अपने लेखन में कई स्थानों

पर उन्होंने ऐसे व्यवहार को विकसित करने के महत्व पर जोर दिया है जो आपको ब्रह्मानुभव के लिए तैयार करता है। इसमें सम्मिलित है हिंसा, क्रोध, लालच, ईर्ष्या, घृणा, बेईमानी, छल और दूसरी ऐसी कुवृत्तियां छोड़ना जो मानसिक विचलन की तरफ ले जाती हैं। साथ ही वो अहिंसा, क्षमा, सहानुभूति, प्रेम, ईमानदारी, दया और उदासीनता जैसे गुणों की वकालत करते हैं जो मानसिक संतुलन की ओर ले जाते हैं।

उनके लिए नैतिक अच्छाई, जैसा आमतौर पर समझा जाता है, अपने आप में कोई लक्ष्य नहीं थी, बल्कि ब्रह्म की उच्चतर समझ के लिए आपको तैयार करने का माध्यम थी। वो इस जगत में फल की इच्छा में, या केवल निर्धारित प्रथाओं या व्यवहार को आगे बढ़ाने के लिए, नैतिकता पालन के समर्थक नहीं थे क्योंकि इससे केवल अहम का भाव मजबूत होता है जो ब्रह्मज्ञान के लिए सबसे बड़ी बाधा है।

शंकर ज्ञान के मार्ग को मुक्ति का माध्यम मानते थे। ज्ञान ब्रह्मानुभव के क्षण के लिए आधार था। इस ढांचे में नैतिक रूप से उचित कर्मों की प्रासंगिकता वहीं तक है जहां तक वो ब्रह्मानुभव के मुख्य लक्ष्य तक पहुंचने में सहायता करता है। इसलिए, ऐसा लगता है कि उन्होंने वर्णों या आश्रमों के समाज द्वारा निर्मित तथाकथित अनिवार्य कर्तव्यों को भी अधिक महत्व नहीं दिया। लेकिन, उन्होंने उन्हें अप्रासंगिक भी नहीं माना यदि उनका पालन, जैसा भगवद गीता में कहा गया है, बिना फल की इच्छा के, त्याग की भावना के साथ निःस्वार्थ रूप से किया जाए।

साथ ही, शंकर के पास सामान्य रूप से स्वीकृत नैतिक अभ्यास के अनुमोदन के लिए एक और सैद्धांतिक उपकरण था। जैसी हमने चर्चा की है, उन्होंने ज्ञान के परमार्थिक और व्यावहारिक स्तरों के बीच अंतर किया है। व्यावहारिक स्तर पर, जहां मोक्ष प्राप्ति की इच्छा रखने वाले को संपूर्ण ब्रह्म ज्ञान प्राप्त करने के लिए थोड़ा रास्ता और तय करना है, त्याग की सच्ची भावना में पारंपरिक नैतिकता का स्थान है। लेकिन जब एक बार व्यक्ति परमार्थिक स्तर पर पहुंच गया है, और प्रत्यक्ष जगत की सीमाओं के परे चला गया है, उसे स्वाभाविक रूप से इस प्रत्यक्ष जगत द्वारा आरोपित नैतिकताओं से परे चले जाना चाहिए। जिसने मोक्ष प्राप्त कर लिया है, उसके लिए क्रियाशीलता और निष्क्रियता में कोई अंतर नहीं है। ऐसे व्यक्ति ने मुक्ति

के परमानंद में सही और गलत की दुविधा को पार कर लिया है। 'बंधनमुक्त व्यक्ति पूर्णरूपेण अच्छा उतना अधिक नहीं बनता; वो अच्छे और बुरे से परे हो जाता है। उस पर कोई नैतिक विवशता नहीं है। नैतिकता के मूल्य उस पर लागू नहीं होते।'[26]

संक्षेप में, शंकर बंधनमुक्त व्यक्ति के लिए नैतिकता के रीति-रिवाजों को लेकर कट्टर नहीं थे, लेकिन वो मानते थे कि ब्रह्मानुभव के लक्ष्य में कुछ निश्चित नैतिक अभ्यासों की निर्विवाद उपयोगिता है। उनके लिए, नैतिकताओं का यही एकमात्र प्रासंगिक पहलू था। जैसा कि प्रसिद्ध इतिहासकार डॉ. जी.सी. पांडे कहते हैं:

> यह अनुमान नहीं लगाना चाहिए कि ब्रह्म के ज्ञान के लिए धर्म पालन की आवश्यकता है या इसे ही वेदों में कर्तव्य कहा गया है। शंकर यहां आध्यात्मिक स्वतंत्रता या दार्शनिक ज्ञान के जीवन, और नैतिकता एवं धर्म के व्यावहारिक जीवन में स्पष्ट रूप से अंतर करते हैं।[27]

जिन्होंने इस स्वतंत्रता और ज्ञान को प्राप्त कर लिया है, उनके लिए पारंपरिक नैतिकताओं का अधिक अर्थ नहीं है; जो इस स्वतंत्रता और ज्ञान को प्राप्त करना चाहते हैं, उनके लिए निःस्वार्थ नैतिक कर्म उस लक्ष्य का एक मूल्यवान माध्यम है। इस अर्थ में, शंकर ने मानव निर्मित नैतिकता को बढ़ावा दिया, और उसे महत्व भी। उन्होंने ब्रह्मानुभव के मार्ग पर चलने वाले लोगों के लिए, प्रवृत्तिलक्षण धर्म, यानी त्याग की भावना के साथ नैतिक आचार संहिता का समर्थन किया। और, जिन्होंने ब्रह्मानुभव प्राप्त कर लिया है, उन्हें निवृत्तिलक्षण धर्म, यानी ज्ञान और मनन की श्रेष्ठता के आचरण का विशेष अधिकार दिया।

हालांकि एक चीज साफ है। जिन्होंने ब्रह्म ज्ञान हासिल कर भी लिया है, उनके लिए शंकर सामाजिक हित के लिए संरचनात्मक कार्य के विरुद्ध नहीं थे। श्रृंगेरी, द्वारका, पुरी और जोशी मठ की स्थापना के लिए उनकी प्रतिबद्धता अपने आप में इसका उदाहरण है। ब्रह्म के साथ एकाकार होने, और परमानंद की प्राप्ति के बाद वो सांसारिक जगत के उपक्रमों से अपने आप को बाहर रख सकते

---

26 वाई. केशव मेनन, पूर्वोक्त, पृष्ठ 126

27 जी. सी. पांडे, लाइफ एंड थॉट ऑफ शंकराचार्य, मोतीलाल बनारसीदास, दिल्ली, 1994, पृष्ठ 219

थे, और कर्म-हीन एकांत जीवन बिता सकते थे। लेकिन, उन्होंने कर्म करने का विकल्प चुना और वेदांत दर्शन के प्रचार-प्रसार के लिए संस्थानों का निर्माण किया। उन्होंने अपने चार मुख्य शिष्यों को उनका प्रमुख बनाया, और स्वयं को संस्थागत कामकाज और पाठ्यक्रम में व्यस्त रखा।

वैसे तो शंकर मठों को स्थापित करने के लिए प्रतिबद्ध थे, उन्होंने आध्यात्मिक आकांक्षी के लिए संन्यास को आवश्यक नहीं माना, और ना ही वो इसे अपनाने वालों के विरुद्ध थे। उनके आध्यात्मिक सिद्धांत के अनुसार, ज्ञान से अंतर्ज्ञान की बड़ी छलांग में किसी भी व्यक्ति को कभी भी ब्रह्मज्ञान प्राप्त हो सकता है। इसलिए, यह आवश्यक नहीं था कि कोई व्यक्ति ब्रह्मज्ञान के लिए सांसारिक जीवन का त्याग करे। लाइफ एंड थॉट ऑफ शंकराचार्य में, डॉ. जी. सी. पांडे ने इस धारणा की व्याख्या की है और कहा है,

> शंकर के लिए संन्यास या प्रव्रज्या का सार अद्वैत के ज्ञान में था... असली संन्यासी तो वही प्रबुद्ध व्यक्ति है जिसने ज्ञान और नैष्कर्म्य प्राप्त कर लिया है... इसका अर्थ है कि चूंकि कोई गृहस्थ भी ऐसा ज्ञान प्राप्त कर सकता है, वो भी संन्यास के लिए योग्य होगा।[28]

केवल संन्यास के पारंपरिक प्रतीकों, दंड या जल पात्र रखने भर से कोई व्यक्ति ना तो संन्यासी बनता है और ना ही इसके योग्य होता है।

> शंकर के लिए वही व्यक्ति संन्यास का सही पात्र है जिसे एकता का वेदांतिक ज्ञान है... संन्यासियों के लिए दंड या जल पात्र जैसे प्रतीकों की उपेक्षा करते हुए, वो वास्तव में संन्यासी की पहचान लोगों के किसी औपचारिक मान्यता प्राप्त समूह से नहीं करते हैं, बल्कि उनसे करते हैं जिन्होंने वास्तव में ज्ञान प्राप्त कर लिया है।[29]

हालांकि, उनका व्यक्तिगत निर्णय संन्यास चुनने का था। उन्होंने सांसारिक जीवन का त्याग बहुत छोटी उम्र में कर दिया था, और अपनी माता की इच्छाओं के विरुद्ध, जो उनके निर्णय से तभी सहमत हुईं जब वो समझ गईं कि उनका मन पूरी तरह बन

---

28 पूर्वोक्त, पृष्ठ 247

29 पूर्वोक्त, पृष्ठ 247

चुका था। सांसारिक वस्तुओं के बिना उनका जीवन पूरी तरह हर आसक्ति से परे ज्ञान को समर्पित, और ब्रह्म ज्ञान के परमानंद से भरा था। उन्होंने अपनी स्वतंत्रता के अनुभव को काफी खूबसूरती से एक लघु स्तोत्र में वर्णित किया है जो उन्होंने एक संन्यासी द्वारा पहने जाने वाले कोपीन (कमर ढकने का वस्त्र) पर लिखी है:

आश्रय के लिए एक पेड़ के नीचे बैठे
अपने हाथों से अपना अल्प भोजन खाते हुए,
पैवंद लगे कपड़े की तरह धन का तिरस्कार करने वाला
कोपीन पहनने वाला सचमुच पूज्य है।

ब्रह्म जाप करते हुए, जो मोक्ष का शब्द है,
केवल 'मैं ब्रह्म हूं' पर ध्यान करने वाला
भिक्षा पर जीवित और स्वतंत्र रूप से भटकने वाला
कोपीन पहनने वाला सचमुच पूज्य है।

चूंकि शंकर मानते थे कि ब्रह्मानुभव के लिए ज्ञान सर्वाधिक प्रभावी उपकरण है, इसलिए ऐसा निष्कर्ष निकलता है कि उन्होंने जाति व्यवस्था के दमनकारी शिकंजे को बहुत अधिक महत्व नहीं दिया। जहां जाति व्यवस्था लोगों को उनके जन्म के आधार पर आंकती थी, ज्ञान मार्ग उन्हें उनके ज्ञान के आधार पर। दोनों दृष्टिकोण सीधे तौर पर एक-दूसरे के विपरीत थे।

पारंपरिक सामाजिक ढांचा आध्यात्मिक ज्ञान को केवल उच्च वर्णों तक सीमित रखता था। जबकि, शंकर मानते थे कि कोई भी व्यक्ति इस ज्ञान को प्राप्त कर सकता है, और दरअसल, वो किसी भी ऐसे व्यक्ति को अपना गुरु मानने को तैयार थे जिसके पास ये ज्ञान हो। जैसा हमने देखा है, इसका स्पष्ट प्रमाण बनारस में निम्न वर्ण के एक चांडाल के साथ उनकी मुलाकात में मिलता है। उनके इस विश्वास कि ब्रह्म सभी में व्याप्त है, और, तत्कालीन समाज की भेदभावपूर्ण प्रथाओं के बीच विरोधाभास ने निश्चित रूप से शंकर का ध्यान खींचा होगा, और उन्हें चांडाल को बेहिचक गले लगाने के लिए, और अपने मनीषा पंचकम् में जोर देकर ये घोषित करने के लिए प्रेरित किया होगा: 'वो जिसने इस अद्वैत प्रकाश में घटना को देखना सीखा है, वो मेरा वास्तविक गुरु है, चाहे वो चांडाल हो या द्विज। यह मेरा दृढ़ विश्वास है।'

यह दृढ़ विश्वास शंकर के कई और लेखनों में दोहराया गया है। निर्वाण शतकम् में एक पंक्ति है: ना मे मृत्यु शंका, ना मे जाति भेदा (मैं संदेह नहीं करता कि मृत्यु क्या है, ना ही मैं जाति भेदभाव में विश्वास करता हूं)। उपदेशसहस्री में वो अपने शिष्यों को स्पष्ट कहते हैं कि वो जाति के सारे संबंधों को त्याग दें, और केवल आत्म पर ध्यान करें। इसी प्रकार, बृहदारण्यक उपनिषद पर अपनी टीका में, वो स्पष्ट कहते हैं कि जो व्यक्ति स्वयं की पहचान केवल वर्ण या आश्रम से बताता है, वो उतना ही अज्ञानी है जितना एक पशु! फिर, वो गीता भाष्य में, वो उन लोगों का उपहास करते हैं जो मानते हैं कि सर्वव्यापी ब्रह्म चांडाल के शरीर में निवास करने पर दूषित हो जाता है। शंकर की मूल बात के दो अर्थ हैं: पहला, कि ब्रह्म इस तरह की मानव-निर्मित विभेदों में अंतर नहीं करता, और दूसरा, कि ब्रह्म के ज्ञाता के लिए ऐसे विभेदों का कोई अर्थ नहीं है। शंकर भाष्य में, उन्होंने उस व्यक्ति की रूपरेखा खींची है जिसने ब्रह्म ज्ञान प्राप्त कर लिया है:

जो ना तो उच्च और ना निम्न वर्ण में जन्मा है,
ना विज्ञ समझा जाता है, ना अविज्ञ,
उसे ना अच्छे कर्मों का श्रेय जाता है, ना बुरे कर्मों का,
वो प्रामाणिक रूप से सच्चा ब्राह्मण है।[30]

इस तथ्य को कम करके नहीं आंकना चाहिए कि शंकर ने ऐसा उग्र दृष्टिकोण ऐसे समय में अपनाया था जब जाति संबंधित भेदभाव गहरे धंसे हुए थे। उनके समय के अधिकतर हिंदू आध्यात्मिक विचारक हिंदू समाज के वर्गीकृत ढांचे की विद्यमान संवेदनाओं के साथ बौद्धिक समायोजन की कोशिश करते थे, ताकि और कुछ नहीं तो समाज के अधिक प्रभावशाली वर्गों में स्वीकृति मिले। शंकर रूढ़िवादी हिंदू विचारधारा के बड़े वर्गों को नाराज करने का जोखिम लेने को तैयार थे, ये उनके साहस और दृढ़ विश्वास का प्रतीक है।

हालांकि, एक ये भी धारणा है कि परमार्थिक सत्य के स्तर पर शंकर की सोच चाहे जो हो, व्यावहारिक स्तर पर वो अपने अद्वैत को अभ्यास में लाने से बचते रहे, क्योंकि इससे एक सामाजिक क्रांति आती और जाति व्यवस्था की

---

30 यम ना सन्तम् ना कसन्तम्, नाश्रुतम् ना बहुश्रुतम्, ना सुवृत्तिम् ना दुर्वृत्तिम् वेदा कश्चित् सा ब्राह्मणा:

नींव हिल जाती।[31] कई विद्वान दावा करते हैं कि वैसे तो शंकर मानते थे कि ब्रह्म के अविभाजित आलिंगन में शूद्र दूसरों के बराबर हैं, लेकिन उन्होंने शूद्रों को वेद पढ़ने की मनाही की तत्कालीन भेदभावपूर्ण परंपरा का विरोध नहीं किया था, और उन्हें केवल पुराणों से ज्ञान अर्जित करने की सहमति दी थी।

दार्शनिक स्तर पर, शंकर का स्पष्ट मानना था कि सामाजिक असमानता अस्वीकार्य है। सही मायने में, उनके दर्शन की संरचना को देखते हुए और कोई निष्कर्ष नहीं निकाला जा सकता, क्योंकि उनका दर्शन अनुभवजन्य जगत, और इसके सभी मानव-निर्मित प्रथाओं और परंपराओं को केवल एक चाल मानता है जो ब्रह्म की अद्वैत और एकमात्र वास्तविकता को छिपाने के लिए माया ने रची है। यदि ऐसा जगत अपने आप में क्षणिक है, और ब्रह्म अपने अविभाजित प्रसार में किसी तरह का भेदभाव नहीं मानता, तो फिर मानव निर्मित असमानता को स्वीकार कैसे किया जा सकता है?

साथ ही, तत्कालीन सामाजिक सोच के वजन ने शुरुआती तौर पर शंकर पर प्रभाव डाला होगा, और अपनी दार्शनिक यात्रा के प्रारंभ में वो मौजूदा सामाजिक व्यवस्था पर सामने से हमला करने से हिचकिचाए होंगे। आखिरकार, एक रूढ़िवादी परिवेश में पलने-बढ़ने के बाद उन्होंने कम से कम शुरुआती तौर पर सामाजिक व्यवस्था की असमानताओं को स्वीकार किया होगा, और विशेष रूप से इसलिए क्योंकि एक ब्राह्मण के रूप में वो उस व्यवस्था के लाभार्थी थे।

एक मनुष्य अपने काल का उत्पाद होता है, और पीछे मुड़कर देखते हुए आप उसका बिलकुल सही आकलन नहीं कर सकते। फिर भी, इस बात में संदेह नहीं है कि उस काल में, शंकर के विचार, उनके व्यक्तिगत अनुभव की सीमाओं से परे थे, और बाद में उन्होंने जाति व्यवस्था को प्रभावी ढंग से अस्वीकार किया था। इसका वर्णन स्पष्ट रूप से मनीषापंचकम्, और दूसरे लेखनों में मिलता है। बनारस में एक चांडाल के साथ उनकी मुलाकात को इसी संदर्भ में देखा जाना चाहिए। जैसा प्रोफेसर जी. सी. पांडे कहते हैं, भले ही इस घटना के पक्ष में कोई ऐतिहासिक प्रमाण ना हों, 'अगर ये कथा ऐतिहासिक नहीं भी थी तो भी ये बता पाना मुश्किल है कि बाद के समय में इसे गढ़ा गया होगा। अपने आप में यही

31 कुलदीप कुमार, द हिंदू में लेख, 11 जून, 2016

तथ्य कम महत्वपूर्ण नहीं है कि यह शंकर की कहानी का हिस्सा है।'[32] एस. राधाकृष्णन तो मानते थे कि 'शंकर ने अपने स्थापित मठों में जाति व्यवस्था को नजरअंदाज किया था।'[33]

यदि शंकर के कार्यों पर उनकी विचारधारा का प्रभाव था, तो फिर वो तांत्रिक मान्यताओं को स्वीकार क्यों करते थे? कई विद्वानों का मानना है कि एक वेदांती के रूप में, वो उस रूढ़िवादी भक्ति का अनुमोदन नहीं कर सकते थे जिसे तांत्रिक परंपरा मान्यता देती थी। दूसरे विद्वानों को इस बारे में कोई संदेह नहीं है कि अद्वैत का अनुयायी होने के बावजूद भी, उन्होंने ना केवल तांत्रिक विचारधारा का अध्ययन किया बल्कि वो स्वयं शक्ति के समर्पित भक्त थे, जिन्हें देवी के स्वरूप में तांत्रिक परंपरा के अधिकतर रूपों में पूजा जाता था।

सौंदर्य लहरी, जो माता देवी की भावनात्मक स्तुति है, को पढ़कर इस बात में कोई संदेह नहीं रहता कि वो इस देवी की पूजा करते थे, जिन्हें आम तौर पर शक्ति कहा जाता है, लेकिन दूसरे कई नामों से जाना जाता है, जैसे दुर्गा, लक्ष्मी, सरस्वती, काली, उमा, अंबा, गौरी और भवानी।

सौंदर्य लहरी शक्ति की प्रार्थना भर नहीं है। यह गहरी श्रद्धा का भावनात्मक प्रवाह है, जिसमें देवी के शारीरिक विवरण के निश्चित कामुक संकेतार्थ हैं। कामुक पहलू ने कुछ लोगों के मन में इस सवाल को जन्म दिया कि क्या सच में शंकर ने इसकी रचना की थी, लेकिन बाकी मानते हैं कि उन्होंने ही इसे लिखा था। हम इस रचना का तालमेल, जो अपनी स्तुति में पूरी तरह भौतिक है, उस संन्यासी दार्शनिक से कैसे बैठा सकते हैं, जो ब्रह्म के अपने चित्रण में, ईशवाद और पूजा-अनुष्ठान दोनों के विरुद्ध था?

इसका उत्तर शायद उस दार्शनिक संबंध में मिलता है जो अद्वैत और तंत्र के पहलुओं के बीच है। जैसी हमने चर्चा की है, ब्रह्म सर्वव्यापी निराकार ऊर्जा है; लेकिन, यदि मानवीय उद्देश्यों के लिए (जिसे शंकर व्यावहारिक स्तर पर मान्यता

32 जी. सी. पांडे, पूर्वोक्त, पृष्ठ 250

33 एस. राधाकृष्णन, पूर्वोक्त, पृष्ठ 577

देते हैं) इसे रूप दिया जाता है, तो शिव चित् है, हम सबके भीतर शुद्ध, निर्गुण चेतना, और शक्ति चितरूपिणी है, उस चेतना में अंतर्निहित शक्ति। शक्ति शिव के बगैर शून्य है, लेकिन वैसे ही, शिव भी शक्ति के बगैर शक्तिहीन है। दोनों इस सीमा तक एक-दूसरे के पूरक हैं कि दोनों को अलग नहीं देखा जा सकता। वो हर संदर्भ में समान हैं, चाहे वो अधिष्ठान हो, अनुष्ठान हो, अवस्था हो, रूप हो या नाम। एक-दूसरे के बगैर किसी का अस्तित्व नहीं हो सकता, लेकिन एक साथ वो इस ब्रह्मांड को यथार्थ बनाते हैं और आगे ले जाते हैं। सौंदर्य लहरी के पहले ही छंद में शंकर इस सम्मिलन को नमन करते हैं:

> हे भगवती,
> शिव केवल आपके साथ मिलकर ही निर्माण कर सकते हैं
> बिना आपके, हे शक्ति, वो तो हिल भी नहीं सकते
> हे माते, हरि, हर और ब्रह्मा आपकी पूजा करते हैं
> अतीत में मेरे अच्छे कर्मों के कारण ही सही
> क्या मैं आपको नमन कर सकता हूं!

इस अवधारणा में शिव ब्रह्म है, अचल, अपरिवर्तनीय क्षमता, और शक्ति उनके अंदर छिपी ताकत है। यह उपमा, जिसमें एक पूर्णता में स्थिर है और दूसरा उस स्थिरता को छेड़ सकता है, समन्वित ब्रह्मांडीय बनावट के रूप में, शिव-शक्ति संरचना का हिस्सा है। यदि शिव ब्रह्मांड रूपी सरोवर का स्थिर जल है, शक्ति उसमें से निकलने वाली तरंग है। वह तरंग, जो ब्रह्म द्वारा चित्रित ब्रह्मांडीय एकता का अंश है, और कुछ नहीं बल्कि इसके अंदर की ऊर्जा है, और जिसे ईशवाद के उद्देश्य से देवी का रूप दिया गया है।

जैसी हमने चर्चा की है, शंकर ने व्यावहारिक स्तर पर, व्यक्तिगत ईशवाद का अनुमोदन, प्रारंभिक कदम के रूप में किया है, ताकि कोई साधक ब्रह्मज्ञान की ओर यात्रा में अपने को पूर्णरूपेण समर्पित करने के लिए मन को तैयार कर सके। उन्होंने कई देवताओं की स्तुति में भजन लिखे, लेकिन उनकी व्यक्तिगत प्राथमिकता माता देवी की उपासना की ओर दिखती है। यह महत्वपूर्ण है कि जिन चार मठों की उन्होंने स्थापना की, वो शक्तिपीठ कहे जाते हैं। श्रृंगेरी में स्थापित पहले मठ में देवी को समर्पित एक मंदिर है, जो उनके शारदा रूप में है।

'शारदा सर्वोच्च सत्ता के सगुण रूप का प्रतिनिधित्व करती हैं और ब्रह्मांड के विशाल सांचे का प्रतीक हैं। उनके हाथों में अमरत्व के प्रतीक के रूप में अमृत कलश है, सर्वोच्च ज्ञान के प्रतीक रूप में एक पुस्तक है, एक माला है जिसके मोती उन बीजाक्षरों का प्रतीक हैं जिनसे ब्रह्मांड के सभी रूप निकलते हैं, और उनकी चिन्मुद्रा ब्रह्म के साथ जीव की जागरूकता का प्रतीक है। वो सभी उपनिषदों के ज्ञान का प्रकाश हैं और इसलिए स्वयं ब्रह्मविद्या हैं।'[34]

इस प्रकार, शक्ति के एक रूप में शारदा की पूजा और निर्गुण ब्रह्म के अभिकथन में कोई विरोधाभास नहीं है। हालांकि, इस दार्शनिक सह-संबंध का तांत्रिक पक्ष इस तथ्य से स्पष्ट होता है कि देवी शारदा श्रृंगेरी मंदिर में श्री चक्र की प्रतिकृति पर बैठी हैं, जो सर्वशक्ति देवी ललिता का प्रतिनिधित्व करने वाला तांत्रिक चिह्न है।

श्री चक्र एक जटिल ज्यामितीय बनावट है जिसमें एक वृत्त के बीचोबीच एक बिंदु है, जो नौ त्रिभुजों से घिरा है, उनमें से चार के सिरे ऊपर की ओर हैं, और पांच के सिरे नीचे की ओर। एक-दूसरे को कई स्थानों पर काटते ये त्रिभुज तैंतालीस और नए त्रिभुज बनाते हैं, और बिंदु को चौवालिसवां त्रिभुज माना जाता है। जिस वृत्त में ये नौ त्रिभुज बंद हैं, वो दो संकेंद्रित वृत्तों में घिरा है, पहले वृत्त में कमल की आठ पंखुड़ियां हैं, और दूसरे में सोलह। यह पूरा चित्र तीन समानांतर रेखाओं में एक चतुर्भुज से घिरा है।

तांत्रिक विद्या में, श्री चक्र संपीड़ित ऊर्जा का सर्वोच्च रूप माना जाता है, और ज्यामितीय बनावट में ईश्वर का निरूपण होता है। यह बनावट प्रतीकों से भरी है। बिंदु शुद्ध परमानंद और चेतना का रूप है, और आदि दैवीय सत्ता का प्रतिनिधित्व करता है। जब यह शुद्ध चेतना स्वयं को प्रसारित करना चाहती है, तो विमर्श की प्रक्रिया शुरू होती है। शिव आदि अभिन्न चेतना है, और शक्ति वो विमर्श जो निर्माण की ओर ले जाती है। श्री चक्र में, ऊपर की ओर सिरे वाले त्रिभुज शिव का प्रतीक हैं और नीचे की ओर सिरे वाले त्रिभुज शक्ति का। दोनों का संयोजन ब्रह्म को दिखाता है, इसके स्थिर और गतिशील दोनों रूपों में।

---

34 द ग्रेटनेस ऑफ श्रृंगेरी, श्री श्री जगद्गुरु महासंस्थानम दक्षिणाम्न्य श्री शारदा पीठम द्वारा प्रकाशित, फरवरी, 2012, पृष्ठ 15

हम यहां श्री चक्र से संबंधित तांत्रिक प्रथा की रीतियों और सिद्धांत का विस्तारपूर्वक वर्णन नहीं करना चाहते। इतना कहना पर्याप्त होगा कि श्रृंगेरी मठ के वर्तमान शंकराचार्य श्री भारती तीर्थ ने स्वयं तांत्रिक पूजा के साथ शंकर के संबंध की पुष्टि की है:

> 'सर्वशक्तिमान की पूजा के दो पहलू हैं—निर्गुण उपासना और सगुण उपासना। पहले में सर्वोच्च सत्ता की परिकल्पना निराकार और निर्गुण के रूप में की गई है, जबकि दूसरे में उसे अलग-अलग मानवीय रूपों में दिखाया जाता है। इसके बीच में आता है चक्र, जो बाह्य पूजा के लिए तो है, लेकिन छवियों के माध्यम से पूजा की तुलना में अधिक अमूर्त है। ये कहा जा सकता है कि असीम ने स्वयं को एक रूप में सीमित कर लिया है। तंत्रों के अनुसार, किसी देवता के चक्र की पूजा उस देवता की ठोस अनुभूति में सहायता करती है। आदि शंकर ने अपनी सौंदर्य लहरी और प्रपंचसार में श्री चक्र रूप में देवी की पूजा का उल्लेख किया है। पूजा का यह रूप उनके द्वारा स्थापित सभी मठों में काफी ऊंचा स्थान रखता है।'[35]

सौंदर्य लहरी के ग्यारहवें छंद में, शंकर श्री चक्र की स्पष्ट रूप से स्तुति करते हैं: 'हे सर्वोच्च शक्ति, आपके निवास के कोण संख्या में चौवालीस हो जाते हैं और साथ में कल्याण के चार चक्र, शक्ति के पांच भिन्न चक्र, प्रकृति के नौ मूल, और आठ और सोलह पंखुड़ियों को घेरती हुई तीन रेखाएं हैं।' केनोपनिषद पर अपने भाष्य में, उन्होंने सर्वज्ञ आत्मा और इसके चित्, शक्ति के बीच में पूर्ण समानता पर जोर दिया है: स आत्मा सर्व प्रत्यय दर्शी चित्त शक्ति स्वरूपा मातृः।

इसलिए, इसमें कोई आश्चर्य नहीं है कि उन्होंने अपने सभी मठों में शक्ति उपासना को अनिवार्य बनाया। दरअसल, तंत्र पर कई प्राधिकार उन्हें श्री चक्र प्रतिस्थापना आचार्य के रूप में देखते हैं— वो गुरु जिसने श्री चक्र को स्थापित किया। तांत्रिक रचना, श्रीविद्यार्नव में शंकर को तांत्रिक पूजा की एक धारा का संस्थापक बताया गया है। यह कहा जाता है कि उन्होंने प्रपंचसार भी लिखी, जो

---

35 श्री चक्र, श्री शारदा पीठम, श्रृंगेरी द्वारा प्रकाशित, जून, 2016, पृष्ठ 5

तांत्रिक कथाओं और प्रथाओं का संग्रह है, हालांकि जी.सी. पांडे जैसे विद्वान मानते हैं कि उन्होंने केवल इसके संकलन में सहायता की होगी।

एक परंपरा के अनुसार शंकर कश्मीर में तंत्र विद्या से परिचित हुए। ये तथ्य कि उन्होंने श्रीनगर की यात्रा की थी, और कश्मीर शैववाद से काफी प्रभावित हुए थे, हम पहले ही विस्तार से बता चुके हैं। कई अन्य विद्वानों का कहना है कि उन्होंने गूढ़ अभ्यासों में दक्षता बंगाल में हासिल की। ऐसा विश्वास ओंकारेश्वर में किया जाता है, जहां, उस गुफा में आज भी काली की सम्मोहक प्रतिमा है जिसमें शंकर अपने दार्शनिक गुरु गोविंदपाद से मिले थे। यह कहा जाता है कि इस प्रतिमा को शंकर ने तब स्थापित किया था जब बंगाल में तांत्रिकों से शास्त्रार्थ में पराजित होने के बाद वो काली सिद्धि में दक्षता हासिल करने ओंकारेश्वर लौटे थे।

यह भी ध्यान में रखना चाहिए कि शंकर अपनी माता से बहुत लगाव रखते थे, जिन्हें छोड़कर उन्होंने संन्यास ले लिया था। वो उस समय एक विधवा थीं जिनका कोई और संबंधी नहीं था, और हालांकि वो अपनी इकलौती संतान को जाने देने के लिए तैयार हो गई थीं, शंकर के मन में उन्हें अकेला छोड़ने का एक अपराध बोध भी वो कारण हो सकता है जिसने उन्हें माता देवी के प्रति क्षतिपूरक—और दार्शनिक—समर्पण के लिए प्रेरित किया हो।

तंत्र ने उन्हें इसके अंतर्ज्ञान संबंधी महत्व के कारण भी प्रभावित किया होगा। हमें याद रखना चाहिए कि वो मानते थे कि ब्रह्मानुभव आखिरकार सर्वोच्च अंतर्ज्ञान का एक क्षण है, जहां अनुभव का सत्य तार्किकता की पारंपरिक सीमाओं को तोड़ देता है। माता देवी की तांत्रिक पूजा में होने वाले प्रगाढ़ अनुभव में, उन्हें उस मनोदशा को प्राप्त करने का प्रभावी मार्ग दिखा हो सकता है, जिसमें आप ब्रह्म का अनुभव लेने के लिए आत्मसमर्पण कर देते हैं।

कुल मिलाकर, शंकर ने एक बौद्धिक कौशल दिखाया जो ब्रह्म की श्रेष्ठता पर अपने अटूट और मौलिक सिद्धांत की महत्ता को कम किए बिना कई अन्य विद्यमान परंपराओं को आत्मसात करती थी। उनके अंदर पारंपरिक धर्म से संबंधित रीतियों और धार्मिक पूजा से परे देखने का साहस था, उन्होंने माना था कि ऐसा ईशवाद, जब तक ये अहंकार को दूर रखता है और समर्पण की मनोदशा को बढ़ावा देता है, उपयोगी है। उन्होंने सांख्य विचारधारा के पुरुष

और प्रकृति के द्वैतवाद को स्वीकार नहीं किया था, लेकिन ब्रह्म की उनकी अवधारणा की भव्यता में अचल और सर्वव्यापी पुरुष के गुणों का प्रतिबिंब दिखता है। उन्होंने योग विचारधारा में व्यक्तिरूप ईश्वर की धारणा का समर्थन नहीं किया था, लेकिन यौगिक शिक्षा के भौतिक और ध्यान संबंधी पहलुओं को स्वीकार किया था। वो न्याय-वैशेषिक विचारधारा के परमाणुवाद से सहमत नहीं थे, लेकिन उन्होंने तर्क-वितर्क की इसकी दृढ़ प्रणाली को अपनाया। उन्होंने पूर्व मीमांसकों के यांत्रिक कर्मकांड या प्रथाओं को अस्वीकार किया लेकिन ये माना कि अगर ये प्रथाएं निरपेक्ष भाव से कार्यान्वित की जाएं तो ब्रह्मानुभव की यात्रा के लिए व्यक्ति को तैयार करने में सहायता कर सकती हैं। वो तांत्रिक अभ्यास के हर पहलू से सहमत नहीं होंगे, लेकिन उन्हें उन पहलुओं को अपनाने में फायदा दिखा, जो उनके अनुसार ब्रह्म की अनुभूति कराने में सहायक थे।

यह समावेशी दृष्टिकोण गैर-हिंदू धर्मों के साथ उनके अंतर्संबंधों में भी दिखता है। शून्यवाद और विज्ञानवाद के अति आदर्शवाद, जिन्होंने बाद में बौद्ध अध्यात्म पर प्रभुत्व जमाया, के विरुद्ध दृढ़ रुख रखते हुए भी, उन्होंने मायावाद के अपने सिद्धांत में क्षणिक भौतिक जगत के बौद्ध अवमूल्यन के तत्वों को शामिल किया। यही नहीं, जैन बहुलवाद से भिन्न विचार रखते हुए भी, वो स्यादवाद के सिद्धांत से प्रभावित थे, जो मानता है कि हर घटना का पूर्णरूपेण सही उत्तर नहीं दिया जा सकता है। विशेष रूप से, वो इस पक्ष का प्रयोग तब करते हैं जब वो स्वीकार करते हैं कि अविभाज्य ब्रह्म और अनुभवजन्य जगत को बनाने वाले भौतिक स्वरूपों के बीच का संबंध अनिर्वचनीय है, यानी उसे व्यक्त नहीं किया जा सकता है।

दूसरे शब्दों में, शंकराचार्य कट्टर वेदांती तो थे ही, जो अद्वैत ब्रह्म में अपने विश्वास में अटल थे और साथ ही महान समन्वयक भी थे, जो अपने सैद्धांतिक चित्रपट में दूसरी विचारधाराओं के कई महत्वपूर्ण तत्वों का समावेश करने को तैयार था। जहां परमार्थिक स्तर पर वो ब्रह्म की श्रेष्ठता को लेकर बिलकुल स्पष्ट विचार रखते थे, वो इतने यथार्थवादी भी थे कि व्यावहारिक स्तर पर उन प्रथाओं का अनुमोदन करते थे जो साधारण लोगों को अध्यात्म की दुनिया बनाते हैं। वो समझते थे कि निर्गुण ब्रह्म उन लोगों के लिए बहुत अधिक गूढ़ हो सकता है जो मुक्ति या सहायता के लिए अधिक सहज रूपों को ढूंढ़ते हैं।

इसलिए, उनके सामने चुनौती थी कि वो ब्रह्म की श्रेष्ठता पर अपने अटल विश्वास को कैसे सुरक्षित रखें, साथ ही हिंदुओं की बड़ी से बड़ी संख्या को उपनिषदों में वर्णित मुक्त साहसिक विचारों और उनके द्वारा की गई व्याख्या को समझने और उनकी सराहना करने के लिए प्रेरित कर सकें। उनके वैचारिक प्रतिद्वंद्वियों के लिए उनका दृष्टिकोण घृणा या उपेक्षा का नहीं था। वो वाद-विवाद और चर्चा के लिए तैयार रहते थे और उन्होंने शास्त्रार्थ के माध्यम से अधिकतर सैद्धांतिक द्वंद्वों में जीत हासिल की।

इसी कारण शंकराचार्य को षण्मठ स्थापनाचार्य कहा जाता है: वो व्यक्ति जो हिंदू पूजा पद्धति की छह प्रणालियों को एक भव्य बौद्धिक शामियाने के नीचे लाया: शैव, वैष्णव, शाक्त, गणपत्य, सौर और कौमार (या कपाली), और इस प्रकार हिंदू धर्म को एक दर्शन और एक संप्रदाय के रूप में पुनर्जीवित और पुनर्स्थापित किया जो इसके अनुयायियों को आकर्षित कर सके। इस प्रयास में, उनकी महान उपलब्धि ये थी कि उन्होंने हिंदू दर्शन की मूलभूत बौद्धिक नींव को मजबूत बनाया, साथ ही लंबे समय से चली आ रही धार्मिक परंपराओं को उस दार्शनिक ढांचे में समायोजित किया। उनका आडंबरहीन और अटल अध्यात्म केवल विद्वानों के लिए आरक्षित होकर नहीं रह गया था, बल्कि सामान्य हिंदुओं द्वारा भी विविध परिमाण में अंगीकार किया गया था, और वो विरासत आज भी जारी है।

विज्ञान द्वारा असाधारण सत्यापन

हाल के समय में विज्ञान में हुए विलक्षण आविष्कारों को देखते हुए, स्वाभाविक तौर पर वैज्ञानिकों के मन में दार्शनिकों और दर्शन शास्त्र को लेकर शंका जगती है। हमारे ब्रह्मांड के बारे में जैसे चौंकाने वाले आंकड़ों का विज्ञान दिन-ब-दिन खुलासा कर रहा है, क्या मन और पदार्थ के बारे में और दुनिया में एक अकेले व्यक्ति के स्थान और क्षमता के बारे में, मानव-केंद्रित सिद्धांतों का कोई महत्व बचा है?

अधिकतर पश्चिमी दार्शनिकों ने पिछली कुछ सदियों में हुई लगातार वैज्ञानिक आविष्कारों को देखते हुए पराजय स्वीकार कर ली थी, जिन आविष्कारों ने कुछ सौ वर्षों पहले तक ज्ञात दुनिया की तस्वीर बदल दी।

गैलीलियो की खोज कि पृथ्वी ब्रह्मांड का केंद्र नहीं है और सौर प्रणाली कहीं बड़े ब्रह्मांड का एक हिस्सा भर है—जो, प्रसंगवश भारतीय खगोल वैज्ञानिकों और गणितज्ञों ने काफी पहले बता दिया था—ने कई दर्शन शास्त्रों को वाकई में समाप्त कर दिया था। मानव प्रजाति के विकास के बारे में चार्ल्स डार्विन के 'प्राकृतिक चयन' सिद्धांत ने बाइबिल में लिखी मानव की उत्पत्ति के विवरण पर गंभीर प्रश्न चिह्न लगा दिया। जैसे-जैसे विज्ञान का दायरा फैलने लगा, दार्शनिकों और धार्मिक विचारकों का दायरा सिमटने लगा।

उन्नीसवीं सदी में, जर्मन दार्शनिक फ्रेडरिक नीत्शे ने घोषणा की थी कि 'ईश्वर मृत है'। मौजूदा समय में, स्टीफन हॉकिंग ने धूमधाम से घोषणा की कि 'दर्शन शास्त्र मृत है'। उनके अनुसार, 'दर्शन शास्त्र विज्ञान और खासकर भौतिकी में हुए आधुनिक विकास के अनुसार नहीं चल सका है।'[1]

हालांकि, इस बात की संभावना बेहद कम है कि नीत्शे या हॉकिंग को उपनिषदों की गहरी पैठ या शंकराचार्य के दार्शनिक विचारों की सुव्यवस्थित संरचना के बारे में सही जानकारी थी। अगर उन्हें ये जानकारी होती तो वो ये जानकर हैरान हो सकते थे कि आधुनिक विज्ञान ने ब्रह्मांड विज्ञान, क्वांटम भौतिकी और तंत्रिका विज्ञान के क्षेत्रों में जितनी चीजों का खुलासा किया है, उसका कितने बड़े हिस्से का अनुमान शंकर ने लगाया था, और उनकी व्याख्या उस दार्शनिक सिद्धांत के दायरे में की जा सकती है जिसे उन्होंने एक हजार वर्ष से भी पूर्व साफ-साफ समझाया था।

पर यहां एक बात मैं स्पष्ट कर देना चाहता हूं। मेरा प्रयास शंकर के विचारों को यंत्रवत महिमांडित करके हिंदू धर्म को या प्राचीन भारत की उपलब्धियों को बढ़ावा देने का नहीं है। स्वयं हिंदू धर्म में कई विचारधाराएं हैं, और सभी उन बातों को सत्यापित नहीं करतीं जो विज्ञान आज हमें बता रहा है। साथ ही, दूसरे पूर्वी धर्म भी, जिनमें बौद्ध धर्म और इसके अंग शामिल हैं, विज्ञान के कुछ नए आविष्कारों में से कुछ का पूर्वानुमान लगाते हैं।

हालांकि, हमारा प्रयास यह दिखाने का है कि शंकराचार्य द्वारा प्रतिपादित और व्यवस्थित अद्वैत दर्शन में उन चीजों को, काफी हद तक, समायोजित करने की क्षमता है, जो विज्ञान आज बता रहा है। हमारी प्रस्थापना यह है कि इस दावे को सत्यापित करने के लिए हम ब्रह्मांड के बारे में अपनी जानकारी और इसकी कार्य पद्धति के नियमों की तुलना उन दार्शनिकों सिद्धांतों से कर सकते हैं जिन्हें शंकर ने बताया था। उन्होंने आठवीं सदी ईस्वी में जो बताया था, अगर वो आज की वैज्ञानिक जानकारी के साथ सामंजस्य बैठाता है और विश्वास के साथ जुड़ता है तो हमारी प्रस्थापना वैध होगी।

---

1 स्टीफन हॉकिंग एंड लियोनार्ड म्लादिनोव, द ग्रैंड डिजाइन, बैंटम बुक्स, 2010, पृष्ठ 13

ब्रह्मांड विज्ञान, जो ब्रह्मांड के विकास का अध्ययन करता है, हमें अब बताता है कि ब्रह्मांड अनंत है। इसे कई असाधारण दूरबीनों, उपग्रहों और परीक्षणों द्वारा साबित किया गया है और इस पर कोई संदेह नहीं है। इन असाधारण उपकरणों में से सबसे महत्वपूर्ण हैं हबल स्पेस टेलिस्कोप, इंटरनेशनल स्पेस स्टेशन, कॉस्मिक बैकग्राउंड एक्सप्लोरर सैटेलाइट (कोबे), और विलकिंसन माइक्रोवेव एनिसोट्रॉपी प्रोब (डब्ल्यूएमएपी)। आकाश में इन आंखों के माध्यम से, हम अब जानते हैं कि हमारी सौर प्रणाली, जिसमें पृथ्वी सूर्य का चक्कर लगाने वाली एक छोटा ग्रह है, एक कहीं बड़ी आकाशगंगा का हिस्सा है, जो दुग्ध मेखला या मिल्की वे कहलाती है। प्रकाश की गति है 1,86,282 मील या 2,99,792.5 किलोमीटर प्रति सेकेंड। मिल्की वे करीब 1.5 लाख प्रकाश वर्ष दूर है, इतनी दूर कि पृथ्वी को उसके केंद्र तक पहुंचने में ही करीब 26,000 प्रकाश वर्ष लग जाएंगे। इतनी दूरियां हमारे दिमाग को चकरा देती हैं, लेकिन आश्चर्यजनक रूप से, हमारे ज्ञात ब्रह्मांड में कम से कम ऐसी 125 अरब आकाशगंगाएं हैं, और हर आकाशगंगा में करीब दो सौ अरब तारे हैं, जिनमें से अधिकतर सूर्य से बड़े हैं।

हाल ही में, पुणे और केरल में भारतीय वैज्ञानिकों के एक दल ने, आकाशगंगाओं के एक नए 'सुपरक्लस्टर' को ढूंढ़ा है, जिसका नाम उन्होंने सरस्वती रखा है। स्लोअन डिजिटल स्काई सर्वे का हिस्सा, सरस्वती 60 करोड़ प्रकाश वर्ष तक फैला है और पृथ्वी से 400 करोड़ प्रकाश वर्ष दूर है!

ब्रह्मांड की आयु लगभग 13.7 अरब वर्ष लगाई जाती है। हमारी सौर प्रणाली का केंद्र सूर्य लगभग 4.6 अरब वर्ष पुराना माना जाता है। सूर्य, और इसकी परिक्रमा करने वाले ग्रह, मिल्की वे का एक चक्कर लगाने में 22 करोड़ वर्ष लेते हैं। हमारे सबसे नजदीक की आकाशगंगा, एंड्रोमेडा, लगभग 25 लाख प्रकाश वर्ष दूर है। हम अपने से सबसे दूर जिस आकाशगंगा को आज देख सकते हैं, वो हमसे लगभग 45 अरब प्रकाश वर्ष दूर है। इस आकाशगंगा से हम तक प्रकाश को पहुंचने में 13 अरब साल लग जाएंगे।

अद्‌भुत बात ये है कि इतना विशाल ब्रह्मांड भी स्थिर नहीं है, यह लगातार फैल रहा है, और वो भी प्रकाश की गति से। 1929 में हुई इस महान खोज का श्रेय जाता है खगोल वैज्ञानिक एडविन हबल को। उन्होंने आकाशगंगाओं के कलर स्पेक्ट्रम का विश्लेषण कर ये पता लगाया था। चमकीली वस्तुओं का रंग

इस बात पर निर्भर करता है कि वो हमारी तरफ आ रहे हैं या हमसे दूर जा रहे हैं: अगर वो हमारी तरफ आ रहे हैं तो वो नीले दिखेंगे और अगर दूर जा रहे हैं तो लाल दिखेंगे। हबल ने पता लगाया कि अधिकतर आकाशगंगाएं लाल रंग की थीं, इसलिए ये साबित किया जा सकता था कि वो हमसे दूर जा रही थीं।

> अब, जब हम एक फैलते जा रहे ब्रह्मांड के बारे में सोचते हैं, हम कल्पना कर सकते हैं कि आकाशगंगाएं खाली, स्थिर अंतरिक्ष में उसी तरह उड़ रही हैं, जैसे शीत ऋतु के आकाश में हंस। लेकिन सच में ऐसा नहीं हो रहा है। अंतरिक्ष ही अपने आप में फैल रहा है, और अपने साथ आकाशगंगाओं को ले जा रहा है।[2]

जो हो रहा है उसे समझने का सबसे बढ़िया तरीका है एक गुब्बारा जिस पर कई बिंदु बने हुए हैं। अगर हम गुब्बारे में हवा भरते हैं तो वो बिंदु एक-दूसरे से दूर जाते हैं। ब्रह्मांड भी इसी तरह से फैल रहा है, और इससे ये निष्कर्ष निकलता है कि ब्रह्मांड के फैलने के लिए भी उसके बाहर स्थान है। अगर नहीं है तो फिर ब्रह्मांड ही स्थान बना रहा है या फिर स्थान की नकल। अब तो वैज्ञानिक भी मल्टीवर्स की संभावना से इनकार नहीं करते, यानी ऐसा अनंत क्षेत्र जहां कई ब्रह्मांड हों।

> सैकड़ों वर्षों पहले लोग सोचते थे कि पृथ्वी असाधारण है, और ब्रह्मांड के केंद्र में स्थित है। आज हम जानते हैं कि हमारी आकाशगंगा में सैकड़ों अरब तारे हैं, जिनमें से बहुतों के पास ग्रह-निकाय हैं, और सैकड़ों अरब आकाशगंगाएं तो हैं ही। इसका अर्थ ये निकलता है कि हमारा ब्रह्मांड भी कई ऐसे ब्रह्मांडों में एक है और इस पर लागू होने वाले नियम विशिष्ट नहीं हैं।[3]

इसलिए, अब हम जानते हैं कि ब्रह्मांड अपने फैलाव में अनंत हो सकता है, या कम से कम उसके अनंत के करीब होने की कल्पना कर सकते और ब्रह्म की धारणा

---

2 स्टीफन हॉकिंग एंड लियोनार्ड म्लोदिनोव, द ग्रैंड डिजाइन, बैंटम बुक्स, यूके, 2010, पृष्ठ 183

3 स्टीफन हॉकिंग एंड लियोनार्ड म्लोदिनोव, द ग्रैंड डिजाइन, बैंटम बुक्स, यूके, 2010, पृष्ठ 183

भी अनंतता की है। शुरू से ही वेदांत परम की शंकर की अवधारणा एक ऐसे बल की रही, जो मानवीय कल्पना के परे, सर्वव्यापी, सीमाओं के परे और आकार में ब्रह्मांडीय है। इसी कारण यह मानव मस्तिष्क द्वारा निर्मित किसी एक देवता तक सीमित नहीं थी या मानव की जरूरतों के अनुसार किसी एक मसीहा से इसकी बराबरी की जा सकती थी। इस अवधारणा के अनुसार, ब्रह्म को निर्गुण होना ही था क्योंकि इतनी विशाल और मानवीय समझ के परे हस्ती को किसी गुण से निरूपित करना इसके ब्रह्मांडीय आकार को सीमित करेगा और इसे मानव कल्पना के स्तर तक नीचे ले आएगा।

इसी तरह ब्रह्मांड की जिस आयु का अनुमान लगाया जाता है, उसके सामने हमारा मानवीय काल क्षितिज बच्चों का खेल लगता है। हम समय को हजार वर्षों के गुणक में मापने के अभ्यस्त रहे हैं। ईसा पूर्व और ईस्वी के काल विभाजन की जगह अधिक पंथनिरपेक्ष कॉमन एरा (सीई) और बिफोर कॉमन एरा (बीसीई) लाया गया है, लेकिन समय और पुरा काल की हमारी कल्पना कुछ हजार वर्षों में ही सीमित है।

पृथ्वी पर मानव जाति के पहले चिह्न दस हजार साल से ज्यादा पुराने हैं। सृष्टि के पहले जीव, अमीबा, से मनुष्य बनने की क्रमिक प्रक्रिया में शायद लाखों साल लग गये, लेकिन अब हमारे पास प्रमाण है कि ब्रह्मांड लगभग 1400 करोड़ साल पुराना है। पर इससे इस तथ्य को नकारा नहीं जा सकता कि 'बिग बैंग (वो महाविस्फोट जिससे हमारे ब्रह्मांड का जन्म हुआ) से पहले भी ब्रह्मांड रहा होगा या फिर 'बिग क्रंच' के बाद, जब मौजूदा ब्रह्मांड का विध्वंस हो जाएगा, एक और ब्रह्मांड की उत्पत्ति नहीं होगी। दूसरे शब्दों में, ब्रह्मांड विद्या के अनुसार, इस विशाल ब्रह्मांड के सृजन और विनाश का चक्र शाश्वत है जिसकी कोई निश्चित शुरुआत या निश्चित अंत नहीं है। ब्रह्म और अनंत का सिद्धांत भी सृष्टि के इसी निरंतर चक्र की व्याख्या करता है जो सदा था और सदा रहेगा। आज से सैकड़ों साल पहले, जब ब्रह्मांड के विशाल और असीम रूप के बारे में बोध नहीं था, तब दर्शनशास्त्रियों के विचार भी संकुचित ही थे। उनका ज्ञान पृथ्वी को ब्रह्मांड का केंद्र मानने या फिर सूर्य और उसकी परिक्रमा कर रहे ग्रहों तक सीमित था, और इसलिए वो मानते थे कि ब्रह्मांड को परिभाषित किया जा सकता है और एक निर्धारित समय में ये विकसित हुआ है।

पर अद्वैत में हमारे पास एक दार्शनिक संरचना है, जो इस 'संपूर्ण' को किसी भौतिक देव या ईश्वर का रूप देने से इनकार करती है जिसे मनुष्य जानने या पहचानने की क्षमता रखता है। इस सोच की दूरदर्शिता आज के वैज्ञानिकों को भी अचंभित कर सकती है। शंकराचार्य का संपूर्ण, निराकार अनंत के रूप में, ब्रह्मांड में व्याप्त है—और, यह दरअसल, उस ज्ञान से बिलकुल मेल खाता है जो ब्रह्मांड विज्ञान आज हमें बताता है।

ब्रह्मांड विज्ञान हमें यह भी बताता है कि इस विशाल ब्रह्मांड का आधार एक परम ज्ञान है जिसकी पुष्टि की जा सकती है। ब्रह्मांड, चाहे जितना भी बड़ा हो, की हर चीज में बेहतरीन तालमेल है। बड़े सितारों की परिक्रमा कर रहे ग्रहों की दिशा को आखिरी सेकंड तक नापा जा सकता है। अपने गैलेक्सी के केंद्र का चक्कर काट रहे सौरमंडलों की गति हमेशा तय रहती है। ब्रह्मांड में तारामंडल हमेशा स्थायी इसलिए रहते हैं क्योंकि उन्हें बांधे रखने वाला गुरुत्वाकर्षण बल सटीक है।

बिग बैंग या महाविस्फोट सिद्धांत की बुनियाद है एक सवाल—अगर ब्रह्मांड का निरंतर विस्तार हो रहा है तो इसका मूल स्वरूप क्या था? आज से लाखों करोड़ों साल पहले, इस विस्तार की शुरुआत हुई होगी और किसी वीडियो फिल्म की तरह अगर इसे रिवाइंड किया जाए तो हम उस क्षण तक पहुंच जाएंगे जब यह प्रक्रिया शुरू हुई थी। उस घटना को वैज्ञानिक बिग बैंग या महाविस्फोट कहते हैं, जो आज से 1370 करोड़ साल पहले घटा था और पूरा ब्रह्मांड अविश्वसनीय रूप से सिर्फ कुछ मिलीमीटर बड़े क्षेत्र में सिमटा था।

जब महाविस्फोट हुआ था, तब अंतरिक्ष अचानक से फैलने लगा और 1979 में वैज्ञानिक एलन गुथ ने इसे ब्रह्मांडीय प्रसार का स्फीति सिद्धांत कहा। अगर महाविस्फोट के बाद वाकई ऐसा हुआ था (इस सिद्धांत को लेकर वैज्ञानिकों में मतभेद है, हालांकि, ज्यादातर वैज्ञानिक इसका समर्थन करते हैं) तो अंतरिक्ष के फैलने की गति में गलती की गुंजाइश दस के पचासवें पावर में एक से भी कम थी, नहीं तो, नवजात ब्रह्मांड, असंतुलित होकर फैलता और अपने ही गुरुत्वाकर्षण की वजह से नष्ट हो जाता। जैसा हॉकिंग कहते हैं, 'अगर महाविस्फोट के एक सेकंड बाद, अंतरिक्ष के विस्तार की गति एक लाख खरब

में एक भाग से भी कम होती, तब यह ब्रह्मांड अपने मौजूदा आकार तक पहुंचने से पहले ही खत्म हो जाता।'[4]

सरल शब्दों में यह कहा जा सकता है कि इस ब्रह्मांड के पीछे एक ऐसी शक्ति है जो सर्वज्ञ है। इसका प्रमाण सीमित रूप में हमें अपनी रोजमर्रा की जिंदगी में भी दिखता है। सूर्योदय या सूर्यास्त का ठीक समय, या फिर चंद्रमा की कलाओं या फिर मौसम के बदलने के वक्त की जानकारी हमें इसलिए होती है क्योंकि सूर्य की परिक्रमा कर रही पृथ्वी और पृथ्वी का चक्कर काटते चंद्रमा की चाल हमेशा सटीक रहती है। ब्रह्मांड की परिकल्पना और संचालन में अचंभित कर देने वाला सामंजस्य सिर्फ एक ही संकेत देता है कि इस पूरी प्रक्रिया का परिचालन एक सर्वज्ञ शक्ति कर रही है।

लेकिन इस ज्ञान का रूप क्या है? शंकराचार्य कहते हैं कि ब्रह्म ही यह ज्ञान है और ब्रह्म को मानवी भावों में परिभाषित नहीं किया जा सकता। यह ज्ञान सर्वोत्तम है और मनुष्य इसके प्रयोजन को समझने में सक्षम नहीं है। ब्रह्मांड की सृष्टि क्यों हुई थी? आकाश में अनगिनत तारे क्यों हैं? क्यों अंतरिक्ष में हर पल ढेरों तारे विशाल विस्फोट के साथ हमेशा के लिये लुप्त हो जाते हैं? इस पूरे ब्रह्मांड का अर्थ और उद्देश्य क्या है?

शंकर का जवाब था, जो आज का विज्ञान भी कहता है, चाहे ब्रह्मांड का उद्देश्य इंसानी समझ के परे हो, लेकिन अंतरिक्ष में चल रही सभी ब्रह्मांडीय आतिशबाजियों का स्रोत है एक अखंड शक्ति जिसका नाम है, ब्रह्म। वो ऊर्जा (या चेतना, जिस पर बाद में चर्चा करेंगे) सभी गतिविधियों का मूल है, पर उनसे परे है; सबमें है, पर किसी से बंधी नहीं है और उसका लक्ष्य इंसान समझने में असमर्थ है।

हॉकिंग भी कहते हैं कि ब्रह्मांड के अपने नियम हैं, लेकिन उसे चलाने वाला—जिसे वो भगवान कहते हैं या शंकर के अनुसार ब्रह्म—'अब ब्रह्मांड की गतिविधियों में हस्तक्षेप नहीं करता है और ब्रह्मांड का विकास उसके बनाए हुए नियमों के मुताबिक हो रहा है'।[5]

---

4 स्टीफन हॉकिंग, ए ब्रीफ हिस्ट्री ऑफ टाइम, बैंटम बुक्स, 1988, पृष्ठ 134

5 स्टीफन हॉकिंग, पूर्वोक्त, पृष्ठ 135

ब्रह्म से ही हर चीज की उत्पत्ति होती है और ब्रह्म में ही समाप्ति। सिर्फ ब्रह्म ही अखंड है, सर्वोच्च ज्ञान है, अटल और उत्कृष्ट है। आधुनिक विज्ञान भी यही कहता है। पूरे ब्रह्मांड में एक ऊर्जा बह रही है, जो सर्वव्यापी है, अपरिवर्ती है, भले ही उससे उपजे हर वस्तु में बदलाव और उत्परिवर्तन, सृष्टि और विनाश का चक्र निरंतर चलता हो।

इस सिद्धांत का प्रमाण हमें ब्रह्मांड में मिलता है। पूरी–पूरी आकाशगंगा और तारामंडल नष्ट हो जाते हैं, पर उनका पुनर्जन्म भी होता है। जब सितारे खत्म होते हैं, उनके अवशेष से नए तारों का जन्म होता है और तारों की जन्म दर धरती पर बच्चों की जन्म दर से कई सौ गुणा ज्यादा है। मिल्की वे और हमारी पड़ोसी गैलेक्सी एंड्रोमेडा एक दूसरे की ओर धीरे-धीरे बढ़ रही हैं और कुछ हजार करोड़ साल बाद, दोनों की टक्कर से एक ऐसा श्याम विविर या ब्लैक होल बनेगा जिससे इन दोनों गैलेक्सियों में विद्यमान हर चीज खत्म हो जाएगी।

पर शायद उस घटना से भी पहले, अगले पांच सौ करोड़ सालों में हमारे सूर्य की सारी हाइड्रोजन खत्म हो जाएगी और वो भी नष्ट हो जाएगा। ब्रह्मांड में निरंतर बदलाव होता रहता है, पर उसको चलाने वाला सर्वोच्च ज्ञान या ऊर्जा कभी नहीं बदलती। शंकर और उपनिषद इसे ब्रह्म कहते हैं।

मणि भौमिक, भारतीय मूल के एक अमेरिकी वज्ञानिक, जिन्हें लेजर विज्ञान पर उनके शोध के लिए जाना जाता है, और वो अमेरिकन फिजिकल सोसाइटी और इंस्टीट्यूशन ऑफ इलेक्ट्रिकल एंड इलेक्ट्रॉनिक्स इंजीनियर्स के फेलो भी हैं, मानते हैं कि खगोलशास्त्र के 'सर्वोच्च ज्ञान या ऊर्जा' के सिद्धांत और ब्रह्म की उस अवधारणा में बहुत समानताएं हैं जिसे महर्षियों ने देखा और महसूस किया है। आधुनिक विज्ञान हमें बताता है कि ब्रह्मांड में ऊर्जा का समुद्र बह रहा है—इसे आप प्रकाश गंगा भी कह सकते हैं (शंकर का आत्म-बोध सिद्धांत) जो व्योम या क्वांटम वैक्यूम की पूर्ति करता है। यह प्रकाश सर्वव्यापी है और शायद हम इसे तभी महसूस कर पाएंगे जब यह नहीं होगा। इस प्रकाश गंगा के रचयिता, ब्रह्म को समझना और भी कठिन है क्योंकि इससे हर संसार का जन्म हुआ है और संसार की हर वस्तु में ब्रह्म हैं।[6]

---

6 मणि भौमिक, कोड नेम गॉड, क्रॉसरोड पब्लिशिंग कंपनी, न्यूयॉर्क, 2005, पृष्ठ 32

पर क्या इस बात का कोई प्रमाण है कि सोच से परे इस विशाल ब्रह्मांड में कोई चीज इतने व्यापक रूप से फैली हुई है? अगर आज के ब्रह्मांड के बीज को हम महाविस्फोट मानते हैं, जब सिर्फ एक सूक्ष्म कण से लाखों-करोड़ों गैलेक्सियों का जन्म हुआ, तब वो विस्फोट इतना शक्तिशाली हुआ होगा कि आज भी, हजारों-करोड़ साल बाद, उसका प्रकाश चारों दिशाओं में फैला होगा। 1940 के दशक में जॉर्ज गैमो नामक एक वैज्ञानिक ने पहली बार इस संभावना की अभिधारणा की थी। उनका कहना था कि भले ही ब्रह्मांड काफी ठंडा या शांत हो गया हो, पर बिग बैंग से निकली ऊर्जा आज भी माइक्रोवेव के रूप में अंतरिक्ष में फैली हुई है।

1965 में, न्यू जर्सी के बेल लैब्स में काम कर रहे दो युवा खगोलशास्त्री, आर्नो पेनजियास और रॉबर्ट विलसन को गैमो के माइक्रोवेव का सबूत मिला। वो एक बड़े हॉर्न एंटीना द्वारा ब्रह्मांड के सारे रेडियो वेव्स को सुन रहे थे, पर स्पीकर्स से उन्हें लगातार एक सरसराती आवाज सुनाई दे रही थी। शुरुआत में दोनों को इस बात का अहसास नहीं था कि वो जो सुन रहे थे वो कृति की ध्वनि थी और पूरे ब्रह्मांड में यह ऊर्जा हर जगह मौजूद है। इससे बड़ा प्रमाण और क्या हो सकता था।[7]

ब्रह्मांड के विस्फोटक सृजन के इस साक्ष्य को कॉस्मिक माइक्रोवेव बैकग्राउंड रेडिएशन (सीएमबीआर) कहते हैं। इस ऊर्जा के सर्वव्यापी होने के और सबूत मिले हैं। कॉस्मिक बैकग्राउंड एक्सप्लोरर या 'कोब' उपग्रह ने खोजा है कि ब्रह्मांड के अलग-अलग हिस्सों में बैकग्राउंड माइक्रोवेव रेडिएशन के तापमान में हल्का अंतर है। तापमान में यह विविधता उसी कड़ी का हिस्सा है जिसे वैज्ञानिक अंतरिक्षीय सिलवट कहते हैं और यह बिग बैंग की वजह से बनी थी। इन सिलवटों से साबित होता है कि ब्रह्मांड का हर हिस्सा एक दूसरे से जुड़ा है और हर कोने से निकलने वाली सभी ऊर्जाओं का समंदर है ब्रह्मांड।

आधुनिक विज्ञान भी संसार के बारे में शंकराचार्य के विचारों की पुष्टि करता है। जैसा हमने पहले कहा था, शंकर मानते थे कि सिर्फ एक ही सत्य है और वो ब्रह्म है। भौतिक संसार सिर्फ माया है और साधारण मनुष्य जैसा उसे

7 मणि भौमिक, द कॉस्मिक डिटेक्टिव, पूर्वोक्त, पृष्ठ 70

समझता है उससे बहुत अलग है। साल 1687 में सर आइजैक न्यूटन ने अपनी लेखनी, 'फिलोसोफाए नैचुरालिस प्रिंसिपिया मैथेमेटिका', में गुरुत्वाकर्षण बल का उल्लेख किया था। न्यूटन के सिद्धांतों पर बने विश्व में शंकर के विचारों की कोई जगह नहीं होती क्योंकि वैज्ञानिकों की नजरों में गुरुत्वाकर्षण ने धरती को अटल और स्थायी बना दिया था।

पर 1915 में, स्विटजरलैंड के पेटेंट ऑफिस में काम करने वाले एक क्लर्क, एलबर्ट आइंस्टीन ने सापेक्षता सिद्धांत या थ्योरी ऑफ रिलेटिविटी पर अपना शोध दुनिया के सामने रखा और न्यूटन के सिद्धांतों को पूरी तरह पलट दिया। आसान शब्दों में कहें तो, आइंस्टीन ने साबित किया कि ब्रह्मांड के लिए कोई तय मापदंड नहीं हो सकता है। ना ही काल (टाइम) और ना ही दिक् (स्पेस) परम सत्य है। एक ही घटना हर किसी के लिए अलग-अलग वक्त पर घट सकती है। ब्रह्मांड स्थिर नहीं है, बल्कि हर चीज एक दूसरे के अनुरूप निरंतर चलती रहती है। दिक् और काल अलग-अलग होने की बजाय एक साथ जुड़े हैं जिसे दिक्-काल या स्पेस-टाइम कहते हैं। आइंस्टीन ने दीकार्तेज के व्यक्ति और वस्तु के अलग होने के दावे को भी गलत ठहराया और कहा कि वस्तु तो ऊर्जा का ही रूप है जिसे उन्होंने जाने-माने समीकरण $e=mc^2$ से साबित किया। दिक् अटल और स्थायी नहीं है और गुरुत्वाकर्षण बल उसे आसानी से मोड़ सकता है।

प्रकाश से तेज कुछ भी नहीं, पर उसको भी गुरुत्वाकर्षण मोड़ने की क्षमता रखता है। दिक्-काल भी विकृत हो सकता है। ब्रह्मांड इतना विशाल है कि जो अभी धरती पर घटा है उसे किसी और हिस्से में लाखों करोड़ों साल बाद देखा जाएगा क्योंकि रोशनी को वहां तक पहुंचने में ही उतना वक्त लग जाएगा। हमारा भूतकाल किसी का भविष्य हो सकता है। यहां तक कि सूर्य की रोशनी को भी धरती तक पहुंचने में 8 मिनट लगते हैं, तो आप जिस सूरज को अभी देख रहे हैं वो 8 मिनट पहले का है। इसलिए भूत, भविष्य और वर्तमान के बीच सटीक अंतर करना बेहद मुश्किल है।

आइंस्टीन की यह खोज भौतिक शास्त्र की पारंपरिक सोच में क्रांति ले आई। समय और दिक् के आधार पर हर चीज को परिभाषित किया जाता था, पर जब वो खुद ही शुद्ध नहीं है तो सत्य ही की परिभाषा बदल जाती है। दूसरे शब्दों में यह कहा जा सकता है कि आइंस्टीन ने साफ कर दिया कि जिस जगत

को हम देखते हैं वो वैसा नहीं है। उन्होंने खुद कहा, "जहां तक गणित के नियमों की बात है तो वो पक्के नहीं है और वास्तविकता को तय नहीं कर सकते हैं"। मनुष्य जिसे अटल समझता है वो अटल नहीं है, जिसे हम अखंड मानते हैं वो क्षणभंगुर है। सत्य को जैसा हम सोचते या समझते हैं वो तो सिर्फ कल्पना है।

अगर आइंस्टीन की खोज ने वास्तविकता के पारंपरिक ख्यालों को अस्त-व्यस्त कर दिया, तो कण-भौतिकी या क्वांटम सिद्धांत ने तो उसे पूरी तरह बदल ही दिया। कण-भौतिकी वस्तु को उसके सबसे सूक्ष्म स्तर पर जानने और समझने का विज्ञान है। इस विषय पर पहले भी काम किया गया था, और वैज्ञानिक मानते थे कि किसी भी वस्तु का सबसे छोटा अंश परमाणु है जिसके मध्य में नाभिक होता है और उस नाभिक की परिक्रमा ऋणावेशित इलेक्ट्रॉन करते हैं।

पर बीसवीं सदी की शुरुआत से ही वैज्ञानिक परमाणु के रहस्यों को और गहराई से समझने की कोशिश करने लगे। उन्होंने पाया कि परमाणु के भीतर उप-परमाण्विक कणों का सागर है जिसमें प्रोटॉन और न्यूट्रॉन, क्वार्क और ग्लूओन, बोसोन, बेरीऑन और फोटॉन जैसे दो सौ से ज्यादा कण शामिल हैं। नई खोजों ने वैज्ञानिकों को अचंभित कर दिया। जुलाई 2017 में , स्विट्जरलैंड और फ्रांस की सीमा के नीचे स्थित 27 किलोमीटर लंबे लार्ज हैड्रोन कोलाइडर में वैज्ञानिकों को एक ऐसा बेरीऑन मिला जिसमें दो क्वार्क उसकी परिक्रमा कर रहे थे और तीसरा क्वार्क उस जोड़ी के इर्द-गिर्द घूम रहा था।

उप-परमाण्विक कणों की दुनिया, वाकई, हैरान कर देने वाली है। 1924 में फ्रांसीसी वैज्ञानिक, लुई डी ब्रोगली (1987-1892) ने साबित कर दिया कि द्रव्य और ऊर्जा के व्यवहार में कोई भिन्नता नहीं है क्योंकि दोनों ही, ऐसा दिखा सकते हैं कि वो या तो कणों से बने हैं या तरंगों से। उसी साल, जर्मनी के सैद्धांतिक भौतिकशास्त्री, वर्नर हाइजेनबर्ग (1976-1901) ने अपने 'अनिश्चितता सिद्धांत' से दर्शाया कि एक ही वक्त पर उप-परमाण्विक कणों की स्थिति और गति को मापना असंभव है। उन्होंने साबित किया कि जितनी सटीकता से आप एक निर्देशांक, जैसे कण की स्थिति को नापेंगे, उतना ही दूसरे निर्देशांक, जैसे कण

के वेग, को सही तरीके से नापने की क्षमता कम हो जाती है।

इसी को आगे बढ़ाया, डेनमार्क के नील्स बोर (1962-1885) ने। बोर, जिन्हें 1922 में भौतिकशास्त्र के नोबेल पुरस्कार से सम्मानित किया गया था, कण-भौतिकी के कोपनहैगेन स्पष्टीकरण के प्रेरक थे। उनके मुताबिक उप-परमाण्विक कण का कोई पूर्ण गुण नहीं होता है, और जिस लक्षण को मापा जाए वो वही बन जाता है, और इसी वजह से कण का अस्तित्व तब तक नहीं तय किया जा सकता जब तक उसकी पैमाइश ना हो। कई सालों बाद 1984 में, स्ट्रिंग थ्योरी में कहा गया कि कण का अस्तित्व होता ही नहीं है, सिर्फ लहरें होती हैं जिनका इकलौता आयाम लंबाई है और उनके अस्तित्व को सिर्फ महसूस किया जा सकता है कुछ उसी तरह जैसे मांझे (पतंग की डोर) में कंपन का सिर्फ आभास होता है।

बोर और उनके बाद के कई और वैज्ञानिक दरअसल यह कह रहे हैं कि वस्तुगत सत्य का कोई अस्तित्व नहीं है। बोर का समाविष्टीकरण (सुपरपोजीशन) सिद्धांत कहता है हर पदार्थ, एक ही वक्त में, ठोस, तरल और गैस, तीनों अवस्था में होने की क्षमता रखता है। 'समांतर ब्रह्मांड' की अवधारणा कहती है कि अगर पदार्थ में किसी भी अवस्था में होने की क्षमता है तो फिर वो पदार्थ जिस अवस्था में है उसके ब्रह्मांड का प्रतिरूप उस तरह बदल जाता है। अर्थात, एक से अधिक ब्रह्मांड होने की संभावना है। हर वस्तु प्रसंभाव्यात्मक होता है, उसका स्वभाव निरंतर बदलता रहता है और यह असंभव है कि उसकी सिर्फ एक ही पहचान हो।

अनिश्चित्ता के इसी सिद्धांत को साबित करने के लिए 1935 में अर्विन श्रोडिन्गर ने अपने मित्र आइंस्टीन के सामने अपनी बिल्ली के साथ एक मशहूर प्रयोग किया। श्रोडिन्गर को 1933 में भौतिक शास्त्र के नोबेल पुरस्कार से सम्मानित किया गया था और इस प्रयोग के लिए उन्होंने अपनी बिल्ली को एक डिब्बे में बंद कर दिया। उनका कहना था कि बिल्ली जिंदा रहेगी या उसकी मृत्यु हो जाएगी, यह सिर्फ उसके उप-परमाण्विक कणों की अवस्था से तय हो सकता है और जब तक डिब्बे को खोला ना जाए तब तक, सैद्धांतिक तौर से, बिल्ली जिंदा भी है और मुर्दा भी। ऐसा इसलिए है क्योंकि हाइजेनबर्ग के अनिश्चित्ता सिद्धांत के अनुसार किसी भी तरंग की अवस्था तभी बताई जा सकती है जब

उसकी पैमाइश हो। इसीलिए, जैसा कि शंकर ने कहा था किसी भी वक्त जो हमें वास्तविक लगता है उसमें सत् और असत् दोनों शामिल होता है।

इस तरह की खोज ने एक ऐसे जगत पर रोशनी डाली है जो हमारी समझ से बहुत ज्यादा जटिल है। तंत्रिका विज्ञानी मानते हैं कि मनुष्य की समझने की क्षमता सिर्फ उतनी ही है जितना मस्तिष्क बूझ पाता है।

> हम किसी भी चीज को संपूर्ण तरीके से समझने में असमर्थ हैं। सत्य के प्रत्यक्ष, वस्तुगत अनुभव जैसी कोई चीज नहीं है। सारे ख्याल, भावनाएं, आशंकाएं, यादें, परिज्ञान, इच्छाएं और ईश्वरोक्तियों को हमारे दिमाग ने, टुकड़ों-टुकड़ों में इकट्ठा हुई जानकारी को जोड़ कर बनाया है। हमारे मस्तिष्क तक ये सभी जानकारी हमारी इंद्रियों और तंत्रिकाओं के जाल से पहुंचती हैं।[8]

हमारे दिमाग में एक ऐसा यंत्र है जो भौतिक संसार की हर वस्तु को एक परिचित परिभाषा दे देता है। पर हमारे समझने की शक्ति इतनी सीमित है कि हम जानी-पहचानी चीजों की भी असलियत को सही तरह से समझ नहीं पाते। हम यह समझ नहीं पाते हैं कि जिसे हम मेज कहते हैं वो तो सिर्फ उप-परमाण्विक कणों से प्रतिबिंबित प्रकाश है। इसलिए, वास्तविकता हमारी सोच और समझ से बहुत अलग है।

> दूर से हमारे आस-पास की चीजें निर्जीव और निष्क्रिय लगती हैं। पर अगर हम माइक्रोस्कोप के नीचे इसी निर्जीव पत्थर का परीक्षण करें तो हम देखते हैं कि वो गतिविधियों से भरा है। हम जितना करीब से उसे देखेंगे, हमें वो टुकड़ा और 'जीवंत' नजर आएगा। हमारे वातावरण में सभी भौतिक वस्तुएं परमाणुओं से बनी होती हैं जो एक दूसरे के साथ जुड़ कर विभिन्न प्रकार की आणविक संरचनाएं बनाते हैं। यह संरचनाएं कठोर और स्थिर नहीं होतीं और अपने तापीय वातावरण के अनुरूप निरंतर थरथराती रहती हैं।[9]

---

8 एंड्रयू न्यूबर्ग, यूजीन डी'एक्विलि एंड विंस रॉस, व्हाई गॉड वोंट गो अवे, बैलेंटाइन बुक्स, 2002, पृष्ठ 36

9 फ्रिट्जॉफ कापरा, द ताओ ऑफ फिजिक्स, फ्लेमिंगो, लंदन, 1976, पृष्ठ 215

हमारी इंद्रियां इस वास्तविकता को महसूस नहीं कर पातीं और इसलिए ना हम इसे देख पाते हैं और ना ही समझते हैं।

आइंस्टीन ने खुद माना कि भौतिक संसार की सभी चीजें हमारी कल्पना से बनी हैं और वास्तविकता से इनका कोई संबंध नहीं है, हालांकि हमें ऐसा लग सकता है।[10] सही मायने में आइंस्टीन की खोज—द्रव्य केवल ऊर्जा का रूप है—द्रव्य का मौलिक अर्थ ही बदल देती है। हमारे चारों तरफ जो दुनिया है वो किसी भौतिक स्वरूप में बंधी नहीं है। वह तो सिर्फ बहती हुई ऊर्जा है।

आधुनिक विज्ञान इसकी पुष्टि तो करता है पर इसको परिभाषित करने में असमर्थ है। कण-भौतिकी के जगत में तो एक ही वक्त में एक ही कण दो अलग-अलग जगहों पर हो सकता है। दिक् और काल में कोई अंतर भी नहीं है। जैसा कि हॉकिंग कहते हैं, "समय पूरी तरह काल्पनिक है और दिक् के दिशा निर्देशों से अलग नहीं है।"

हाल ही में, दो वैज्ञानिकों ने 'रेट्रोकॉजालिटी' की बात की है जो यह कहता है कि भविष्य, भूतकाल को प्रभावित करने की क्षमता रखता है और कार्य, कारण को बदल सकता है! यह बात कहने वाले वैज्ञानिक हैं, मैथ्यू एस लेफेर, जो कैलिफोर्निया के चैपमैन यूनिवर्सिटी में कार्यरत हैं और उनके साथी, मैथ्यू एफ प्यूसी, ओंटारियो के पेरिमीटर इंस्टीट्यूट ऑफ थ्योरेटिकल साइंसेस में काम करते हैं। इन वैज्ञानिकों ने अपने प्रयोग में पाया कि जब वो कण के किसी एक गुण की पैमाइश करते हैं, तो कण का स्वभाव उसी प्रकार बदल जाता है, पर यह बदलाव उस वक्त हुआ जब उन्होंने इसके बारे में सोचा भी नहीं था। समय समरूपता सिद्धांत कहता है कि भौतिक नियमों का पालन करते हुए भी प्रक्रियाएं समय में आगे और पीछे जा सकती हैं और ऐसी खोज इस सिद्धांत को और आगे बढ़ाती हैं। इसके मद्देनजर, लेफेर कहते हैं कि सिर्फ एक ही विकल्प बचता है कि हम यथार्थवाद को पूरी तरह त्याग दें या फिर यथार्थ के पारंपरिक ढांचे को तोड़ दें।[11] दिलचस्प रूप से, समय भौतिकी के क्षेत्र में काम करने वाले कैंब्रिज यूनिवर्सिटी के दर्शनशास्त्र के प्रोफेसर, ह्यू प्राइस 'रेट्रोकॉजालिटी' की अवधारणा का समर्थन करते हैं। अगर भौतिक वस्तुएं असलियत में कांपती

10 एंड्रयू न्यूबर्ग में उद्धरित, पृष्ठ 170

11 पूरी रिपोर्ट के लिए देखें बिगथिंक डॉट कॉम

हुई तरंगें हैं और भूत—भविष्य में अंतर करना असंभव है तो ऐसा हो सकता है, जैसा मशहूर वैज्ञानिक स्टीफन हॉकिंग कहते हैं, *'हम जिसे काल्पनिक समय समझते हैं वो दरअसल वास्तविक समय है और जिसे हम असली वक्त मानते हैं वो शायद सिर्फ हमारे दिमाग की उपज है, और हमने यथार्थ का आविष्कार इसलिए किया ताकि हम ब्रह्मांड की व्याख्या कर पाएं।*[12]

स्टीफन हॉकिंग की बातें सुन कर ऐसा लगता है कि वो शंकराचार्य के शिष्य हैं। पर सिर्फ हॉकिंग ही नहीं, कई और वैज्ञानिक भी दुनिया के असुलझे और अचंभित कर देनेवाले विरोधाभासों के मद्देनजर ऐसा ही मानते हैं। कण-भौतिकी कहती है कि रिक्त स्थान जैसी कोई चीज नहीं है। हर जगह कण और प्रतिकण हैं। निर्वात में भी चुंबक में गुरुत्वाकर्षण बल होता है। लेकिन कल्पना से भी बड़े ब्रह्मांड की कुल ऊर्जा शून्य है। जैसा हॉकिंग समझाते हैं:

> ब्रह्मांड में पदार्थ सकारात्मक ऊर्जा से बना है। पर गुरुत्वाकर्षण की वजह से हर पदार्थ अपनी ओर ही आकर्षित होता है। पदार्थ के दो खंडों की बात करें तो, जो खंड नजदीक हैं उनकी ऊर्जा उन टुकड़ों की तुलना में कम होती है जिनके बीच में दूरी है, क्योंकि गुरुत्वाकर्षण के खिलाफ दोनों खंडों को अलग करने के लिए काफी ऊर्जा लगती है। एक तरह से देखा जाए तो गुरुत्वाकर्षण में नकारात्मक ऊर्जा होती है। अगर ब्रह्मांड हर दिशा में समान रूप से फैला है, तो यह साबित किया जा सकता है कि पदार्थ की सकारात्मक ऊर्जा को गुरुत्वाकर्षण की ऋणात्मक ऊर्जा रद्द कर देती है। इसलिए ब्रह्मांड की कुल ऊर्जा शून्य है।[13]

लेकिन गजब की बात यह है कि भले ही ब्रह्मांड की कुल ऊर्जा शून्य हो, पर, जैसा मणि भौमिक कहते हैं, 'अतंरिक्षीय निर्वात की ऊर्जा, सभी सितारों की कुल ऊर्जा से ज्यादा है।'[14] इससे भी दिलचस्प बात यह है कि इस निर्वात से कण अकस्मात उभरते हैं और फिर गायब भी हो जाते हैं, बगैर आकर्षित करने वाले किसी कण की उपस्थिति के। इससे पदार्थ और निर्वात के बीच की रेखा भी मिट

---

12 स्टीफन हॉकिंग, ए ब्रीफ हिस्ट्री ऑफ टाइम, पूर्वोक्त, पृष्ठ 155

13 पूर्वोक्त, पृष्ठ 143

14 मणि भौमिक, कोड नेम गॉड, पूर्वोक्त, पृष्ठ 11

जाती है। ब्रह्मांड का 96 प्रतिशत, श्याम पदार्थ और श्याम ऊर्जा है जिसके बारे में बहुत कम जानकारी है और अगर 'होलोग्राफ सिद्धांत' सही साबित हो, तब हमारी चार आयामी दुनिया से भी कई गुणा बड़े पांच आयाम का दिक्-काल हो सकता है।'[15]

रहस्यों और अनिश्चित्ताओं से सराबोर कण-भौतिकी की दुनिया को बेहतर समझने के लिए जॉर्ज च्यू जैसे वैज्ञानिकों द्वारा प्रतिपादित 'बूटस्ट्रैप विचारधारा' द्रव्य के मौलिक विचार को ही मानने से इनकार करती है और उससे जुड़े हर मौलिक स्थिरांक, कानून और समीकरणों को भी नहीं मानती है। यह विचारधारा कहती है कि भौतिक संसार घटनाओं का ताना-बाना है। पर इसका आधार कोई एक हिस्सा नहीं है और हर कण के सामंजस्य से ही इसका ढांचा तय होता है'।[16]

अनुभवजन्य जगत को लेकर शंकर के विचारों की पुष्टि सापेक्षता सिद्धांत और कण-भौतिकी भी कर रही है। शंकर मानते थे कि हमारे इर्द-गिर्द जो दुनिया है शायद वो वाकई मौजूद है पर वैसी नहीं है जैसी हमें दिखती है। संसार को लेकर अपने विचारों को शंकर ने गणित के सिद्धांतों के आधार पर नहीं बनाया, उन्होंने दार्शनिक के नजरिए से दुनिया को परखा और समझा कि संपूर्ण सत्य के दो रूप नहीं हो सकते हैं, और अगर ऐसा प्रतीत हो तो उसमें एक अवश्य ही असत्य है। कण-भौतिकी वास्तविकता के परंपरागत विचारों को ध्वस्त कर देती है और साथ ही साथ यह भी साबित करती है कि सभी घटनाएं और वस्तु, निरंतर प्रवाह में हैं, उनका अस्तित्व सिर्फ क्षण भर का होता है और क्षणिक विन्यास की श्रृंखला सदा चलती रहती है।

हालांकि, शंकर के विचारों को समझने में आधुनिक वैज्ञानिकों को अभी भी दिक्कत होती है क्योंकि वो ये बात समझ नहीं पाते कि 'प्रकृति को लेकर

---

15 स्टीफन हॉकिंग एंड लियोनार्ड म्लोदिनोव, द ग्रैंड डिजाइन, बैंटम बुक्स, यूके, 2010, पृष्ठ 59-60

16 फ्रिट्जॉफ कापरा, पृष्ठ 365

उनके सिद्धांत और कानून सिर्फ इंसानी दिमाग की उपज हैं। वो सिर्फ मनुष्य के दिमाग में बने वास्तविकता के मानचित्र का अंश है, वास्तविकता नहीं।'[17] मशहूर वैज्ञानिक रिचर्ड फेनमैन ने कहा है कि कण-भौतिकी प्रकृति की विसंगतियों को उसी रूप में समझने की कोशिश करता है जैसा वो है। आइंस्टीन को खुद, आधुनिक विज्ञान की दुनिया, को मानने में काफी वक्त लगा और उन्होंने एक बार उल्लेखनीय रूप से टिप्पणी भी की थी कि 'ईश्वर पासा नहीं खेलते'। पर आखिरकार, उनके पास वैज्ञानिकों की खोज को मानने के अलावा और कोई विकल्प नहीं था।

कण-भौतिकी के क्वार्क और क्वांटम पैकेट की दुनिया की खोज से कई सदियों पहले शंकर ने कहा था कि जो क्षणिक है वो वास्तविक नहीं हो सकता और जो अनंत है वो क्षणिक नहीं हो सकता पर यह सहज निष्कर्ष भी, आइंस्टीन के लिए, किसी सदमे से कम नहीं था। इस महान वैज्ञानिक ने अपनी जीवनी में लिखा है, 'लगा कि पैरों के नीचे से जमीन खिसक गई है और ऐसा कोई ठोस आधार भी नहीं दिख रहा था जहां फिर से धाराओं के निर्माण की शुरुआत की जाए।'

हालांकि, कुछ ऐसे भी प्रमुख पश्चिमी दार्शनिक थे जिनका दृष्टिकोण शंकर के अद्वैत के समान था। डेविड ह्यूम (1776-1711) मानते थे कि वास्तविकता में विश्वास करने के लिए कोई तर्कसंगत आधार नहीं है। विजयवाड़ा बौद्ध विद्वानों की तर्ज पर, जॉर्ज बर्कली (1753-1685) ने कहा कि मन और उसके विचारों के अलावा और कुछ भी नहीं है। लेकिन मजे की बात यह है कि कई कण-भौतिकविदों ने अपने ही अनुसंधानों के निष्कर्ष को समझने के लिए इन पश्चिमी दार्शनिकों का सहारा लिया पर वो, एक सहस्राब्दी पहले लिखे, उपनिषद पर आधारित और दर्शनशास्त्र की कठोर संरचना में व्यवस्थित, शंकराचार्य के विचारों से अवगत नहीं थे!

जब आधुनिक भौतिकीविद विशाल ब्रह्मांड और सूक्ष्म उप-परमाण्विक दुनिया को समझने की कोशिश कर रहे थे, उससे सैकड़ों साल पहले, शंकर ने प्रकृति के भीतर झांका था। प्रकृति के रहस्यों को जानने के लिए शंकर का शोध, गणितीय समीकरण, दूरबीन और सूक्ष्मदर्शी उपकरणों द्वारा किए गए अनुसंधान

17 पूर्वोक्त, पृष्ठ 317

से किसी भी मायने में कम नहीं था। उन्होंने पाया कि बाहरी जगत, जैसा कि वो हमें दिखता है, सिर्फ माया है। एक स्तर पर, हमारी सीमित शक्ति जिस दुनिया का आभास करती है वो मौजूद है (सत्य) पर दूसरे स्तर पर भ्रामक है (असत्य)। हमें जो दिखता है, हम उसी को मान लेते हैं। इसलिए माया के मुखौटों से छिपी असली प्रकृति को हम कभी देख ही नहीं पाते। माया, सत्य को ढकती है (आवरण) और उसे विकृत कर देती है (विक्षेप)। मनुष्य के सीमित ज्ञान के कारण ही असत्य और क्षणिक सत्य और अनंत प्रतीत होते हैं। नाम और रूप का ब्रह्मांड हमें संपूर्ण लगता है। माया के भ्रम जाल के कारण हम सत्य और असत्य के अंतर को समझ नहीं पाते हैं (नित्य-अनित्य विवेक)। अभिज्ञता की यह भूल, अविद्या, वास्तविकता के असल रूप को ढक देती है, और इसे सुधारने के लिए या तो सही अंतर्दृष्टि या फिर, जैसा कि हमने जाना, सूक्ष्मदर्शी उपकरण की दरकार है।

दिलचस्प बात यह है कि डेविड बोह्म जैसे नामचीन वैज्ञानिक (जिनके विचारों को हम विस्तार में समझेंगे) भी माया की अवधारणा को मानते हैं। वो कहते हैं कि प्राचीन यूनानी सभ्यता से प्रेरित,

> पश्चिमी संस्कृति में माप और मापन की बहुत अहमियत है। यह माना जाता है कि पैमाइश वास्तविकता का सार है। लेकिन, पूर्वी सभ्यता में ऐसा नहीं है। यहां माप को छल और कपट से जोड़ा जाता है। इस लिहाज से, क्रम और आकार, अनुपात और समानुपात को एक मुखौटे की तरह देखा जाता है जो उस सत्य को छुपाता है जिसे हम देखने और समझने में असमर्थ हैं।[18]

यूनानी भाषा का 'मेट्रॉन', जिसका मतलब होता है मापना, और माया का मूल एक ही शब्द है और बोह्म कहते हैं कि यह बहुत महत्वपूर्ण है। अपरिमेय से जब तुलना की जाए तो माप सिर्फ एक मिथ्या ही है। शंकराचार्य कहते हैं कि सत्य को मापा नहीं जा सकता, इसलिए जिस वास्तविकता या वस्तु की पैमाइश की जा सकती है वो निश्चित रूप से मिथ्या ही है।

डाना जोहार, जिन्होंने एमआईटी से भौतिकी और दर्शनशास्त्र की पढ़ाई

---

18 डेविड बोह्म, होलनेस एंड दि इम्पलिकेट ऑर्डर, रूटलेज क्लासिक्स, 1980, पृष्ठ 31

की और हार्वर्ड यूनिवर्सिटी से दर्शनशास्त्र और धर्म में तीन साल की स्नातकोत्तर डिग्री प्राप्त की, कहती हैं कि:

> वास्तविकता की अनिश्चितता को लेकर उठाए गए सवाल ही कण-भौतिकी का आधार हैं। नील्स बोर और हाइजनबर्ग का तर्क था कि यथार्थ को तय पैमानों से नापा नहीं जा सकता। इलेक्ट्रॉन कभी कण हो सकता है तो कभी तरंग, कभी वो इस पथ में होता है तो अगले ही क्षण में किसी दूसरे पथ पर। कभी भी, कुछ भी हो सकता है। हम सिर्फ उतना ही पूर्वानुमान कर सकते हैं जितना प्रयोग की बाधाएं और सीमाएं हमें करने देती हैं। जब हमारे इर्द-गिर्द इतनी अनिश्चित्ताएं हैं, तो हमारे मस्तिष्क में भी कण-भौतिकी का मूल सवाल उठता है—इस जगत में कुछ भी कैसे पूर्ण सत्य या स्थिर हो सकता है? यह न्यूटन के यांत्रिक ब्रह्मांड के बिलकुल विपरीत है, जिसमें नए के लिए कोई गुंजाइश नहीं है। बोर-हाइजेनबर्ग द्वारा दिए गए स्पष्टीकरण से सिर्फ एक ही सवाल उठता है—कैसे कुछ भी कभी हो सकता है?'[19]

शंकर ने भी बिलकुल यही सवाल उठाया था। उन्होंने कहा कि ब्रह्म को अलग-अलग टुकड़ों में बांटा नहीं जा सकता। वो सर्वव्यापी है, सब में हैं पर किसी भी वस्तु में सीमित नहीं है। अगर ब्रह्म ऐसा है, तो उसकी बनाई गई दुनिया में भी उसकी छाप जरूर होगी। ब्रह्मांड, अविश्वसनीय रूप से विशाल हो सकता है और उप-परमाण्विक जगत के रहस्य मनुष्य की समझ के परे हो सकते हैं, पर जो भी है, सब ब्रह्म से ही है और उसके द्वारा बनाए गए इस जगत में हर वस्तु और हर प्राणी एक-दूसरे से जुड़ा हुआ है। आज का विज्ञान भी इस ताने-बाने को मानता है। 'आधुनिक भौतिकी में, मशीननुमा ब्रह्मांड की जगह ली है एक ऐसे ब्रह्मांड ने जहां हर कण एक दूसरे से जुड़ा है।[20] डेविड बोह्म इसे समझाते हुए कहते हैं –

---

19 डाना जोहार, द *क्वांटम सेल्फ: ह्यूमन नेचर एंड कॉन्शसनेस डिफाइंड बाई दि न्यू फिजिक्स*, विलियम मैरो, यूएसए, 1990, पृष्ठ 27-28

20 पूर्वोक्त, पृष्ठ 363

> शास्त्रीय भौतिकी में जगत अलग-अलग स्वतंत्र हिस्सों से बना है, पर नई सोच ने इसे पूरी तरह खारिज कर दिया है। हमारा मानना है कि संपूर्ण ब्रह्मांड के विभिन्न तत्व और कणों में जो संबंध है वही मूल वास्तविकता है और सापेक्षिक रूप से स्वतंत्र व्यवहार करने वाले अंश इस संपूर्ण के ही विशेष रूप हैं।[21]

1935 में आइंस्टीन-पडोलस्की-रोजेन (ईपीआर) प्रयोग ने ब्रह्मांड के इसी परस्पर संबंध को साबित किया और जॉन बेल का सिद्धांत भी इसी प्रयोग के परिणामों से ही निकला। ईपीआर प्रयोग दो घूमते हुए इलेक्ट्रॉन पर किया गया था। कण-भौतिकी कहती है कि इलेक्ट्रॉन की परिक्रमा की मात्रा हमेशा तय रहती है पर उसकी दिशा कभी भी बदल सकती है। दो इलेक्ट्रॉन्स की परिक्रमा की दिशा हमेशा उलटी होती है, पर इसकी पुष्टि तभी की जा सकती है जब इसे मापा जाए और तब तक इलेक्ट्रॉन्स के अस्तित्व के बारे में हम सिर्फ अनुमान ही लगा सकते हैं।

इस प्रयोग का सार यह है कि अगर दोनों इलेक्ट्रॉन्स को अलग किया जाए, और मान लीजिए कि एक नई दिल्ली में है और दूसरा सिएटल में या फिर चांद पर, और एक धुरी पर दोनों घूम रहे हैं, फिर भी दोनों के बीच परस्पर संबंध बना रहेगा। 'जिस वक्त हम पहले कण को मापते हैं, दूसरा कण, जो हजारों मील दूर है, वो पहले कण के ठीक विपरीत दिशा में घूमने लगता है। पर दूसरे कण को हमारी धुरी के बारे में कैसे पता चलता है? किसी भी पारंपरिक तरीके से उस तक यह जानकारी पहुंचने के लिए वक्त ही नहीं होता है'[22] क्योंकि जिस तेजी से दोनों इलेक्ट्रॉन्स के बीच संवाद होता है उतनी गति तो प्रकाश की भी नहीं होती।

जगत में अंतर्संबंधों की इस प्रकृति और शंकराचार्य के दृष्टिकोण में अद्भुत साम्य है। उनके मुताबिक ब्रह्म से ही ब्रह्मांड है, और ब्रह्म का विभाजन नहीं किया जा सकता, इसीलिए इस ब्रह्मांड का हर कण एक दूसरे से जुड़ा हुआ

---

21 डी. बोह्म एंड बी. हिली, 'ऑन दि इंट्यूटिव अंडरस्टैंडिंग ऑफ नॉनलोकेलिटी एज इम्पलाइड बाई क्वांटर थ्योरी,' फाउंडेशन ऑफ फिजिक्स, वॉल्यूम 5, 1975

22 फ्रिट्जोफ कापरा, पूर्वोक्त, पृष्ठ 345

है। हमें शायद यह लगता है कि हर इंसान स्वतंत्र है, पर 'जैसे दो लेजर तरंगों में अंतरिक्ष और काल का अंतर नहीं होता (लेजर तरंगें, अंतरिक्ष और काल, दोनों आयामों में एक समान रहती हैं), वैसे ही मनुष्यों में भी अंतरिक्ष और काल में फर्क नहीं है। हम भले ही अलग-अलग हों, पर हम सब एक बड़े अनंत का हिस्सा हैं जिससे हमें अस्तित्व मिलता है और हम सब से ही वो अनंत बना है।'[23]

जैसा पहले भी कहा गया है, ब्रह्म के रूप में, कारण अपरिवर्ती, अविभाज्य और सर्वव्यापी है। वो संपूर्ण या अंश की दुविधा से परे है और उसका चरित्र एक समान है (एकरस)। ब्रह्म से असंख्य विभिन्नताओं की सृष्टि होती है, पर ब्रह्म कभी नहीं बदलता (विवर्तवाद)। हमारे इर्द-गिर्द की विविधताएं ब्रह्म से अलग नहीं हैं (अन्य) बल्कि उसी की अभिव्यक्तियां हैं। यानी हम जो अनेकता देखते हैं, उसका आधार एकता है, जो ब्रह्म का ही प्रतिबिंब है। शंकराचार्य ने दक्षिणामूर्ति (शिव) स्तोत्र में उस ईश्वर की स्तुति की है जो जानता है कि यह जगत एक-दूसरे से संबंधित विविध हस्तियों से बना है, जिनमें कार्य और कर्ता, संपत्ति और स्वामी, गुरु और शिष्य एवं पिता और पुत्र जैसा संबंध है।

यह अभाज्यता अब साबित हो रही है, ना सिर्फ ब्रह्मांड के अंतर-संबंध द्वारा; बल्कि उप-परमाण्विक स्तर पर भी जैसा कि ईपीआर प्रयोग के जरिए साबित हुआ मीलों दूर होने के बावजूद, दो इलेक्ट्रॉन्स के बीच परस्पर संबंध रहता है। इस संबंध की कोई वैज्ञानिक व्याख्या करना संभव नहीं है, पर अध्यात्म के जरिए इसे समझा जा सकता है। ब्रह्मांड में कुछ तो है जो उसके विभिन्न हिस्सों को एकत्र करता है और जोड़े रखता है।

पर इन सब सिद्धांतों को अगर एक क्षण के लिए दरकिनार करें, तो यह सवाल उठता है कि ब्रह्म ने ब्रह्मांड का निर्माण क्यों किया? जो संपूर्ण है और जिसे किसी रूप की जरूरत नहीं है, उसने नाम-रूप के इस क्षणिक संसार का सृजन क्यों किया? और अगर नाम-रूप के इस जगत का अस्तित्व है तो ब्रह्म का उसके साथ क्या संबंध है?

मूल सवाल यह भी है कि लौकिक विविधता की जरूरत क्यों है? शंकराचार्य का स्पष्ट मत था कि ब्रह्म ही एकमात्र वास्तविकता है, लेकिन उन्होंने स्वीकार किया है कि उनके पास भी इस प्रश्न का उत्तर नहीं है। उन्होंने कहा कि, यह ब्रह्मांड

---

23 डाना जोहार, पूर्वोक्त, पृष्ठ 151

क्यों बना और ब्रह्म से उसका क्या संबंध है, यह अनिर्वचनीय है यानी उसकी व्याख्या नहीं की जा सकती है।

आधुनिक विज्ञान की धारणा भी कुछ वैसी ही है। सूक्ष्म और स्थूल स्तर पर, इस संसार के बारे में, हम जितनी जानकारी एकत्र करते हैं, उतने ही हम अचंभित होते हैं। इस ब्रह्मांड का निर्माण क्यों हुआ? इसकी आयु कितनी है? क्या इसके रचयिता की कोई परिभाषा है? सृष्टि और सृष्टिकर्ता का संबंध क्या है? कुछ सदी पहले वैज्ञानिक मानते थे कि उन्होंने ब्रह्मांड के रहस्यों को सुलझा दिया था। वैज्ञानिक मानते थे ब्रह्मांड के कार्यों को कारणों के जरिए समझा जा सकता था, पर आज जब हमें ब्रह्मांड के बारे कई गुणा अधिक ज्ञान है, वैज्ञानिकों की उस धारणा को ठेस लगी है। आज के वैज्ञानिक भी 'क्यों' और 'किसलिए' के सवालों से जूझ रहे हैं। इन सवालों का जवाब अभी तक नहीं मिला है और इसलिए यह संबंध, जैसा शंकराचार्य कहते हैं, यह अनिर्वचनीय है, अपरिभाष्य है।

वैज्ञानिकों ने इसे आसानी से स्वीकार नहीं किया। आइंस्टीन ने दिक्-काल के संबंध की खोज की, पर फिर भी वो मानते थे कि ब्रह्मांड के निर्माण की वजह को समझा जा सकता है। आइंस्टीन ने कहा था कि 'ब्रह्मांड की सबसे अविश्वसनीय बात यह है कि उसकी हर प्रक्रिया का विश्वसनीय वर्णन किया जा सकता है।'

आइंस्टीन के कुछ दशक बाद, स्टीफन हॉकिंग भी हार मानने को तैयार नहीं थे। उन्होंने कहा कि 'क्या ब्रह्मांड की सृष्टि सिर्फ भाग्य का खेल था?' अगर महाविस्फोट से ब्रह्मांड का निर्माण हुआ था, तब ऐसा लम्हा भी आएगा जब ब्रह्मांड का विनाश होगा। पर हॉकिंग भी मानते हैं कि अगर ब्रह्मांड के निर्माण और विनाश का एक ही सिद्धांत है तो भी,

> 'यह सिर्फ नियम और समीकरणों का संग्रह है। पर ऐसी कौन सी शक्ति है जो इन समीकरणों को सजीव ब्रह्मांड में तब्दील करती है? विज्ञान की पारंपरिक सोच, इस सवाल का जवाब नहीं दे सकती। क्या ब्रह्मांड ने खुद अपनी सृष्टि की या उसे किसी सृष्टिकर्ता की जरूरत पड़ी होगी? और सृष्टिकर्ता को किसने बनाया?'[24]

---

24 स्टीफन हॉकिंग, ए ब्रीफ हिस्ट्री ऑफ टाइम, पूर्वोक्त, पृष्ठ 192-193

ब्रह्म से ही सब कुछ उत्पन्न हुआ है पर ब्रह्म ने ऐसे विविध जगत, जहां सिर्फ धरती पर जानवरों की 15 लाख से अधिक प्रजातियां हैं और तकरीबन 5 लाख पौधों की प्रजातियां हैं, की रचना क्यों की? पर जैसा शंकराचार्य कहते हैं इस सवाल का कोई जवाब नहीं है—यह अनिर्वचनीय है। शंकर कहते हैं कि ब्रह्म अनंत है, तो फिर ब्रह्म का प्रतिरूप, ब्रह्मांड भी सृष्टि और विनाश के अनंत चक्र का भाग है। ब्रह्मांड को समझने के लिए जिस निश्चित सृष्टि और विनाश का सिद्धांत इस्तेमाल किया जाता है, उससे यह सवाल उठता है कि इस ब्रह्मांड के पहले क्या था और इसके बाद क्या होगा?

आज के वैज्ञानिक भी यही सवाल पूछ रहे हैं। कण-भौतिकी में जब अविश्वसनीय आविष्कार हो रहे थे, तब ब्रिटेन के भौतिकशास्त्री, सर बर्नार्ड लोवेल ने यह सवाल उठाया कि ब्रह्मांड के जन्म से पहले क्या था और अंत के बाद क्या होगा। उन्होंने माना, 'यह इंसानी सोच और समझ से परे है क्योंकि हम उस समय और स्थिति की बात कर रहे हैं जब इनका अस्तित्व ही नहीं था। मुझे ऐसा लग रहा है कि मैं गाड़ी चलाते-चलाते अचानक गहरे कोहरे में आ गया हूं और परिचित दुनिया अकस्मात गायब हो गई है।'[25] स्टीफन हॉकिंग भी जूझते नजर आते हैं। हॉकिंग कहते हैं कि गुरुत्वाकर्षण के क्वांटम सिद्धांत ने संभावनाओं की नई दुनिया की खोज की है। ऐसी दुनिया जहां दिक् और काल की कोई सीमाएं नहीं हैं और इसलिए सीमा पर इन दोनों के व्यवहार को समझने या समझाने की कोई जरूरत भी नहीं है। इस नए जगत में ऐसी कोई जगह नहीं है जहां विज्ञान के कानून टूट जाएं और हमें ईश्वर से नये कानूनों के लिए प्रार्थना करनी पड़े। हम कह सकते हैं कि "इस दुनिया का इकलौता नियम यही है कि यहां कोई सीमा नहीं है।" यह ब्रह्मांड आत्मनिर्भर है और बाहरी ताकतों से मुक्त है। यह न तो बनता है और न ही बिगड़ता है। यह जैसा है वैसा ही रहेगा।'[26]

एक तरह से देखा जाए तो विज्ञान अद्वैत के मौलिक सिद्धांत को ही साबित कर रहा है। ब्रह्म के अनंत चरित्र के अनुरूप, ब्रह्मांड भी सृष्टि और विनाश के अनंत चक्र का भाग है। तारों की मृत्यु होती है, और उन्हीं के अवशेषों से नए

25 ए.सी.बी. लॉवेल, *द इंडिविजुअल एंड द यूनिवर्स*, ओयूपी, लंदन, 1958, पृष्ठ 9

26 पूर्वोक्त, पृष्ठ 151

सितारों का जन्म होता है। डॉ. मणि भौमिक इसी को आसान शब्दों में समझाते हुए कहते हैं:

> 'जब सितारों का आणविक ईंधन खत्म होने लगता है, तब गुरुत्वाकर्षण की वजह से तारे सिकुड़ना शुरू करते हैं—अपने ऊपर गिरते हुए वो उस प्रक्रिया को दोहराते हैं जो उनके जन्म के समय हुई थी... हमारे सूर्य की डील-डौल वाला तारा पहले लाल दानव का रूप धारण करता है, फिर अपनी बाहरी परतों को, ग्रहों के नेब्युला के रूप में ब्रह्मांड को वापस दे देता है, जहां से नए तारों और फिर सौरमंडलों का जन्म होगा।[27]

सूर्य से भी विशाल तारा, एक सुपरनोवा, अपने अंतिम चरण में महानोवा बन जाता और फिर विस्फोट के साथ हमेशा के लिए लुप्त हो जाता है। पर इस विस्फोट से निकली ऊर्जा, हमारे सूर्य की उस ऊर्जा से कई गुना ज्यादा होती है, जो इसके पूरे जीवन में निकलेगी। पर इस विस्फोट में भी सृजन के बीज छिपे होते हैं। अंतरिक्ष के व्योम में फैले तत्व, दूसरे मृत तारों के अवशेषों के साथ, ईगल नेब्युला जैसे गैस के विशाल बादल में तब्दील हो जाते हैं। इन बादलों से ही नए सौरमंडल और जीवन की उत्पत्ति होती है।'[28]

इसलिए डॉ. भौमिक कहते हैं कि हमारा अस्तित्व भी अरबों साल पहले किसी सितारे के विस्फोट की वजह से है और हम सब में उसी तारे के कण आज भी मौजूद हैं!

ब्लैक होल या श्याम विवर, अंतरिक्ष का वो हिस्सा है जहां गुरुत्वीय क्षेत्र इतना प्रबल होता है कि विज्ञान के सभी नियम-कानून लागू होना बंद हो जाते हैं और जहां समय खुद थम जाता है, वह भी सृष्टि और विनाश के चक्र में बंधा हुआ है। कभी ना कभी श्याम विवर के द्रव्यमान में भी कमी आएगी और जब उसका आकार बहुत कम हो जाएगा, तब हॉकिंग के अनुसार वह भी, 'एक विशाल विस्फोट के साथ हमेशा के लिए लुप्त हो जाएगा, जिसकी ताकत लाखों हाइड्रोजन बमों के विस्फोट के बराबर होगी।'[29] पर उस विस्फोट से ही नई आकाशगंगा का सृजन होगा।

---

27 डॉ. मणि भौमिक, द कॉस्मिक डिटेक्टिव, पूर्वोक्त, पृष्ठ 22-23

28 पूर्वोक्त, पृष्ठ 25

29 स्टीफन हॉकिंग, पूर्वोक्त, पृष्ठ 118

वैज्ञानिक तौर पर प्रमाणित सृष्टि और विनाश का यह अनंत चक्र, शंकराचार्य के दार्शनिक विचारों की पुष्टि करता है। शंकर के अनुसार, ब्रह्म का ना आरंभ है, ना अंत और इसलिए ब्रह्म का ब्रह्मांड भी अनादि और अनंत है। डेविड बोह्म, जिनके 'इंप्लिकेट ऑर्डर' के सिद्धांत के बारे में हम बाद में चर्चा करेंगे, कहते हैं:

> हमें 'महाविस्फोट' को 'छोटे तरंग' के तौर पर देखना और समझना चाहिए। एक दिलचस्प तस्वीर सामने आती है जब महासागर का उदाहरण लेते हैं। महासागर के मध्य में कभी-कभी कई सारी छोटी लहरें एक ही वक्त पर एक ही जगह पर एकत्र हो जाती हैं, और उससे एक विशाल लहर पैदा होती है। शायद खगोलिक सागर में भी कुछ ऐसा ही हुआ हो और एक विशाल स्पंद बना हो जिससे हमारे ब्रह्मांड का जन्म हुआ। यह स्पंद फिर छोटी लहरों में टूट कर फैलने लगेगा और इसी से 'विस्तारशील ब्रह्मांड' बना होगा।[30]

उप-परमाण्विक जगत में भी कुछ ऐसा ही देखने को मिलता है जहां कण भी जन्म-मृत्यु के निरंतर चक्र में चलते हैं। अब तक प्रोटॉन, न्यूट्रॉन और इलेक्ट्रॉन के अलावा दो सौ से ज्यादा कणों की पहचान की जा चुकी है। इनका अस्तित्व एक सेकंड के एक लाखवें हिस्से से भी कम के लिए होता है। जैसा पहले भी हम कह चुके हैं, इनमें से कई कणों का अस्तित्व पारंपरिक तौर पर नहीं होता है, वो हस्ती केवल आभासी होती है जो व्योम से सिर्फ पल भर के लिए उभरते हैं। प्रोटॉन, इलेक्ट्रॉन और फोटॉन (विद्युत-चुंबकीय विकिरण की इकाई) दूसरे कणों की तुलना में काफी स्थिर हैं पर फिर भी टकराव से नष्ट हो जाते हैं। बाकी कण एक पल के लिए अस्तित्व में आते हैं और तुरंत नष्ट भी हो जाते हैं और यह चक्र निरंतर चलता रहता है।

ब्रह्म, जो समय की सीमाओं के अधीन नहीं हैं, वो साक्षी हैं सृष्टि, स्थिति और प्रलय के अनंत चक्र के। हिंदू मान्यता में—निर्माण, पोषण और विनाश का यह चक्र अनंत है। सृष्टि जन्म देती है, स्थिति परवरिश करती है और प्रलय उसे नष्ट कर देता है और उसके बाद यह चक्र फिर शुरु हो जाता है। अनंत समय

---

30 डेविड बोह्म, होलनेस एंड दि इम्प्लिकेट ऑर्डर, रूटलेज क्लासिक्स, 1980, पृष्ठ 244

चक्र का सिद्धांत आइंस्टीन के सापेक्षता के सिद्धांत, जिसे हाल के समय की सबसे महत्वपूर्ण वैज्ञानिक खोज कहा जा सकता है, से बिलकुल मेल खाता है।

आइंस्टीन ने द्रव्यमान और ऊर्जा को समान साबित किया। इसका अर्थ यह है कि ब्रह्मांड में जितना द्रव्यमान है, चाहे वो सबसे विशाल आकाशगंगा हो या फिर सबसे सूक्ष्म कण, वो सिर्फ ऊर्जा का ही रूप है और जब इस द्रव्यमान का अस्तित्व खत्म हो जाएगा, तब इससे निकली ऊर्जा फिर अपनी मूल अवस्था में लौट जाएगी या फिर एक नया रूप धारण कर लेगी। 'उप-परमाण्विक जगत में स्थायी विनाश नहीं होता, जो निर्वात है वो सदैव रहता है।'[31]

मार्च 2013 में, यूरोपियन ऑर्गनाइजेशन फॉर न्यूक्लियर रिसर्च, जिसे उसके फ्रांसीसी संक्षिप्त नाम सर्न के तौर पर बेहतर जाना जाता है, के वैज्ञानिकों ने, उनके द्वारा बनाए गए लार्ज हैड्रोन कोलाइडर में, हिग्स-बोसोन कण (जिसे मूल-कण या गॉड पार्टिकल भी कहा जाता है) की खोज की। इसने दर्शाया कि ऊर्जा को ना ही बनाया जा सकता है और ना ही उसे नष्ट किया जाना संभव है, वह सिर्फ द्रव्यमान में बदल जाता है।

अगर हम शंकराचार्य के विचारों को मानते हैं, जिसमें ब्रह्म स्थायी एवं स्थिर है और ब्रह्मांड में बहने वाली इकलौती ऊर्जा है, तो यह समझना बेहद आसान है कि क्यों द्रव्यमान और ऊर्जा एक ही है। दूसरे शब्दों में कहें तो नाम-रूप जगत, ब्रह्म से ही आता है और उसी में समा जाता है। दूसरे शब्दों में, कभी ऐसे किसी तत्व का अस्तित्व ही नहीं रहा है जिसका पहले किसी और रूप में अस्तित्व ना रहा हो। इसलिए सृष्टि और विनाश का चक्र निरंतर चलता रहता है, ब्रह्म ही इसका कारण है (स्वभाव), या अपरिवर्तनशील शाश्वत (सामान्य) और इससे ही सभी चीजों का निर्माण होता है—अवस्था या विशेष।

वैज्ञानिक अपने निष्कर्षों को ज्यादातर नीरस रूप में और सीधे तौर पर पेश करते हैं। पर दार्शनिक, और उनके द्वारा गढ़ी गई छवियां, काव्यात्मक और भावनात्मक होती हैं। अगर ब्रह्मांड के अस्तित्व, इसकी आवश्यकता और इसकी विशेष अवस्था से जुड़े प्रश्नों का कोई सरल जवाब नहीं है, जिसे शंकराचार्य ने अनिर्वचनीय और अपरिभाषित कहा है और विज्ञान आज इसे स्वीकार करता

31 डाना जोहार, उपरोक्त, पृष्ठ 142

है, तो माना जा सकता है कि तो हिंदू दर्शन में इस खोज को एक भव्य कल्पना के साथ स्थापित किया गया है।

सष्टि और सृष्टिकार के अपरिभाष्य संबंध को हिंदू दर्शन में 'लीला' का नाम दिया गया है। लीला ब्रह्म या ईश्वर की पूर्णता का आनंदमय प्रवाह है। ब्रह्म को समझने के लिए मानवनुमा देव का रूप ही ईश्वर है। ब्रह्मांड, ईश्वर की रचना है, उनके परोपकार की अभिव्यक्ति है। ब्रह्मांड की जरूरत या उद्देश्य को समझाना संभव नहीं है, पर उसका अस्तित्व हमेशा ईश्वर की इच्छा, और उसके असीमित उत्साह और उद्देश्य रहित उत्सव के चिह्न के तौर पर रहता है। ईश्वर ने जगत की रचना उसके अपने मनोरंजन के लिए की है और वो अपनी ही सृष्टि का आनंद ले रहे हैं। लीला, लौकिक चित्रफलक पर माया के मनमोहक प्रकाश की परछाईं है।

ईश्वर के पास ब्रह्मांड को बनाने का कोई 'प्रयोजन' नहीं था। ना ही इस सृष्टि से उनमें कोई त्रुटि आई। वो आत्मनिर्भर है इसलिए रचना के लिए उसे किसी कारण की जरूरत नहीं थी। ब्रह्म सूत्र पर अपने भाष्य में शंकराचार्य लिखते हैं, 'लीला ईश्वर का स्वभाव है पर इसका कोई उद्देश्य नहीं है।' शंकराचार्य ने दक्षिणामूर्ति के श्लोक में इसे और भावप्रवण ढंग से कहा हैः

> नतमस्तक हो उसके समक्ष, जो केवल अपनी इच्छाशक्ति से, एक शक्तिशाली योगी के रूप में इस अनंत ब्रह्मांड को प्रदर्शित करता है, अनाम और निराकार, बीज में अंकुर के समान, और सृष्टि के बाद, माया के बुने काल और दिक् से गुजरने के बाद, विभिन्न रूपों और आकृतियों को धारण कर लेता है।

हिंदू मान्यता में भगवान कृष्ण लीला पुरुषोत्तम है। जबकि भगवान राम को मर्यादा पुरुषोत्तम कहा गया है। कृष्ण की लीला की दुनिया उनके चंचल स्वभाव का प्रतिबिंब है। इस भूमिका में वो माखनचोर हैं, वो प्रेमी हैं जो गोपियों के संग क्रीड़ा करते हैं, योद्धा हैं जो महाभारत के युद्ध में हिस्सा लेते हैं और वो उद्धारक भी हैं जो अर्जुन को निष्काम-कर्म की याद दिलाते हैं। दूसरे शब्दों में, कृष्ण एक में अनेक हैं और अनेक में एक। कृष्ण का बहुआयामी स्वभाव उनकी लीला में भी झलकता है। कृष्ण के व्यक्तित्व की कोई एक परिभाषा नहीं दी जा सकती है, और वो बेहद सहज रूप से सृष्टि करते हैं, क्रीड़ारत रहते हुए। कृष्ण

के असंख्य भक्तों के लिए वो गंभीर और चंचल हैं, प्रेमी और वैरागी हैं, नटखट हैं पर दार्शनिक भी हैं, वो सर्वशक्तिमान हैं फिर भी माखन चोरी के लिए दंडित किए जाते हैं!

अगर कण-भौतिकी की अनिश्चित विविधताओं से तुलना की जाए, तो कृष्ण उस कण की तरह हैं, जो तरंग भी हैं और कण भी; जिसकी गति और स्थिति को कभी सटीक रूप से नापा नहीं जा सकता; और जिसके अस्तित्व को समझाया नहीं जा सकता, पर उसके प्रभाव को सब महसूस कर सकते हैं!

एक तरह से देखा जाए तो कृष्ण उस जगत के रूपक ही हैं जिसके बारे में हमें काफी कुछ मालूम है पर उसकी व्याख्या करना संभव नहीं। कृष्ण, हिंदू धर्म के सबसे चहेते देवों में हैं, और उनका वास उस प्रभुत्व में है जिसको ना ही दार्शनिक और ना ही वैज्ञानिक पूरी तरह समझ सकते हैं।

इस लीलामयी जगत में जहां ईश्वर की छवि हर वस्तु में है, कृष्ण उन सवालों का उत्तर हैं जो मनुष्य की समझ से परे हैं। जैसा हमने पहले देखा, आइंस्टीन बहुआयामी ईश्वर की छवि से पूरी तरह सहमत नहीं थे। आइंस्टीन ने कहा था कि, 'भगवान पासा नहीं खेलते हैं', पर जैसा कि हमने समझा, हॉकिंग इसके ठीक विपरीत निष्कर्ष तक पहुंचे जब उन्होंने कण-भौतिकी जगत पर शोध किया। हॉकिंग कहते हैं कण-भौतिकी, 'परंपरागत विज्ञान की दुनिया में अनिश्चित्ता और अस्थिरता ले आती है।'[32] यही अद्भुत अनिश्चित्ता, जिसे शंकर अनिर्वचनीय कहते हैं, ईश्वर की लीला है।

हिंदू अध्यात्म में जन्म और मृत्यु के निरंतर और अनंत चक्र को भी भव्य रूप से अलंकृत किया गया है। इस चक्र को विज्ञान ने भी प्रमाणित किया और आइंस्टीन की सोच के विपरीत ब्रह्मांड में कोई 'खगौलिक स्थिरांक' नहीं है।

इस अलौकिक चक्र के प्रतिरूप हैं शिव, जिन्हें नटराज यानी नृत्य के राजा भी कहा जाता है। शिव का तांडव सृष्टि, स्थिति और प्रलय के चक्र

---

32 पूर्वोक्त, पृष्ठ 62

की व्याख्या है। चोला और कुर्किहार काल के कांसे की मूर्तियों में शिव को तांडव करते हुए दिखाया गया है। उनके चारों ओर अग्नि का चक्र है जो इस ब्रह्मांड की ऊर्जा को दर्शाता है, उनके ऊपरी दाएं हाथ में डमरू है, जो सृष्टि के कोलाहल का प्रतीक है। उनके ऊपरी बाएं हाथ में मशाल है जो प्रलय का चिह्न है। अपने दूसरे दाएं हाथ से वो हम सबको आशीर्वाद दे रहे हैं, जबकि उनका दूसरा बायां हाथ उनके पैरों तले अविज्ञता के उस दानव की ओर इशारा करता है जिस पर मनुष्य को जीत दर्ज करनी है। शिव इतनी तेजी से नृत्य करते हैं कि उनकी मशाल से अग्नि-चक्र बनता है और चारों दिशाओं में डमरू की आवाज गूंजने लगती है।

पर तांडव करते हुए भी शिव के चहरे पर एक भी शिकन नहीं आती है। वो दर्शाता है कि शिव सृष्टि और विनाश के चक्र के बीच में होते हुए भी उससे परे हैं। नटराज के रूप में शिव सृष्टि, स्थिति, संहार, तिरोभाव और अनुग्रह को दर्शाते हैं।

सृष्टि और संहार के चक्र को दर्शाने की ऐसी आध्यात्मिक कल्पना भी हमें हैरत में डाल देती है। महान कला इतिहासकार और दार्शनिक, आनंद कुमारास्वामी कहते हैं कि सृजन की ऊर्जा की ‘इस स्वच्छतम छवि पर किसी भी धर्म या कला की किसी भी शैली को गर्व हो सकता है।’[33] फ्रिट्ज़ॉफ कापरा, जो सैद्धांतिक भौतिकी के एक प्रसिद्ध विद्वान थे, कहते हैं कि नटराज ब्रह्मांड की ऊर्जा के ‘उस निरंतर प्रवाह को दर्शाता है जो असंख्य रूप धारण करता है लेकिन आखिरकार एक दूसरे में ही विलीन हो जाता है।’

> वो समझाते हुए कहते हैं, ‘आधुनिक भौतिकी ने दिखाया है कि सृष्टि और संहार की लय ना सिर्फ जीवों के जन्म और मृत्यु में थिरकती है, बल्कि निर्जीव वस्तुओं का भी मूल आधार है। क्वांटम क्षेत्र सिद्धांत के अनुसार, द्रव्यमान के सभी रूप के बीच संवाद कणों के उत्सर्जन और विसर्जन से ही होता है। तांडव, आधार है द्रव्यमान के अस्तित्व का भी, क्योंकि हर भौतिक कण, आभासी कणों को उत्सर्जित और पुन: प्राप्त करके ‘आत्म-संवाद’ भी करता है। आधुनिक भौतिकी ने साबित किया है कि ना सिर्फ हर उप-परमाण्विक कण ऊर्जा से सराबोर तांडव

---

33 ए. के. कुमारास्वामी, द डांस ऑफ शिवा, द नूनडे प्रेस, न्यूयॉर्क, 1969, पृष्ठ 78

> करता है, बल्कि इस नृत्य की थिरकन, सृजन और विनाश के चक्र में हर जगह गूंज रही है।[34]

शंकराचार्य मानते थे कि शिव, ब्रह्म के ही अवतार हैं। उनका तांडव, खगौलिक नृत्य है जिसकी रचना 'निर्गुण' ब्रह्म ने खुद की है। शिव को समर्पित स्तुति में, शंकर भक्ति के साथ, नटराज की इस भूमिका को स्वीकारते हुए लिखते हैं, 'हे प्रभु, तुम से ही यह जगत बना है। अनुकंपा से पूर्ण शिव, तुम सब के स्वामी हो। जो जीवित है तुम उसमें हो, और जो निर्जीव है, तुम उसमें भी हो। एक दिन तुम में ही यह जगत विलीन हो जाएगा।'

शंकराचार्य के दर्शन के साथ इससे महत्वपूर्ण सामंजस्य और क्या हो सकता है कि आज के वैज्ञानिक मानते हैं कि ब्रह्मांड में फैली ऊर्जा और कुछ नहीं, बल्कि निष्कलंक और संदीप्तशील चेतना है। शंकराचार्य का मानना था कि ब्रह्म भले ही निर्गुण हो, पर वो चेतना का ही प्रतिरूप है। इस रूप में ब्रह्म के पास, मानवीय दृष्टिकोण से, ना ही गुण हैं और ना अवगुण। ब्रह्म में सिर्फ 'चित्त' या संपूर्ण अभिज्ञता है जो किसी बाहरी प्रभाव से अछूता है। जैसा कि शंकर, विवेक चूड़ामणि में लिखते हैं, 'जैसे लहर, झाग, भंवर और बुलबुले पानी के ही रूप हैं, उसी तरह शरीर से लेकर स्वयं तक सब चित् ही है। हर चीज केवल चित्त है, समांग और शुद्ध।'

ब्रह्म की चेतना से ही यह क्षणिक और सीमित जगत निकला है। जैसे समुद्र की लहरें, पानी का रूप है, उसी तरह जो भी इस जगत में है वो ब्रह्म का ही प्रतिरूप है। 'इस ब्रह्मांड में जो भी हम देखते हैं या समझते हैं वो ब्रह्म ही है। ब्रह्म के अलावा कुछ भी नहीं। क्या कलश, घड़ा या सुराही उस धरती से अलग हैं जिसकी मिट्टी से वो बने हैं?' शंकाराचार्य दो बातें कह रहे हैं, पहली, निष्कलंक चेतना या चित्त के रूप में ब्रह्म, इस ब्रह्मांड के हर कण में हैं; और दूसरी, चेतना ही वो आधार है जिससे इस जगत की सारी वस्तुएं और भावनाएं उभरती हैं।

अद्‌भुत यह है कि आज के प्रमुख वैज्ञानिक भी यही बात कह रहे हैं। खगौलिक और उप-परमाण्विक जगत में किए असंख्य प्रयोगों और अनुसंधानों के बावजूद, वैज्ञानिकों के पास इस सवाल का जवाब नहीं है कि क्यों और

---

34 फ्रिट्ज़ॉफ कापरा, उपरोक्त, पृष्ठ 271

किसने इस ब्रह्मांड को बनाया, और इसलिए वो एक तीसरे आयाम के अस्तित्व की बात कर रहे हैं जहां से हर चीज की उत्पत्ति हुई है और यह आयाम चेतना है।

कण-भौतिकी के शुरुआती संस्थापकों में से एक हैं जर्मनी के मैक्स प्लैंक (1947-1858)। प्लैंक संशयी स्वभाव के व्यक्ति थे जो किसी भी गैर-वैज्ञानिक सिद्धांत को मानने से इनकार कर देते थे। पर अपने जीवन के अंतिम चरण में उन्होंने भी माना कि चेतना ही प्राथमिक है और उसी का प्रतिरूप है द्रव्यमान। अपने निधन से कुछ साल पहले, प्लैंक ने इटली के फ्लोरेंस में 'द नेचर ऑफ मैटर' नामक एक भाषण में कहा:

> मैंने अपनी पूरी जिंदगी विज्ञान को समर्पित कर दी, पर अणु और परमाणु पर किए गए मेरे सभी प्रयोगों का निष्कर्ष यही है कि द्रव्यमान जैसा कुछ नहीं है। जो भी है वो इसलिए है क्योंकि परमाणु और उसके सूक्ष्म सौरमंडल को एक बल बांध कर रखता है। हमें यह मान लेना चाहिए कि यह बल चेतना ही है। यही चेतना सभी पदार्थों की आधात्री है।

अर्विन श्रोडिन्गर, कण-भौतिकी के एक और दिग्गज, भी वेदांत के दर्शन से बहुत प्रभावित थे। उनका व्यक्तिगत आध्यात्मिक झुकाव चाहे जो हो, विज्ञान की दुनिया में उनके सभी महत्वपूर्ण अनुसंधानों के बाद, श्रोडिन्गर ने अपनी किताब में लिखा, *'जीवन क्या है? मनुष्य की चेतना, ब्रह्मांड में व्याप्त स्थायी चेतना का ही प्रतिरूप है।'* इस एक निष्कर्ष में उन्होंने उपनिष्द की उसी बात को दोहराया जो कहता है कि तत् त्वम असिः वो तुम हो, और यही वाक्य शंकराचार्य की वैचारिक संरचना का आधार है। यूजीन विग्नर भी श्रोडिन्गर की तर्ज पर कहते हैं कि 'चेतना के संदर्भ के बगैर कण-भौतिकी सिद्धांत के नियमों को पूरे विश्वसनीय तरीके से नहीं बनाया जा सकता था।'[35]

अमेरिका के प्रमुख सैद्धांतिक भौतिकविद 94 वर्षीय जेफरी च्यू, कण-भौतिकी के 'बूटस्ट्रैप' सिद्धांत के प्रवर्तकों में से हैं। च्यू कहते हैं कि, 'अगर बूटस्ट्रैप सिद्धांत को उसके तार्किक चरम तक ले जाया जाए, तो यह पता चलता

---

35 ई. पी. विग्नर, सिमेट्रीज एंड रिफ्लेक्शंस- साइंटिफिक एसेज, एमआईटी प्रेस, कैंब्रिज, 1970, पृष्ठ 172

है कि बगैर चेतना के यह ब्रह्मांड आत्मनिर्भर हो ही नहीं सकता है।'[36] कुछ ऐसा ही निष्कर्ष है, महान खगोलशास्त्री आर्थर एडिंगटन का। एडिंगटन बेझिझक कहते हैं कि, 'भौतिक जगत में जो अज्ञात प्रसारित होता है, वो सिर्फ हमारी चेतना ही हो सकती है।'

एडिंगटन के शब्द, 'हमारी चेतना' ही आधार है एंथ्रोपिक सिद्धांत का। एंथ्रोपिक सिद्धांत का तर्क है कि विज्ञान के दुनिया के सभी नियमों और कानूनों का आधार है हमारी सोचने और समझने की शक्ति। परिणामस्वरूप, ब्रह्मांड और हमारी चेतना में गहरा संबंध है। दूसरे शब्दों में कहा जाए तो हम किसी यांत्रिक क्रमिक विकास की देन नहीं हैं, बल्कि इस प्रक्रिया को बनाया ही इस तरह गया है कि वो उस संपूर्ण चेतना का हिस्सा है जिससे हमें भी अस्तित्व मिला है। मनुष्य बाहरी प्रेक्षक नहीं, बल्कि इस विशाल वैज्ञानिक घटना के प्रतिभागी हैं। भौतिकशास्त्री, फ्रीमैन डायसन कहते हैं कि ब्रह्मांड को इस बात का पूर्वज्ञान रहा होगा कि,'हम आ रहे हैं'। साथ ही, डायसन यह भी कहते हैं कि बगैर एक सचेत प्रेक्षक के विज्ञान का कोई अस्तित्व ही नहीं है। हॉकिंग, जो ब्रह्मांड को समझने और समझाने के लिए अंतिम एकीकृत सिद्धांत की तलाश में लगे हैं, वो भी स्वीकार करते हैं कि एंथ्रोपिक सिद्धांत, जो वैज्ञानिक समीकरणों में एक अगण्य तत्व को ले आता है, को पूरी तरह खारिज नहीं किया जा सकता।

शंकराचार्य के अनुसार इस जगत में ब्रह्म की चेतना बह रही है, और आधुनिक वैज्ञानिक भी इन विचारों को मानने के लिए मजबूर हो रहे हैं क्योंकि ब्रह्मांड उनकी सोच से कई गुणा ज्यादा जटिल है।

यहूदी और इसाई धर्मों के वैश्विक नजरिये में ब्रह्मांड को विज्ञान की मदद से पूरी तरह समझा जा सकता है। पर आधुनिक विज्ञान के अनुसंधानों ने यह साबित कर दिया है कि 'ऐसा हो ही नहीं सकता था। शुरुआत से ही उस सोच में कमी थी क्योंकि उन्होंने ब्रह्मांड के संचालन में चेतना की भूमिका को नहीं समझा।'[37] आज सभी प्रमुख वैज्ञानिक कह रहे हैं कि 'कुछ तो है' जो दूरबीन और सूक्ष्मदर्शी उपकरणों की पहुंच से बाहर है, और केवल वही 'चीज' ब्रह्मांड को

---

36 जी.एफ. च्यू, 'बूटस्ट्रैप: ए साइंटिफिक आइडिया', साइंस वॉल्यूम 161 (23 मई 1968), पृष्ठ 763

37 डाना जोहार, उपरोक्त, पृष्ठ 234

समझाने की क्षमता रखती है। सहभागी एंथ्रोपिक सिद्धांत लाने वाले अमेरिका के प्रिंसटन यूनिवर्सिटी के सैद्धांतिक भौतिकविद, जॉन व्हील (1911-2008) भी मानते थे कि, 'ब्रह्मांड के निर्माण में चेतना की भूमिका जरूर रही होगी।'[38] व्हीलर ने पाया कि ब्रह्मांड में निर्वात से भी चीजें उत्पन्न हो जाती हैं, और उनका निष्कर्ष था कि ऐसा तभी हो सकता है जब कोई 'चैतन्य प्रेक्षक' हो। 1990 में दिए गए एक लेक्चर में उन्होंने स्वीकारा कि 'भौतिक जगत की हर वस्तु के भीतर—कहीं गहरे—एक मूर्त स्रोत और व्याख्या है।' जीव विज्ञानी, एडविन चारगैफ भी इसी मूर्त, अदृश्य शक्ति की बात करते हैं, जिसे शंकराचार्य ने ब्रह्म कहा है। चारगैफ लिखते हैं कि अगर किसी वैज्ञानिक को 'उस अदृश्य शक्ति का आभास नहीं हुआ जिसका सामना करते ही रीढ़ की हड्डी में कंपकंपी दौड़ जाती है तो वो वैज्ञानिक ही नहीं है।'[39]

प्रशिक्षण और स्वभाव की वजह से, वैज्ञानिक शायद ही कभी दार्शनिक बनते हैं, पर जब ऐसा होता है, तब भी वो उन तथ्यों को मानने से झिझकते हैं जिसे विज्ञान समझाने में असमर्थ है। लेकिन फिर भी वैज्ञानिक जो कह रहे हैं वो शंकराचार्य के विचारों की पुष्टि करता है। हालांकि, चेतना को लेकर अपने विचारों को वो किसी न किसी वैज्ञानिक सिद्धांत को चोला पहना देते हैं। चाहे वो जॉन व्हीलर का प्री-ज्योमेट्री (रेखागणित) हो, या फिर, डेविड बोह्म (1917-1992) का 'प्री-स्पेस (दिक्)। बोह्म की गिनती 20वीं सदी के सबसे अहम वैज्ञानिकों में की जाती है। अगर उनके 'इंप्लीकेट ऑर्डर' सिद्धांत से वैज्ञानिक चोला हटा दिया जाए, तो आप देखेंगे कि वो शंकराचार्य के विचारों का ही समर्थन करता है।

बोह्म, जिनके बारे में कहा जाता है कि उन्होंने क्वांटम सिद्धांत में 'अपरंपरागत' धारणाएं डालीं, भारतीय दार्शनिक जिद्दू कृष्णमूर्ति से काफी प्रभावित थे, और 'इंप्लिकेट ऑर्डर' का सिद्धांत गढ़ने से पहले, उन्होंने ब्रह्मांड के सभी तत्वों के परस्पर संबंध और उप-परमाण्विक कणों के व्यवहार को बहुत करीब से परखा था। उनका निष्कर्ष था कि इन सभी गतिविधियों के पीछे कोई 'अदृश्य शक्ति' है। उन्होंने कहा कि हम जिसे वास्तविकता मानते हैं वह सिर्फ,

---

38 साइंस शो, द एंथ्रोपिक यूनिवर्स, 18 फरवरी 2008

39 एंड्रयू न्यूबर्ग और अन्य में उद्धरित, व्हाई गॉड वोंट गो अवे, उपरोक्त, पृष्ठ 154

'अखंड संपूर्ण से निकले अमूर्त विचार हैं।'[40] शंकराचार्य का ब्रह्म भी अखंड और अविभाज्य है और बोह्म का निष्कर्ष, इसी विचार का प्रमाण है।

इस अखंड ब्रह्मांड में दिक् और काल के पास अलग-अलग तत्वों के व्यवहार तय करने की क्षमता नहीं है। यहां तत्वों के बीच मौलिक कड़ी है और इसे समझने की क्षमता मनुष्य में नहीं है। बोह्म इसे 'इंप्लिकेट ऑर्डर' या फिर गुप्त अनुक्रम का नाम देते हैं। इसी से निकला है, 'एक्सप्लिकेट ऑर्डर' यानी स्पष्ट अनुक्रम और समय-स्थिति को जैसे हम समझते हैं, वो इस संरचना का हिस्सा है।[41]

शंकराचार्य भी कुछ ऐसा ही कहते हैं। नाम-रूप के संसार की तुलना बोह्म के 'एक्सप्लिकेट ऑर्डर' (स्पष्ट अनुक्रम) से की जा सकती है, जबकि 'इंप्लिकेट ऑर्डर' (गुप्त अनुक्रम), शंकर के विचारों का 'ब्रह्म' है। बोह्म ने अपने सिद्धांतों को समझाने के लिए टीवी का उदाहरण दिया। उन्होंने कहा कि टीवी पर जो तस्वीरें दिखती हैं, उसे एक्सप्लिकेट ऑर्डर का हिस्सा माना जा सकता है, जबकि उन तस्वीरों को जो अदृश्य तरंगें टीवी सेट तक पहुंचाती हैं, वो इंप्लिकेट ऑर्डर है। एक और उदाहरण में बोह्म ने मुड़े हुए एक कागज के टुकड़े पर कई जगह चीरा लगा दिया। जब उस टुकड़े को खोला गया तो एक खूबसूरत आकृति सामने आ गई। बोह्म का कहना था कि आकृति मूल चीरे का ही परिणाम है, इसलिए चीरा गुप्त अनुक्रम है और आकृति को स्पष्ट अनुक्रम माना जा सकता है, जिसे शंकराचार्य नाम-रूप संसार कहते हैं।

क्वांटम भौतिकी की गणितीय बारीकी से अनजान आम आदमी को अपने विचारों को समझाने के लिए, बोह्म ने कई और उदाहरण दिए। ऐसे ही एक प्रयोग में उन्होंने कांच के आयताकार जल-कुंड में कुछ मछलियां छोड़ दीं। इस कुंड के दोनों छोर पर दो कैमरे लगाए गए और दोनों कैमरों की तस्वीरों को दो अलग-अलग टीवी स्क्रीनों ए और बी पर दिखाया गया।

> किसी भी वक्त, दोनों टीवी स्क्रीनों पर दिख रही तस्वीरों में अंतर जरूर होगा। उदाहरण के लिए, स्क्रीन ए पर हम किसी मछली की तस्वीर

---

40 डेविड बोह्म, होलनेस एंड दि इंप्लिकेट ऑर्डर, रूटलेज क्लासिक्स, 1980, पृष्ठ xviii

41 पूर्वोक्त, पृष्ठ xvii

देख सकते हैं, और स्क्रीन बी पर हम ऐसी ही दूसरी तस्वीर देखेंगे। हम जानते हैं कि दोनों तस्वीरें अलग-अलग मछलियों की नहीं है। (कहा जा सकता है कि एक तस्वीर के कारण दूसरी में बदलाव आया है। लेकिन वो तो एक ही वास्तविकता से संबंधित हैं) यह वास्तविकता स्क्रीन पर दिख रही अलग-अलग तस्वीरों से ऊंचे आयाम की है; या, इसे ऐसे देखा जाए कि स्क्रीन पर दिख रही तस्वीरें एक त्रि-आयामी वास्तविकता की द्वि-आयामी प्रतिबिंब हैं। इसलिए यह कहना गलत नहीं होगा, कि टीवी की तस्वीरें, कुंड के त्रि-आयामी जगत का सिर्फ एक छोटा हिस्सा है। एक अर्थ में, यह त्रि-आयामी वास्तविकता अपने भीतर इन दोनों द्वि-आयामी प्रतिबिंबों को समाए रखती है। फिर भी, चूंकि इन दोनों प्रतिबिंब का अस्तित्व केवल कल्पना में है, इसलिए त्रि-आयामी वास्तविकता इनमें से किसी की नहीं है, बल्कि यह कुछ ऐसा है, जो दोनों की प्रकृति से परे है।[42]

बोह्म के उदाहरण, शंकराचार्य के विवर्तवाद सिद्धांत की भी पुष्टि करते हैं। विवर्तवाद में शंकराचार्य ने कहा है कि ब्रह्मांड में सभी परिवर्तनों का मूल ब्रह्म ही है, पर इन बदलावों का असर ब्रह्म पर नहीं पड़ता। जल-कुंड की तरह, ब्रह्मांड का आधार नहीं बदलता। भौतिक संसार, टीवी की उन तस्वीरों की तरह है, जबकि जल-कुंड को हम ब्रह्म कह सकते हैं। अब तस्वीरों में चाहे जितने बदलाव आएं, उसका असर जल-कुंड पर नहीं पड़ता। ठीक उसी तरह, मौलिक संसार का प्रभाव संपूर्ण सत्य यानी ब्रह्म पर नहीं पड़ता। अगर हम टीवी की तस्वीरों को सच मान लेते हैं, तो भूल हमारी अनुभूति की है और शंकराचार्य इसे अविद्या कहते हैं।

हालांकि, शंकराचार्य का यह विचार हिंदुत्व की अन्य दार्शनिक मान्यताओं से भिन्न है। उदाहरणस्वरूप, परिणामवाद कहता है कि कारण स्वयं परिवर्तित हो जाता है जब वो कार्य को उत्पन्न करता है। लेकिन बोह्म जैसे वैज्ञानिकों के खगौलिक अनुसंधानों ने यह साबित कर दिया है कि ब्रह्मांड का मूल अपरिवर्तनीय है। जिसे हम सच मानते हैं वो सिर्फ उस संपूर्ण सत्य का हिस्सा

---

42 पूर्वोक्त, पृष्ठ 238

मात्र है। बोह्म कहते हैं कि सत्य को जानने के लिए हमें 'क्या है' और 'क्या नहीं है' से आगे बढ़ना होगा और 'इन दोनों के बीच के संबंध' को समझना पड़ेगा।[43]

गुप्त अनुक्रम सिद्धांत पर बोह्म के सहयोगी थे, ब्रिटेन के बेजिल हाइली, जो लंदन यूनिवर्सिटी के प्रोफेसर एमेरिटस थे। हाइली का भी मानना था कि मन और द्रव्यमान, की उत्पत्ति गुप्त अनुक्रम से ही हुई है और उनमें गहरा संबंध है। हाइली मानते थे कि वो अपने इस सिद्धांत को गणित के आधार पर भी साबित कर सकते हैं। मणि भौमिक ने तो इससे भी बलपूर्वक ढंग से वेदांत के विचारों का समर्थन किया है:

> अंतरिक्ष की उत्पत्ति से पहले, पारस्परिक भागीदारी के चलते चेतना और प्राथमिक क्षेत्र एक थे। दूसरे शब्दों में, इंप्लिकेट ऑर्डर यानी गुप्त अनुक्रम का सार है कि प्राथमिक क्षेत्र (जो हर भौतिक वस्तु का मूल है) और चेतना का स्रोत एक ही है। इसके आधार पर यह कहना गलत नहीं होगा कि *अध्यात्म में जिस एक स्रोत की चर्चा की गई है वो वैज्ञानिक तथ्यों पर आधारित है।*[44]

स्पष्ट है कि, शंकराचार्य के सर्वव्यापी ब्रह्म के सिद्धांत की मान्यता वैज्ञानिक जगत में लगातार बढ़ रही है। शंकर यह भी मानते थे कि जैसा उपनिषदों में लिखा है, हर मनुष्य के अंदर आत्मा के रूप में ब्रह्म का अंश है। दोनों में कोई अंतर नहीं है। दोनों सर्वव्यापी ब्रह्म के अविच्छिन्न रूप हैं।

मायाजाल में फंसा मनुष्य, अविद्या के कारण अपने अंदर के सत्य यानी आत्म को नहीं देख पाता और भौतिक संसार को सत्य मानने की गलती कर बैठता है। शंकराचार्य कहते हैं कि अविद्या से आत्म अछूता है। अहंकार का प्रभाव आत्म पर नहीं पड़ता। आत्म, हमारी सोच, अनुभवों, भावनाओं और अभिरुचियों से प्रभावित नहीं होता। आत्म के चरित्र में किसी भी परिस्थिति में परिवर्तन नहीं आता नहीं आता है बल्कि यह अपने चरित्र को बनाए रखता है।[45]

---

43 पूर्वोक्त, पृष्ठ 258

44 मणि भौमिक, कोड नेम गॉड, उपरोक्त, पृष्ठ 177

45 शंकर के ब्रह्म सूत्र भाष्य से, कोकिलेश्वर शास्त्री द्वारा उद्धरित, उपरोक्त, पृष्ठ 93

हर इंसान के भीतर एक स्वयं या साक्षी होता है जिसे शंकर ब्रह्मात्मक यानी स्वयं ब्रह्म की प्रकृति का कहते हैं। जब हम अविद्या को वशीभूत कर लेते हैं, तब यह सामने आता है। परिणामस्वरूप, हमारा मन शांत हो जाता है और अहंकार खत्म हो जाता है। मानसिक और भौतिक बेड़ियां जब टूट जाती हैं तब यह मनुष्य के सच्चे स्वयं (कूटस्थ) के रूप में सामने आता है। आत्मा और परमात्मा एक हो जाते हैं।

शंकराचार्य के उदाहरण से समझाएं तो यह मटके में बंद व्योम के समान है। जब मटका टूटता है, तब बंदी व्योम मुक्त होकर ब्रह्मांड में विलीन हो जाता है। दोनों में फर्क करना असंभव है क्योंकि बंद रहने के बावजूद, मटके के व्योम के चरित्र में कोई परिवर्तन नहीं आया है।

पर सवाल उठता है कि क्या इस दार्शनिक विचारधारा का कोई वैज्ञानिक आधार हो सकता है? न्यूरोथियोलॉजी शब्द का इस्तेमाल पहली बार ऐल्डस हक्स्ले ने अपने उपन्यास आइलैंड में किया था। न्यूरोथियोलॉजी,स्वयं के भीतर एक और स्वयं के होने की संभावना पर आधारित है। उसके बाद से,इस क्षेत्र में मस्तिष्क और आध्यात्मिक अनुभवों के संबंध को वैज्ञानिक तौर पर साबित करने के लिए काफी काम किया गया है। न्यूरोलॉजिस्ट यह समझने की कोशिश कर रहे हैं कि कैसे कभी-कभी मानव-मस्तिष्क अपनी स्पष्ट सीमाओं को पार कर,जागृति के एक उच्च स्तर का अनुभव करता है।[46]

न्यूरोलॉजिस्ट भी मानते हैं कि 'अध्यात्मिक जागृति' का आकलन करना बेहद मुश्किल है। द *स्पिरिचुअल डोरवे इन द ब्रेन: अ न्यूरोलॉजिस्ट्स सर्च फॉर द गॉड एक्सपीरियंस* के लेखक और मानव-मस्तिष्क पर आधारित सिद्धांतों के जाने-माने प्रवर्तक, केविन नेलसन कहते हैं कि उनकी खोज 'कई नास्तिकों को क्रोधित करती है क्योंकि यह आध्यात्मिकता को मनुष्य के अस्तित्व से जोड़ती है चाहे हम इसे मानें या ना मानें'।[47] लेकिन, अब आलोचक भी मानते हैं कि मस्तिष्क की जांच करने वाले उपकरणों में आए सुधार की वजह से निष्पक्ष

---

46 ए. सयदमंसूर, न्यूरोथियोलॉजी: द रिलेशनशिप बिटवीन ब्रेन एंड रिलीजन, इरानियन जर्नल ऑफ न्यूरोलॉजी, 2014, पृष्ठ 52-55

47 डॉ. केविन नेलसन, द स्पिरिचुअल डोरवे इन द ब्रेनः अ न्यूरोलॉजिस्ट्स सर्च फॉर द गॉड एक्सपीरियंस, भूमिका देखें, प्लुम, पृष्ठ 201-211

रूप से तथ्यों की जांच की जा सकती है, और इसकी वजह से न्यूरोथियोलॉजी के क्षेत्र में भी क्रांति आ गई है। अब 'मनुष्य के अस्तित्व को समझने के लिए आध्यात्मिक अनुभवों के न्यूरोलॉजिकल (यानी तंत्रिका संबंधी) आधार को जांचना अनिवार्य हो गया है।'[48]

नई तकनीकों का इस्तेमाल करके, न्यूरोलॉजिस्ट और डॉक्टर, शंकर के विचारों की पुष्टि कर रहे हैं। एंड्र्यू न्यूबर्ग, एमडी, मिर्ना ब्राइंड सेंटर ऑफ इंटीग्रेटिव मेडिसिन के डायरेक्टर ऑफ रिसर्च और फिलेडेल्फिया के थॉमस जेफरसन यूनिवर्सिटी के इमरजेंसी मेडिसिन एंड रेडियोलॉजी के प्रोफेसर हैं। स्वर्गीय यूजीन डि'एक्विली, एमडी, पीएचडी, यूनिवर्सिटी ऑफ पेनसिलवेनिया के क्लिनिकल एसिसटेंट प्रोफेसर थे। 2001 में, इन दोनों ने पत्रकार विंस राउस के साथ मिलकर एक क्रांतिकारी किताब लिखी जिसका नाम है *व्हाई गॉड वोन्ट गो अवे: ब्रेन साइंस एंड द बायोलॉजी ऑफ बिलीफ*। इनकी लेखनी में हमें शंकराचार्य के साक्षी और आत्मा के सिद्धांत की गूंज सुनाई देती है। वो लिखते हैं: 'ऐसा लगता है कि इंसानी दिमाग के भीतर एक आंतरिक व्यक्तिगत जागरुकता है जो उसकी हर गतिविधि को देख रही है। न्यूरोलॉजी इसे समझाने में असमर्थ है—कैसे जैविक प्रक्रिया से अभौतिक मन की उत्पत्ति हो सकती है; रक्त और मांस से बना मस्तिष्क अकस्मात "जागरूक" कैसे हो जाता है'।[49] इस किताब के लेखक मानते हैं कि इस जागरूक स्वयं के रहस्य स्वायत्त तंत्रिका तंत्र, मस्तिष्क की जटिल संरचना और उसकी पेचीदा प्रक्रियाओं में छुपे हैं।

मानव मस्तिष्क की जटिलता अकल्पनीय है। अरबों तंत्रिका कोशिकाओं के माध्यम से इंद्रियों द्वारा एकत्र जानकारी दिमाग तक पहुंचती है। दिमाग का हर भाग एक विशिष्ट काम के लिए बना है और इंद्रियों से आ रही जानकारी का निरंतर विश्लेषण कर, मानव-मस्तिष्क बाहरी दुनिया की व्याख्या करता है। लेकिन, अगर ध्यान या फिर गहरे चिन्तन से दिमाग की इस गतिविधि को रोका जाए, तब क्या एक और स्वयं की उपस्थिति नजर आती है?

न्यूबर्ग और डि'एक्विली का मानना है कि ऐसे स्वयं का अस्तित्व है। इसे साबित करने के लिए उन्होंने उन लोगों की ब्रेन-मैपिंग की जो ध्यान लगाते हैं।

---

48 पूर्वोक्त, पृष्ठ 11

49 एंड्र्यू न्यूबर्ग और अन्य, उपरोक्त, पृष्ठ 32

ऐसे ही एक व्यक्ति, रॉबर्ट के बारे में उन्होंने विस्तार में लिखा है। रॉबर्ट उनकी प्रयोगशाला में ध्यान लगाने के लिए आते थे, और एक धागे को खींचकर रॉबर्ट यह संकेत देते थे कि वो चरम अवस्था में पहुंचने वाले हैं। तुरंत प्रयोगशाला में मौजूद डॉक्टर उनके बाएं हाथ में रेडियोएक्टिव पदार्थ का इन्जेकशन लगा देते और जैसे ही रॉबर्ट का ध्यान खत्म होता, वो अस्पताल के न्यूक्लियर मेडिसिन डिपार्टमेंट में उनके दिमाग का स्पेक्ट (सिंगल फोटॉन एमिशन कंप्यूटेड टोमोग्राफी) कैमरे से परीक्षण करते। उन्होंने अपने स्कैन में देखा, जब रॉबर्ट ध्यान की सबसे गहरी अवस्था में होते हैं, उनके दिमाग का बड़ा हिस्सा, हरे और नीले रंग में नहा जाता है। न्यूरोलॉजी में इन रंगों का मतलब है कि दिमाग के उन हिस्सों की गतिविधियों में काफी कमी आई है। वैज्ञानिक इस खोज से हैरान थे क्योंकि आमतौर पर ऐसा होता नहीं है और अगर ध्यान लगाने से ऐसा हुआ है तो इससे क्या निष्कर्ष निकाला जा सकता है?

कई वर्षों के अनुसंधान के बाद, न्यूबर्ग और डि'एक्विली इस नतीजे पर पहुंचे कि 'आध्यात्मिक अनुभव और मनुष्य की जैविक प्रक्रिया में बेहद गहरा संबंध है।' साथ ही उन्होंने कहा कि 'एक ऐसी वैज्ञानिक प्रक्रिया के सबूत मिले हैं जो मनुष्यों को भौतिक संसार की बेड़ियों को तोड़कर अपने भीतर के उस ब्रह्मांडीय सत्य से जुड़ने की क्षमता देती है जिससे इस जगत की सारी चीजें जुड़ी हैं।'[50]

मानवीय शरीर पर ध्यान लगाने के असर को वैज्ञानिक तरीके से साबित किया जा चुका है। रक्तचाप में कमी आती है, दिल की धड़कन धीमी हो जाती है, तनाव बढ़ाने वाले हॉर्मोन्स कम होते हैं और हमारी प्रतिरक्षा प्रणाली में सुधार होता है। पर इससे कहीं ज्यादा महत्वपूर्ण खोज यह है कि ध्यान लगाने से हमें अपने उस स्वयं से जुड़ने का अवसर मिलता है जो हमारे भीतर हमेशा से है, पर दिमाग से उपजी कृत्रिम जगत की चकाचौंध में दिखाई नहीं देता। यही बात शंकराचार्य और कई और पूर्वी दार्शनिकों ने कही है। जब हम अविद्या पर जीत हासिल करते हैं, तब हम वास्तव में कौन हैं इस बात का पता चलता है और ब्रह्म की अलौकिक रोशनी में आत्म को हम पहचानने में कामयाब होते हैं।

लेकिन न्यूबर्ग और डि'एक्विली की अवधारणा का कोई वैज्ञानिक प्रमाण भी है क्या? पारंपरिक सोच के विपरीत, आधुनिक विज्ञान कहता है कि हमारे मस्तिष्क

---

50 एंड्रयू न्यूबर्ग और अन्य, उपरोक्त, पृष्ठ 8-9

में अपने आप को बदलने की असाधारण क्षमता है। वो अपने अनुभवों से सीखता है और उसके मुताबिक अपनी तंत्रिका संरचना को बदल सकता है। वैज्ञानिक इसे 'न्यूरोप्लास्टिसिटी' कहते हैं। मणि भौमिक ने इस बारे में ड्यूक यूनिवर्सिटी मेडिकल सेंटर के न्यूरोबायोलॉजिस्ट, माइकल एहलर्स की नवीनतम खोज का वर्णन किया है। एहलर्स के अनुसार, 'एक दिन में हमारे मस्तिष्क के रासायनिक संघटकों में कई बार बदलाव होता है और दो महीनों में पूरे मस्तिष्क का पुनर्जन्म हो सकता है।'[51] अगर ऐसा ही है, तो क्या यह शंकराचार्य के उस विचार का वैज्ञानिक प्रमाण नहीं है जिसमें वो कहते हैं कि जब अनभिज्ञता का पर्दा हटता है तब मनुष्य का अपने वास्तविक स्वयं से परिचय होता है? दूसरे शब्दों में, आज के न्यूरोलॉजिस्ट वो सवाल पूछ रहे हैं जो कुछ साल पहले तक, मखौल बनने के डर से, कोई वैज्ञानिक पूछने की हिम्मत नहीं करता था। आधुनिक न्यूरोलॉजिस्ट्स का सवाल है कि 'क्या हमारे मस्तिष्क के पास भौतिक जगत के बंधनों को तोड़कर वास्तविकता के उच्च स्तर तक पहुंचने की क्षमता है?'[52]

जिस 'उच्च स्तर' की बात वैज्ञानिक कर रहे हैं, उसकी पुष्टि शंकराचार्य समेत कई धर्मों के दार्शनिकों ने की है। पहले मनोवैज्ञानिक और न्यूरोलॉजिस्ट, इसी उच्च स्तर को दिमागी असंतुलन की उपज बोलकर खारिज कर देते थे, पर आधुनिक विज्ञान, उन लोगों की व्याख्या को विश्वसनीयता दे रहा है जिन्होंने उस चेतना के एक और स्तर का अनुभव किया है। इस उच्च चेतना की, उत्पत्ति अनिवार्यतः मानव मस्तिष्क से नहीं होती है, लेकिन मस्तिष्क में क्षमता है कि वो उस व्यापक चेतना तक पहुंच सके जो सभी सत्यों का आधार है। चेतना पदार्थ, और जीव विज्ञान के लिए महत्वपूर्ण है। मस्तिष्क के पास ब्रह्मांड की अन्य वस्तुओं के समान ही चेतना है, बस इसके पास उस चेतना को अनुभव और व्यक्त करने का परिष्कृत ढंग है।[53]

मॉन्ट्रियल यूनिवर्सिटी के दो वैज्ञानिकों, मारियो बोरगार्ड और विंसेट पैकेट, ने 7 साध्वियों की मानसिक गतिविधियों की बहुत करीब से जांच की। वो जानना

51 मणि भौमिक, कोड नेम गॉड, उपरोक्त, पृष्ठ 215

52 एंड्रयू न्यूबर्ग और अन्य, उपरोक्त, पृष्ठ 140

53 एंड्रयू न्यूबर्ग, द मेटाफिजिकल माइंडः प्रोबिंग द बायोलॉजी ऑफ फिलॉस्फिकल थॉट

चाहते थे कि क्या साध्वियों के ईश्वर में विलीन होने की दशा को वैज्ञानिक तरीके से प्रमाणित किया जा सकता है या नहीं। वो इस नतीजे पर पहुंचे कि जब भी साध्वियां उच्च अध्यात्म की दशा में होतीं, 'तब उनके मस्तिष्क में समय धीमा हो जाता और ऐसा प्रतीत होता था कि उनका स्वयं किसी बड़ी हस्ती में विलीन हो गया है, जिसे साध्वियां ईश्वर कहती हैं।'[54]

जाने-माने आनुवांशिकी वैज्ञानिक, डॉ. डीन हैमर, जिन्हें डॉक्टरेट की डिग्री हार्वर्ड यूनिवर्सिटी से मिली है, अपनी किताब द *गॉड जीन: हाऊ फेथ इज हार्डवायर्ड इनटू आवर जीन्स,* में कहते हैं कि, 'मानव जीवन में आध्यात्मिकता सर्वव्यापक और सबसे शक्तिशाली बलों में एक है।'[55] नेशनल इंस्टीट्यूट ऑफ हेल्थ इन अमेरिका में उन्होंने अपने प्रयोग में लोगों का सर्वेक्षण किया और पाया कि कम से कम एक-तिहाई लोगों ने कहा कि उन्हें "दिव्य और अलौकिक शक्ति से संपर्क का अनुभव हुआ है।"[56]

हैमर का निष्कर्ष था कि हर इंसान में विशेष व्यक्तिगत वंशाणु होता है जो हमें भक्ति में विश्वास दिलाता है। इस वंशाणु का संबंध सिर्फ आध्यात्मिकता से है, धर्म से नहीं। जैसा कि वो लिखते हैं, 'आध्यात्मिकता का आधार चेतना है और धर्म का अनूभूति। अध्यात्म सर्वव्यापी है, जबकि संस्कृतियों के अपने धार्मिक रूप होते हैं। मैं यह कहूंगा कि भक्ति का आधार आनुवांशिक है, जबकि धर्म सभ्यता, संस्कृति, विचार और विश्वासों पर आधारित होता है।'[57]

इस आनुवांशिक अनुभव के एक लक्षण की पैमाइश की जा सकती है। जिस भी मनुष्य को आध्यात्मिक अनुभव हुआ है उसे अपने ज्ञानातीत होने का अहसास भी हुआ है। 1960 के दशक में 'मानववादी मनोविज्ञान' के प्रवर्तक, अब्राहम मैस्लो ने ज्ञानातीत होने के इस अनुभव को 'परम अनुभूति' का नाम दिया। हैमर लिखते हैं कि उस अवस्था में व्यक्ति को 'संपूर्णता और

---

54 द इकोनॉमिस्ट, 4 मार्च 2004

55 डीन हैमर, द गॉड जीन: हाऊ फेथ इज हार्डवायर्ड इनटू अवर जीन्स, एंकर बुक्स, न्यूयॉर्क, पृष्ठ 4

56 पूर्वोक्त, पृष्ठ 5

57 पूर्वोक्त, पृष्ठ 213

ब्रह्मांड से एकात्मकता का आभास होता है। वह अंहकार को त्याग कर, अपने सांसारिक अस्तित्व से आगे निकल जाता है।'[58]

वॉशिंगटन यूनिवर्सिटी के मेडिकल स्कूल में कार्यरत मनोवैज्ञानिक, रॉबर्ट क्लोनिंगर के काम ने हैमर को काफी प्रभावित किया। क्लोनिंगर ने 'सेल्फ-ट्रांसेडेंस स्केल' विकसित किया था। इस स्केल में तीन अलग-अलग लेकिन एक दूसरे से जुड़े अवयव हैं: आत्म-विस्मृति, परा-व्यक्तिगत पहचान (या परात्परता) और आध्यात्मिकता। क्लोनिंगर के सर्वेक्षण से पता लगता है कि अधिकतर लोगों में अलग-अलग अनुपात में तीनों अवयव उपस्थित थे। क्लोनिंगर के तीनों अवयवों को हम शंकराचार्य के वैचारिक सिद्धांत में भी देख सकते हैं। आत्म-विस्मृति, शंकराचार्य के अनुसार अहंकार को पार करना है। शंकराचार्य के आत्म और परमात्मा की एकात्मकता का विचार और क्लोनिंगर का परा-व्यक्तिगत पहचान समान है। उसी तरह नाम-रूप के संसार को त्यागकर ब्रह्मांडीय संपूर्ण में विलीन हो जाने को ही अध्यात्म कहते हैं।

परात्परता के सिद्धांत को न्यूबर्ग और डि'एक्विली भी मानते हैं। उन्होंने लिखा है, 'मस्तिष्क की संरचना और तंत्रिका जाल पर वर्षों के शोध के बाद, हम इस निष्कर्ष पर पहुंचे हैं कि मानव-मस्तिष्क के पास परात्परता की क्षमता है। जब मस्तिष्क इसमें पारंगत हो जाएगा, तो संभव है कि भौतिक संसार और स्वयं का आभास पूरी तरह लुप्त हो जाए।'[59] उन्होंने स्पष्ट शब्दों में कहा कि 'संत जिस परम युक्ति की बात करते हैं उसका वाकई अस्तित्व है और मस्तिष्क ने उस अवस्था का आभास करने की क्षमता विकसित कर ली है।'[60]

जिन वैज्ञानिकों ने *व्हाई गॉड वोन्ट गो अवे* लिखी है, वो परात्परता की इस अवस्था को—जिसे शंकराचार्य आत्म और ब्रह्म का मिलन कहते हैं—एब्सॉल्यूट यूनीटरी बींग (एयूबी) या फिर अस्तित्व की परम इकाई कहते हैं। वो कहते हैं कि इस अवस्था में दिमाग के उस हिस्से का रूपांतर होता है जहां स्वयं और भौतिक संसार की मान्यताओं का वास होता है। परिणास्वरूप, आत्म दृढ़

---

58 पूर्वोक्त, पृष्ठ 20

59 पूर्वोक्त, पृष्ठ 146

60 पूर्वोक्त, पृष्ठ 147

होता है। इससे चेतना लुप्त होने की बजाय अकल्पनीय रूप से उच्च स्तर पर पहुंच जाती है।

> तंत्रिकाओं के अंतर्मुखी संबंध के टूटने से मस्तिष्क की जागृति खोती नहीं है, बल्कि ये उस जागृति को आत्म के सामान्य भाव, और सांसारिक बंधनों से मुक्त कर देती है। इसका परिणाम होता है, शुद्ध जागृति की अवस्था जो अहंकार से मुक्त, समय और शारीरिक अनुभूतियों से निरपेक्ष होती है। यह जागृति कार्य और कारण में अंतर नहीं करती। यह वास्तविकता की अनुभूति असीम, अखंड और संपूर्ण सत्य के रूप में करती है। सचेत मन द्वारा बनाई गई सभी कृत्रिम रचनाएं—भावनाएं, यादें, विचार और अटकलें— टूटकर इस परम चेतना में विलीन हो जाती हैं।'[61]

यह वैज्ञानिक निष्कर्ष उपनिषदों के विद्वान ऋषियों और शंकर के विचारों का महत्वपूर्ण वैज्ञानिक अनुमोदन है। शंकर के अनुसार शुद्ध चेतना ब्रह्म का प्रतीक है। जब मन नाम-रूप के संसार के विकर्षणों से मुक्त हो जाता है, अंहकार को त्याग देता है और एकदम शांत होता है तब आत्म का मिलन ब्रह्म से होता है। *विवेकचूड़ामणि* में शंकराचार्य लिखते हैं: 'अहंकृति और उससे उत्पन्न होने वाली सभी मानसिक तरंगों को पूर्ण रूप से त्यागने के बाद ही आत्म को सत्य का परिचय मिलता है। उस सत्य का रूप है "वो तुम हो"—तत् त्वम असि।'[62]

जैसा वैज्ञानिकों ने साबित किया है, यह अनुभूति ध्यान, योग, भक्ति, समर्पण और मानसिक गतिविधियों पर निरंतर नियंत्रण से मिलती है। व्यावहारिक स्तर पर शंकर भी इन प्रथाओं का समर्थन करते हैं। पर शंकर इस बात से इनकार नहीं करते कि मनुष्य को किसी एक पल में भी यह अनुभूति हो सकती है। उस क्षण को शंकराचार्य ब्रह्मानुभव कहते हैं, जब व्यक्ति अकस्मात सभी सांसारिक बाधाओं को लांघकर ब्रह्म में विलीन हो जाता है। न्यूरोलॉजिस्ट्स का मानना है 'यह अहसास तब होता है जब सामान्य विचार प्रक्रिया का स्थान अंतर्ज्ञान ले

---

61 पूर्वोक्त, पृष्ठ 150-151

62 विवेकचूड़ामणि, स्वामी माधवानंद द्वारा अनुवादित, द अद्वैत आश्रम, मायावती, अल्मोड़ा, 1921, पृष्ठ 138

लेता है—एक तरह से देखें तो हर आध्यात्मिक अनुभूति अकस्मात ही होती है—यहां तक कि वो संत, जो आजीवन अलौकिक युक्ति की खोज में जुटे होते हैं, भी नहीं जानते कि कब उन्हें यह अनुभव होगा।'[63] शंकर ने भी ब्रह्मानुभव के बारे में बिलकुल यही कहा है। यह अनुभव साक्षात्कार या सम्यग्दर्शन है।

शंकर कहते हैं कि ब्रह्म सत्, चित् और आनंद यानी सच्चिदानंद हैं। निर्वाण शतकम् में आचार्य ने इस बात पर जोर दिया है कि मनुष्य के अस्तित्व में कुछ भी सत्य नहीं है, सिवाय चिदानंद की अनुभूति के। जब मनुष्य को इसका अनुभव होता है तब हम शिव में विलीन हो जाते हैं—*शिवोहम्! शिवोहम्।* न्यूबर्ग और उनके साथियों का एब्सॉल्यूट यूनीटरी बींग या फिर अस्तित्व की परम इकाई ब्रह्म ही है। जिन्होंने भी इसका अनुभव किया है उन्हें उस परमानंद की प्रकृति का ज्ञान है। जिस क्षण मानव-मस्तिष्क नाम-रूपी संसार की संरचनाओं को तोड़कर चेतना के परम स्तर पर पहुंच जाता है, तब पूर्ण शांति, संपूर्णता और परितोष की अनुभूति होती है। ब्रह्म से एक होने का परिणाम सिर्फ परमानंद ही हो सकता है। मणि भौमिक कहते हैं कि 'चिंतन या ध्यान मस्तिष्क की सबसे आंनदमय अवस्था है। इसका प्रमाण मस्तिष्क में सेरोटोनिन की बढ़ोतरी से मिलता है। डिप्रेशन या अवसाद से जूझ रहे मरीजों को दी जाने वाली दवा, प्रोजैक, इसी सेरोटोनिन हॉर्मोन के स्तर को बढ़ाती है। चिंतन, मस्तिष्क को वो बल देता है जिससे वो भौतिक संसार की सीमाओं को लांघकर पूर्ण सामंजस्य की अवस्था में पहुंच जाता है।'[64]

जिन्हें इस आनंद की अनुभूति होती है उन्हें परम सत्य का भी ज्ञान हो जाता है। न्यूरोलॉजिस्ट इस परमानंद की गहराई को नाप नहीं सकते, पर वो भी मानते हैं कि जिन्होंने यह अनुभव किया है उनके लिए यह स्पष्ट और सच है। न्यूबर्ग और डि'एक्विली तो कहते हैं कि 'एयूबी या अस्तित्व की परम इकाई कम से कम सांसारिक वास्तविकता के समान सच तो है ही, और इसी से संसार को लेकर सभी विषयनिष्ठ और वस्तुनिष्ठ छवियां निकली हैं।'[65]

ब्रह्म ही एकमात्र सत्य है, और बाकी सभी चीजें इससे निकली हैं—शंकर के इस सिद्धांत की इससे स्पष्ट वैज्ञानिक स्वीकृति और क्या हो सकती है।

---

63 एंड्रयू न्यूबर्ग और अन्य, उपरोक्त, पृष्ठ 101, 134

64 मणि भौमिक, कोड नेम गॉड, उपरोक्त, पृष्ठ 212-213

65 एंड्रयू न्यूबर्ग और अन्य, उपरोक्त, पृष्ठ 178

उपनिषद के विचारों को आगे बढ़ाकर उन्हें वैचारिक संरचना प्रदान करने के लिए, शंकराचार्य को काफी साहस, आस्था और दार्शनिक दूरदर्शिता की आवश्यकता हुई होगी। एक सहस्राब्दी पहले, शंकराचार्य ने ब्रह्मांड और उसमें मनुष्य की भूमिका को लेकर जो परोक्षदर्शिता दिखाई, उसे अद्भुत तरीके से आज विज्ञान स्वीकृति दे रहा है। आमतौर पर दार्शनिक और वैज्ञानिक अलग-अलग दुनिया में रहते हैं। आध्यात्मिक सत्य को खोजने वाला गणित के समीकरणों में अपने आप को नहीं बांधता, और भौतिक जगत के रहस्यों के उत्तर खोजने वाले की श्रद्धा शास्त्रों की जगह वैज्ञानिक पुष्टि में होती है। पर फिर भी कभी-कभी ये दोनों जगत एक साथ हो जाते हैं। जिन सवालों का जवाब वैज्ञानिकों को मुमकिन लगता था, वो उन जवाबों को ढूंढ़ने में असफल रहे। जब ऐसा होता है, तब वैज्ञानिक आहिस्ता-आहिस्ता दर्शनशास्त्र के ब्रह्मांड की ओर बढ़ते हैं।

इस असीम और जटिल ब्रह्मांड के जिन सवालों का जवाब विज्ञान देने में असमर्थ है, क्या उसका उत्तर कहीं और मिल सकता है? निश्चित रूप से, वैज्ञानिकों को सहजता से मनाया नहीं जा सकता है। प्रामाणिक को त्यागकर, सैद्धांतिक को अपनाना उनके प्रशिक्षण और कार्य पद्धति के विरुद्ध है। वैज्ञानिक उन्हीं दार्शनिक सिद्धांतों की ओर आकर्षित होते हैं जिन्हें असाधारण सोच की आग में तपाया गया हो। शंकराचार्य के वेदांत दर्शन वैसे ही दृढ़ और तार्किक हैं, जैसे गणित के समीकरण। उनके विचारों में जो विश्वसनीयता है, वो प्रमाण हैं उस 'तीसरी आंख' के जो सिर्फ तभी खुलती है जब कोई अपने भीतर झांकता है।

पर दुख की बात है कि ना सिर्फ देश के बाहर, बल्कि भारत में भी अधिकतर वैज्ञानिकों को शंकराचार्य के दर्शन की संरचना, और वैज्ञानिक आविष्कारों से उनके सामंजस्य के बारे में जानकारी नहीं है। बस यही आशा की जा सकती है कि यह अध्याय उन्हें हिंदू धर्म के सबसे बड़े दार्शनिक के बारे में और जानने के लिए प्रेरित करेगा और देर से ही सही, पर उन्हें उनकी असाधारण दार्शनिक दूरदर्शिता का श्रेय दिया जाएगा।

उपसंहार: विरासत

इसमें कोई संदेह नहीं कि शंकराचार्य द्वारा प्रतिपादित वेदांत दर्शन उन्हें हिंदू धर्म की दार्शनिक विरासत का सबसे महत्वपूर्ण विचारक बना देता है। उपनिषदों के आधार पर उनके अद्वैतवाद के विवरण का अनुसरण कई सदियों से किया जा रहा है। उनके मूलभूत नियमों और उनके दृष्टिकोण की अटल 'बौद्धिकता' को मिली स्वीकार्यता और प्रतिक्रिया भी आशानुरूप है। परिणामस्वरूप, हिंदू धर्म में, इसके बाद से ब्रह्म के अस्तित्व को, एक सर्वोच्च, निराकार और सर्वव्यापी सत्य के रूप में कभी नकारा नहीं गया, या कभी इसे अस्वीकार नहीं किया कि उस सर्वोच्च सत्य की तुलना में ये सीमित जगत कमतर है।

हालांकि हमेशा ये प्रयास किया जाता रहा कि किसी तरह शंकराचार्य के अद्वैतवाद के सिद्धांत को ईश्वरवाद से जोड़ दिया जाए, क्योंकि आमजन विश्वास और सांत्वना के लिए अपने ईश्वर की कृपा की तलाश में रहते हैं।

ये समझना जरूरी है कि ये प्रयास शंकराचार्य के दर्शन की मानसिक शक्ति को अस्वीकार नहीं करते। ये बस इसे थोड़ा कम करके उस स्तर तक ले आते हैं जहां धार्मिक परंपरा और उपासना को समायोजित किया जा सके। हिंदू धर्म को इस बात का श्रेय जाता है, जो स्थायी है लेकिन अस्वाभाविक नहीं—कि ये प्रयास मनमाने ढंग से नहीं किए गए, ना ही किसी आज्ञा या निषेधाज्ञा से बल्कि दर्शनशास्त्र के संदर्भ में तर्कों और विचारों का व्यापक इस्तेमाल करते हुए किए गए हैं।

शंकर के तर्कों की समग्रता और उन तर्कों के परिणामों पर अडिग रहने के कारण यह कार्य आसान नहीं था। कई अवसरों पर उनके सिद्धांतों के विरुद्ध

हिंदू विचारकों के तर्क काल्पनिक प्रतीत होते हैं, या तर्क के पैमानों पर खरे नहीं उतरते। लेकिन, ज्ञानातीत और निरपेक्ष ब्रह्म की धारणा से दूर हटकर दैनिक जीवन के प्रति अधिक उत्तरदायी ईशवाद की ओर जाने की मानवी आवश्यकता इतनी बड़ी थी कि धीरे-धीरे शंकर की दार्शनिक संरचना की चट्टान के नीचे उस आवश्यकता को पूरा करने वाला ईशवाद पनप गया जिसका झुकाव ब्रह्म से ज्यादा ध्यान ईश्वर पर, और तर्क से ज्यादा भक्ति की ओर था।

रामानुज का जन्म दक्षिण भारत के श्रीपेरुंबुदूर में, शंकर की मृत्यु के दो सौ साल बाद 1017 ईस्वी में हुआ, और उनकी जन्म सहस्राब्दी 2017 में मनाई गई। बचपने में ही उन्होंने वेदांत सिद्धांत में महारत हासिल कर ली थी और संन्यास लेकर श्रीरंगम में बस गए थे। उन्होंने वेदांत पर कई उच्च प्रतिष्ठित निबंध और ब्रह्म सूत्र और भगवद्गीता पर मौलिक टीकाएं लिखीं। हालांकि, उन्होंने जान-बूझकर शंकर से मतभिन्नता नहीं रखी, लेकिन वो विशिष्ट अद्वैत के सिद्धांत से जुड़े, जो शंकर के अटल अद्वैत से अलग था, और उन्होंने अद्वैत को एक व्यक्तिगत ईशवाद का रूप दे दिया।

रामानुज ने शंकर के सत्, चित् और आनंद के अनुभव के आधार पर बताए गए ब्रह्म के सर्वोच्च, सर्वशक्तिमान, सर्वज्ञ और सर्वव्यापी होने के दावे को चुनौती नहीं दी। परंतु उन्होंने ब्रह्म के निर्गुण होने की बात का समर्थन नहीं किया। उन्होंने कहा कि शुद्ध चेतना की व्याख्या नहीं की जा सकती। निर्गुण होने का अर्थ है कि उस वस्तु का कोई अस्तित्व ही नहीं है और अगर उसमें गुण हैं तो वो शुद्ध चेतना नहीं हो सकती। 'जो वस्तु किसी से भिन्न नहीं है, उसे समझ पाना मस्तिष्क के लिए संभव नहीं है। जो ज्ञात है वो किसी ना किसी विशेषता के माध्यम से ज्ञात है।'[1]

रामानुज कहते हैं कि, शंकर का यह निष्कर्ष कि ब्रह्म निर्गुण है, उपनिषदों की गलत व्याख्या है। उपनिषदों ने वास्तव में ये संकेत देना चाहा है कि 'कुछ गुण नहीं हैं जबकि कुछ अन्य इसकी विशेषता के रूप में विद्यमान हैं।'[2]

भले ही ब्रह्म सर्वोच्च है, लेकिन यदि यह निर्गुण है तो इसे निर्णायक होना चाहिए, लेकिन प्रामाणिक तत्वों के साथ। रामानुज के अनुसार, ये आत्माएं, शरीर,

---

1 एम. हिरियाना, आउटलाइंस ऑफ इंडियंस फिलॉसफी, जॉर्ज, एलेन एंड अनविन, मुंबई, 1973, पृष्ठ 386

2 पूर्वोक्त, पृष्ठ 387

निर्जीव पदार्थ हैं और उन सभी पर दृष्टि बनाए रखने वाला ईश्वर है। इसलिए परम, निर्गुण और अनिश्चित नहीं है, बल्कि उसमें आंतरिक भिन्नताएं हैं (स्वगतभेद), जो वास्तविक हैं और उनकी अलग स्वायत्तता (चिदाचिदविशिष्टता) है। वो ब्रह्म पर निर्भर हो सकते हैं, लेकिन इसके माध्यम से शरीर और आत्मा अलग नहीं हैं। इसलिए परमतत्व अनधिकृत और अनिश्चित नहीं है बल्कि आंतरिक मतभेदों (स्वगतभेद) के साथ है जो वास्तविक है और जिसकी अलग स्वायत्तता है। ये ब्रह्म पर निर्भर हो सकते हैं परंतु इसके माध्यम से किसी 'शून्य' में विलीन नहीं हो सकते।

इसका यह अर्थ निकलता है कि अनुभवनजन्य जगत भ्रम नहीं है। इसे क्षणिक और माया की भ्रमात्मक शक्तियों की उत्पत्ति कहना गलत है। ना ही इसे अविद्या का उत्पाद कहकर अस्वीकार किया जा सकता है। अनुभवजन्य को शंकर की तरह अनिर्वचनीय के रूप में देखना भी तर्कसंगत नहीं है। तार्किक तौर पर इसे स्वीकार करना असंगत नहीं है कि अनंत सीमित को जन्म दे सकता है, या एकता के भीतर अनेकता हो सकती है, और पूर्ण इकाई और उसके अंशों में सामंजस्य है।

आगे इस तर्क के समर्थन में रामानुज अपना सत्कार्यवाद का सिद्धांत प्रस्तुत करते हैं। यह शंकराचार्य के विवर्तवाद के सिद्धांत से भिन्न है, जिसकी चर्चा पहले की जा चुकी है। वस्तुत: विवर्तवाद इस बात को नहीं मानता कि कारण उसके कार्य से अलग हो सकता है। कार्य अपरिवर्तनीय कारण का प्रतिनिधित्व कर सकता है—जैसे एक पात्र मिट्टी को करता है—लेकिन इससे वो कारण से अलग नहीं हो जाता। यह सिद्धांत परिणामवाद से अलग है, जिसे हिंदू दर्शन की दूसरी विचारधाराओं का समर्थन है, जो कहता है कि कारण किसी कार्य की उत्पत्ति करने के दौरान परिवर्तित हो जाता है।

रामानुज एक तीसरा सिद्धांत भी प्रस्तुत करते हैं। वो कहते हैं कि, कारण आधार हो सकता है, लेकिन भले ही कार्य इस पर आधारित यानी अधेय हो, उसके अपने स्वतंत्र प्रामाणिक विशेषण हो सकते हैं। ब्रह्म सच में सभी वास्तविकताओं का सार तत्व या द्रव्य है, और सभी वस्तुओं का आंतरिक स्वयं या सर्वांतरात्मात्वम् है, लेकिन व्यक्ति, जीव, और सभी अनुभवजन्य घटनाएं इसके विशेषण हैं—जो इससे भिन्न हैं। दूसरे शब्दों में अगर ब्रह्म परम व्यक्तित्व

है, तो ईश्वर इसकी सटीक अभिव्यक्ति है, और मनुष्य की आत्मा अपूर्ण हस्ती। अपूर्ण से पूर्ण और फिर पूर्ण से परम तक ले जाने का कार्य ईश्वर का है।

एक तीर से दो शिकार करते हुए, रामानुज ब्रह्म के आधिपत्य को चुनौती नहीं देते, लेकिन वो मनुष्य को स्वायत्तता देते हैं कि वे अपने प्रयासों और ईश्वर की कृपा से मोक्ष पाने का प्रयास करें। सगुण संसार में मोक्ष के लिए रामाजुन ने शंकर की तरह ज्ञान पर जोर नहीं दिया, ना ही मीमांसकों की तरह कर्म का समर्थन किया, बल्कि उन्होंने भक्ति और समर्पण की राह चुनी।

दरअसल शंकर से दार्शनिक मतभिन्नता के आधार पर रामानुज ने ईश्वर की कृपा या प्रसाद के लिए संपूर्ण समर्पण या प्रपत्ति की कला का एक विस्तृत और आकर्षक भवन खड़ा किया। यही नहीं, उन्होंने भक्ति को परिभाषित करने के लिए जमकर विचार मंथन किया। एक स्तर पर, यह समर्पण का उत्साह था। वहीं दूसरे स्तर पर, इसके लिए कुछ विशेष गुणों का होना जरूरी था, जैसे विमोक—ईश्वर के लिए निरंतर चाहत, अभ्यास—ईश्वर के बारे में निरतंर विचार, दान, दया, आर्जवम् या निष्ठा, सत्यम् और अहिंसा। प्रार्थना करना या मंदिर जाना भक्ति का साधारण रूप है। लेकिन अगर इन गुणों से भक्ति को शक्ति मिल जाए, और ईश्वर के प्रति संपूर्ण समर्पण हो, तो रामानुज कहते हैं कि यह मोक्ष का निश्चित मार्ग है और इसे उपनिषदों, भगवद्गीता और ब्रह्म सूत्रों की स्वीकृति प्राप्त है।

इस प्रकार, रामानुज का महान योगदान यह नहीं है कि उन्होंने ब्रह्म के अस्तित्व को नकारा, बल्कि यह है कि उन्होंने इसकी सर्वव्याप्त सर्वोच्चता के दायरे में, एक व्यक्तिगत ईश्वर के प्रति भक्ति को मान्यता दी, और सामान्य जनों के लिए आध्यात्मिकता का एक वैकल्पिक रूप प्रदान किया जो शंकर के निर्गुण ब्रह्म की बौद्धिक निरपेक्षता से अलग है। अद्वैत विचारों की संरचना में, उन्होंने भक्ति का द्वार खोलने के लिए दार्शनिक कुंजी प्रदान की।

जैसा एस राधाकृष्णन लिखते है:

> ईश्वर का मन ही मन स्मरण वास्तव में 'दूसरी' दैवीय शक्ति से वार्तालाप है। निर्गुण ब्रह्म, जो हमारी निस्वार्थ भक्ति और आंतरिक पीड़ा के बावजूद हमारी तरफ आंखें फाड़कर देखता भर रहता है, वह धार्मिक अंतर्दृष्टि का ईश्वर नहीं है। रामानुज के अनुसार, शंकर की विधियां उन्हें एक शून्य में ले जाती हैं जिसे वो निरर्थक सिद्धांतों से

छिपाने का प्रयास करते हैं। उनका निर्गुण ब्रह्म शून्य है...[3]

ब्रह्म को पृष्ठभूमि में रखकर रामानुज ने ईश्वर पर ध्यान केंद्रित किया, जो अपने भक्तों की पहुंच में था। उनके लिए, वो विष्णु थे, जो परम आत्मा के प्रतीक थे और अपने भीतर हिंदू धर्म के अन्य दो ईश्वरों—ब्रह्म और शिव को समा लेते थे। शिव के प्रति शंकराचार्य के झुकाव के विपरीत, रामानुज ने वैष्णव भक्ति की ऐसी लहर का सूत्रपात किया जिसने हिंदू धर्म के विकास पर अमिट प्रभाव छोड़ा है। हालांकि शंकराचार्य ने भी विष्णु के लिए भक्तिपूर्ण स्तुतियां लिखी थीं।

वैष्णव परंपरा में, संसार विष्णु की कृपा पर निर्भर था। उनकी भूमिका प्रकारी, नियंता और सेशी की थी। ऐसे ईश्वर के साथ मनुष्य के संबंध में कोई अवरोध नहीं था। ईश्वर एक मित्र, पालक, शिशु, विश्वासपात्र, और यहां तक कि प्रेमी भी बन गया। भक्त द्वारा भक्ति का कोई भी संबंध चुना गया हो, अपनी कृपा द्वारा, वो ईश्वर मोक्ष प्राप्ति के लिए उत्तरदायी था और मानवीय अवरोधों से आगे का रास्ता दिखाता था। एक बार जब ये अवरोध टूट जाते थे, तो मुक्त आत्मा स्वर्ग पहुंच जाती थी। रामानुज ने दर्शन के सामान्य अवरोधों से आगे जाकर बताया कि स्वर्ग वह स्थान है जहां मुक्त आत्माओं का समूह स्वच्छ-शुद्ध नदियों, फलों से लदे वृक्षों, संगीत और स्वादिष्ट भोजन का आनंद ले सकता है और वहां पूरे वर्ष शानदार वातावरण रहता है।

रामानुज के वैष्णव ईशवाद ने विष्णु पूजा की प्राचीन परंपरा को दार्शनिक समर्थन दिया, जिसके प्रमाण विष्णु पुराण, हरिवंश और भागवत पुराण में मिलते हैं। साथ ही दक्षिण भारत में बाद के समय में हुए संत-कवियों, जिन्हें अलवर कहा जाता था, की रचनाओं में भी मिलते हैं। हालांकि, एक बार जब रामानुज ने विष्णु केंद्रित ईशवाद का दार्शनिक ढांचा तैयार कर दिया, फिर उनकी विचार प्रक्रिया को माधव, निम्बार्क, वल्लभ और चैतन्य जैसे विचारकों ने आगे बढ़ाया।

माधव का जन्म 1199 ईस्वी में कर्नाटक के उडुपी के पास एक गांव में हुआ था। रामानुज के समान इस विद्वान ने भी ब्रह्म सूत्र, गीता और उपनिषदों पर टीकाएं लिखीं और भागवत पुराण पर भाष्य। रामानुज के विशिष्ट अद्वैत के

3 एस. राधाकृष्णन, उपरोक्त, पृष्ठ 638

विपरीत, माधव अपने दृष्टिकोण में प्रत्यक्ष रूप से द्वैतवादी थे। उनके लिए ईश्वर, आत्माएं और जगत तीनों का अस्तित्व अलग-अलग था। उपनिषद के वाक्य, तत् त्वम् असि का मतलब यह नहीं था कि आत्मा और ब्रह्म एक समान हैं, बल्कि केवल इतना था कि आत्मा के अंदर ब्रह्म के समान गुण हैं।

माधव ने स्वीकार किया कि ब्रह्म परिपूर्णता का मूर्त रूप है, लेकिन इस बात पर जोर दिया कि इस मूर्त रूप में, सृष्टि के रचयिता, पोषक और विध्वंसक के तौर पर विष्णु की शक्तियां अपरम्पार हैं। विष्णु की पत्नी, लक्ष्मी उनके साथ सह-शाश्वत हैं और उनकी रचनात्मक ऊर्जा का प्रतिनिधित्व करती हैं। भक्तों के लिए मोक्ष की राह उन्मुक्त भक्ति से खुलती है क्योंकि केवल भक्ति से ही ईश्वर की कृपा हासिल होती है। माधव ने रामानुज के भक्ति पर महत्व को और तीव्रता दी। भक्त को मोक्ष प्राप्ति के साधनों के रूप में अपने शरीर को विष्णु के प्रतीकों से रंगने, और विचार और अभ्यास में, सभी प्रथाएं, तीर्थ, अनुष्ठान और पूजा के लिए प्रोत्साहित किया गया।

निम्बार्क एक तेलुगू ब्राह्मण थे जो माधव से कुछ समय पहले हुए और उन्होंने द्वैत अद्वैत का सिद्धांत प्रतिपादित किया। यह सिद्धांत विशेष रूप से ब्रह्म के निर्गुण चरित्र को अस्वीकार करता है, और शंकर के सिद्धांत के विपरीत, यहां तक कहता है कि ब्रह्म में भी परिवर्तन आता है, जब वो अपने ऊपर निर्भर लेकिन स्वायत्त हस्तियों, जीव और प्रकृति, का निर्माण करता है। जिस चीज का निर्माण होता है वो ब्रह्म से अलग होती है, लेकिन फिर भी पूरी तरह अलग नहीं क्योंकि इसका अस्तित्व ब्रह्म पर निर्भर होता है। निर्माण का भौतिक कारण है ब्रह्म के भीतर समाहित शक्ति; परस्पर निर्भर फिर भी एक-दूसरे से अलग हस्तियों के इस जगत को ईश्वर संचालित करता है, जिसे निम्बार्क कृष्ण के रूप में देखते हैं। जैसा रामानुज ने कहा, और बाद में माधव ने भी उसे दोहराया, निम्बार्क भी विश्वास करते हैं कि भक्ति और प्रपत्ति, प्रेम से सराबोर संपूर्ण भक्ति और समर्पण, ही ईश्वर की अनुभूति या ब्रह्मसाक्षात्कार के माध्यम हैं।

निम्बार्क के समान, 1401 ईस्वी में जन्मे वल्लभ, जो एक तेलुगू ब्राह्मण थे और उत्तर भारत की ओर चले गए थे, और पश्चिम बंगाल के नादिया (दूसरी परंपरा के अनुसार सिलहट, जो अब बांग्लादेश में है) में 1486 में जन्मे चैतन्य ने

निर्गुण ब्रह्म को विष्णु और उनके अवतार कृष्ण पर केंद्रित ईशवाद को प्रसारित करने की प्रक्रिया पूरी की। चैतन्य ने अपने जीवन का अच्छा-खासा समय ओडिशा में बिताया था।

चैतन्य ने इस ईशवाद को समर्पित भक्ति के एक नए स्तर पर पहुंचा दिया। इस समय तक, गीतगोविंद के लेखक जयदेव (बारहवीं सदी ईस्वी) ने राधा-कृष्ण की पूजा को एक पंथ की ऊंचाई तक पहुंचा दिया था। गीतगोविंद की प्रेम कविताओं का प्रभाव ज्वार की एक लहर के समान था, और इसे पूरे भारत, विशेषकर बंगाल में बेहद लोकप्रियता मिली थी। यह रचना वैष्णव मंदिरों में एक प्रथा के समान गाई जाने लगी थी।

चौदहवीं से सोलहवीं सदी तक, जयदेव की विरासत को कई कवियों ने आगे बढ़ाया। लेकिन जयदेव के विपरीत, इन कवियों ने अपनी रचनाएं आम जन की भाषा में लिखीं।

चौदहवीं और पंद्रहवीं सदी के दौरान हुए चंडीदास ने अपनी मातृभाषा बंगाली में लिखा। चंडीदास के समकालीन विद्यापति (1352-1448) बिहार के मिथिला में रहते थे और उन्होंने मैथिली में लिखा। सूरदास ने ब्रजभाषा में लिखा। बिहारी (1595-1664) भी ब्रजभाषा में लिखा करते थे। इन सभी कवियों ने बहुत लोकप्रियता हासिल की क्योंकि उनकी रचनाओं में सादगी थी, और वो स्थानीय मुहावरों और लोकोक्तियों के सहारे अपनी बात कहती थीं। आम जन के लिए वो ऐसे ग्रंथ थे, जिन्हें बिना किसी प्रयास के समझा जा सकता था और गीतबद्ध होने के कारण उनका आनंद कभी भी लिया जा सकता था। उनकी भाषा में एक आकर्षण था जो लोगों के अंदर तुरंत भावनात्मक प्रतिक्रिया को जन्म देता था।

इसलिए आश्चर्य की बात नहीं है कि भक्ति गीतों के सामूहिक गायन यानी कीर्तनों के विकास का सीधा संबंध इन रचनाओं की लोकप्रियता के साथ था। इस समय तक, गीतगोविंद का अनुवाद दूसरी क्षेत्रीय भाषाओं में भी हो चुका था। इसका परिणाम यह था कि राधा और कृष्ण की प्रेम कथाओं से प्रेरित, व्यक्तिगत ईशवाद अब दार्शनिकों के गिने-चुने कक्षों से निकलकर आम जनता के घरों और प्रथाओं तक पहुंच चुका था।

चैतन्य की उत्कट वैष्णव भक्ति पर निस्संदेह इन चीजों का प्रभाव था।

उनकी भक्ति के केंद्र में कृष्ण थे। वल्लभ के ही समान, उनके ईश्वर की विशेषता थी कई शक्तियां, जिनमें से तीन प्रमुख थीं: जीव शक्ति, माया शक्ति और स्वरूप शक्ति। आत्माएं उनकी जीव शक्ति की रूप थीं; प्रत्यक्ष जगत उनकी माया शक्ति की रचना था; उनके परमानंद की प्रकृति की अभिव्यक्ति थी स्वरूप शक्ति। इन शक्तियों का संबंध अचिंत्यभेदाभेद का था—जहां सभी अलग तो थीं, लेकिन सभी कृष्ण के साथ एक थीं। वृंदावन, जहां कृष्ण गोपियों और राधा के साथ रास रचाते थे, उनकी स्वरूप शक्ति की स्वतःस्फूर्त रचना था। इसका सबसे महत्वपूर्ण अंग था निर्मल आनंद (ह्लादिनी शक्ति)। राधा ह्लादिनी शक्ति की प्रतीक थीं। इस प्रकार, वो केवल कृष्ण के मौलिक आत्म का अंश नहीं थीं, बल्कि इसका सर्वाधिक आनंदमय पक्ष भी थीं।

चैतन्य के ईशवाद ने वृंदावन को कृष्ण के शाश्वत स्वर्ग—गोलोक के प्रतिबिंब के रूप में भी प्रस्तुत किया। वृंदावन में कृष्ण की लीला—गोपियों के साथ रास, और राधा के साथ उनकी क्रीड़ा—ऐसी नहीं थी जो केवल पृथ्वी पर उनके अवतार के दौरान हुई; ऐसी गतिविधि ईश्वर के ईश्वरत्व का स्वाभाविक अंश थी और उनके शाश्वत स्वर्ग में अनवरत हो रही थी।

> इसलिए, भागवत के अचिंत्य प्रभाव के द्वारा, उनका सर्वोच्च स्वर्ग, जो सभी लोकों से परे स्थित है, इस पृथ्वी पर भी विद्यमान है। इस प्रकार, पृथ्वी का गोलोक या वृंदावन अलग नहीं है, बल्कि वास्तव में दिव्य गोलोक या वृंदावन के समान है, और भगवान कृष्ण दोनों स्थानों पर अपने उन्हीं अनुचरों के साथ सदा विद्यमान रहते हैं।[4]

चैतन्य को महाप्रभु कहा जाता था, और उन्हें उनके अनुयायी स्वयं कृष्ण का अवतार मानते थे। उनके लिए, कृष्ण सर्वोच्च परम सत्य थे; उनके लिए विशुद्ध प्रेम प्रदर्शित करना सभी भक्तों का अंतिम लक्ष्य था, और जीवन का उद्देश्य था उनका प्रेमपूर्ण आशीर्वाद प्राप्त करना। उन्होंने जिस भक्तिपूर्ण प्रवाह को प्रेरित किया—और मान्यता दिलाई—वो इतना शक्तिशाली था कि कई सदियों बाद

4 एस. के. डे, अर्ली हिस्ट्री ऑफ दि वैष्णव फेथ एंड मूवमेंट इन बेंगॉल फ्रॉम संस्कृत एंड बेंगॉली सोर्सेज, कोलकाता, 1961, पृष्ठ 334

उसने स्वामी रामकृष्ण परमहंस को भी प्रभावित किया।

शंकराचार्य के बाद ब्रह्मांड की उनकी दृढ़ और तर्कसंगत व्याख्या का जहां एक स्तर पर वैचारिक अवमूल्यन दिखा, वहीं दूसरे स्तर पर उसकी पुष्टि भी दिखी। निर्गुण ब्रह्म की उनकी धारणा का धीरे-धीरे क्षरण, स्पष्ट रूप से, उनके अटल और दृढ़ तर्कसंगत सिद्धांत का विरोध था। लेकिन मुझे नहीं लगता कि ऐसा होने से उन्हें आश्चर्य हुआ होता। शायद इसी कारण उन्होंने ज्ञान मार्ग को दो स्तरों पर बांटा था: परा विद्या या उच्चतर ज्ञान, जहां संपूर्ण की आध्यात्मिक समझ मुख्य विषय था; और अपरा विद्या या निम्नतर ज्ञान, जहां भक्ति, पूजन, योग, प्रार्थना, समर्पण और प्रथाओं को वैधता दी गई थी, ताकि इनके माध्यम से अपरा विद्या से परा विद्या की ओर जाया जा सके।

इसलिए, उनके बाद जो कुछ हुआ, उसे उन्होंने स्वयं भी स्वीकृति दी थी। सच तो यह है कि, बाद में, उन्होंने स्वयं ही गहरे भावुक ईशवाद का पालन किया था जिस कारण उन्होंने हिंदू धर्म के प्रमुख देवताओं के लिए भावप्रवण स्तुतियां रची थीं। हालांकि, महत्वपूर्ण बिंदु यह है कि वो जिस ईशवाद का पालन करते थे, उसने उन्हें क्षण भर के लिए भी, अद्वैत दृष्टिकोण, और इसके केंद्रीय ब्रह्म सिद्धांत से दूर नहीं हटाया।

शंकर के अद्वैतवाद, और रामानुज के ईशवाद के बीच का संघर्ष दोनों में से किसी का भी महत्व कम नहीं करता। शंकर का ब्रह्म, आम भक्तों के लिए कहीं अधिक बौद्धिक संरचना था। यह वैसा भरोसा नहीं जगाता था जो मनुष्य को असुरक्षा, आवश्यकता या किसी इच्छापूर्ति के लिए चाहिए। जैसे, पूर्ण की मूर्त धारणा; एक देवत्व जिसे वो व्यक्तिगत रूप से अंतर्निहित कर सकें; किसी धारणा में नहीं, बल्कि एक ईश्वर में मजबूत आस्था जिसे समझा जा सकता है और जहां केवल तर्कों के आधार पर निष्कर्ष नहीं हैं। शंकर इसे समझते थे और इसलिए, उन्होंने अपने मूल अद्वैत को कमजोर किए बगैर ईशवाद से संबंधित प्रथाओं और रीतियों को स्वीकृति दी थी। मेरे अनुसार, रामानुज ने शंकर के ब्रह्म की धारणा के आधारभूत तर्क को समझ लिया था, लेकिन वो ईशवाद को, इसकी पूरी पूजा, प्रथा और भक्ति

के साथ, दार्शनिक वैधता दिलाने का रास्ता ढूंढ़ने के लिए उत्सुक थे, और यह भी नहीं चाहते थे कि इसे अपरा विद्या माना जाए।

वास्तविक तथ्य यह है कि रामानुज—हिंदू धर्म के महान विचारकों में एक—और उनके बाद के विचारकों की आवश्यकता थी कि अध्यात्म को अधिक धार्मिक बनाया जाए, जबकि शंकर की आकांक्षा थी कि धर्म को अधिक आध्यात्मिक बनाया जाए। इस मायने में, अद्वैत का ब्रह्म, और रामानुज के विष्णु मानवीय आकांक्षा रूपी एक सिक्के के दो पहलू हैं। एक मानव की कमजोरी और मौजूदा जीवन में इच्छाओं की पूर्ति के लिए है, तो दूसरा वास्तविक सत्य के लिए मानवीय ज्ञान की तलाश के लिए है। एक सर्वशक्तिमान की कृपा का मार्ग बताता है, तो दूसरा उन ब्रह्मांडीय रहस्यों का मार्ग प्रशस्त करता है जो सर्वोच्च सत्य के पीछे हैं। दोनों की अपनी प्रासंगिकता है, और शंकर के तर्क को सर्वोच्च साबित करने के लिए रामानुज के तर्कों में कमी ढूंढ़ना निरर्थक है।

शंकर ने धर्म को अध्यात्म की ऊंचाई दी, वहीं रामानुज ने अध्यात्म को धर्म के स्तर पर पहुंचाया। इसी कारण शंकर ने ईशवाद को गलत नहीं माना था, ना ही रामानुज—या उनके बाद के किसी विचारक ने—कभी भी ब्रह्म की धारणा से इनकार किया। जैसा डॉ. एस. राधाकृष्णन लिखते हैं:

> शंकर और रामानुज वेदांत के दो महान विचारक थे, और एक के सर्वश्रेष्ठ गुण दूसरे के दोष थे। शंकर के शुष्क तर्कों ने उनकी व्यवस्था को धार्मिक रूप से अनाकर्षक बना दिया; रामानुज की दूसरे लोक की सुंदर कथाओं पर, जिन्हें वो इतने विश्वास के साथ सुनाते हैं जैसे कि उन्होंने दूसरे लोक के निर्माण में व्यक्तिगत सहयोग दिया हो, विश्वास नहीं किया जा सकता है। शंकर का प्रभावशाली तर्कशास्त्र, जो ईश्वर, मनुष्य और जगत—सभी के निशान एक अंतिम चेतना में देखता है, रामानुज के अनुयायियों के लिए भी अस्वीकृत नहीं है।[5]

शंकर की महानता इसमें है कि उन्होंने धार्मिक प्रथाओं की मानवीय आवश्यकता को समझा, लेकिन उसे कभी भी ब्रह्मांड के रहस्यों की अपनी तलाश के आड़े नहीं आने दिया। केवल विचारों की गहराई के स्तर पर देखें तो वो इस तलाश

5 एस. राधाकृष्णन, उपरोक्त, पृष्ठ 673

में लगातार लगे रहे, बिना किसी सहयोगी के। समय बीतने के साथ ही उनके विचारों की महान विरासत ना केवल अक्षुण्ण है, बल्कि उसका महत्व बढ़ा है, और यहां तक कि विज्ञान के आधुनिक आविष्कारों द्वारा उन्हें मान्यता मिल रही है।

त्रासदी यह है कि इस महान विद्वान की जन्मभूमि में ही, मुट्ठी भर लोगों को उनके योगदान की महानता, और ब्रह्मांड के बारे में उभर रहे नए दृष्टिकोण के प्रति उसकी स्तब्धकारी प्रासंगिकता की जानकारी है। यहां तक कि जिन्हें उनके विचार-कोष को सुरक्षित रखने की जिम्मेदारी सौंपी गई है, वो भी अक्सर धार्मिक प्रथाओं—जिनका निस्संदेह अपना स्थान है—की तरफ भटक जाते हैं, बनिस्पत उनकी आध्यात्मिक अंतर्दृष्टि की भव्यता के।

क्या हिंदू, और भारतीय, एक बार फिर शंकर के महत्व को सामने ला सकते हैं और दुनिया से कह सकते हैं कि यहां एक विचारक था जिसने अपने छोटे से जीवन में, दुनिया को और पूरी मानवता को, परम और ब्रह्मांड का ऐसा दृष्टिकोण दिया जो केवल अपनी साहसिकता के कारण भी मानव जाति के वैचारिक इतिहास में अतुलनीय कहा जा सकता है?

चयनित पद्यावली

भाष्य ग्रंथ

भगवद्‌गीता पर शंकराचार्य की टीका

गीता में 18 अध्यायों में सात सौ श्लोक हैं और ये महाभारत से संबद्ध है। संभवत: ये 500 ईसा पूर्व लिखे गए थे। उपनिषदों और ब्रह्मसूत्र के साथ गीता को हिंदू दार्शनिक विश्वदृष्टि चित्रित करने वाले तीन आधारभूत ग्रंथों में एक माना जाता है।

शंकर ने गीता पर विस्तृत भाष्य लिखा है और उसके हर पद्य का अर्थ स्पष्ट किया है। गीता का सबसे अहम संदेश है कर्म योग या निष्काम कर्म—अर्थात बिना फल की इच्छा किए कर्म करना। शंकर अपने भाष्य में इस बात को बेहद अहम मानते हैं। हालांकि वो, वैदिक आज्ञा के अनुसार, कर्म और अनुष्ठान पर अत्यधिक जोर देने वाले मीमांसकों से मतभिन्नता रखते हैं, उनका विश्वास था कि समर्पण की भावना के साथ और पुरस्कार की इच्छा रखे बिना किया गया कर्म ही ब्रह्म की सर्वोच्च वास्तविकता को अनुभव करने और समझने की पहली सीढ़ी है।

हमने ए. माधव शास्त्री के सुबोधगम्य अनुवाद को चुना है। ये अनुवाद 1901 के आसपास किया गया था। शास्त्री ने खुद कहा है कि उनका प्रयास शंकर के भाष्य की मूल भावना और संरचना से छेड़छाड़ किए बिना उसे सीधी और सरल भाषा में आम पाठक तक पहुंचाना ही उनका उद्देश्य है। गीता के उन छंदों का चुनाव किया गया है जो उसके सार को सामने लाते हैं और उन्हें लेकर शंकर के विचारों को समझने का अवसर मिलता है।

प्रसादे सर्वदुःखानां हानिरस्योपजायते ।
प्रसन्नचेतसो ह्याशु बुद्धिः पर्यवतिष्ठते ॥

शांति में सभी पीड़ाओं का अंत है; क्योंकि, शांत मन वाले व्यक्ति की बुद्धि शीघ्र ही स्थिर हो जाती है।

आचार्य शंकर का भाष्यः शांति प्राप्ति होने पर भक्त की सभी पीड़ाओं का अंत हो जाता है जो शरीर और मन से संबंधित हैं। क्योंकि, शुद्ध मन वाले व्यक्ति की बुद्धि जल्दी ही स्थिर, और आकाश के समान हर तरफ व्याप्त हो जाती है; अर्थात यह आत्म के रूप में दृढ़ रहती है।

इस अनुच्छेद का अर्थ यह हैः वो व्यक्ति जिसका हृदय पवित्र है और जिसका मन स्थिर, उसने अपना उद्देश्य प्राप्त कर लिया है। इसलिए भक्त को केवल उन ऐंद्रिक वस्तुओं का सहारा लेना चाहिए जो अपरिहार्य हैं और शास्त्रों द्वारा वर्जित नहीं हैं, प्रेम और घृणा से रहित भावनाओं के साथ।

शांति की स्तुति इस प्रकार की गई है:

नास्ति बुद्धिरयुक्तस्य न चायुक्तस्य भावना ।
न चाभावयतः शान्तिरशान्तस्य कुतः सुखम् ॥

अस्थिर चित्त को बुद्धि प्राप्त नहीं होती, अस्थिर चित्त के लिए ध्यान भी संभव नहीं है और ध्यान के बिना शांति प्राप्त नहीं होती और बिना शांति के लिए आनंद कैसे संभव है?

आचार्य शंकर का भाष्यः अस्थिर चित्त, ऐसे व्यक्ति को, जो मन को चिंतन में नहीं लगा सकता, स्वयं की वास्तविक प्रकृति का ज्ञान और बोध नहीं हो सकता। अस्थिर चित्त का ध्यान में मन नहीं लग सकता और ना ही गहरा आत्मबोध हो सकता है। अर्थात वो व्यक्ति जिसने आत्मबोध के लिए स्वयं को समर्पित नहीं किया, वो ना तो शांतचित्त हो सकता है और ना उसे शांति प्राप्त हो सकती है और जिसे शांति नहीं वो प्रसन्न कैसे रह सकता है? आनंद की प्राप्ति वस्तुतः ऐंद्रिक सुखों से मुक्ति में है, ना कि वस्तुओं की तृष्णा में। इसमें तो केवल दुख है। जहां तृष्णा है वहां आनंद का कोई निशान नहीं हो सकता, वहां आनंद की गंध तक नहीं मिल सकती।

प्रश्न :- अस्थिर चित्त को ज्ञान क्यों नहीं मिल सकता ?

उत्तर : - सुनो :

इन्द्रियाणां हि चरतां यन्मनोऽनु विधीयते ।
तदस्य हरति प्रज्ञां वायुर्नावमिवाम्भसि ॥

जिनके मन में इंद्रिय सुख की कामना होती है उनसे ज्ञान दूर चला जाता है। ठीक उसी तरह जैसे हवा पानी के जहाज को तट से दूर ले जाती है।

आचार्य शंकर का भाष्य: इंद्रियों के वश में आने वाले मन के भीतर अलग-अलग प्रभाव उत्पन्न होते हैं। इंद्रियों के ये प्रभाव मिलकर साधक में आत्म और अनात्म के बोध को नष्ट कर देते हैं।

कैसे? जैसे नाविक के लाख चाहने के बाद भी हवा जहाज को रास्ता भटका देती है और उसके तय मार्ग से दूर ले जाती है। वैसे ही मन साधक को उसकी आत्म चेतना के पथ से भटका देता है और सिर्फ इंद्रिय सुख में उलझा देता है।

प्रभु इस सूत्र की पुनः पुष्टि करते हुए अपनी बात खत्म करते हैं:

तस्माद्यस्य महाबाहो निगृहीतानि सर्वशः ।
इन्द्रियाणीन्द्रियार्थेभ्यस्तस्य प्रज्ञा प्रतिष्ठिता ॥

इसलिए हे महाबाहु, उसी का ज्ञान स्थिर है जिसकी इंद्रियां भौतिक सुखों से पूरी तरह दूर हैं।

आचार्य शंकर का भाष्य: ये देखा गया है कि सारी बुराइयां इंद्रिय सुख की लालसा में उत्पन्न होती हैं। इसलिए जिसने विषयनिष्ठ और वस्तुनिष्ठ—सभी तरह इंद्रियों को अपने वश में कर लिया, उसी साधक का ज्ञान स्थिर है।

ऐसे व्यक्ति के मामले में जिसके पास विभेदक बुद्धि है और जिसका ज्ञान स्थिर हो चुका है , उसका अनुभव सभी मामलों में, चाहे वो तात्कालिक हो या आध्यात्मिक (लौकिक, वैदिक, ऐंद्रिक और पारलौकिक) अज्ञान का अंत कर देता है। इसे स्पष्ट करने के लिए, प्रभु आगे कहते हैं:

या निशा सर्वभूतानां तस्यां जागर्ति संयमी ।
यस्यां जाग्रति भूतानि सा निशा पश्यतो मुनेः ॥

सब प्राणियों के लिए जो रात्रि के समान है, उसमें स्थित प्रज्ञ संयमी जागृत होता है; और जिन विषयों में सब प्राणी जागृत होते हैं, वह मुनि के लिए रात्रि के समान है

आचार्य शंकर का भाष्य: सभी प्राणियों के लिए सर्वोच्च सत्य रात्रि है। रात्रि अपनी प्रकृति में तामसिक है और इसलिए वो भ्रम का कारण बनती है। यथार्थ का सामना वही व्यक्ति कर सकता है जिसकी बुद्धि स्थिर हो चुकी है। ठीक उसी तरह जैसे सब सबके लिए दिन होता है तब रात्रिचरों के लिए वो रात में बदल चुका होता है। इसी तरह जो अज्ञानी या अबोध हैं , रात्रिचरों की संगति में रहते हैं, उनके लिए सर्वोच्च सत्य अंधकार है, रात्रि ही है। सर्वोच्च सत्य उन्हीं को प्राप्त होता है जो आत्म संयमी हैं, जिन्होंने अपनी इंद्रियों को वश में कर लिया है और जो अज्ञान की निद्रा से स्वयं को झकझोर कर जगा चुके हैं। जो लोग अज्ञान के अंधेरे में सोए पड़े हैं और ये मानते हैं कि वो सब कुछ अनुभव कर चुके हैं, वो असल में नींद में सपने देख रहे होते हैं। मनीषी, जो सर्वोच्च सत्य को अनुभव कर चुके हैं, वो इसे रात्रि की संज्ञा देते हैं।

इसलिए अज्ञानियों को आदेश देकर कार्य करवाया जाता है बुद्धिमान को नहीं। जैसे-जैसे विद्या का उदय होता है और अविद्या गायब होती जाती है, ठीक उसी तरह जैसे सूर्योदय होने के साथ अंधेरा छंटने लगता है। ज्ञान का उदय होने से पहले अविद्या स्वयं को भिन्न-भिन्न रूपों में प्रस्तुत करती है। जैसे कर्म, साधन और साध्य—इससे अधिकार भाव आता है और ये सभी कार्यों का स्रोत मानी जाती है। जब तक इसमें अधिकार भावना नहीं आएगी तब तक किसी कार्य के लिए प्रेरित नहीं कर सकती। एक व्यक्ति किसी कार्य को अपना कर्तव्य समझकर जुटा रहता है। मानो उसे ऐसा करने का वैदिक आदेश मिला हो। बिना ये जाने कि ये द्वैत भ्रम मात्र है। लेकिन जब वो ये समझ लेता है कि विश्व का ये द्वैत केवल भ्रम है, जब उसे आत्मबोध हो जाता है तब उसका कर्तव्य कार्य का संपादन नहीं, बल्कि सभी कार्यों का त्याग हो जाता है। हमारे प्रभु तदनुसार दिखाएंगे कि ऐसे व्यक्ति का कर्तव्य ज्ञान-निष्ठा में होता है।

(आपत्ति) :- आदेश या मार्गदर्शन (प्रवर्तक प्रमाण विधि) के बिना कोई व्यक्ति उस मार्ग पर अग्रसर नहीं हो सकता।

(उत्तर) : ये आपत्ति लागू नहीं होती; क्योंकि, आत्मबोध का अर्थ स्वयं के बारे में ज्ञान से है। आत्मा का अर्थ व्यक्ति के स्व से है और वास्तव में किसी व्यक्ति को उसकी आत्मा या स्व के लिए प्रेरित करने हेतु किसी आदेश की आवश्यकता नहीं है। ज्ञान के सारे अंग (प्रमाण) अंततः आत्म या स्वज्ञान की ओर ही ले जाते हैं। जब आत्म की वास्तविक प्रकृति का ज्ञान हो जाता है, ना तो ज्ञान के अंग और ना ही ज्ञान के लक्ष्यों का चेतना के सामने कोई अस्तित्व रह जाता है। क्योंकि, अंतिम सत्ता (जैसे वेद) सिखाती है कि आत्म लक्ष्यों को ग्रहण नहीं करता है, और इस शिक्षा के परिणामस्वरूप स्वयं वेद की सत्ता महत्वहीन हो जाती है, बिलकुल उसी प्रकार जैसे जाग्रत अवस्था में स्वप्न महत्वहीन हो जाता है। सामान्य अनुभव में भी, हमें ज्ञान का ऐसा कोई अंग नहीं मिलता जो आगे के कर्म की आवश्यकता बताए, जब उस अंग द्वारा ग्रहण की जा सकने वाली वस्तु प्राप्त हो जाती है।

प्रभु रेखांकित करते हैं कि वो भक्त जो इच्छाओं का परित्याग कर चुका है, जिसकी बुद्धि स्थिर है, केवल वही मोक्ष प्राप्त कर सकता है, जिसने आनंद प्रदान करने वाली वस्तुओं का और इच्छा का त्याग नहीं किया, उसे मुक्ति नहीं मिल सकती।

आपूर्यमाणमचलप्रतिष्ठं समुद्रमापः प्रविशन्ति यद्वत् ।
तद्वत्कामा यं प्रविशन्ति सर्वे स शान्तिमाप्नोति न कामकामी ॥

वह व्यक्ति, जिसमें सारी इच्छाएं उसी तरह प्रवेश करती हैं जैसे जल सारी दिशाओं से समुद्र में गिरता है परंतु फिर भी वह अविचल रहता है, ऐसा व्यक्ति ही शांति प्राप्त कर पाता है ना कि वह जो वस्तुओं की इच्छा करता रहता है।

आचार्य शंकर का भाष्य : सागर में सब दिशाओं से पानी आकर गिरता है लेकिन उसकी अवस्था एक सी रहती है, उसमें कोई परिवर्तन नहीं होता। वैसे ही ज्ञानी पुरुष के पास सब तरफ से इच्छाओं का सागर हिलोरे मारता रहता है किंतु उस पर इनका कोई प्रभाव नहीं पड़ता। वह जानता है कि कौन सी वस्तु को परायण करना है और किसका त्याग करना है। यही कारण है कि ज्ञानियों को शांति (मोक्ष) प्राप्त होती है, लेकिन उसे नहीं जो बाहरी वस्तुओं के लोभ में पड़ा रहता है।

चूंकि ऐसा होता है, इसलिए,

विहाय कामान्यः सर्वान्पुमांश्चरति निःस्पृहः ।
निर्ममो निरहङ्कारः स शान्तिमधिगच्छति ॥

वह व्यक्ति जो सारी इच्छाओं का परित्याग कर चुका है, मोह के बंधनों को तोड़ चुका है, जो स्वार्थों से परे है, जो अभिमान से दूर है, उसे ही शांति का अनुभव होता है।

आचार्य शंकर का भाष्य : वह व्यक्ति जो त्यागी है, इच्छाओं का पूरा त्याग कर चुका है, जीवन यापन की न्यूनतम वस्तुओं से संतुष्ट है, यहां तक कि उन न्यूनतम पदार्थों का भी मोह नहीं रखता जो जीवन के अस्तित्व के लिए बहुत आवश्यक हैं, जिसने अपने ज्ञान को व्यर्थ नहीं किया, जिसका ज्ञान स्थिर है, जो ब्रह्म को जान चुका है, निर्वाण प्राप्त कर चुका है, संसार के दुखों से दूर जा चुका है, ऐसा व्यक्ति स्वयं ब्रह्म बन जाता है।

ज्ञान के प्रति ऐसी निष्ठा की प्रशंसा इस तरह की गई है :

एषा ब्राह्मी स्थितिः पार्थ नैनां प्राप्य विमुह्यति ।
स्थित्वाऽस्यामन्तकालेऽपि ब्रह्म निर्वाणमृच्छति ॥

हे पार्थ, ये ब्रह्मानंद की स्थिति है, इसे प्राप्त कर चुका पुरुष किसी वस्तु पर मोहित नहीं होता, जो इस ब्रह्म को प्राप्त कर चुका है वह जीवन के अंतिम क्षण तक ऐसा ही रहता है।

आचार्य शंकर का भाष्य : सब कुछ त्यागने और ब्रह्म पर पर क्रेंद्रित होने की यह पूर्वगामी स्थिति—दैवीय अवस्था है, ब्रह्म की अवस्था है। यह ब्रह्म में लीन होने की अवस्था है। व्यक्ति जब इस अवस्था में पहुंच जाता है फिर वह मोह से मुक्त हो जाता है और जीवन के अंतिम क्षणों तक ऐसा ही रहता है, मोक्ष को प्राप्त कर लेता है, ब्रह्मानंद में लीन हो जाता है। और यह कहने की आवश्यकता नहीं है कि जो त्यागी एक छात्र के समान संपूर्ण जीवन ब्रह्म में रहता है, उसे ब्रह्म-निर्वाण प्राप्त होता है।

प्रकरण-ग्रंथ

प्रकरण एक ऐसा दस्तावेज है जो मुख्य विषय की विषय–वस्तु से संबंधित होता है जिसमें लेखक स्वतंत्र रूप से टीका कर सकता है और एक या अधिक प्रमुख ग्रंथों का संदर्भ दे सकता है। प्रकरण की यह परिभाषा पराशर उपपुराण में दी गई है:

शास्त्रैकदेशसम्बद्धं शास्त्रकार्यान्तरे स्थितम् ।
आहुः प्रकरणं नाम शास्त्रभेदंविचक्षणाः ॥

-पराशर उपपुराण-18-21-22

आत्मबोध

आत्मबोध का तात्पर्य आत्म-ज्ञान या आत्म-चेतना से है। इसमें केवल 60 श्लोक हैं लेकिन यह शंकराचार्य की विशेष पठनीय और स्पष्ट रचना है। एक अर्थ में, यह उनकी वेदांतिक विचार श्रृंखला का सारांश है, जिसे उनके छात्रों और अनुयायियों को सरल तरीके से समझाने के उद्देश्य से लिखा गया है। यह वैदिक सिद्धांत को साफ और स्पष्ट तरीके से सामने रखता है, बताता है कि ज्ञान में ही मुक्ति निहित है, आत्म की प्रकृति हमारे भीतर निहित है, ये बताता है कि ब्रह्म व्यापक और निर्गुण है, ये आत्म और ब्रह्म की संपूर्ण पहचान का रास्ता दिखाता है।

आत्मबोध का पहला अंग्रेजी अनुवाद 1812 में जे टेलर ने "द नॉलेज ऑफ स्पिरिट" शीर्षक से किया था। दूसरा अनुवाद आदरणीय जे एफ केर्न्स ने 1876 में प्रकाशित " द इंडियन एंटीक्वैरी" में किया । हमने श्री रामकृष्ण मठ के स्वामी निखिलानंद का अनुवाद चुना है, जो 1947 में प्रकाशित हुआ था

तपोभि:क्षीणपापानां शान्तानां वीतरागिणाम् ।
मुमुक्षूणामपेक्ष्योऽयमात्मबोधो विधीयते ॥

मैं आत्मबोध या आत्मज्ञान की रचना उन व्यक्तियों के लिए कर रहा हूं जिन्होंने आत्मसंयम और तपस्या के माध्यम से स्वयं को शुद्ध कर लिया है, जो हृदय से शांत हैं, जो लालसा से दूर हैं और इच्छाओं से मुक्ति पा चुके हैं।

बोधोऽन्यसाधनेभ्यो हि साक्षान्मोक्षैकसाधनम् ।
पाकस्य वह्निवज्ज्ञानं विना मोक्षो न सिध्यति ॥

जिस प्रकार अग्नि भोजन पकने का प्रत्यक्ष कारण है, इसी प्रकार केवल ज्ञान मोक्ष का प्रत्यक्ष कारण है, कोई अन्य विधा नहीं; क्योंकि बिना ज्ञान के मोक्ष प्राप्त नहीं किया जा सकता।

संसारः स्वप्नतुल्यो हि रागद्वेषादिसङ्कुलः ।
स्वकाले सत्यवद्भाति प्रबोधे सत्यसद्भवेत् ॥

यह संसार अनुरक्ति और विरक्ति से भरा हुआ है, और बाकी स्वप्न के समान है; यह तभी तक सत्य दिखती है जब तक कोई व्यक्ति अज्ञानी है, लेकिन जब उसे ज्ञान प्राप्त हो जाता है यह सब मिथ्या दिखाई देने लगता है।

अनाद्यविद्यानिर्वाच्या कारणोपाधिरुच्यते ।
उपाधित्रितयादन्यमात्मानमवधारयेत् ॥

अविद्या, अवर्णनीय और अनादि ये कारण कहे जाते हैं, ये वो उपाधियां हैं जो आत्म पर आरोपित कर दी गई हैं। निश्चित तौर पर आत्म इन तीनों उपाधियों से अलग है।

प्रकाशोऽर्कस्य तोयस्य शैत्यमग्नेर्यथोष्णता ।
स्वभावः सच्चिदानन्दनित्यनिर्मलतात्मनः ॥

आत्मा की प्रकृति शाश्वत, शुद्ध, यथार्थ, चेतन और परमानंद है; जैसे सूर्य की प्रकृति प्रकाश है, जल की शीतलता है और अग्नि की उष्णता है।

आत्मनो विक्रिया नास्ति बुद्धेर्बोधो न जात्विति ।
जीवः सर्वमलं ज्ञात्वा ज्ञाता द्रष्टेति मुञ्चति ॥

आत्म कभी परिवर्तित नहीं होता, बुद्धि कभी चेतना संपन्न नहीं होती। परंतु व्यक्ति इस विश्वास के साथ कि आत्म बुद्धि के समकक्ष है, स्वयं को ज्ञानी और सिद्धपुरुष मानकर भ्रम में डूबा रहता है।

रज्जुसर्पवदात्मानं जीवं ज्ञात्वा भयं वहेत् ।
नाहं जीवः परात्मेति ज्ञातञ्चेन्निर्भयो भवेत् ॥

जैसे मनुष्य रस्सी को सांप समझ लेता है, वैसे ही आत्म डर के वशीभूत होकर स्वयं को जीव समझ लेता है। आत्म इस भय से तब मुक्त होता है जब वो अनुभव कर लेता है कि वो जीव नहीं बल्कि परम आत्मा है।

निषिध्य निखिलोपाधीन्नेति नेतीति वाक्यतः ।
विद्यादैक्यं महावाक्यैर्जीवात्मपरमात्मनोः ॥

"ये ऐसा नहीं है, ये ऐसा नहीं है" इस शास्त्रीय वाक्य की सहायता से सभी उपाधियों का निषेध करते हुए, वैदिक सूत्र के माध्यम से स्व-आत्म और परम आत्मा के बीच एकाकार होने का अनुभव होता है।

नित्यशुद्धविमुक्तैकमखण्डानन्दमद्वयम् ।
सत्यं ज्ञानमनन्तं यत्परं ब्रह्माहमेव तत् ॥

मैं वस्तुतः परम ब्रह्म हूं जो शाश्वत, निर्मल और मुक्त है; जो एक, अभाज्य, और अद्वैत है; एवं जिसकी प्रकृति परमानंद, सत्य, ज्ञान और अनंत है।

एवं निरन्तराभ्यस्ता ब्रह्मैवास्मीति वासना ।
हरत्यविद्याविक्षेपान् रोगानिव रसायनम् ॥

निरंतर चिंतन द्वारा निर्मित "मैं ब्रह्म हूं" की धारणा अज्ञानता और भटकाव का अंत कर देती है, उसी प्रकार जैसे रसायन रोग का निवारण कर देता है।

ज्ञातृज्ञानज्ञेयभेदः परे नात्मनि विद्यते ।
चिदानन्दैकरूपत्वाद्दीप्यते स्वयमेव तत् ॥

परमा आत्म की प्रकृति, अत्यधिक परमानंद की होने के कारण, वो ज्ञानी, ज्ञान और ज्ञान के उद्देश्य में कोई विभेद नहीं करता; वो अकेला ही चमकता है।

तत्त्वस्वरूपानुभवादुत्पन्नं ज्ञानमञ्जसा।
अहं ममेति चाज्ञानं बाधते दिग्भ्रमादिवत्॥

ज्ञान यथार्थ की सच्ची प्रकृति की अनुभूति से उत्पन्न होता है और "मैं" और "मेरा" जैसी अज्ञान की विशेषताओं को तुरंत नष्ट कर देता है, जैसे सूर्य किसी के दिग्भ्रम को दूर करता है।

सम्यक् विज्ञानवान् योगी स्वात्मन्येवाखिलं जगत्।
एकं च सर्वमात्मानमीक्षते ज्ञानचक्षुषा॥

सम्यक् ज्ञान से समृद्ध योगी अपने ज्ञान की आंखों से समस्त ब्रह्मांड को स्वयं में देखता है और हर वस्तु को स्वयं मानता है और कुछ नहीं।

आत्मैवेदं जगत्सर्वमात्मानोऽन्यन्न विद्यते।
मृदो यद्वद्घटादीनि स्वात्मानं सर्वमीक्षते॥

इंद्रियगोचर ब्रह्मांड वास्तव में आत्म है, ब्रह्मांड में आत्म को छोड़कर किसी का अस्तित्व नहीं है। जैसे पात्र और मटके वस्तुतः मिट्टी ही हैं, मिट्टी के सिवा कुछ भी नहीं, इसलिए चेतन व्यक्ति प्रत्येक वस्तु को स्वयं के रूप में देखते हैं।

यद्दृष्ट्वा नापरं दृश्यं यद्भूत्वा न पुनर्भवः।
यज्ज्ञात्वा नापरं ज्ञेयं तद्ब्रह्मेत्यवधारयेत्॥

समझो कि ब्रह्म होने के बाद देखने को कुछ शेष नहीं बचता, जब व्यक्ति ब्रह्म को पा लेता है तो वह इस जगत में दोबारा जन्म नहीं लेता, और उसे जानने के कुछ नहीं बचता।

अतद्व्यावृत्तिरूपेण वेदान्तैर्लक्ष्यतेऽद्वयम्।
अखण्डानन्दमेकं यतद्ब्रह्मेत्यवधारयेत्॥

समझो कि ब्रह्म द्वैत नहीं है, अविभाज्य, एक और परमानंद है, और जैसा कि वेदांत संकेत करता है कि समस्त गोचर वस्तुओं के निषेध के उपरांत ये ऐसा आधार है जिसे घटाया नहीं जा सकता।

यद्भासा भास्यतेऽर्कादि भास्यैर्यत्तु न भास्यते ।
येन सर्वमिदं भाति तद्ब्रह्मेत्यवधारयेत् ॥

समझो कि खगोलीय पिंड सूर्य और चंद्र की तरह चमकते हैं, किंतु ये सब स्वयं के प्रकाश से नहीं चमकते बल्कि वो जिसके प्रकाश से चमकते हैं वह वास्तविकता में ब्रह्म है।

जगद्विलक्षणं ब्रह्म ब्रह्मणोऽन्यन्न किञ्चन ।
ब्रह्मान्यद्भाति चेन्मिथ्या यथा मरुमरीचिका ॥

ब्रह्म ब्रह्मांड से अलग है। ऐसा कुछ नहीं है जो ब्रह्म ना हो। ब्रह्म के इतर यदि किसी वस्तु का अस्तित्व दिखता है तो वो मृग-मरीचिका के समान मिथ्या है।

सर्वगं सच्चिदात्मानं ज्ञानचक्षुर्निरीक्षते ।
अज्ञानचक्षुर्नेक्षेत भास्वन्तं भानुमन्धवत् ॥

यद्यपि आत्म यथार्थ एवं चैतन्य है, और सर्वव्यापी है, फिर भी ये ज्ञान के नेत्र से ही दृष्टिगोचर होती है। लेकिन जिसकी दृष्टि अज्ञान के अंधकार से घिरी है वो आत्मा की कांति को नहीं देख सकता, जैसे नेत्रहीन सूर्य के प्रकाश को नहीं देखता।

श्रवणादिभिरुद्दीप्तज्ञानाग्निपरितापितः ।
जीवस्सर्वमलान्मुक्तः स्वर्णवद्द्योतते स्वयम् ॥

अशुद्धियों से मुक्त जीव, ज्ञान की अग्नि से उष्ण और प्रदीप्त, स्वतः सोने की तरह चमकता है।

दिग्देशकालाधनपेक्ष्य सर्वगं
शीतादिहृन्नित्यसुखं निरञ्जनम् ।
यस्स्वात्मतीर्थे भजते विनिष्क्रियः
स सर्ववित्सर्वगतोऽमृतो भवेत् ॥

जो सभी कार्य-व्यापार का त्याग कर चुका है, जो उस आत्मा के पवित्र और निर्मल मंदिर का पुजारी है, जो समय, स्थान और दूरी से स्वतंत्र

है; जो सर्वव्यापी है; जो उष्णता एवं शीतलता और अन्य विलोमों का विनाशक है; और जो शाश्वत सुख देने वाला है, वो सर्वज्ञानी और सर्वव्यापक हो जाता है और, इसके उपरांत अमरत्व प्राप्त करता है।

तत्त्वबोध

जो कोई भी व्यक्ति शंकराचार्य के दर्शन और अद्वैत दृष्टि के मूलभूत सिद्धांतों को समझना चाहता है,उसे तत्वबोध अवश्य पढ़ना चाहिए। इसमें शंकर एक शिक्षक के तौर पर वैदिक सिद्धांत के विभिन्न पहलुओं से जुड़े प्रश्न सामने रखते हैं और फिर उनका उत्तर भी देते हैं। ये प्रश्नोत्तर एक काल्पनिक विद्यार्थी और शिक्षक के बीच संवाद की शक्ल में हैं। उत्तर, एक साधारण पाठक और दर्शन के छात्र दोनों के लिए, शंकर द्वारा ब्रह्म सूत्र पर अपनी टीका में व्याख्या के दौरान, प्रयुक्त जटिल शब्दावलियों को सरल तरीके से समझाते हैं। प्रश्नोत्तर सावधानीपूर्वक विचार-श्रंखला में पिरोए गए हैं, और जीव या व्यक्ति, सृष्टि की उत्पत्ति की प्रक्रिया, अपनी वास्तविक पहचान की प्रकृति, और, अंततः मोक्ष के माध्यम से मिलने वाली स्वतंत्रता का विश्लेषण करते हैं।

प्रथम श्लोक गुरु के लिए मंगलाचरण है। शेष ग्रंथ गद्य के रूप में है।

वासुदेवेन्द्रयोगीन्द्रं नत्वा ज्ञानप्रदं गुरुम् ।
मुमुक्षूणां हितार्थाय तत्त्वबोधोभिधीयते ॥

योगीधिराज श्री वासुदेवेंद्र ,जो ज्ञान प्रदान करने वाले गुरु हैं ,उन्हें नमन करते हुए, तत्वबोध को जिज्ञासुओं के लाभ हेतु प्रतिपादित किया गया है।

साधनचतुष्टयसम्पन्नाधिकारिणां मोक्षसाधनभूतं
तत्त्वविवेकप्रकारं वक्ष्यामः ।

विभेदक प्रणाली मुक्ति का मार्ग है,जिनके पास इसे समझने के चार साधन हैं, हम उन्हें यह सिद्धांत समझाएंगे।

साधनचतुष्टयम्
(चार योग्यताएं)

साधनचतुष्टयं किम्?
नित्यानित्यवस्तुविवेकः । इहामुत्रार्थफलभोगविरागः ।
शमादिषट्कसम्पत्तिः । मुमुक्षुत्वं चेति ।

चार साधन क्या हैं ? शाश्वत और नश्वर के बीच विभेद करने की क्षमता, इस संसार और इसके परे अपने कर्मों के फल से मिलने वाले आनंद के प्रति निर्लिप्तता का भाव, मन को नियंत्रित करने वाली छह उपलब्धियों को मिथ्या समझने, और मुक्ति प्राप्त करने की आकांक्षा।

नित्यानित्यवस्तुविवेकः
(विभेदन)

नित्यानित्यवस्तुविवेकः कः ?
नित्यवस्त्वेकं ब्रह्म तद्व्यतिरिक्तं सर्वमनित्यम् ।
अयमेव नित्यानित्यवस्तुविवेकः ।

शाश्वत और नश्वर के बीच विभेद का क्या अर्थ है ? केवल सत्य ही नित्य है; शेष सब कुछ क्षणभंगुर है। ये विश्वास ही शाश्वत और नश्वर के बीच विभेद है।

विरागः
(निरेपक्षता)

विरागः कः ?
इहस्वर्गभोगेषु इच्छाराहित्यम् ।

विराग क्या है? इस संसार में और स्वर्ग में {अपने कर्म के परिणास्वरूप प्राप्त होने वाले फल से} आनंद की इच्छा का ना होना ही विराग है।

शमादिसाधनसम्पत्तिः
(छह –गुणा संपत्ति)

शमादिसाधनसम्पत्तिः का ?
शमो दम उपरमस्तितिक्षा श्रद्धा समाधानं च इति ।

शम के साथ प्रारंभ होने वाली संपत्ति का क्या अर्थ है? ये हैं शम, दाम, उपारम, तितिक्षा, श्रद्धा और समाधान ।

शमः कः ? मनोनिग्रहः ।
दमः कः ? चक्षुरादिबाह्येन्द्रियनिग्रहः ।
उपरमः कः स्वधर्मानुष्ठानमेव ।
तितिक्षा का ? शीतोष्णसुखदुःखादिसहिष्णुत्वम् ।
श्रद्धा कीदृशी ? गुरुवेदान्तवाक्यादिषु विश्वासः श्रद्धा ।
समाधानं किम् ? चित्तैकाग्रता ।

शम क्या है ? ये मन पर पूर्ण नियंत्रण की अवस्था है। दाम क्या है ? यह बाहरी इंद्रियों जैसे नेत्र आदि पर नियंत्रण की अवस्था है। उपारम या उपारति क्या है ? ये अपने धर्म का दृढ़ता से पालन करने की स्थिति है। तितिक्षा का क्या अर्थ है ? यह उष्ण, शीत,आनंद और पीड़ा को सहन करने की शक्ति है। श्रद्धा की प्रकृति क्या है ? गुरु और वेदांत के शब्दों पर विश्वास ही श्रद्धा है। समाधान क्या है ? मन की एकाग्रता ही समाधान है।

मुमुक्षुत्वम्
(मोक्ष)

मुमुक्षुत्वं किम् ?
मोक्षो मे भूयाद् इति इच्छा ।

मुमुक्षुत्वम क्या है ? मुझे मोक्ष प्राप्त करना है। ऐसी तीव्र इच्छा ही मुमुक्षुत्वम है।

एतत् साधनचतुष्टयम् ।
ततस्तत्त्वविवेकस्याधिकारिणो भवन्ति ।

ये चार साधन हैं जिन्हें प्राप्त करने के पश्चात व्यक्ति सत्यान्वेषण के योग्य बन जाता है।

तत्त्वविवेक
(सत्यान्वेषण)

तत्त्वविवेकः कः? आत्मा सत्यं तदन्यत् सर्वं मिथ्येति ।

तत्वविवेक या सत्यान्वेषण क्या है? आत्म ही एकमात्र यथार्थ है, बाकी सब मिथ्या है, यह दृढ़ विश्वास ही सत्यान्वेषण है।

आत्म कः ?
स्थूलसूक्ष्मकारणशरीराद्व्यतिरिक्तः पञ्चकोशातीतः सन्
अवस्थात्रयसाक्षी सच्चिदानन्दस्वरूपः सन् यस्तिष्ठति स आत्मा ।

आत्म क्या है? जो स्थूल,सूक्ष्म, कारण शरीर से पृथक है, पांच कोषों (पदार्थ,ऊर्जा, मस्तिष्क, बुद्धि और आनंद) से परे है, जो चेतना की तीन अवस्थाओं का साक्षी है एवं जिसकी प्रकृति सच्चिदानंद की है, वही आत्म है।

शरीरत्रयम्
(शरीर त्रयी)
स्थूलशरीरम्

स्थूलशरीरं किम्? पञ्चीकृतपञ्चमहाभूतैः कृतं सत्कर्मजन्यं
सुखदुःखादिभोगायतनं शरीरम्
अस्ति जायते वर्धते विपरिणमते अपक्षीयते विनश्यतीति
षड्विकारवदेतत्स्थूलशरीरम् ।

जो पंचीकरण की प्रक्रिया से गुजरकर पंच महाभूतों से निर्मित है, जो पूर्वजन्म के सद्कर्मों का फल है, जो आनंद और शोक का अनुभव

करता है, जो छह परिवर्तनों से गुजरता है—गर्भ में अस्तित्व ग्रहण करता है, जन्म लेता है, बढ़ता है, परिपक्व होता है, जरावस्था में पहुंचता है और फिर मृत्यु को प्राप्त हो जाता है, वही स्थूल शरीर है।

सूक्ष्मशरीरम्

सूक्ष्मशरीरं किम्? अपञ्चीकृतपञ्चमहाभूतैः कृतं
सत्कर्मजन्यं सुखदुःखादिभोगसाधनं पञ्चज्ञानेन्द्रियाणि
पञ्चकर्मेन्द्रियाणि पञ्चप्राणादयः मनश्चैकं बुद्धिश्चैका
एवं सप्तदशाकलाभिः सह यत्तिष्ठति तत्सूक्ष्मशरीरम्।

सूक्ष्म शरीर क्या है ? जो पंच महातत्वों से निर्मित है लेकिन स्थूल नहीं है, जो पूर्वजन्म के सत्कर्मों से जन्मा है, जो आनंद एवं शोकादि की अनुभूति का माध्यम है, जिसकी रचना सत्रह तत्वों से हुई है, जिनमें पांच ज्ञानेंद्रिय, पांच कर्मेंद्रिय, पांच प्राण, मस्तिष्क और बुद्धि सम्मिलित हैं, वही सूक्ष्म शरीर है।

(पांच ज्ञानेंद्रिय)

श्रोत्रं त्वक् चक्षुः रसना घ्राणम् इति पञ्च ज्ञानेन्द्रियाणि।
श्रोत्रस्य दिग्देवता। त्वचो वायुः। चक्षुषः सूर्यः। रसनाया
वरुणः। घ्राणस्य अश्विनौ। इति ज्ञानेन्द्रियदेवताः। श्रोत्रस्य
विषयः शब्दग्रहणम्। त्वचो विषयः स्पर्शग्रहणम्। चक्षुषो
विषयः रूपग्रहणम्। रसनाया विषयः रसग्रहणम्।
घ्राणस्य विषयः गन्धग्रहणम् इति।

कान,त्वचा,नेत्र,जिव्हा एवं नाक ये पांच ज्ञानेंद्रियां हैं। प्रत्येक ज्ञानेंद्रिय का एक इष्ट है, कान का आकाश, त्वचा का वायु, नेत्रों का सूर्य, जिव्हा का जल और नाक का अश्विनी कुमार। ज्ञानेंद्रियों का अनुभव क्षेत्र इस प्रकार है—कान से ध्वनि; त्वचा से स्पर्श; नेत्रों से दृष्टि; जिव्हा से स्वाद और नाक से गंध।

(पांच कर्मेंद्रिय)

वाक्पाणिपादपायूपस्थानीति पञ्चकर्मेन्द्रियाणि । वाचो देवता वह्निः । हस्तयोरिन्द्रः । पादयोर्विष्णुः । पायोर्मृत्युः । उपस्थस्य प्रजापतिः । इति कर्मेन्द्रियदेवताः । वाचो विषयः भाषणम् । पाण्योर्विषयः वस्तुग्रहणम् । पादयोर्विषयः गमनम् । पायोर्विषयः मलत्यागः । उपस्थस्य विषयः आनन्द इति ।

पांच कर्मेंद्रियों में वाक् या वाणी, हाथ, पैर, गुदा और जननांग । इसमें वाणी का इष्ट अग्नि, हाथों का इंद्र, पांव का विष्णु, गुदा का यम और जननांगों का प्रजापति है। वाणी का कार्य बोलना, हाथों का वस्तुओं को पकड़ना, पैरों का चलना, गुदा का गंदगी बाहर करना और जननांगों का कार्य आनंद {या प्रजनन} है।

कारणशरीरम्

कारणशरीरं किम् ? अनिर्वाच्यानाद्यविद्यारूपं शरीरद्वयस्य कारणमात्रं सत्स्वरूपाऽज्ञानं निर्विकल्पकरूपं यदस्ति तत्कारणशरीरम् ।

जो अवर्णनीय है, अनादि है, जो अनभिज्ञ रूप में है,दो शरीरों {स्थूल एवं सूक्ष्म} का एकमात्र कारण है, जो स्वयं की वास्तविक प्रकृति से अनभिज्ञ है, जो द्वैत से मुक्त है—वही कारण शरीर है।

अवस्था त्रय

अवस्थात्रयं किम् ? जाग्रत्स्वप्नसुषुप्त्यवस्थाः ।

तीन अवस्थाएं क्या हैं ? जाग्रत,स्वप्न एवं गहन निंद्रा।

जाग्रत अवस्था

जाग्रदवस्था का? श्रोत्रादिज्ञानेन्द्रियैः शब्दादिविषयैश्च ज्ञायते इति यत् सा जाग्रदावस्था। स्थूल शरीराभिमानी आत्मा विश्व इत्युच्यते।

जाग्रत अवस्था क्या है ? जाग्रत अवस्था अनुभूति की ऐसी अवस्था जिसमें ध्वनि के समान ऐंद्रिक अवयव को कान जैसे इंद्रियों के माध्यम से ग्रहण किया जा सके। फिर आत्म, स्थूल शरीर के साथ जुड़कर, *विश्व* कहलाता है।

स्वप्न अवस्था

स्वप्नावस्था केति चेत् ? जाग्रदवस्थायां यद्दृष्टं यद् श्रुतम् तज्जनितवासनया निद्रासमये यः प्रपञ्चः प्रतीयते सा स्वप्नावस्था।सूक्ष्मशरीराभिमानी आत्मा तैजस इत्युच्यते।

प्रश्न है स्वप्न अवस्था क्या है, उत्तर है: वह जगत जो नींद में उन छवियों से उत्पन्न होता है, जो जाग्रत अवस्था में देखी और सुनी होती हैं, स्वप्न अवस्था कहलाता है। आत्म सूक्ष्म शरीर के साथ जुड़कर तेजस कहलाता है।

सुषुप्ति अवस्था
(गहन निद्रा की अवस्था)

अथ सुषुप्त्यवस्था का? अहं किमपि न जानामि सुखेन मया निद्राऽनुभूयत इति सुषुप्त्यवस्था। कारणशरीराभिमानी आत्मा प्राज्ञ इत्युच्यते।

तो फिर सुषुप्त अवस्था क्या है ? एक ऐसी अवस्था जिसमें व्यक्ति जागने पर ये कहे कि "मुझे कुछ ज्ञात नहीं, मैंने अच्छी नींद का आनंद लिया।" यह सुषुप्तावस्था या गहरी नींद की अवस्था है। आत्म जब कारण शरीर के साथ जुड़ता है तो प्राण कहलाता है।

पंच कोशः

पंच कोशाः के ? अन्नमयः प्राणमयः मनोमयः विज्ञानमयः आनन्दमयश्चेति ।

पंचकोश क्या हैं ? अन्नमय, प्राणमय, मनोमय, विज्ञानमय और आनंदमय—ये सब पंचकोश कहलाते हैं।

अन्नमयः कोशः

अन्नमयः कः? अन्नरसेनैव भूत्वा अन्नरसेनैव वृद्धिं प्राप्य अन्नरूपपृथिव्यां यद्विलीयते तदन्नमयः कोशः स्थूलशरीरम् ।

जो अन्न के सत्व से जन्म लेता है, जो अन्न के सत्व से बढ़ता है और पृथ्वी में विलीन हो जाता है, जिसकी प्रकृति अन्न के समान होती है वो अन्नमय कोश या स्थूल शरीर कहलाता है।

प्राणमयः कोशः

प्राणमयः कः? प्राणाद्याः पञ्चवायवः वागादीन्द्रियपञ्चकं प्राणमयः कोशः।

प्राणमयः कोशः क्या है ? पांच शारीरिक कर्म जैसे प्राणादि एवं पांच कर्मेंद्रियां जैसे वाणी आदि—मिलकर प्राणमय कोश या प्राण वायु कोश का निर्माण करते हैं।

मनोमयः कोशः (मस्तिष्क कोश)

मनोमयः कोशः कः ? मनश्च ज्ञानेन्द्रियपञ्चकं मिलित्वा यो भवति स मनोमयः कोशः।

मनोमय कोश क्या है ? मस्तिष्क एवं पांच ज्ञानेंद्रियां मिलकर मस्तिष्क कोश या मनोमय कोश की रचना करती हैं।

विज्ञानमयः कोशः (बुद्धि कोश)

विज्ञानमयः कः? बुद्धिज्ञानेन्द्रियपञ्चकं मिलित्वा यो भवति स विज्ञानमयः कोशः।

विज्ञानमय कोश क्या है? बुद्धि एवं पांच ज्ञानेंद्रियां मिलकर विज्ञानमय कोश कहलाती हैं। यह सूक्ष्म है,तीन अन्य कोशों में व्याप्त है,अन्य तीन कोशों को नियंत्रित करता है, इसकी रचना बुद्धि एवं पांच ज्ञानेंद्रियों से मिलकर हुई है। मस्तिष्क कोश और विज्ञानमय कोश—दोनों में पांच ज्ञानेंद्रियां एक समान हैं क्योंकि छवियों का निर्माण मन एवं बुद्धि मिलकर करती हैं।

आनंदमयः कोशः

आनन्दमयः कः? एवमेव
कारणशरीरभूताविद्यास्थमलिनसत्त्वं
प्रियादिवृत्तिसहितं सत् आनन्दमयः कोशः। एतत्कोशपञ्चकम्।

आनंदमय कोश क्या है? यह अबुद्धि या अनभिज्ञता से स्थापित होता है, जो कारण शरीर का रूप है, जो अशुद्ध प्रकृति का है, जो प्रियादि जैसे विचारों से आबद्ध है, यह आनंदमय कोश है।

उपरोक्त वर्णित कोश ही पंचकोश कहलाते हैं।

पंचकोशातीत (पांच कोशों के परे)

मदीयं शरीरं मदीयाः प्राणाः मदीयं मनश्च मदीया बुद्धिर्मदीयं अज्ञानमिति स्वेनैव ज्ञायते तद्यथा मदीयत्वेन ज्ञातं कटककुण्डल गृहादिकं स्वस्मद्भिन्नं तथा पञ्चकोशादिकं स्वस्मद्भिन्नम् मदीयत्वेन ज्ञातमात्मा न भवति॥

जिस प्रकार कोई व्यक्ति चूड़ियां, कर्णफूल, घर आदि को अपना मानता है। ये वस्तुएं उसकी हैं किंतु वह व्यक्ति इन वस्तुओं में समाहित नहीं है। अर्थात उसका अस्तित्व या पहचान इन वस्तुओं से नहीं होती। ठीक उसी प्रकार मेरा शरीर, मेरे प्राण, मेरा मस्तिष्क, मेरी बुद्धि और मेरा ज्ञान मेरे तो है लेकिन ये मेरी आत्मा या मेरा स्व नहीं है। मेरी आत्मा इनसे परे है।

आत्मन् (की प्रकृति स्व)

आत्मा तर्हिकः ? सच्चिदानन्दस्वरूपः । सत्किम् ? कालत्रयेऽपि तिष्ठतीति सत् । चित्किम् ? ज्ञानस्वरूपः । आनन्दः कः ? सुखस्वरूपः । एवं सच्चिदानन्दस्वरूपं स्वात्मानं विजानीयात् ।

तब आत्मा या स्व क्या है ? यह सत,चित्त,परमानंद की प्रकृति है। सत या अस्तित्व क्या है ? जो समय की तीनों अवधि { भूत ,वर्तमान और भविष्य} के बीच अपरिवर्तनशील है, वह सत है। चेतना क्या है ? यह परम ज्ञान की अवस्था है। परमानंद क्या है ? ये सर्वोच्च आनंद की अवस्था है। इसलिए प्रत्येक व्यक्ति को सत-चित-आनंद की प्रकृति को समझना चाहिए।

जगत
(ब्रह्मांड)

अथ चतुर्विंशतितत्त्वोत्पत्तिप्रकारं वक्ष्यामः ।

अब हम चौबीस खंडों के क्रमिक विकास को स्पष्ट करेंगे।

माया

ब्रह्माश्रया सत्त्वरजस्तमोगुणात्मिका माया अस्ति ।

माया का अस्तित्व ब्रह्म पर निर्भर है जिसकी प्रकृति तीन गुणों में निहित है—सत्व, रजस और तमस ।

पंच तत्वों का क्रमिक विकास

ततः आकाशः सम्भूतः । आकाशाद् वायुः । वायोस्तेजः । तेजस आपः । अद्भ्यः पृथिवी।

माया से आकाश की उत्पत्ति हुई, आकाश से वायु, वायु से अग्नि, अग्नि से जल और जल से पृथ्वी का जन्म हुआ।

सत्व का क्रमिक विकास
(ज्ञानेंद्रियां)

एतेषां पञ्चतत्त्वानां मध्ये आकाशस्य सात्विकांशात् श्रोत्रेन्द्रियं सम्भूतम् । वायोः सात्विकांशात् त्वगिन्द्रियं सम्भूतम् । अग्नेः सात्विकांशात् चक्षुरिन्द्रियं सम्भूतम् । जलस्य सात्विकांशात् रसनेन्द्रियं सम्भूतम् । पृथिव्याः सात्विकांशात् घ्राणेन्द्रियं सम्भूतम् ।

इन पंच महातत्वों में से, आकाश के सात्विक पक्ष से श्रवण अंग यानी कान का विकास हुआ, वायु के सात्विक पक्ष से स्पर्श अंग यानी त्वचा का विकास हुआ, अग्नि के सात्विक पक्ष से दृश्य अंग यानी नेत्रों का विकास हुआ, जल के सात्विक पक्ष से स्वादेंद्रिय यानी जिव्हा का विकास हुआ, पृथ्वी के सात्विक पक्ष से घ्राण अंग यानी नाक का विकास हुआ।

अंतःकरण

एतेषां पञ्चतत्त्वानां समष्टिसात्विकांशात् मनोबुद्ध्यहङ्कार चित्तान्तःकरणानि सम्भूतानि । सङ्कल्पविकल्पात्मकं मनः । निश्चयात्मिका बुद्धिः । अहंकर्ता अहंकारः । चिन्तनकर्तृ चित्तम् । मनसो देवता चन्द्रमाः । बुद्धे ब्रह्मा । अहंकारस्य रुद्रः । चित्तस्य वासुदेवः ।

इन पंच तत्वों के संपूर्ण सात्विक पक्ष से अंतःकरण है जिसका निर्माण मस्तिष्क, बुद्धि, अहं और स्मृति से मिलकर होता है। मस्तिष्क की

प्रकृति अनिर्णय की होती है, बुद्धि की प्रकृति निर्णय है, अहं की प्रकृति कर्तव्य भाव है जबकि स्मृति की प्रकृति विचार या अनुस्मरण है। मन का ईश्वर चंद्रमा है, बुद्धि का ब्रह्मा, अहं का रुद्र और स्मृति का वासुदेव।

रजस का क्रमिक विकास

एतेषां पञ्चतत्त्वानां मध्ये आकाशस्य राजसांशात् वागिन्द्रियं सम्भूतम् । वायोः राजसांशात् पाणीन्द्रियं सम्भूतम् ।
वह्नेः राजसांशात् पादेन्द्रियं सम्भूतम् । जलस्य राजसांशात् उपस्थेन्द्रियं सम्भूतम् । पृथिव्या राजसांशात् गुदेन्द्रियं सम्भूतम् । एतेषां समष्टिराजसांशात् पञ्चप्राणाः सम्भूताः ।

पंचतत्वों में से, आकाश के रजस पक्ष से वाक अंग का निर्माण हुआ है, वायु के रजस पक्ष से पकड़ने वाले अंग यानी हाथ का विकास हुआ है, अग्नि के रजस पक्ष से गति अंग यानी पैरों का विकास हुआ, जल के रजस पक्ष से प्रजनन अंग का विकास हुआ, पृथ्वी के रजस पक्ष से गुदा निर्माण हुआ है। पंचतत्व के संपूर्ण रजस पक्ष से प्राणों का निर्माण हुआ है।

तामसिक पक्ष का क्रमिक विकास

एतेषां पञ्चतत्त्वानां तामसांशात् पञ्चीकृतपञ्चतत्त्वानि भवन्ति । पञ्चीकरणं कथम् इति चेत् । एतेषां पञ्चमहाभूतानां तामसांशस्वरूपम् एकमेकं भूतं द्विधा विभज्य एकमेकमर्धं पृथक् तूष्णीं व्यवस्थाप्य अपरमपरमर्धं चतुर्धां विभज्य स्वार्धमन्येषु अर्धेषु स्वभागचतुष्टयसंयोजनं कार्यम् । तदा पञ्चीकरणं भवति । एतेभ्यः पञ्चीकृतपञ्चमहाभूतेभ्यः स्थूलशरीरं भवति । एवं पिण्डब्रह्माण्डयोरैक्यं सम्भूतम् ।

इन पंचतत्वों के तमस पक्ष से, स्थूल पांच तत्वों का जन्म हुआ है। यदि ये पूछा जाए कि ऐसा कैसे हुआ , तो इसे इस प्रकार समझा सकता है:

- प्रत्येक पंचतत्व के तमस पक्ष को दो समान भाग में विभाजित किया जाता है
- प्रत्येक का एक भाग अखंड या अक्षुण्ण रखा जाता है
- प्रत्येक का दूसरा भाग 4 बराबर हिस्सों में विभाजित कर दिया जाता है
- उसके बाद प्रत्येक तत्व के अक्षुण्ण भाग को अन्य चार तत्वों के आठवें हिस्से से जोड़ दिया जाता है
- इस प्रकार पंचीकरण पूर्ण होता है
- इन पांच स्थूल तत्वों से स्थूल शरीर का निर्माण होता है।

इस प्रकार सूक्ष्म जगत और ब्रह्मांड के मध्य संबंध बनता है।

जीव एवं ईश्वर

स्थूलशरीराभिमानी जीवनामकं ब्रह्मप्रतिबिम्बं भवति। स एव जीवः प्रकृत्या स्वस्मात् ईश्वरं भिन्नत्वेन जानाति। अविद्योपाधिः सन् आत्मा जीव इत्युच्यते। मायोपाधिः सन् ईश्वर इत्युच्यते। एवं उपाधिभेदात् जीवेश्वरभेददृष्टिः यावत्पर्यन्तं तिष्ठति तावत्पर्यन्तं जन्ममरणादिरूपसंसारो न निवर्तते। तस्मात्कारणान्न जीवेश्वरयोर्भेदबुद्धिः स्वीकार्या।

ब्रह्म का प्रतिबिंब जो स्वयं को स्थूल शरीर के साथ जोड़कर देखता है , जीव कहलाता है। जीव अपनी प्रकृति के कारण ईश्वर को स्वयं से पृथक मानता है। स्व या आत्मा माया से अनुकूलन के कारण उसे ईश्वर मान लेती है। जब तक जीव एवं ईश्वर के बीच ये विभेद अस्तित्व में रहेगा जो कि माया के अनुकूलन के कारण है, व्यक्ति को संसार, जन्म एवं मरण के चक्र से मुक्ति नहीं प्राप्त हो सकती। इसलिए जीव एवं ईश्वर पृथक है इस विचार को स्वीकार नहीं करना चाहिए।

तत् त्वं असि का अनुसंधान

ननु साहंकारस्य किंचिदज्ञस्य जीवस्य निरहंकारस्य सर्वज्ञस्य ईश्वरस्य तत्त्वमसीति महावाक्यात् कथमभेदबुद्धिः

स्यादुभयोः विरुद्धधर्माक्रान्तत्वात् ।

किंतु जीव अहं से आबद्ध है एवं उसका ज्ञान सीमित है, जबकि ईश्वर अहंकार से रहित है, सर्वज्ञानी है। तब तत् त्वं असि जैसे महावाक्य से किस प्रकार इसकी पहचान हो सकती है, जबकि दोनों की विशेषताएं अंतर्विरोधी हैं?

इति चेन्न । स्थूलसूक्ष्मशरीराभिमानी त्वंपदवाच्यार्थः ।
उपाधिविनिर्मुक्तं समाधिदशासम्पन्नं शुद्धं
चैतन्यं त्वंपदलक्ष्यार्थः । एवं सर्वज्ञत्वादिविशिष्ट
ईश्वरः तत्पदवाच्यार्थः । उपाधिशून्यं शुद्धचैतन्यं
तत्पदलक्ष्यार्थः । एवं च जीवेश्वरयो चैतन्यरूपेणा भेदे
बाधकाभावः ।

क्या इसमें कोई संदेह है, नहीं {ऐसा नहीं है}। त्वं (तू) का शाब्दिक अर्थ उससे है जिसकी पहचान स्थूल एवं सूक्ष्म शरीर से है। त्वं का गर्भित अर्थ उस शुद्ध चेतन है जो किसी भी प्रकार के अनुकूलन से मुक्त है एवं जो समाधि की अवस्था में आनंद की प्राप्ति करता है। ठीक इसी प्रकार तत् का तात्पर्य ईश्वर से है जो सर्वज्ञानी है, इसका गर्भित अर्थ शुद्ध चेतन और हर प्रकार के अनुकूलन से मुक्ति से है। इसलिए चेतना के दृष्टिकोण से जीव और ईश्वर के बीच किसी भी तरह का कोई अंतर्विरोध नहीं है।

जीवन्मुक्तः

एवं च वेदान्तवाक्यैः सद्गुरुपदेशेन च सर्वेष्वपि भूतेषु
येषां ब्रह्मबुद्धिरुत्पन्ना ते जीवन्मुक्ताः इत्यर्थः ।

इस प्रकार वेदांत के शब्दों और सद्गुरु की शिक्षा के अनुसार जिस व्यक्ति में प्रत्येक वस्तु में सत्य की उत्पत्ति देखने की दृष्टि उत्पन्न हो जाती है, ऐसा व्यक्ति जीवन जीते हुए भी उससे मुक्त {जीवन्मुक्त} हो जाता है।

ननु जीवन्मुक्तः कः ? यथा देहोऽहं पुरुषोऽहं ब्राह्मणोऽहं शूद्रोऽहमस्मीति दृढनिश्चयस्तथा नाहं ब्राह्मणः न शूद्रः न पुरुषः किन्तु असंगः सच्चिदानन्दस्वरूपः प्रकाशरूपः सर्वान्तर्यामी चिदाकाशरूपोऽस्मीति दृढनिश्चयरूपोऽपरोक्षज्ञानवान् जीवन्मुक्तः ॥

फिर जीवन्मुक्त कौन है ? केवल वह जिसका दृढ़ विश्वास है, "मैं शरीर हूं", "मैं पुरुष हूं", " मैं ब्राह्मण हूं", "मैं शूद्र हूं", ठीक उसी प्रकार वह व्यक्ति जो अपनी त्वरित ज्ञान {अपरोक्ष ज्ञान} से दृढ़तापूर्वक मानता है, "मैं ब्राह्मण नहीं हूं ", "मैं शूद्र नहीं हूं", "मैं पुरुष नहीं हूं", "मैं निर्लिप्त हूं" एवं सत-चित्त-आनंद, दीप्तिमान, सबमें रमणीय एवं निराकार चेतना की प्रकृति को मानता है, वह जीवन्मुक्त है।

ब्रह्मैवाहमस्मीत्यपरोक्षज्ञानेन निखिलकर्मबन्धविनिर्मुक्तः स्यात् ।

मैं केवल ब्रह्म हूं इस तात्कालिक ज्ञान से कोई व्यक्ति कर्म के सभी बंधनों से मुक्त हो जाता है।

कर्म

कर्माणि कतिविधानि सन्तीति चेत् आगामिसञ्चितप्रारब्धभेदेन त्रिविधानि सन्ति ।

अगर ये पूछा जाए—कर्म कितने प्रकार के होते हैं, {उत्तर है} कर्म तीन तरह के होते हैं आगामी , संचित एवं प्रारब्ध ।

आगामी कर्म

ज्ञानोत्पत्त्यनन्तरं ज्ञानिदेहकृतं पुण्यपापरूपं कर्म यदस्ति तदागामीत्यभिधीयते ।

इस कर्म से आशय कर्म के परिणाम से है, ये कर्म अच्छे हों या बुरे, ज्ञानी व्यक्ति इसके परिणाम को समझ लेते हैं। ऐसे कर्म आगामी कर्म कहलाते हैं।

संचित कर्म

सञ्चितं कर्म किम् ? अनन्तकोटिजन्मनां बीजभूतं सत्
यत्कर्मजातं पूर्वार्जितं तिष्ठति तत् सञ्चितं ज्ञेयम् ।

ये वो कर्म हैं जो पिछले जन्मों में व्यक्ति करता है और वो संचित होकर अगले जन्म में परिणाम के तौर पर उभरकर आते हैं। ये अनगिनत करोड़ों जन्मों तक बीज रूप में संचित रहते हैं।

प्रारब्ध कर्म

प्रारब्धं कर्म किमिति चेत् । इदं शरीरमुत्पाद्य इह लोके एवं
सुखदुःखादिप्रदं यत्कर्म तत्प्रारब्धं भोगेन नष्टं
भवति प्रारब्धकर्मणां भोगादेव क्षय इति।

इसी जन्म में, इसी विश्व में आनंद या दुख के रूप में जिन कर्मों का परिणाम सामने आता है उन्हें प्रारब्ध कर्म कहा जाता है। ये कर्म उन्हें आनंद या पीड़ा के अनुभव से ही नष्ट किए जा सकते हैं।

कर्मों के बंधन से मुक्ति

सञ्चितं कर्म ब्रह्मैवाहमिति निश्चयात्मकज्ञानेन नश्यति ।

"मैं ब्रह्म हूं" संचित कर्म केवल इस दृढ़ विश्वास से ही नष्ट किए जा सकते हैं।

आगामि कर्म अपि ज्ञानेन नश्यति किंच आगामि कर्मणां
नलिनीदलगतजलवत् ज्ञानिनां सम्बन्धो नास्ति ।

आगामी कर्म ज्ञान के माध्यम से ही नष्ट किए जा सकते हैं, बुद्धिमान व्यक्ति इनसे प्रभावित नहीं होते हैं। जिस तरह कमल की पत्ती अपने ऊपर पड़ने वाले जल से प्रभावित नहीं होती।

किंच ये ज्ञानिनं स्तुवन्ति भजन्ति अर्चयन्ति तान्प्रति ज्ञानिकृतं
आगामि पुण्यं गच्छति । ये ज्ञानिनं निन्दन्ति द्विषन्ति

दुःखप्रदानं कुर्वन्ति तान्प्रति ज्ञानिकृतं सर्वमागामि
क्रियमाणं यदवाच्यं कर्म पापात्मकं तद्गच्छति । सुहृदः
पुण्यकृतं दुर्हृदः पापकृत्यं गृह्णन्ति ।

इसके अतिरिक्त, जो ज्ञानी पुरुष की प्रशंसा करेगा, सेवा करेगा एवं उपासना करेगा, वह व्यक्ति उसके सद्कर्मों में भागीदार होगा। वह व्यक्ति जो किसी ज्ञानी पुरुष की निंदा करेगा, उसे घृणा करेगा या उसके दुख का कारण बनेगा, उस व्यक्ति को ज्ञानी पुरुष के बुरे एवं पाप कर्मों के परिणामों का भागीदार बनना पड़ेगा।

निष्कर्ष

तथा चात्मवित्संसारं तीर्त्वा ब्रह्मानन्दमिहैव प्राप्नोति ।
तरति शोकमात्मवित् इति श्रुतेः । तनुं त्यजतु वा काश्यां श्वपचस्य
गृहेऽथ वा । ज्ञानसम्प्राप्तिसमये मुक्तोऽसौ विगताशयः । इति
स्मृतेश्च ।

इसलिए, जो आत्म ज्ञान प्राप्त कर चुका है, भवसागर को पार कर चुका है, वह स्वयं सर्वानंद को प्राप्त कर चुका है। श्रुति पुष्टि करती है–आत्म ज्ञान को प्राप्त करने वाला सभी दुखों से परे हैं। ज्ञानी पुरुष चाहे काशी में अपनी देह त्यागे या कुत्ते का सेवन करने वाले व्यक्ति के घर में {ये महत्वहीन है} ज्ञान प्राप्ति के समय वह मुक्ति को प्राप्त कर चुका है। वह अपने सभी कर्मों के परिणामों से मुक्त हो चुका है। ऐसा स्मृतियां भी दृढ़तापूर्वक कहती हैं।

विवेकचूड़ामणि

विवेकचूड़ामणि, जिसका अर्थ है विवेक का सर्वोच्च आभूषण, में 580 श्लोक हैं जिनका केंद्र बिंदु है विवेक की आवश्यकता। इस विवेक की आवश्यकता

वास्तविक और अवास्तविक, शाश्वत और क्षणिक, और अस्थायी और स्थायी के बीच अंतर के लिए होती है।

वेदांत पर शंकर के अन्य प्रकरण या प्रारंभिक ग्रंथों के समान, विवेकचूड़ामणि भी अद्वैत दर्शन के महत्वपूर्ण तत्वों का सारांश है। इसमें वो, छोटे श्लोकों के माध्यम से, जीव की प्रकृति से संबंधित मूलभूत धारणाओं, ज्ञान का महत्व और साथ में इसकी सीमाओं, अविद्या या अज्ञान की भूमिका, माया की प्रकृति और इसे बनाने वाले तीन गुण, आत्म और ब्रह्म के संबंध, ब्रह्म की अद्वैत सर्वोच्चता, और इसका अनुभव करने के मार्ग की व्याख्या करते हैं।

ग्रंथ की शुरुआत गोविंद की स्तुति के साथ होती है, जो भगवान कृष्ण हो सकते हैं या फिर उनके गुरु गोविंदपाद, ओंकारेश्वर में जिनके आश्रम में उन्होंने वेदांत में महारत हासिल की थी। इसके बाद शंकर एक-एक करके, आत्म-अनुभूति के मार्ग की व्याख्या करते हैं, जिसमें जीवनमुक्त व्यक्ति की विशेषताएं भी बताई गई हैं, जिसने प्रबुद्ध ज्ञान की अवस्था प्राप्त कर ली है।

इस रचना के 515 श्लोकों पर संस्कृत में विस्तृत टीका श्रृंगेरी के पूर्व महंत श्री चंद्रशेखर भारती ने लिखी थी। इसका तमिल अनुवाद और व्याख्यान पिछली सदी में महान संत रमन्ना महर्षि ने किया था। क्रिस्टोफर इशरवुड और स्वामी चिन्मयानंद द्वारा किया गया अंग्रेजी अनुवाद भी उपलब्ध है। हमने इसका संभवतः पहला अंग्रेजी अनुवाद चुना है, जो स्वामी माधवानंद ने 1921 में किया था।

जन्तूनां नरजन्मदुर्लभमतः पुंस्त्वं ततो विप्रता
तस्माद्वैदिकधर्ममार्गपरता विद्वत्त्वमस्मात्परम् ।
आत्मानात्मविवेचनं स्वनुभवो ब्रह्मात्मना संस्थिति-
र्मुक्तिर्नो शतजन्मकोटिसुकृतैः पुण्यैर्विना लभ्यते ॥

सभी प्राणियों के लिए मानव योनि में जन्म लेना कठिन है, और उससे भी कठिन है पुरुष शरीर, उससे दुर्लभ है ब्राह्मणत्व, और उससे भी दुर्लभ है वैदिक धर्म के मार्ग से लगाव; इससे ऊपर है शास्त्रों में पांडित्य; आत्म और अनात्म के अंतर का विवेक, और उसके बाद क्रम आता है ब्रह्म की अनुभूति और उस अवस्था में बने रहने का।

{इस प्रकार की} मुक्ति सौ करोड़ जन्मों की योग्यता अर्जित करने के अतिरिक्त और किसी प्रकार से नहीं आ सकती।

लब्ध्वा कथंचिन्नरजन्म दुर्लभं
तत्रापि पुंस्त्वं श्रुतिपारदर्शनम् ।
यस्त्वात्ममुक्तौ न यतेत मूढधी:
स ह्यात्महा स्वं विनिहन्त्यसद्ग्रहात् ॥

वो व्यक्ति जिसने किन्हीं माध्यमों से मानव योनि, और पुरुष शरीर के साथ जन्म लिया है और वेदों में पारंगत है, यदि वो आत्म-मुक्ति के लिए प्रयास नहीं करता तो मूर्ख है, क्योंकि वो अवास्तविक वस्तुओं के साथ चिपककर आत्महत्या कर रहा है।

वदन्तु शास्त्राणि यजन्तु देवान्
कुर्वन्तु कर्माणि भजन्तु देवता: ।
आत्मैक्यबोधेन विनापि मुक्ति-
र्न सिद्ध्यति ब्रह्मशतान्तरेऽपि ॥

भले ही लोग शास्त्रों का पाठ करें और देवों के लिए यज्ञ करें, भले ही वो देवताओं की पूजा-अर्चना करें, जब तक आत्मबोध की अनुभूति नहीं होगी, मुक्ति नहीं मिल सकती, यहां तक कि सौ ब्रह्माओं के जीवनकाल को एक साथ जोड़ दें तो भी नहीं।

न योगेन न सांख्येन कर्मणा नो न विद्यया।
ब्रह्मात्मैकत्वबोधेन मोक्षः सिध्यति नान्यथा ॥

ना योग द्वारा, ना सांख्य द्वारा, ना कर्म द्वारा, ना विद्या द्वारा, बल्कि ब्रह्म के साथ आत्म बोध की अनुभूति द्वारा ही मोक्ष संभव है, और किसी माध्यम द्वारा नहीं।

वीणाया रूपसौन्दर्यं तन्त्रीवादनसौष्ठवम्।
प्रजारञ्जनमात्रं तन्न साम्राज्याय कल्पते॥

वीणा का सौंदर्य और इसके तारों को बजाने का कौशल कुछ लोगों को आनंदित तो कर सकता है; वो श्रेष्ठता प्रदान करने के लिए पर्याप्त नहीं है।

वाग्वैखरी शब्दझरी शास्त्रव्याख्यानकौशलम् ।
वैदुष्यं विदुषां तद्वद्भुक्तये न तु मुक्तये ॥

शब्दों की वर्षा से पूर्ण भाषण, शास्त्रों के व्याख्यान का कौशल, और पांडित्य—ये केवल विद्वान को थोड़ी व्यक्तिगत प्रसन्नता देते हैं लेकिन मुक्ति के लिए इनका कोई लाभ नहीं है।

अविज्ञाते परे तत्त्वे शास्त्राधीतिस्तु निष्फला ।
विज्ञातेऽपि परे तत्त्वे शास्त्राधीतिस्तु निष्फला ॥

शास्त्रों का अध्ययन तब तक व्यर्थ है जब तक सर्वोच्च सत्य का ज्ञान ना हो, और यह उतना ही व्यर्थ है जब सर्वोच्च सत्य का ज्ञान पहले से हो चुका हो।

शब्दजालं महारण्यं चित्तभ्रमणकारणम् ।
अतः प्रयत्नाज्ज्ञातव्यं तत्त्वज्ञैस्तत्त्वमात्मनः ॥

शब्दों के जाल से बने शास्त्र घने जंगल की तरह हैं जहां मन केवल भटकता रहता है। इसलिए विवेकशील मनुष्य को आत्म की वास्तविक प्रकृति जानने का लक्ष्य रखना चाहिए।

अज्ञानसर्पदष्टस्य ब्रह्मज्ञानौषधं विना ।
किमु वेदैश्च शास्त्रैश्च किमु मन्त्रैः किमौषधैः ॥

जिसे अज्ञान के सर्प ने डसा हो उसके लिए एकमात्र औषधि ब्रह्मज्ञान है; उसके लिए वेदों और शास्त्रों, मंत्रों और औषधियों की क्या उपयोगिता है?

अव्यक्तनाम्नी परमेशशक्तिः
अनाद्यविद्या त्रिगुणात्मिका परा।
कार्यानुमेया सुधियैव माया
यया जगत्सर्वमिदं प्रसूयते॥

अविद्या या माया ईश्वर की शक्ति है। इसका कोई आरंभ नहीं है, यह तीन गुणों से बनी है और उनके प्रभावों से परे है। उसका अनुमान केवल उसके द्वारा उत्पन्न प्रभावों से विद्वान ही लगा पाता है।

सन्नाप्यसन्नाप्युभयात्मिका नो
भिन्नाप्यभिन्नाप्युभयात्मिका नो।
साङ्गाप्यनङ्गा ह्युभयात्मिका नो
महाद्भुतानिर्वचनीयरूपा॥

वो ना तो अस्तित्व है और ना ही अनस्तित्व और ना उसमें दोनों की सहभागिता है; ना एक समान है ना भिन्न और ना ही दोनों; ना टुकड़ों में बंटी है ना अविभाज्य है और ना ही दोनों; वो सबसे अद्भुत है और उसका वर्णन शब्दों में नहीं किया जा सकता।

शुद्धाद्व्यब्रह्मविबोधनाश्या
सर्पभ्रमो रज्जुविवेकतो यथा।
रजस्तमः सत्त्वमिति प्रसिद्धा
गुणास्तदीयाः प्रथितैः स्वकार्यैः॥

इस माया को शुद्ध ब्रह्म के बोध द्वारा नष्ट किया जा सकता है, बिलकुल उसी प्रकार जैसे सर्प के भ्रम को रस्सी का ज्ञान दूर कर देता है। उसके गुण रजस, तमस और सत्व के नाम से जाने जाते हैं, जो उनके कार्यों के अनुसार दिए गए हैं।

कामः क्रोधो लोभदम्भाद्यसूयाऽऽ-
हङ्कारेर्ष्यामत्सराद्यास्तुघोराः।
धर्मा एते राजसाः पुम्प्रवृत्ति-
र्यस्मादेषा तद्रजो बन्धहेतुः॥

काम, क्रोध, लोभ, दंभ, द्वेष, अहंकार, ईर्ष्या और डाह इत्यादि—ये रजस के भयानक गुण हैं, जिनसे व्यक्ति की सांसारिक प्रवृत्ति उत्पन्न होती है। इसलिए रजस बंधन का कारण है।

एषाऽऽवृतिर्नाम तमोगुणस्य
शक्तिर्यया वस्त्ववभासतेऽन्यथा।
सैषा निदानं पुरुषस्य संसृते-
र्विक्षेपशक्तेः प्रसरस्य हेतुः॥

अवृत्ति तमस की शक्ति है जो वस्तुओं को उस रूप में दिखाती है जिस रूप में वो नहीं हैं। इसी के कारण मनुष्य के देहांतरन की पुनरावृत्ति होती है, और यह विक्षेप का आरंभ करती है।

प्रज्ञावानपि पण्डितोऽपि चतुरोऽप्यत्यन्तसूक्ष्मात्मदृग्व्यालीढस्तमसा
न वेत्ति बहुधा संबोधितोऽपि स्फुटम्।
भ्रान्त्यारोपितमेव साधु कलयत्यालम्बते
तद्गुणान्हन्तासौ प्रबला दुरन्ततमसः शक्तिर्महत्यावृतिः॥

बुद्धिमान और पंडित व्यक्ति और वो व्यक्ति जो चतुर और अत्यन्त सूक्ष्म आत्म को देख पाने में कुशल हैं, भी तमस के बंधन में आ जाते हैं और आत्म को समझ नहीं पाते हालांकि इसे कई मार्गों द्वारा स्पष्ट बताया गया है। जिस पर भ्रांति का आवरण चढ़ा होता है, वो उसे सत्य समझते हैं, और स्वयं को उसके प्रभावों से आसक्त कर लेते हैं। इस डरावनी तमस की अवृत्ति शक्ति कितनी ताकतवर है!

अभावना वा विपरीतभावना-
ऽसंभावना विप्रतिपत्तिरस्याः।
संसर्गयुक्तं न विमुञ्चति ध्रुवं
विक्षेपशक्तिः क्षपयत्यजस्रम् ॥

अभावना, या विपरीत भावना, निश्चित विश्वास की चाहत और संदेह— ये कभी भी उनसे दूर नहीं जाते जिनका संबंध इस अवृत्ति {आवरण शक्ति} से है, और फिर उन्हें विक्षेप शक्ति निरंतर कष्ट देती है।

अज्ञानमालस्यजडत्वनिद्रा-
प्रमादमूढत्वमुखास्तमोगुणाः।
एतैः प्रयुक्तो नहि वेत्ति किंचि-
न्निद्रालुवत्स्तम्भवदेव तिष्ठति ॥

अज्ञान, आलस्य, जड़त्व, निद्रा, प्रमाद और मूर्खता इत्यादि तमस के गुण हैं। जो इनसे बंधा है वो कुछ समझ नहीं पाता, केवल किसी सोए हुए या पशु या पत्थर के समान रहता है।

विशुद्धसत्त्वस्य गुणाः प्रसादः
स्वात्मानुभूतिः परमा प्रशान्तिः।
तृप्तिः प्रहर्षः परमात्मनिष्ठा
यया सदानन्दरसं समृच्छति॥

शुद्ध सत्त्व के गुण हैं आनंद, स्वात्मानुभूति, परम शांति, संतोष, हर्ष, और आत्म के लिए स्थिर निष्ठा, जिनके द्वारा मनुष्य स्थायी परमानंद प्राप्त करता है।

बीजं संसृतिभूमिजस्य तु तमो देहात्मधीरङ्कुरो
रागः पल्लवमम्बु कर्म तु वपुः स्कन्धोत्सवः शाखिकाः।
अग्राणीन्द्रियसंहतिश्च विषयाः पुष्पाणि दुःखं फलं
नानाकर्मसमुद्भवं बहुविधं भोक्तात्र जीवः खगः॥

संसार के वृक्ष का बीज है अज्ञान, इसका अंकुर है शरीर के साथ इसका संबंध, मोह इसके पल्लव हैं, कर्म इसका जल, शरीर इसका तना, जीवनी शक्तियां इसकी शाखाएं, इंद्रियां इसके पुष्प, विभिन्न कर्मों के कारण उत्पन्न दुख इसके फल हैं, और व्यक्ति की आत्मा इस पर बैठा पक्षी है।

सत्यं ज्ञानमनन्तं ब्रह्म विशुद्धं परं स्वतःसिद्धम् ।
नित्यानन्दैकरसं प्रत्यगभिन्नं निरन्तरं जयति ॥

ब्रह्म अस्तित्व, ज्ञान, परम, शुद्ध, सर्वोच्च, स्वयंभू, शाश्वत और अविभाज्य परमानंद है, जो व्यक्ति की आत्मा से {वास्तव में} अलग नहीं है, और बाहरी और भीतरी से दूर है—वहां यह विजयी के समान शासन करता है।

यदिदं सकलं विश्वं नानारूपं प्रतीतमज्ञानात् ।
तत्सर्वं ब्रह्मैव प्रत्यस्ताशेषभावनादोषम् ॥

अज्ञान के कारण जो यह संसार अलग-अलग रूपों में दिखता है, वो और कुछ नहीं बल्कि ब्रह्म है जो मानवीय कल्पना की सभी सीमाओं से बिलकुल मुक्त है।

अतः परं ब्रह्म सदद्वितीयं
विशुद्धविज्ञानघनं निरञ्जनम्।
प्राशान्तमाद्यन्तविहीनमक्रियं
निरन्तरानन्दरसस्वरूपम्॥

इसलिए जो भी यहां दिखता है, अर्थात् यह ब्रह्मांड, स्वयं सर्वोच्च ब्रह्म है, वास्तविक, अद्वितीय, शुद्ध, ज्ञान का सार, निर्मल, प्रशांत, आरंभ और अंत से रहित, अक्रिय और परमानंद का सार।

निरस्तमायाकृतसर्वभेदं
नित्यं सुखं निष्कलमप्रमेयम्।
अरूपमव्यक्तमनाख्यमव्ययं
ज्योतिः स्वयं किंचिदिदं चकास्ति॥

वो माया द्वारा निर्मित सभी विविधताओं से परे, शाश्वत, पीड़ा से परे, अविभाज्य, अप्रतिबंध, अरूप, अव्यक्त, अनाम, अटल, आत्मदीप्त है।

ज्ञाताजेयज्ञानशून्यमनन्तं निर्विकल्पकम् ।
केवलाखण्डचिन्मात्रं परं तत्त्वं विदुर्बुधाः ॥

संतों को सर्वोच्च ब्रह्म की अनुभूति होती है, जिसमें ज्ञानी, ज्ञान और ज्ञात, अनंत, ज्ञानातीत, ज्ञान का सार, परम में कोई अंतर नहीं होता है।

अहेयमनुपादेयं मनोवाचामगोचरम् ।
अप्रमेयमनाद्यन्तं ब्रह्म पूर्णमहं महः ॥

जिसे ना तो फेंका जा सकता है और ना लिया जा सकता है, जो मन और वाणी की पहुंच के परे है, अप्रमेय, आरंभ और अंत से रहित, संपूर्ण, आत्म, और महिमामय है।

मृत्कार्यं सकलं घटादि सततं मृन्मात्रमेवाहितं
तद्वत्सज्जनितं सदात्मकमिदं सन्मात्रमेवाखिलम् ।
यस्मान्नास्ति सतः परं किमपि तत्सत्यं स आत्मा स्वयं
तस्मात्तत्त्वमसि प्रशान्तममलं ब्रह्माद्वयं यत्परम् ॥

मिट्टी में जो भी परिवर्तन होते हैं, जैसे मिट्टी का घड़ा इत्यादि, मस्तिष्क उसे सत्य मानने लगता है। परंतु सत्य ये है कि वो मिट्टी ही है। उसी प्रकार ब्रह्मांड जिसकी उत्पत्ति ब्रह्म से हुई है, वह यथार्थ में ब्रह्म ही है, ब्रह्म के अतिरिक्त कुछ नहीं है। क्योंकि ब्रह्म के इतर कोई यथार्थ नहीं है इसलिए ब्रह्म स्वयंसिद्ध यर्थाथ है। इसलिए, तुम वही शांत, शुद्ध एवं सर्वोच्च ब्रह्म हो, जिसके सिवा कोई दूसरा नहीं है।

यत्र भ्रान्त्या कल्पितं तद्विवेके
तत्तन्मात्रं नैव तस्माद्विभिन्नम् ।
स्वप्ने नष्टं स्वप्नविश्वं विचित्रं
स्वस्माद्भिन्नं किन्नु दृष्टं प्रबोधे ॥

जब सत्य जाना जा चुका है, तब किसी वस्तु भ्रांत अस्तित्व की कल्पना क्यों, उस आधार के सिवा कुछ नहीं है, कुछ भी इससे भिन्न नहीं है, ब्रह्मांड वैविध्यपूर्ण स्वप्न जैसा दिखता है, जब स्वप्न बीत जाता है तब क्या निद्रा से जागने पर वैसा ही दिखाई देता है?

सन्त्यन्ये प्रतिबन्धाः पुंसः संसारहेतवो दृष्टाः।
तेषामेवं मूलं प्रथमविकारो भवत्यहंकारः॥

व्यक्ति के लिए दूसरी बाधाएं भी विद्यमान रहती हैं जो उसे देहांतरण की ओर ले जाती है, उनकी जड़ है अज्ञानता का अहंभाव में रुपांतरण।

यावत्स्यात्स्वस्य सम्बन्धोऽहंकारेण दुरात्मना ।
तावन्न लेशमात्रापि मुक्तिवार्ता विलक्षणा ॥

जब तक व्यक्ति का इस दुष्ट अहंकार से संबंध रहेगा, मुक्ति की तनिक भी चर्चा संभव नहीं है, मुक्ति जो विलक्षण है।

अहंकारग्रहान्मुक्तः स्वरूपमुपपद्यते ।
चन्द्रवद्विमलः पूर्णः सदानन्दः स्वयंप्रभुः ॥

अहंकार की जकड़ से मुक्त होकर ही व्यक्ति अपनी वास्तविक प्रकृति को प्राप्त कर सकता है, जिस तरह चंद्र राहु से मुक्त होकर प्राप्त

करता है। वह शुद्ध, अनंत, आलौकिक आनंदपूर्ण और आत्म-प्रदीप्त है।

यो वा पुरे सोऽहमिति प्रतीतो
बुद्ध्या प्रक्लृप्तस्तमासाऽतिमूढया ।
तस्यैव निःशेषतया विनाशे
ब्रह्मात्मभावः प्रतिबन्धशून्यः ॥

जो बुद्धि से निर्मित किया गया है, अज्ञान के प्रभाव में, इस शरीर को समझाता है – "मैं ऐसा हूं और वैसा हूं" – जब यह अहंकार पूरी तरह नष्ट हो जाता है , व्यक्ति ब्रह्म के साथ बिना किसी बाधा के एकाकार हो जाता है।

आशां छिन्द्धि विषोपमेषु विषयेष्वेषैव मृत्योः
कृतिस्त्यक्त्वा जातिकुलाश्रमेष्वभिमतिं मुञ्चातिदूरात्क्रियाः।
देहादावसति त्यजात्मधिषणां प्रज्ञां कुरुष्वात्मनित्वं
द्रष्टास्यमनोऽसि निर्द्वयपरं ब्रह्मासि यद्वस्तुतः॥

विषय-एंद्रियों के प्रति तुम्हारी प्रचंड लालसा विष के समान है, क्योंकि ये मृत्यु की छवि है, और मृत्यु की इस छवि, जाति,परिवार एवं जीवन व्यवस्था के अभिमान का परित्याग करके, इनसे दूरी बनाकर, शरीर एवं शेष असत्य विषयों से संबंध विच्छेद करके ही आत्म और मन के बीच जुड़ाव हो सकता है। क्योंकि तुम ही वास्तविक साक्षी, ब्रह्म, स्थिर मन, अद्वैत एवं सर्वोच्च हो।

लक्ष्ये ब्रह्मणि मानसं दृढतरं संस्थाप्य बाह्येन्द्रियं
स्वस्थाने विनिवेश्य निश्चलतनुश्चोपेक्ष्य देहस्थितिम् ।
ब्रह्मात्मैक्यमुपेत्य तन्मयतया चाखण्डवृत्त्याऽनिशं
ब्रह्मानन्दरसं पिबात्मनिमुदा शून्यैः किमन्यैभृशम् ॥

ब्रह्म में दृढ़ विश्वास, बाहरी अंगों पर अंकुश, स्थिर शरीर और उसके अनुरक्षण का विचार लाए बिना, ब्रह्म के साथ स्वयं की पहचान स्थापित करना, सदैव तू प्रसन्नता के साथ ब्रह्मानंद में लीन रह, शेष

वस्तुओं का क्या महत्व है जो पूरी तरह निरर्थक हैं?

अनात्मचिन्तनं त्यक्त्वा कश्मलं दुःखकारणम् ।
चिन्तयात्मानमानन्दरूपं यन्मुक्तिकारणम् ॥

अनात्म चिंतन, जो बुराई और दुखों का जनक है, उसका परित्याग करते हुए, स्व और परमानंद का चिंतन करें जिससे मुक्ति प्राप्त होती है।

वेदान्तसिद्धान्तनिरुक्तिरेषा
ब्रह्मैव जीवः सकलं जगच्च ।
अखण्डरूपस्थितिरेव मोक्षो
ब्रह्माद्वितीये श्रुतयः प्रमाणम् ॥

वेदांत पर सारी चर्चाओं का निष्कर्ष यही है कि जीव और संपूर्ण ब्रह्मांड ब्रह्म के अतिरिक्त कुछ नहीं है, एवं मुक्ति से आशय ब्रह्म से जुड़ाव है जो अविभाज्य सत्ता है। श्रुतियां भी यही कहती हैं कि ब्रह्म एक है, और अद्वितीय है।

इति गुरुवचनाच्छ्रुतिप्रमाणात्
परमवगम्य सतत्त्वमात्मयुक्त्या ।
प्रशमितकरणः समाहितात्मा
क्वचिदचलाकृतिरात्मनिष्ठितोऽभूत् ॥

वह व्यक्ति, जो पवित्र क्षण में सर्वोच्च सत्य का अनुभव करता है , गुरु के उपरोक्त निर्देश के अनुसार, शास्त्रसम्मत सत्ता एवं तर्कानुसार, वो शांत इंद्रियों और एकाग्र मस्तिष्क के साथ, अचल अवस्था में और आत्म में पूर्णरूपेण अवस्थित हो जाता है।

सर्वाधारं सर्ववस्तुप्रकाशं सर्वाकारं सर्वगं सर्वशून्यम्।
नित्यं शुद्धं निश्चलं निर्विकल्पंब्रह्माद्वैतं यत्तदेवाहमस्मि॥

मैं वस्तुतः वह ब्रह्म हूं, जो एकरूप है, जिस पर सब आश्रित हैं, जिससे सारी वस्तुएं प्रदीप्त हैं, जो अनंत हैं, जो सर्वव्यापी है, जो वैविध्यहीन है, अलौकिक, शुद्ध, अचल और परम है।

यत्प्रत्यस्ताशेषमायाविशेषं
प्रत्यग्रूपं प्रत्ययागम्यमानम् ।
सत्यज्ञानानन्तमानन्दरूपं
ब्रह्माद्वैतं यत्तदेवाहमस्मि ॥

मैं वस्तुतः ब्रह्म हूं जो एकात्म है, जो माया के अनंत भेदों से ऊपर है, जो सबका सत्व है, चेतना की सीमा से परे है, जो सत्य, ज्ञान, अनंत और परमानंद है।

चिन्ताशून्यमदैन्यभैक्षमशनं पानं सरिद्वारिषु
स्वातन्त्र्येण निरङ्कुशा स्थितिरभीर्निद्रा श्मशाने वने।
वस्त्रं क्षालनशोषणादिरहितं दिग्वास्तु शय्या मही
संचारो निगमान्तवीथिषु विदां क्रीडा परे ब्रह्मणि ॥

वो व्यक्ति जिन्हें सत्य बोध हो चुका है, वो भिक्षा द्वारा, अपना भोजन बिना किसी चिंता या अपमान के प्राप्त करते हैं, नदियों का जल उनका जल है, वो स्वतंत्र और मुक्त रहता है, बिना किसी भय के शमशान या वन में भी शयन करते हैं, पृथ्वी उनका बिछौना है, वे वेदांत की वीथिका में रमण करते हैं, वे सर्वोच्च ब्रह्म में लीन रहते हैं।

संसाराध्वनि तापभानुकिरणप्रोद्भूतदाहव्यथा
खिन्नानां जलकाङ्क्षया मरुभुवि भ्रान्त्या परिभ्राम्यताम् ।
अत्यासन्नसुधाम्बुधिं सुखकरं ब्रह्माद्वयं दर्शय-
त्येषा शंकरभारती विजयते निर्वाणसंदायिनी ॥

वो व्यक्ति जो संसार की राह में संतप्त हैं, जो दुखों की ज्वलंत पीड़ा झेल रहे हैं, जो मरुस्थल में जल की तलाश में मृगमरीचिका के शिकार हैं, उनके लिए शंकर का संदेश है कि अमृत के महासागर की तरह ब्रह्म, जो एकात्म है, उन्हें मुक्ति का मार्ग दिखा सकता है।

भज गोविंदम् / चर्पटपंजरिकास्तोत्रम्

भज गोविंदम् अर्थात् गोविंद की भक्ति में मन लगाना। यह आदि शंकराचार्य द्वारा लिखित उन लोकप्रिय स्तोत्रों में से एक है जिसका पाठ आज भी लाखों हिंदू नित्य करते हैं। ये स्तोत्र सत्रह श्लोकों से बनाया गया है। ये श्लोक भक्ति भाव में विभोर करने वाले हैं और इसमें ज्ञान प्राप्ति के लिए प्रचलित राह की जगह ईश्वर के प्रति पूर्ण समर्पण के मार्ग को आवश्यक बताया गया है।

इस स्तोत्र के बारे में एक किवदंती यह है कि वाराणसी में एक छात्र व्याकरण का पाठ याद करने के लिए जोर-जोर से रट रहा था। शंकराचार्य ने इस शोर से ही परेशान होकर स्तोत्र की रचना की। इसका मूल भाव यह है कि मनुष्य व्याकरण के जिन नियमों को रटकर कंठस्थ करता है, जीवन के आखिरी क्षणों में ये नियम किसी काम के नहीं हैं। मोक्ष के लिए स्वयं को प्रभु गोविंद के चरणों में समर्पित करना ही श्रेयस्कर है।

शंकराचार्य की अन्य रचनाओं की तरह ही इसमें भी भक्ति और ईश्वर के प्रति समर्पण भाव के महत्व को समझाया गया है और हिंदू देवी-देवताओं के प्रति आस्था और श्रद्धा की विस्तृत व्याख्या की गई है। ये रचना उन लोगों को अचंभित कर सकती है जो शंकराचार्य को केवल ज्ञान मार्ग से जोड़ते हैं। शंकराचार्य यह तो मानते थे कि ईश्वर तक पहुंचने और मोक्ष की प्राप्ति के लिए ज्ञान मार्ग सर्वाधिक प्रभावशाली है। हालांकि—और यह महत्वपूर्ण बिंदु है—उन्होंने ईश्वर की भक्ति और समर्पण के लिए कभी किसी प्रार्थना या विशेष पूजा पद्धति के लिए मना नहीं किया। पूजा-अर्चना की परंपरागत विधि के जरिए ईश्वर की आराधना करने पर भी उन्हें कोई आपत्ति नहीं थी, यदि साधक आध्यात्मिक कृपा प्राप्त करना चाहता हो। अपरा विद्या या व्यावहारिक ज्ञान के निर्देशानुसार शंकराचार्य ने पूर्ण ब्रह्म की प्राप्ति के लिए श्रद्धा और भक्ति के मार्ग को प्रारंभिक कदम के रूप में मान्यता दी है।

भज गोविंदम् मनुष्य के वैराग्य की भावना को प्रदर्शित करता है और उसके अहंकार की नश्वरता का बोध कराता है। हर व्यक्ति परिवार, बच्चे, धन, प्रसिद्धि, जवानी के मोहपाश से बंधा हुआ है और इस भ्रम में रहता है कि ये सभी स्थायी हैं, जीवन भर इन सब चीजों को एकत्र करने के प्रयास में लगा रहता है, जबकि

जीवन के आखिरी क्षणों में इन सबकी कोई आवश्यकता नहीं होती और सभी चीजें बेमतलब की प्रतीत होती हैं। जब मौत सामने आती है तब आभास होता है कि ये ऐसी मृगतृष्णा है जिसके पीछे हम जीवन भर भाग रहे होते हैं। और तब तक, अक्सर ज्ञान के मार्ग पर चलने में काफी विलंब हो चुका होता है, जबकि केवल वही स्थायी प्रसन्नता और संतोष दे सकता है।

शंकराचार्य के लिए, व्याकरण की शिक्षा, एक लक्ष्य के रूप में, और बिना अपने सीमित जीवन की प्रकृति को समझे, दरअसल एक उपमा है यह याद दिलाने के लिए कि उस ज्ञान को प्राप्त करना आवश्यक है जो स्थायी प्रसन्नता दे। ईश्वर—यहां गोविंद या कृष्ण—के प्रति समर्पण उस ज्ञान प्राप्ति के लिए प्रथम कदम है।

चर्पटपंजरिकास्तोत्रम्
(परित्याग के स्तोत्र)

दिनयामिन्यौ सायं प्रातश्शिशिरवसन्तौ पुनरायातः ।
कालः क्रीडति गच्छत्यायुस्तदपि न मुञ्चत्याशावायुः ॥
भज गोविन्दं भज गोविन्दं भज गोविन्दं मूढमते ।
संप्राप्ते सन्निहिते काले नहि नहि रक्षति डुकृञ्करणे ॥

सूर्योदय और सूर्यास्त, प्रकाश और अंधकार, शिशिर और वसंत—ये सभी आते-जाते रहते हैं; काल का चक्र भी ऐसे ही चलता रहता है; जीवन भी धीरे-धीरे घटने लगता है; लेकिन मनुष्य की इच्छाएं बढ़ती रहती हैं,उसका कोई अंत नहीं होता। इसलिए हे मूढ़ मित्र, तू गोविंद का भजन कर, गोविंद का भजन कर, गोविंद का भजन कर, क्योंकि अंतिम समय आने पर व्याकरण के नियम तेरी रक्षा नहीं कर सकेंगे।

अग्ने वह्निः पृष्ठे भानू रात्रौ चुबुकसमर्पितजानुः ।
करतलभिक्षस्तरुतलवासस्तदपि न मुञ्चत्याशापाशः ॥
भज गोविन्दं भज गोविन्दं भज गोविन्दं मूढमते ।
संप्राप्ते सन्निहिते काले न हि न हि रक्षति डुकृञ्करणे ॥

शीत ऋतु में शरीर को ठंड से बचाने के लिए भिक्षुक आग के पास सिकुड़कर बैठा रहता है या धूप में बैठकर शरीर को गर्माहट पहुंचाने

का प्रयास करता है। रात में जब उसे नींद आती है तो वह जमीन पर लेट जाता है, भिक्षा में मिले खाद्य पदार्थ खाकर अपनी भूख मिटाता है। किसी वृक्ष के नीचे अपना बसेरा बनाता है, लेकिन एक असहाय कैदी की तरह उसका हृदय आशाओं से बंधा होता है। इसलिए हे मूढ़ मित्र, तू गोविंद का भजन कर, गोविंद का भजन कर, गोविंद का भजन कर, क्योंकि अंतिम समय आने पर व्याकरण के नियम तेरी रक्षा नहीं कर सकेंगे।

यावद्वित्तोपार्जनशक्तस्तावन्निजपरिवारो रक्तः ।
पश्चाज्जीवति जर्जरदेहे वार्तां कोऽपि न पृच्छति गेहे ।।
भज गोविन्दं भज गोविन्दं भज गोविन्दं मूढमते ।
संप्राप्ते सन्निहिते काले न हि न हि रक्षति डुकृञ्करणे ।।

जब तक मनुष्य में धनोपार्जन की शक्ति है तभी तक परिवार के लोग उससे प्रेम रखते हैं। वृद्धावस्था में शरीर जर्जर हो जाने पर उससे कोई बात नहीं पूछते। यहां तक कि सगे-संबंधी भी हालचाल नहीं पूछते। इसलिए हे मूढ़ मित्र, तू गोविंद का भजन कर, गोविंद का भजन कर, गोविंद का भजन कर, क्योंकि अंतिम समय आने पर व्याकरण के नियम तेरी रक्षा नहीं कर सकेंगे।

जटिलो मुण्डी लुञ्छितकेशः काषायाम्बरबहुकृतवेषः ।
पश्यन्नपि च न पश्यति मूढो उदरनिमित्तो बहुकृतवेषः ।।
भज गोविन्दं भज गोविन्दं भज गोविन्दं मूढमते ।
संप्राप्ते सन्निहिते काले न हि न हि रक्षति डुकृञ्करणे ।।

जटाधारी हो या बाल मुंडवाया हुआ संन्यासी या फिर एक-एक कर सिर के सब बाल खिंचवाने वाला; गेरुआ या किसी अन्य रंग का वस्त्र धारण करने वाला संन्यासी—सभी नाना प्रकार की वेश-भूषा सिर्फ अपना केवल पेट भरने के लिए धारण करते हैं। ये सब आंखों से देखते हुए भी अंधे हैं। इसलिए हे मूढ़ मित्र, तू गोविंद का भजन कर, गोविंद का भजन कर, गोविंद का भजन कर, क्योंकि अंतिम समय आने पर व्याकरण के नियम तेरी रक्षा नहीं कर सकेंगे।

भगवद्गीता किञ्चिदधीता गङ्गाजललवकणिका पीता ।
सकृदपि यस्य मुरारिसमर्चा तस्य यमः किं कुरुते चर्चाम् ॥
भज गोविन्दं भज गोविन्दं भज गोविन्दं मूढमते।
संप्राप्ते सन्निहिते काले न हि न हि रक्षति डुकृञ्करणे ॥

मनुष्य चाहे नित्य गीता का पाठ करे या फिर गंगाजल का सेवन करे। लेकिन एक बार जब वो ईश्वर की आराधना में लीन हो जाता है तो फिर उसे मृत्यु के देवता यमराज का भी कोई भय नहीं रह जाता है। इसलिए हे मूढ़ मित्र, तू गोविंद का भजन कर, गोविंद का भजन कर, गोविंद का भजन कर, क्योंकि अंतिम समय आने पर व्याकरण के नियम तेरी रक्षा नहीं कर सकेंगे।

अङ्गं गलितं पलितं मुण्डं दशनविहीनं जातं तुण्डम् ।
वृद्धो याति गृहीत्वा दण्डं तदपि न मुञ्चत्याशापिण्डम् ॥
भज गोविन्दं भज गोविन्दं भज गोविन्दं मूढमते ।
संप्राप्ते सन्निहिते काले न हि न हि रक्षति डुकृञ्करणे ॥

वृद्धावस्था में शरीर जर्जर हो जाता है, सिर के बाल झड़ जाते हैं, दांत टूटकर गिर जाते हैं, छड़ी के सहारे चलना पड़ता है अर्थात् मृत्यु निकट आ जाती है किंतु उम्मीदों की डोर तब भी बंधी रहती है। इसलिए हे मूढ़ मित्र, तू गोविंद का भजन कर, गोविंद का भजन कर, गोविंद का भजन कर, क्योंकि अंतिम समय आने पर व्याकरण के नियम तेरी रक्षा नहीं कर सकेंगे।

बालस्तावत्क्रीडासक्तः तरुणस्तावत्तरुणीरक्तः ।
वृद्धस्तावच्चिन्तामग्नः परे ब्रह्मणि कोऽपि न लग्नः ॥
भज गोविन्दं भज गोविन्दं भज गोविन्दं मूढमते ।
संप्राप्ते सन्निहिते काले न हि न हि रक्षति डुकृञ्करणे ॥

बाल्यावस्था में मनुष्य खेलों में खोया रहता है, युवावस्था में प्रेमियों में उसका मन रमा रहता है और वृद्धावस्था में उसे चिंताएं आ घेरती हैं। किंतु परब्रह्म परमात्मा से उसे कोई प्रेम नहीं हो पाता। इसलिए हे मूढ़ मित्र, तू

गोविंद का भजन कर, गोविंद का भजन कर, गोविंद का भजन कर, क्योंकि अंतिम समय आने पर व्याकरण के नियम तेरी रक्षा नहीं कर सकेंगे।

पुनरपि जननं पुनरपि मरणं पुनरपि जननीजठरे शयनम्।
इह संसारे बहुदुस्तारे कृपयापारे पाहि मुरारे ॥
भज गोविन्दं भज गोविन्दं भज गोविन्दं मूढमते ।
संप्राप्ते सन्निहिते काले न हि न हि रक्षति डुकृञ्करणे ॥

मनुष्य जन्म लेता है, उसकी मृत्यु होती है। दोबारा उसका मां के गर्भ में आगमन होता है, ये चक्र लगातार चलता रहता है। लेकिन ईश्वर की भक्ति मनुष्य को इस जन्म-मृत्यु के भंवर से मुक्ति दिला सकती है। इसलिए हे मूढ़ मित्र, तू गोविंद का भजन कर, गोविंद का भजन कर, गोविंद का भजन कर, क्योंकि अंतिम समय आने पर व्याकरण के नियम तेरी रक्षा नहीं कर सकेंगे।

पुनरपि रजनी पुनरपि दिवसः पुनरपि पक्षः पुनरपि मासः।
पुनरप्ययनं पुनरपि वर्षे तदपि न मुञ्जत्याशामर्षम् ॥
भज गोविन्दं भज गोविन्दं भज गोविन्दं मूढमते ।
संप्राप्ते सन्निहिते काले न हि न हि रक्षति डुकृञ्करणे ॥

दिन बीतते जाते हैं, रातें गुजरती जाती हैं। अमावस्या और पूर्णिमा का चक्र अनवरत चलता रहता है। ग्रह अपने अक्ष पर परिक्रमा करते रहते हैं, ग्रीष्म और शीत ऋतु भी आती-जाती रहती हैं। साल पर साल बीतते जाते हैं। किन्तु मनुष्य की आशाएं यथावत बनी रहती हैं और वो मोहपाश से मुक्त नहीं हो पाता है। इसलिए हे मूढ़ मित्र, तू गोविंद का भजन कर, गोविंद का भजन कर, गोविंद का भजन कर, क्योंकि अंतिम समय आने पर व्याकरण के नियम तेरी रक्षा नहीं कर सकेंगे।

वयसि गते कः कामविकारश्शुष्के नीरे कः कासारः ।
क्षीणे वित्ते कः परिवारो ज्ञाते तत्त्वे कस्संसारः ॥
भज गोविन्दं भज गोविन्दं भज गोविन्दं मूढमते।
संप्राप्ते सन्निहिते काले न हि न हि रक्षति डुकृञ्करणे ॥

जिस प्रकार युवावस्था बीत जाने पर मनुष्य का काम-विकार नष्ट हो जाता है और जल सूख जाने पर तालाब किसी काम का नहीं रह जाता है। धन नष्ट हो जाने पर परिवार और मित्र भी नहीं रह जाते हैं वैसे ही ज्ञान प्राप्त होने के बाद संसार भी नहीं रह जाता है। इसलिए हे मूढ़ मित्र, तू गोविंद का भजन कर, गोविंद का भजन कर, गोविंद का भजन कर, क्योंकि अंतिम समय आने पर व्याकरण के नियम तेरी रक्षा नहीं कर सकेंगे।

नारीस्तनभरनाभीदेशं दृष्ट्वा मायामोहावेशम् ।
एतन्मांसवसादिविकारं मनसि विचिन्तय वारं वारम् ॥
भज गोविन्दं भज गोविन्दं भज गोविन्दं मूढमते ।
संप्राप्ते सन्निहिते काले न हि न हि रक्षति डुकृञ्करणे ॥

स्त्री के शरीर को देखकर वासना का भाव अज्ञान से आता है, त्रुटि से आता है; अपने मन में इस पर बार-बार विचार करो, शरीर तो केवल मांस और रक्त और वसा का विकार है। इसलिए हे मूढ़ मित्र, तू गोविंद का भजन कर, गोविंद का भजन कर, गोविंद का भजन कर, क्योंकि अंतिम समय आने पर व्याकरण के नियम तेरी रक्षा नहीं कर सकेंगे।

कस्त्वं कोऽहं कुत आयात: का मे जननी को मे तात: ।
इति परिभावय सर्वमसारं विश्वं त्यक्त्वा स्वप्रविचारम् ॥
भज गोविन्दं भज गोविन्दं भज गोविन्दं मूढमते।
संप्राप्ते सन्निहिते काले न हि न हि रक्षति डुकृञ्करणे ॥

मैं कौन हूं और तुम कौन हो? मैं कहां से आया हूं, मेरी माता कौन है और मेरा पिता कौन है? इन प्रश्नों पर चिंतन करना चाहिए और सांसारिक मोह-माया से मुक्त होने की चेष्टा करनी चाहिए। इसलिए हे मूढ़ मित्र, तू गोविंद का भजन कर, गोविंद का भजन कर, गोविंद का भजन कर, क्योंकि अंतिम समय आने पर व्याकरण के नियम तेरी रक्षा नहीं कर सकेंगे।

गेयं गीतानामसहस्रं ध्येयं श्रीपतिरूपमजस्रम् ।
नेयं सच्चनसङ्गे चितं देयं दीनजनाय च वित्तम् ॥

भज गोविन्दं भज गोविन्दं भज गोविन्दं मूढमते ।
संप्राप्ते सन्निहिते काले न हि न हि रक्षति डुकृञ्करणे ॥

नित्य गीता का पाठ करना चाहिए, विष्णु का ध्यान करते हुए उनके सहस्त्र नाम का जाप करना चाहिए। आत्मा को पवित्र रखना चाहिए और निर्धनों में अपनी संपत्ति का दान कर देना चाहिए। इसलिए हे मूढ़ मित्र, तू गोविंद का भजन कर, गोविंद का भजन कर, गोविंद का भजन कर, क्योंकि अंतिम समय आने पर व्याकरण के नियम तेरी रक्षा नहीं कर सकेंगे।

यावज्जीवो निवसति देहे तावत्पृच्छति कुशलं गेहे ।
गतवति वायौ देहापाये भार्या बिभ्यति तस्मिन्काये ॥
भज गोविन्दं भज गोविन्दं भज गोविन्दं मूढमते ।
संप्राप्ते सन्निहिते काले न हि न हि रक्षति डुकृञ्करणे ॥

जब तक मनुष्य के शरीर में प्राण रहते हैं तभी तक लोग उससे कुशल-क्षेम पूछते हैं। प्राण निकल जाने के बाद उस शरीर से पत्नी भी भयभीत होने लगती है। इसलिए हे मूढ़ मित्र, तू गोविंद का भजन कर, गोविंद का भजन कर, गोविंद का भजन कर, क्योंकि अंतिम समय आने पर व्याकरण के नियम तेरी रक्षा नहीं कर सकेंगे।

सुखतः क्रियते रामाभोगः पश्चाद्धन्त शरीरे रोगः ।
यद्यपि लोके मरणं शरणं तदपि न मुञ्चति पापाचरणम् ॥
भज गोविन्दं भज गोविन्दं भज गोविन्दं मूढमते ।
संप्राप्ते सन्निहिते काले न हि न हि रक्षति डुकृञ्करणे ॥

जो मनुष्य भोग-विलास के लिए अपनी शक्ति का प्रयोग करता है उसका शरीर रोगों से घिर जाता है। जीवन के आखिरी क्षणों में भी वो अपने पापों से दूर नहीं हो पाता है। इसलिए हे मूढ़ मित्र, तू गोविंद का भजन कर, गोविंद का भजन कर, गोविंद का भजन कर, क्योंकि अंतिम समय आने पर व्याकरण के नियम तेरी रक्षा नहीं कर सकेंगे।

रथ्याकर्पटविरचितकन्थः पुण्यापुण्यविवर्जितपन्थः ।
नाहं न त्वं नायं लोकस्तदपि किमर्थं क्रियते शोकः ॥

भज गोविन्दं भज गोविन्दं भज गोविन्दं मूढमते ।
संप्राप्ते सन्निहिते काले न हि न हि रक्षति डुकृञ्करणे ॥

सड़क किनारे से फेंके गए फटे-पुराने वस्त्र संन्यासी का आवरण होते हैं; पाप और पुण्य से रहित, वो आगे चलता रहता है; उसकी दृष्टि में ना मैं ना तुम ना ही जगत का अस्तित्व है। फिर शोक क्यों करना? इसलिए हे मूढ़ मित्र, तू गोविंद का भजन कर, गोविंद का भजन कर, गोविंद का भजन कर, क्योंकि अंतिम समय आने पर व्याकरण के नियम तेरी रक्षा नहीं कर सकेंगे।

कुरुते गङ्गासागरगमनं व्रतपरिपालनमथवा दानम्।
ज्ञानविहीने सर्वमनेन मुक्तिर्न भवति जन्मशतेन ॥
भज गोविन्दं भज गोविन्दं भज गोविन्दं मूढमते ।
संप्राप्ते सन्निहिते काले न हि न हि रक्षति डुकृञ्करणे ॥

मोक्ष की प्राप्ति के लिए मनुष्य गंगासागर की तीर्थ यात्रा पर जाता है, व्रत रखता है और दान देता है। लेकिन जब तक उसे सर्वोच्च का ज्ञान प्राप्त नहीं होता, सौ जन्मों में भी उसे मुक्ति नहीं मिल सकती। इसलिए हे मूढ़ मित्र, तू गोविंद का भजन कर, गोविंद का भजन कर, गोविंद का भजन कर, क्योंकि अंतिम समय आने पर व्याकरण के नियम तेरी रक्षा नहीं कर सकेंगे।

द्वादशपंजरिकास्तोत्रम्

शंकराचार्य की इस सुंदर और लघु रचना में बारह श्लोक हैं। मोह-माया से मुक्त करने वाले अस्त्र के रूप में इसका उपयोग किया जा सकता है। मनुष्य इस जगत को स्थायी और वास्तविक समझता है, वास्तव में वो क्षणभंगुर है और उतना ही अस्थायी है जितना कमल के पत्तों पर अटकी हुई बारिश की एक बूंद। इस जगत

से अपने आपको जोड़े रखना, और इस जुड़ाव के लिए आवश्यक अहंकार, क्रोध और अभिमान जैसी भावनाओं को पोषित करना, अपने जीवन को उनके नियंत्रण में रखना, यही वो भ्रम है जिस पर विजय पाना ही चाहिए। स्वयं का स्पष्ट बोध और भक्ति के साथ समर्पण ही इस मायाजाल से मुक्ति दिला सकता है।

इसके स्वर और सार भज गोविंदम् की तरह ही हैं। वैराग्य और भक्ति भाव से परिपूर्ण होने और संक्षिप्त होने की वजह से ये बहुत ही लोकप्रिय है।

मूढ जहीहि धनागमतृष्णां कुरु सद्बुद्धिंमनसि वितृष्णाम् ।
यल्लभसे निजकर्मोपात्तं वित्तं तेन विनोदय चित्तम् ।।

अरे मूर्ख, धन पाने की भूख और हीरे- जवाहरात पाने की चाह से दूर रहो। पूर्वजन्म के कर्मों के आधार पर तुम्हें जो कुछ भी मिला है, उसी से संतोष करो। अपने चित्त को धर्म-कर्म में लगाओ और वैराग्य को अपनाओ।

अर्थमनर्थं भावय नित्यं नास्ति ततस्सुखलेशस्सत्यम् ।
पुत्रादपि धनभाजां भीतिस्सर्वत्रैषा विहिता रीतिः ।।

स्मरण रहे, धन-संपत्ति के साथ दु:ख भी आता है, उसके साथ कोई वास्तविक सुख नहीं होता है। समृद्ध व्यक्ति को अपने पुत्र से भी भय होता है क्योंकि उसके धन में उसका भी हिस्सा होता है।

का ते कान्ता कस्ते पुत्रस्संसारोऽयमतीव विचित्रः ।
कस्य त्वं कः कुत आयातः तत्त्वं चिन्तय तदिह भ्रातः ।।

तुम्हारी पत्नी कौन है और तुम्हारा बच्चा कौन है? तुम कौन हो और कौन तुम्हारा अपना है? तुम कहां से आए हो? यह नश्वर संसार वास्तव में विचित्र है। हे बंधु, इन सब सवालों पर विचार करो।

मा कुरु धनजनयौवनगर्वं हरति निमेषात्कालस्सर्वम् ।
मायामयमिदमखिलं हित्वा ब्रह्मपदं त्वं प्रविश विदित्वा ।।

अपने यौवन, या मित्रों, या संपत्ति पर अहंकार मत करो: क्योंकि पलक झपकते ही ये सभी चीजें गायब हो जाएंगी। मोह-माया के जाल से स्वयं को मुक्त करो और शाश्वत सत्य को स्वीकार करो।

कामं क्रोधं लोभं मोहं त्यक्त्वात्मानं भावय कोऽहं ।
आत्मज्ञानविहीना मूढास्ते पच्यन्ते नरकनिगूढाः ।।

काम, क्रोध, लोभ और मोह का त्याग कर, स्वयं को पहचानने का प्रयास करो। जिनको स्वयं का बोध नहीं होता, वो मूर्ख होते हैं और उन्हें नरक में कष्ट उठाना पड़ता है।

सुरमन्दिरतरुमूलनिवासश्शय्या भूतलमजिनं वासः।
सर्वपरिग्रहभोगत्यागः कस्य सुखं न करोति विरागः ।।

मंदिर या वृक्ष को अपना निवास बनाओ, मृगछाल को अपना वस्त्र बनाओ और सोने के लिए जमीन को अपना बिस्तर बनाओ। उपहार या पारितोषिक को स्वीकार करना छोड़ दो और आनंद की अनुभूति करो। सांसारिक वस्तुओं से विरक्त होकर ही आत्मा तृप्त हो सकती है।

शत्रौ मित्रो पुत्रे बन्धौ मा कुरु यत्नं विग्रहसन्धौ ।
भव समचित्तस्सर्वत्र त्वं वाञ्छस्यचिराद्यदि विष्णुत्वम् ।।

शत्रु या मित्र, पुत्र या परिजन, शांति या युद्ध—किसी से जुड़ाव मत रखो; यदि तुम विष्णु के राज्य की इच्छा रखते हो, तो सभी वस्तुओं को एक समान दृष्टि से देखो।

त्वयि मयि चान्यत्रैको विष्णुः व्यर्थं कुप्यसि मय्यसहिष्णुः ।
सर्वस्मिन्नपि पश्यात्मानं सर्वत्रोत्सृज भेदज्ञानम् ।।

तुममें, मुझमें और सभी में विष्णु ही हैं; तुम व्यर्थ ही क्रोध करते हो, और असहिष्णुता दिखाते हो। प्रत्येक में स्वयं को देखो, और सभी विविधताओं को भूल जाओ।

प्राणायामं प्रत्याहारं नित्यानित्यविवेकविचारम् ।
जाप्यसमानसमाधिविधानं कुर्ववधानं महदवधानम् ।।

स्वयं पर और अपने श्वास पर नियंत्रण रखो। नित्य ईश्वर का जाप करो और अपने मन को शांत करने का प्रयास करो। इन शाश्वत नियमों का पूरे अंत:मन से पालन करो।

नलिनीदलगतजलमतितरलं तद्वज्जीवितमतिशयचपलम् ।
विद्धि व्याध्यभिमानग्रस्तं लोकं शोकहतं च समस्तम् ॥

जिस प्रकार कमल के पत्ते पर वर्षा की बूंदें अस्थायी होती हैं, ठीक उसी प्रकार मनुष्य का जीवन भी अनिश्चित होता है। मनुष्य सदैव अपने दुख, अहंकार और रोगों से घिरा रहता है। इस सत्य वचन को सदैव स्मरण रखना चाहिए।

का तेऽष्टादशदेशे चिन्ता वातुल किं तव नास्ति नियन्ता ।
यस्त्वां हस्ते सुदृढनिबद्धं बोधयति प्रभवादिविरुद्धम् ॥

तुम हर विषय की चिंता क्यों करते हो? क्या तुम्हारे पास तर्कशक्ति नहीं है? क्या जीवन और मृत्यु के बारे में तुम्हारा मार्गदर्शन करने वाला कोई नहीं है?

गुरुचरणाम्बुजनिर्भरभक्तः संसारादचिराद्भव मुक्तः।
इन्द्रियमानसनियमादेवं द्रक्ष्यसि निजहृदयस्थं देवम् ॥

तुम स्वयं को अपने गुरु के चरण कमलों में समर्पित कर दो और सांसारिक दासता से तत्क्षण मुक्त हो जाओ; अपनी इंद्रियों और विचारों पर नियंत्रण रखो और अपने हृदय में ही ईश्वर का अनुभव करो।

द्वादशपञ्जरिकामय एषः शिष्याणां कथितो ह्युपदेशः।
येषां चिते नैव विवेकस्ते पच्यन्ते नरकमनेकम् ॥

इन बारह श्लोकों की रचना मैंने अपने शिष्यों को उचित मार्ग दिखाने के लिए की है। अगर मनुष्य इन सत्य का अनुसरण नहीं करता है तो उसे नरक से भी ज्यादा कष्ट भोगना पड़ सकता है।

कौपीनपंचकम्

यह शंकराचार्य की सबसे छोटी रचना होगी। इसमें एक संन्यासी जीवन में त्याग की महानता को बताया गया है। संन्यासी संसार की सभी इच्छाओं और सुख-सुविधाओं से दूर होता है और शरीर पर वस्त्र के रूप में वह केवल लंगोटी (कौपीन) धारण करता है। एक भिक्षुक के रूप में वह जीवनभर भटकता रहता है। इस रचना का हर श्लोक संन्यासी के बंधन मुक्त जीवन के बारे में बताता है कि सामान्य जीवन की सुविधाओं को त्यागकर कैसे श्रेष्ठ बन जाता है। यद्यपि इस रचना में केवल पांच श्लोक हैं लेकिन इन्हें पढ़कर उस संन्यासी जीवन की वास्तविकता की अनुभूति होती है जिसे शंकर ने अपने लिए चुना था।

यहां ये बताना महत्वपूर्ण है कि शंकराचार्य हर किसी को संन्यासी जीवन अपनाने के लिए नहीं कहते हैं। उनका ये मानना है कि ज्ञान मार्ग हर मनुष्य के लिए खुला है, भले ही वो गृहस्थ जीवन में क्यों न हो। शंकराचार्य का ये भी मानना था कि ब्रह्म की अनुभूति, किसी भी व्यक्ति को, किसी भी समय हो सकती है, इसके लिए संन्यासी होना ही आवश्यक नहीं है। संन्यासी जीवन व्यतीत करना शंकराचार्य की व्यक्तिगत इच्छा थी और उनके संतुष्ट जीवन की झलक इन स्तोत्रों में मिलती है।

वेदान्तवाक्येषु सदा रमन्तो
भिक्षान्नमात्रेण च तुष्टिमन्तः ।
विशोकमन्तःकरणे चरन्तः
कौपीनवन्तः खलु भाग्यवन्तः ॥

सदैव वेदों की ज्ञान गंगा में डुबकी लगाते हुए, भिक्षा के अन्न मात्र में ही संतोष रखते हुए, शोकमुक्त हृदय के साथ, कौपीनधारी वास्तव में भाग्यवान है।

मूलं तरोः केवलमाश्रयन्तः
पाणिद्वयं भोक्तुममन्त्रयन्तः ।
कन्थामिव श्रीमपि कुत्सयन्तः
कौपीनवन्तः खलु भाग्यवन्तः ॥

वृक्ष की छाया में आश्रय ढूंढ़ने वाला, दोनों हाथों को भोजन का पात्र बनाने वाला, धन को भी फटे कपड़े की तरह समझने वाला, कौपीनधारी वास्तव में भाग्यवान है।

स्वानन्दभावे परितुष्टिमन्तः
सुशान्तसर्वेन्द्रियवृत्तिमन्तः।
अहर्निशं ब्रह्मसुखे रमन्तः
कौपीनवन्तः खलु भाग्यवन्तः॥

अपनी अंतरात्मा के आनंद से पूरी तरह संतुष्ट रहकर, इंद्रियों पर पूर्ण रूप से नियंत्रण रखते हुए, रात-दिन ब्रह्मानंद में डूबा रहने वाला, कौपीनधारी वास्तव में भाग्यवान है।

देहादिभावं परिवर्तयन्तः
स्वात्मानमात्मन्यवलोकयन्तः ।
नान्तं न मध्यं न बहिः स्मरन्तः
कौपीनवन्तः खलु भाग्यवन्तः ॥

मन और शरीर के परिवर्तन को देखते हुए, आत्मानंद में ही संतुष्ट रहने वाला, अंदर, मध्य और बाहर की स्मृति से शून्य रहने वाला, कौपीनधारी वास्तव में भाग्यवान है।

ब्रह्माक्षरं पावनमुच्चरन्तो
ब्रह्माहमस्मीति विभावयन्तः।
भिक्षाशिनो दिक्षु परिभ्रमन्तः
कौपीनवन्तः खलु भाग्यवन्तः॥

पवित्र ब्रह्माक्षर मंत्र का जप करते हुए, केवल 'मैं ब्रह्म हूं', का ध्यान लगाने वाला, भिक्षा पर जीवित और सभी दिशाओं में विचरने वाला कौपीनधारी वास्तव में भाग्यवान है।

गुर्वष्टकम्

आदि शंकराचार्य द्वारा रचित ये एक अन्य लघु रचना है जिसमें सिर्फ आठ श्लोक हैं और ये गुरु को समर्पित है। इसका मूल भाव यह है कि अगर किसी व्यक्ति के समक्ष संसार की सारी सुख-सुविधाएं, धन-वैभव विद्यमान हों, तब भी परम ज्ञानी को गुरु के चरणों में समर्पण से जो आनंद मिलता है वह अद्वितीय है। हर श्लोक के आखिरी दो वाक्यों में इस बात पर विशेष बल दिया गया है कि अगर मनुष्य ने गुरु के चरण कमलों में ध्यान नहीं लगाया है तो बाकी कुछ आखिर किस काम का है। संस्कृत की मूल रचना में आखिरी वाक्यों में यह प्रश्न किया गया है कि जो गुरु की भक्ति में लीन रहते हैं और उनकी सभी इच्छाएं पूरी भी होती हैं, फिर उसके बाद क्या, आगे क्या?

शंकराचार्य का मानना था कि आध्यात्मिक ज्ञान की प्राप्ति के लिए गुरु की भूमिका काफी महत्वपूर्ण होती है। हालांकि वो इसे अपरिहार्य नहीं मानते थे। ऐसा भी हो सकता है कि किसी को परम आनंद की अनुभूति स्वतः हो चुकी हो, लेकिन ज्ञानार्जन के बाद, प्रत्यक्ष या परोक्ष रूप से, ईश्वर तक पहुंचने के लिए एक परम ज्ञानी सद्गुरु की आवश्यकता होती है और उसके मार्गदर्शन की भूमिका महत्वपूर्ण होती है। शंकराचार्य ने अपनी आध्यात्मिक यात्रा की शुरुआत अपने गुरु को ढूंढ़कर की थी। छोटी सी उम्र में भी शंकराचार्य केरल के कलाडी से ओंकारेश्वर तक पहुंचे और नर्मदा नदी के तट पर अपने गुरु गोविंदपाद के चरणों में बैठकर ज्ञान प्राप्त किया। वाराणसी जाने से पहले कई वर्षों तक उन्होंने गुरु गोविंदपाद के आश्रम में शिष्य बनकर ज्ञान का प्रसाद ग्रहण किया। शंकराचार्य जीवनपर्यंत अपने गुरु का आभार व्यक्त करते रहे।

शरीरं सुरूपं सदा रोगमुक्तं
यशश्चारु चित्रं धनं मेरुतुल्यम्।
मनश्चेन्न लग्नं गुरोरङ्घ्रिपद्मे
ततः किं ततः किं ततः किं ततः किम्॥

यद्यपि शरीर रूपवान हो और हमेशा रोगमुक्त रहे, यश चारों दिशाओं में फैला हुआ हो और पर्वत जैसी अपार धन-संपदा हो, लेकिन यदि गुरु के चरण कमल में मन नहीं रमता हो तो इन सब का क्या लाभ?

कलत्रं धनं पुत्रपौत्रादिसर्वं
गृहं बान्धवाः सर्वमेतद्धि जातम् ।
मनश्चेन्न लग्नं गुरोरङ्घ्रिपद्मे
ततः किं ततः किं ततः किं ततः किम् ॥

यदि सौभाग्य से धन-वैभव और गुणी पत्नी मिली हो, पुत्र-पौत्रों और मित्रों के साथ जीवन का सुख हो, फिर भी यदि गुरु के चरण कमल में मन नहीं रमता हो तो इन सब का क्या लाभ?

षडङ्गादि वेदो मुखे शास्त्रविद्या
कवित्वादि गद्यं सुपद्यं करोति ।
मनश्चेन्न लग्नं गुरोरङ्घ्रिपद्मे
ततः किं ततः किं ततः किं ततः किम् ॥

जिन्हें वेद और षट्वेदांग आदि शास्त्र पूर्णरूप से कंठस्थ हों, जिनमें सुंदर काव्य और गद्य रचना की प्रतिभा हो, लेकिन यदि गुरु के चरण कमल में मन नहीं रमता हो तो इन सब का क्या लाभ?

विदेशेषु मान्यः स्वदेशेषु धन्यः
सदाचारवृत्तेषु मत्तो न चान्यः ।
मनश्चेन्न लग्नं गुरोरङ्घ्रिपद्मे
ततः किं ततः किं ततः किं ततः किम् ॥

जिन्हें विदेशों में मान मिलता है और अपने देश में जिनकी जय-जयकार होती है, जो सदाचार पालन में भी अद्वितीय हो और दुराचार से सदा दूर हो, लेकिन यदि गुरु के चरण कमल में मन नहीं रमता हो तो इन सब का क्या लाभ?

क्षमामण्डले भूपभूपालवृन्दैः
सदासेवितं यस्य पादारविन्दम् ।
मनश्चेन्न लग्नं गुरोरङ्घ्रिपद्मे
ततः किं ततः किं ततः किं ततः किम् ॥

भले ही आप पूरे ब्रह्मांड के सम्राट हों, यद्यपि पृथ्वी के सभी शक्तिशाली राजा आपकी सेवा में तत्पर रहते हों, लेकिन यदि गुरु के चरण कमल में मन नहीं रमता हो तो इन सबका क्या लाभ?

यशश्चेद्गतं दिक्षु दानप्रतापात्
जगद्वस्तु सर्वं करे यत्प्रसादात् ।
मनश्चेन्न लग्नं गुरोरङ्घ्रिपद्मे
ततः किं ततः किं ततः किं ततः किम् ॥

दानवीरता के कारण जो संसार भर में विख्यात हो,गुरु कृपा से जिसे जगत के सारे सुख-ऐश्वर्य प्राप्त हों,लेकिन यदि गुरु के चरण कमल में मन नहीं रमता हो तो इन सब का क्या लाभ?

न भोगो न योगो न व वाजिमेधे
न कान्तासुखे नैव वित्तेषु चित्तम् ।
मनश्चेन्न लग्नं गुरोरङ्घ्रिपद्मे
ततः किं ततः किं ततः किं ततः किम् ॥

यद्यपि तुम्हें किसी सुख की चाह नहीं है, संपत्ति या पत्नी से कोई सुख नहीं चाहते, योग की शक्तियों, और यज्ञ के फल को ठुकराते हो, लेकिन यदि गुरु के चरण कमल में मन नहीं रमता हो तो इन सब का क्या लाभ?

अरण्ये न वा स्वस्य गेहे न कार्ये
न देहे मनो वर्तते मे त्वनर्घ्ये ।
मनश्चेन्न लग्नं गुरोरङ्घ्रिपद्मे
ततः किं ततः किं ततः किं ततः किम् ॥

भले ही तुम वन को भी अपना घर मानकर रहने के लिए तैयार हो,
अपने कामकाज या शरीर से या धन-धान्य से नहीं बंधे हो, लेकिन यदि
गुरु के चरण कमल में मन नहीं रमता हो तो इन सब का क्या लाभ?

गुरोरष्टकं यः पठेत्पुण्यदेही
यतिर्भूपतिर्ब्रह्मचारी च गेही।
लभेद्वाञ्छितार्थं पदं ब्रह्मसंज्ञं
गुरोरुक्तवाक्ये मनो यस्य लग्नम्॥

जो राजा, ब्रह्मचारी या गृहस्थ इस अष्टक का पाठ करता है और जिसका मन गुरु की स्तुति में आसक्त हो जाता है, और गुरु की शिक्षाओं को निरंतर उत्साह के साथ अपनाता है, वह उस ब्रह्म रूपी खजाने को प्राप्त करेगा, जिसे सब पाना चाहते हैं।

निर्वाणषट्कम्

शंकराचार्य की इस रचना में कुल 6 श्लोक हैं, जिसके कारण इसे षट्कम् कहा गया है। उनकी रचनाओं में यह सर्वाधिक लोकप्रिय है। निर्वाणषट्कम्, जिसे आत्मषट्कम् भी कहा जाता है, बेहद गूढ़ ज्ञान का सारांश है। इसमें अद्वैतवाद के मूल तत्वों को समाहित किया गया है।

षट्कम् का मूलभाव है प्रत्येक वस्तु के अस्तित्व को नकारना—मन, अहंकार, इंद्रियों, शरीर, भावनाओं, मानवीय संबंधों, धार्मिक मान्यताओं, तीर्थाटन, मंत्रोच्चार, पुरुषार्थ के चार लक्ष्य—धर्म, अर्थ, काम और मोक्ष, स्वयं वेद और यहां तक कि गुरु भी—केवल इस बात पर जोर देने के लिए कि मात्र परमानंद और एकमात्र व्यापक सत्य यानी ब्रह्म को जानने का महत्व है। शंकर कहते हैं कि, जो ब्रह्म की अनुभूति कर लेता है, वो स्वयं शिव हो जाता है—और इसी कारण हर श्लोक के अंत में कहा गया है—मैं शिव हूं! मैं शिव हूं!

षट्कम् के पाठ को एकाग्रचित्त होकर सुनने वाले पर नाटकीय प्रभाव हो

सकता है। अकस्मात, सांसारिक वस्तुओं की गहराई का पता चलना शुरू हो जाता है। सभी धारणाओं को छोड़कर मनुष्य ब्रह्म की ओर बढ़ता चला जाता है। जैसा कि हरेक श्लोक में वर्णित है, श्रेष्ठता की अनुभूति होती है और अध्यात्म की राह पर आगे बढ़ते हुए परम आनंद और ज्ञान की प्राप्ति होती है। अध्यात्म के विस्तृत मार्ग को प्राप्त कर मनुष्य नश्वर वस्तुओं के मोह से मुक्त जाता है।

अद्वैत के एकात्मवादी दर्शन को प्रमाणित करने के लिए, और सांसारिक तत्वों के अस्तित्व को चुनौती देने के लिए स्पष्ट विचार, साहस और दृढ़ निश्चय का होना अत्यावश्यक है। ऐसा माना जाता है कि षट्कम् के पहले तीन श्लोकों की रचना शंकराचार्य ने ओंकारेश्वर में अपने गुरु, गोविंदपाद से भेंट के पश्चात की थी। इस मान्यता के अनुसार, जब गोविंदपाद ने शंकराचार्य से ये प्रश्न किया कि तुम कौन हो? —तब उत्तर में शंकराचार्य ने पहले तीन श्लोक कहे थे। इस उत्तर के बाद ही गोविंदपाद ने उन्हें अपने शिष्य के रूप में स्वीकार किया था। किंतु मुझे ऐसा लगता है कि शंकराचार्य ने कई वर्षों के अध्ययन और आध्यात्मिक प्रकाश पुंज जागृत होने के बाद अपने जीवन के उत्तरार्द्ध में इसकी रचना की होगी।

सच्चाई चाहे जो भी हो लेकिन निर्वाण षट्कम् वास्तव में एक अद्भुत रचना है और उनके सभी प्रकरण ग्रंथों में ये मुझे सर्वाधिक प्रिय है।

मनोबुद्ध्यहङ्कारचितानि नाहं
न च श्रोत्रजिह्वे न च घ्राणनेत्रे ।
न च व्योम भूमिर्न तेजो न वायु-
श्चिदानन्दरूपः शिवोऽहं शिवोऽहम् ॥

मैं मन, बुद्धि, अहंकार और स्मृति नहीं हूं, न ही मैं कान, नाक, जिह्वा और नाक हूं। मैं आकाश, भूमि, तेज और वायु भी नहीं हूं, मैं शाश्वत आनंद और चैतन्य हूं, मैं शिव हूं, मैं शिव हूं।

न च प्राणसंज्ञो न वै पञ्चवायुर्-
न वा सप्तधातुर्न वा पञ्चकोशः ।
न वाक्पाणिपादं न चोपस्थपायू
चिदानन्दरूप शिवोऽहं शिवोऽहम् ॥

मैं न प्राण हूं और न पंच वायु में कोई हूं। न मैं सप्त धातुओं में कोई हूं, न ही पंच कोशों में से कोई। न मैं वाणी, हाथ या पैर हूं और न ही कोई अन्य अंग। मैं शाश्वत आनंद और चैतन्य हूं, मैं शिव हूं, मैं शिव हूं।

न मे द्वेषरागौ न मे लोभमोहौ
मदो नैव मे नैव मात्सर्यभावः।
न धर्मो न चार्थो न कामो न मोक्षश्
चिदानन्दरूपः शिवोऽहं शिवोऽहम् ॥

न मुझमें राग और द्वेष हैं, न ही लोभ और मोह। न मुझमें अहंकार है और न ही ईर्ष्या की भावना, न मुझमें धर्म, अर्थ, काम और मोक्ष ही हैं। मैं शाश्वत आनंद और चैतन्य हूं, मैं शिव हूं, मैं शिव हूं।

न पुण्यं न पापं न सौख्यं न दुःखं
न मन्त्रो न तीर्थं न वेदा न यज्ञाः ।
अहं भोजनं नैव भोज्यं न भोक्ता
चिदानन्दरूपः शिवोऽहं शिवोऽहम् ॥

न मैं पुण्य हूं, न ही पाप हूं। न ही सुख हूं और न दुख। न मंत्र, न तीर्थ, न वेद, न यज्ञ। न मैं भोजन हूं न भोज्य और न भोक्ता, मैं शाश्वत आनंद और चैतन्य हूं, मैं शिव हूं, मैं शिव हूं।

न मृत्युर्न शङ्का न मे जातिभेदः
पिता नैव मे नैव माता न जन्म ।
न बन्धुर्न मित्रं गुरुर्नैव शिष्य-
श्चिदानन्दरूपः शिवोऽहं शिवोऽहम् ॥

न मुझे मृत्यु का भय है और न जाति का कोई भेद है। न मेरा कोई पिता है, न कोई मेरी माता है। न मेरा जन्म हुआ है, न कोई मेरा भाई है और न कोई मित्र है। न कोई गुरु ही है और न ही कोई शिष्य है। मैं शाश्वत आनंद और चैतन्य हूं, मैं शिव हूं, मैं शिव हूं।

अहं निर्विकल्पो निराकाररूपो
विभुत्वाच्च सर्वत्र सर्वेन्द्रियाणाम् ।

न चासङ्गतं नैव मुक्तिर्न मेय-
श्चिदानन्दरूपः शिवोऽहं शिवोऽहम् ॥

मेरा कोई विकल्प नहीं है और ना कोई आकार है: मैं सर्वत्र हूं; मैं सर्वव्यापक हूं, और मैं सभी इंद्रियों से परे हूं; ना मैं मोक्ष हूं, ना मैं ज्ञात हूं; मैं शाश्वत आनंद और चैतन्य हूं, मैं शिव हूं, मैं शिव हूं।

मनीषापंचकम्

मनीषापंचकम् पांच पदों की एक रचना है। संस्कृत शब्द मनीषा का अर्थ होता है—दृढ़ विश्वास। पंचकम् का अर्थ है—पांच। इस प्रकार मनीषापंचकम्—पांच पदों में व्यक्त किया गया शंकराचार्य का दृढ़ विश्वास है।

विभिन्न सामाजिक मुद्दों पर शंकराचार्य के विचार और अद्वैत दर्शन के अनुसार उनके समाधानों को समझने के लिए ये प्रकरण ग्रंथ धुरी का काम करता है। (पिछले पृष्ठों में इसे विस्तार से बताया गया है) संक्षेप में, मनीषापंचकम् में ये समझाया गया है कि केवल ब्रह्म का अस्तित्व है। बाकी सभी दूसरे सहायक तत्व काल्पनिक हैं। इसमें मानवरचित जाति भेद जैसे सामाजिक मुद्दों की भी आलोचना की गई है। जो व्यक्ति ब्रह्म की सच्चाई से अवगत हो चुका है उसके लिए ऊंची और नीची जाति का कोई मतलब नहीं रह जाता।

ऐसी मान्यता है कि यह रचना शंकराचार्य ने अपने काशी प्रवास के दौरान लिखी थी। एक किवदंती के अनुसार, एक दिन मंदिर जाने के क्रम में निम्न जाति का एक व्यक्ति (चांडाल) शंकराचार्य के रास्ते में आ गया। चूंकि निम्न जाति वालों को ऊंची जाति वाले लोग अपवित्र मानते थे, इसलिए उसे मार्ग से हटने के लिए कहा गया। लेकिन मार्ग से हटने की बजाय चांडाल ने शंकराचार्य से कहा कि—जब हर मनुष्य में और पूरे ब्रह्मांड में ईश्वर का अंश है तो ये सामाजिक भेदभाव क्यों है? उसके इसी प्रश्न का उत्तर शंकराचार्य ने मनीषापंचकम् के रूप में दिया।

इसकी मुख्य बात यह है कि इसके हर पद के अंत में शंकराचार्य ने अपने दृढ़ निश्चय पर बल दिया है और कहा है कि जिस व्यक्ति को आत्मज्ञान की प्राप्ति हो जाती है, उसके लिए सामाजिक भेदभाव का कोई औचित्य नहीं है।

समाजशास्त्री इस बात पर संदेह कर सकते हैं कि क्या मनीषापंचकम् जाति व्यवस्था और उच्च जाति की अन्य रुढ़ियों के प्रति शंकर की अस्वीकृति को प्रमाणित करने के लिए पर्याप्त है, लेकिन यह रचना निश्चित रूप से शंकराचार्य के समतावाद के दर्शन को प्रभावी ढंग से प्रस्तुत करती है। यहां ये ध्यान देने वाली बात है कि, शंकर ने सामाजिक रुढ़ियों और भेदभाव से भरी काल-अवधि में, अद्वैतवाद के तर्कसंगत प्रमाणों के बल पर अपने विरोधी विचारों को सार्वजनिक रूप से रखने का साहस दिखाया था।

जाग्रत्स्वप्नसुषुप्तिषु स्फुटतरा या संविदुज्जृम्भते
या ब्रह्मादिपिपीलिकान्ततनुषु प्रोता जगत्साक्षिणी।
सैवाहं न च दृश्यवस्त्विति दृढप्रज्ञापि यस्यास्ति चे-
च्चाण्डालोऽस्तु स तु द्विजोऽस्तु गुरुरित्येषा मनीषा मम॥

जो चेतना जाग्रत, स्वप्न, सुषुप्ति आदि तीनों अवस्थाओं के ज्ञान को प्रकट करती है, जो चैतन्य विष्णु, शिव आदि देवताओं में स्फुरित हो रहा है वही चैतन्य चींटी आदि क्षुद्र जन्तुओं तक में स्फुरित है। जिस दृढ़बुद्धि पुरुष की दृष्टि में सम्पूर्ण विश्व आत्मरूप से प्रकाशित हो रहा है, जिसकी ऐसी बुद्धि और निष्ठा है, वह चांडाल हो अथवा द्विज हो, वह मेरा गुरु है। यह मेरा दृढ़ विश्वास है।

ब्रह्मैवाहमिदं जगच्च सकलं चिन्मात्रविस्तारितं
सर्वं चैतदविद्यया त्रिगुणयाऽशेषं मया कल्पितम्।
इत्थं यस्य दृढा मतिः सुखतरे नित्ये परे निर्मले
चाण्डालोऽस्तु स तु द्विजोऽस्तु गुरुरित्येषा मनीषा मम॥

मैं ही ब्रह्म हूं। और चेतन मात्र से व्याप्त यह समस्त जगत भी ब्रह्मस्वरूप है। यह समस्त मायाजाल मेरे द्वारा ही त्रिगुणमय अविद्या से कल्पित है। मैं सुखी, सत्य, निर्मल, नित्य परब्रह्म रूप में हूं, जिसकी ऐसी दृढ़

बुद्धि है वह चांडाल हो अथवा द्विज हो, वह मेरा गुरु है। यह मेरा दृढ़ विश्वास है।

शश्वन्नश्वरमेव विश्वमखिलं निश्चित्य वाचा गुरो-
र्नित्यं ब्रह्म निरन्तरं विमृशता निर्व्याजशान्तात्मना।
भूतं भाति च दुष्कृतं प्रदहता संविन्मये पावके
प्रारब्धाय समर्पितं स्ववपुरित्येषा मनीषा मम॥

जिसने अपने गुरु के वचनों से यह निश्चित कर लिया है कि यह परिवर्तनशील जगत अनित्य है, जो अपने मन को वश में करके शांत आत्मना है, जो निरंतर ब्रह्म चिंतन में मग्न है, जिसने परमात्म रूपी अग्नि में अपनी सभी भूत और भविष्य की वासनाओं का दहन कर लिया है और जिसने अपने प्रारब्ध का क्षय करके देह को समर्पित कर दिया है, वह चांडाल हो अथवा द्विज हो, वह मेरा गुरु है। यह मेरा दृढ़ विश्वास है।

या तिर्यङ्नरदेवताभिरहमित्यन्तः स्फुटा गृह्यते
यद्भासा हृदयाक्षदेहविषया भान्ति स्वतोऽचेतनाः।
तां भास्यैः पिहितार्कमण्डलनिभां स्फूर्तिं सदा भावय-
न्योगी निर्वृतमानसो हि गुरुरित्येषा मनीषा मम॥

वह {शुद्ध चेतना} जो स्पष्टतः 'अहम्' रूप में पशुओं, मनुष्यों और देवों द्वारा अनुभव की जाती है; जिसके प्रकाश में मन, इंद्रियां, शरीर, और विषय चमकते हैं; जो सूर्य के गोले की तरह उसके द्वारा ढक लिया जाता है जिसे वो प्रकाशित करता है—सदा इस प्रभा का ध्यान करने वाले, योगी का मन परमानंद से भर जाता है। वही मेरा गुरु है। यह मेरा दृढ़ विश्वास है।

यत्सौख्याम्बुधिलेशलेशत इमे शक्रादयो निर्वृता
यच्चित्ते नितरां प्रशान्तकलने लब्ध्वा मुनिर्निर्वृतः।
यस्मिन्नित्यसुखाम्बुधौ गलितधीर्ब्रह्मैव न ब्रह्मविद्
यः कश्चित्स सुरेन्द्रवन्दितपदो नूनं मनीषा मम॥

परमानंद का वो महासागर, जिसकी एक छोटी बूंद से इंद्र और दूसरे देवता प्रसन्न हो जाते हैं; जिसे अपने मन में ग्रहण करके जो परिवर्तनहीन पूर्ण स्थिर योगी प्रसन्नता का अनुभव करता है; शाश्वत परमानंद का वो महासागर, जिसमें अपने मन को डुबोकर जो ब्रह्म हो जाता है, केवल ब्रह्मविद नहीं रहता—वो चाहे जो हो, उसकी चरण वंदना देवराज भी करते हैं। निश्चित रूप से, यह मेरा दृढ़ विश्वास है।

दशश्लोकी

यह रचना दस श्लोकों की है और निर्वाणषट्कम् की भांति शंकर ने इसमें भी अद्वैत के एकात्मवाद की व्याख्या अपनी भिन्न शैली में की है। हर श्लोक में कुछ ऐसे तत्वों के बारे में बताया गया है जिनका कोई महत्व नहीं है और निर्वाणषट्कम् की तरह हर श्लोक का अंत 'शिव केवलोहम्' (अर्थात् केवल मैं ही शिव हूं) के साथ होता है। इस रचना में शंकराचार्य ने ये नई बात बताई है कि गहरी निद्रा या सुषुप्तावस्था में जब चित्त बिल्कुल शांत होता है, तो अपने आंतरिक और वास्तविक स्वभाव की अनुभूति होती है। उन्होंने इस रचना में चैतन्य की चौथी अवस्था जो कि सुषुप्ति से भी परे है, उसके गुण भी बताए। ये चौथी अवस्था है—तुरीय, इसमें मनुष्य निद्रावस्था में रहे या जाग्रतावस्था में, इस संसार में रहते हुए भी यहां के सभी बंधनों से मुक्त होता है और परम आनंद की अनुभूति करता रहता है। एक श्लोक में उन्होंने विशेष रूप से सांख्य,बौद्ध, मीमांसक और जैन मतों को भी नकार दिया है।

निर्वाणषट्कम् और दशश्लोकी की रचना और इसके विचारों की साम्यता को देखते हुए कुछ विद्वान ये भी कहते हैं कि अपने गुरु गोविंदपाद द्वारा ये पूछे जाने पर कि— 'तुम कौन हो?', शंकराचार्य ने दशश्लोकी की रचना की थी। हमें इस विवाद से दूर रहते हुए बस ये समझना चाहिए शंकराचार्य ने अपने गुरु के प्रश्नों के उत्तर में जो कुछ भी कहा, उससे संतुष्ट और प्रभावित होकर गोविंदपाद ने उन्हें अपना शिष्य स्वीकार कर लिया।

न भूमिर्न तोयं न तेजो न वायुः
न खं नेन्द्रियं वा न तेषां समूहः ।
अनेकान्तिकत्वात् सुषुप्त्येकसिद्धः
तदेकोऽवशिष्टः शिवः केवलोऽहम् ॥

न मैं भूमि हूं, न जल हूं, न अग्नि, वायु और आकाश हूं। न कोई एक इंद्रिय हूं और न इंद्रियों का समूह ही हूं क्योंकि ये सब अस्थिर हैं। मैं तो सुषुप्ति के एकमात्र अनुभव में सिद्ध हूं। और, जो एकमात्र अवशिष्ट, पवित्र रह जाता है, वो शिव मैं हूं।

न वर्णा न वर्णाश्रमाचारधर्मा
न मे धारणाध्यानयोगादयोपि ।
अनात्माश्रयाहंममाध्यासहानात्
तदेकोऽवशिष्टः शिवः केवलोऽहम् ॥

वर्ण, वर्णाश्रमोचित आचाररूप, धर्म तथा धारणा, ध्यान और समाधि आदि योग के अंग न मुझमें हैं और न मेरे हैं। क्योंकि मैं और मेरे की असत्य भावनाएं, जो अनात्मवाद पर आश्रित हैं, उनका त्याग कर दिया गया है। और, जो एकमात्र अवशिष्ट, पवित्र रह जाता है, वो शिव मैं हूं।

न माता पिता वा न देवा न लोका
न वेदा न यज्ञा न तीर्थं ब्रुवन्ति ।
सुषप्तौ निरस्तातिशून्यात्मकत्वात्
तदेकोऽवशिष्टः शिवः केवलोऽहम् ॥

माता, पिता, देवता, लोक, वेद, यज्ञ और तीर्थ कोई भी मेरा वर्णन नहीं कर सकते हैं, क्योंकि सुषुप्त काल में इन सबका निराकरण होने से ये अत्यंत शून्यरूप हो जाते हैं। और, जो एकमात्र अवशिष्ट, पवित्र रह जाता है, वो शिव मैं हूं।

न साख्यं न शैवं न तत्पाञ्चरात्रं
न जैनं न मीमांसकादेर्मतं वा ।

विशिष्टानुभूत्या विशुद्धात्मकत्वात्
तदेकोऽवशिष्टः शिवः केवलोऽहम् ॥

सांख्य, शैव, पंचरात्र, जैन अथवा मीमांसक आदि का मत भी मेरा प्रतिपादन नहीं कर सकते। क्योंकि प्रत्यक्ष अनुभूति के द्वारा आत्म को पूर्ण विशुद्ध प्रकृति के रूप में जाना जाता है। और, जो एकमात्र अवशिष्ट, पवित्र रह जाता है, वो शिव मैं हूं।

न चोर्ध्वं न चाधो न चान्तर्न बाह्यं
न मध्यं न तिर्यन्‌ पूर्वाऽपरा दिक् ।
वियद्व्यापकत्वादखण्डैकरूपः
तदेकोऽवशिष्टः शिवः केवलोऽहम् ॥

मैं न ऊपर की दिशा हूं, न नीचे की। न भीतर हूं, न बाहर। न मध्य हूं, न इधर-उधर, न पूर्व दिशा हूं, न पश्चिम दिशा। क्योंकि यह अंतरिक्ष के समान सर्वव्यापक है। यह अपनी प्रकृति में अखंड और एकरूप है। और, जो एकमात्र अवशिष्ट, पवित्र रह जाता है, वो शिव मैं हूं।

न शुक्लं न कृष्णं न रक्तं न पीतं
न कुब्जं न पीनं न ह्रस्वं न दीर्घम् ।
अरूपं तथा ज्योतिराकारकत्वात्
तदेकोऽवशिष्टः शिवः केवलोऽहम् ॥

न मैं सफेद हूं, न काला। न लाल हूं, न पीला। न बौना हूं, न मोटा। न छोटा हूं, न बड़ा। और ज्योतिस्वरूप होने के कारण निराकार भी हूं। और, जो एकमात्र अवशिष्ट, पवित्र रह जाता है, वो शिव मैं हूं।

न शास्ता न शास्त्रं न शिष्यो न शिक्षा
न च त्वं न चाहं न चायं प्रपञ्चः ।
स्वरूपावबोधो विकल्पासहिष्णुः
तदेकोऽवशिष्टः शिवः केवलोऽहम् ॥

न मैं शास्त्रों का ज्ञाता हूं न शास्त्र, न शिष्य हूं न शिक्षा, न तुम, न मैं और न यह प्रपंच हूं। स्वरूप का बोध ही मेरा रूप है क्योंकि आत्म

की वास्तविक प्रकृति किसी भेदभाव को सहन नहीं करती। और, जो एकमात्र अवशिष्ट, पवित्र रह जाता है, वो शिव मैं हूं।

न जाग्रन् न मे स्वप्नको वा सुषुप्तिः
न विश्वौ न वा तैजसः प्राज्ञको वा।
अविद्यात्मकत्वात् त्रयाणं तुरीयः
तदेकोऽवशिष्टः शिवः केवलोऽहम् ॥

मेरे लिए न जाग्रत अवस्था है, न स्वप्न अथवा सुषुप्ति ही है। न इसके अधिष्ठाता विश्व, तैजस या प्रज्ञा हैं, क्योंकि ये तीनों अविद्या रूप हैं। मैं इनसे परे तुरीय हूं। और, जो एकमात्र अवशिष्ट, पवित्र रह जाता है, वो शिव मैं हूं।

अपि व्यापकत्वात् हितत्वप्रयोगात्
स्वतः सिद्धभावादनन्याश्रयत्वात्।
जगत् तुच्छमेतत् समस्तं तदन्यत्
तदेकोऽवशिष्टः शिवः केवलोऽहम् ॥

आत्म के अतिरिक्त यह सारा ब्रह्मांड महत्वहीन है क्योंकि यह सर्वविदित है कि आत्म सर्वव्यापक है, यह सत्य के रूप में पहचाना जाता है और इसका अस्तित्व स्वतः सिद्ध है और किसी अन्य पर आश्रित नहीं है। और, जो एकमात्र अवशिष्ट, पवित्र रह जाता है, वो शिव मैं हूं।

न चैकं तदन्यद् द्वितीयं कुतः स्यात्
न केवलत्वं न चाऽकेवलत्वम्।
न शुन्यं न चाशून्यमद्वैतकत्वात्
कथं सर्ववेदान्तसिद्धं ब्रवीमि ॥

उस ब्रह्म से अलग कोई एक भी नहीं है; फिर दूसरा कोई कैसे हो सकता है? उसमें न केवलता है न अकेवलता है। वह न शून्य है न अशून्य, क्योंकि वह अद्वैत रूप है। फिर उस सर्ववेदान्तसिद्ध (उपनिषदों द्वारा प्रतिस्थापित) का किस प्रकार वर्णन करूं?

सौंदर्यलहरी

कुछ हद तक विवादास्पद यह रचना शक्तिस्वरूपा देवी के प्रति शंकराचार्य की आस्था को प्रदर्शित करता है, इसमें शिव की पत्नी पार्वती के रूप में देवी मां का वर्णन किया गया है। इन रचनाओं के माध्यम से तांत्रिक साधना के प्रति शंकराचार्य की अगाध श्रद्धा की जानकारी मिलती है। इस धारणा के पीछे क्या तर्क हैं, इस पर विशेष जानकारी पिछले पृष्ठों में दी गई है। यहां इस बात का उल्लेख करना पर्याप्त होगा कि शंकराचार्य को परमार्थिक स्तर पर ब्रह्म के प्रति अपने दार्शनिक विचारों और व्यावहारिक स्तर पर ब्रह्म स्वरूप शिव की पूजा में कोई विसंगति नहीं दिखी, साथ ही ब्रह्म में निहित शक्ति के रूप में देवी की साधना भी उन्होंने की।

सौंदर्य लहरी का शाब्दिक अर्थ है—सुंदरता की लहरें और इसकी विषय वस्तु विशेष रूप से तांत्रिक है। वास्तव में, कुछ विद्वान इसे तंत्र विद्या के मूल ग्रंथ के रूप में देखते हैं और इसके सौ श्लोकों को श्री चक्र की विभिन्न पूजा पद्धतियों से जोड़कर देखते हैं। उदाहरणार्थ, सौंदर्य लहरी का ग्यारहवां श्लोक पूर्ण रूप से श्री चक्र को समर्पित है। तांत्रिक साधकों के लिए हर श्लोक का दोहरा अर्थ है जिससे मंत्र के श्रीयंत्र के हर खंड से जुड़े होने के संकेत मिलते है। यंत्र के ध्यान के साथ मंत्रों का पाठ करना समर्पण और मानसिक ध्यान की अवस्था को दर्शाता है। यह ब्रह्मानुभव के लक्ष्य की प्राप्ति के लिए दूसरे व्यावहारिक मार्गों की तरह ही सुगम है, जिन्हें शंकर ने स्वीकृति दी है।

हमने पहले भी शंकर पर कश्मीरी शैववाद के प्रभाव की चर्चा की है, जो अपने दृष्टिकोण में स्पष्टतः तांत्रिक है। इसके सिद्धांत में, ब्रह्म शिव के रूप में हैं, सर्वव्यापक, निराकार ऊर्जा, और शक्ति उनमें अन्तर्निहित हैं। शिव चित्त हैं जो विशुद्धरूप से हमारी चेतना में विराजमान हैं और शक्ति चित्तरूपिणी है जिससे संसार की सभी कृतियां संभव है। शंकराचार्य की शक्ति उपासना पर कोई संदेह नहीं है। उनके द्वारा स्थापित चारों मठों के अलावा 'विवादित' पांचवें मठ कांची

में देवी के भव्य मंदिर हैं और इन सभी मंदिरों में श्रीचक्र को विशेष स्थान दिया गया है।

सौंदर्य लहरी की भाषा, विशेषकर देवी के शारीरिक गुणों के चित्रण में, खुले तौर पर विषयासक्त है। इस कारण कुछ विद्वानों के मन में ये संदेह उत्पन्न होता है कि शंकर जैसे ब्रह्मचारी संन्यासी इस प्रकार की रचना कैसे कर सकते थे। यद्यपि, प्रमुख धारणा यही है कि शंकराचार्य ही इसके रचयिता हैं। वास्तव में, शंकराचार्य शक्ति की उपासना और तंत्र साधना से इस तरह जुड़े हुए हैं कि कई लोग उन्हें श्रीचक्र प्रतिस्थापना आचार्य के रूप में भी देखते हैं, अर्थात् ऐसे गुरु जिन्होंने श्रीचक्र की स्थापना की हो।

शिवः शक्त्या युक्तो यदि भवति शक्तः प्रभवितुं
न चेदेवं देवो न खलु कुशलः स्पन्दितुमपि ।
अतस्त्वामाराध्यां हरिहरविरिञ्चादिभिरपि
प्रणन्तुं स्तोतुं वा कथमकृतपुण्यः प्रभवति ॥

ईश्वर जब शक्ति से युक्त होते हैं तभी संसार की रचना होती है। जब तक शक्ति को धारण नहीं किया जाता, तब तक स्पंदन होना भी मुश्किल है। सृष्टि के रचयिता, पालनकर्ता और संहारक तीनों जिसकी पूजा करते हैं, उसकी पूजा या स्तुति सद्गुणहीन कैसे कर सकता है?

क्वणत्काञ्चीदामा करिकलभकुम्भस्तननता
परिक्षीणा मध्ये परिणतशरच्चन्द्रवदना ।
धनुर्बाणान् पाशं सृणिमपि दधाना करतलैः
पुरस्तादास्तां नः पुरमथितुराहोपुरुषिका ॥

कृपालु, त्रिपुर का विनाश करने वाली देवी हमारे सामने प्रकट हों, जिनका चेहरा पूर्णिमा के चंद्रमा के समान दीप्त है, उनका शरीर कुंभ सदृश स्तनों के भार से थोड़ा सा झुका है, और उनके हाथों में धनुष, बाण, पाश और अंकुश हैं।

महीं मूलाधारे कमपि मणिपूरे हुतवहं
स्थितं स्वाधिष्ठाने हृदि मरुतमाकाशमुपरि ।

मनोऽपि भ्रूमध्ये सकलमपि भित्वा कुलपथं
सहस्रारे पद्मे सह रहसि पत्या विहरसे ॥

हजार पुष्प दल वाले कमल में, आप अपने प्रभु के साथ चुपचाप क्रीड़ा करती हैं, कुंडलिनी का पूरा मार्ग पार करते हुए, अर्थात्, मूलाधार में पृथ्वी, मणिपुर में जल, स्वाधिष्ठान में अग्नि, अनाहत में वायु, विशुद्धि में आकाश और भौहों के मध्य में मन अवस्थित है।

सुधाधारासारैश्चरणयुगलान्तर्विगलितैः
प्रपञ्चं सिञ्चन्ती पुनरपि रसाम्नायमहसः ।
अवाप्य स्वां भूमिं भुजगनिभमध्युष्टवलयं
स्वमात्मानं कृत्वा स्वपिषि कुलकुण्डे कुहरिणि ॥

हे तेजस्विनी, अमृत धाराओं की वर्षा से, जो आपके दोनों चरणों से टपकती है, प्रपंच को सींचती हुई, चक्रदार ऊंचाई से आप अपनी भूमि पर उतरती हैं और स्वयं को सर्पिणी के सदृश आकृति में कमल के मूल के सूक्ष्म क्षिद्र में सोती हैं।

चतुर्भिः श्रीकण्ठैः शिवयुवतिभिः पञ्चभिरपि
प्रभिन्नाभिः शम्भोर्नवभिरपि मूलप्रकृतिभिः ।
चतुश्चत्वारिंशद्वसुदलकलाश्रत्रिवलय-
त्रिरेखाभिः सार्धं तव शरणकोणाः परिणताः ॥

हे परम शक्ति, आपके आवास के कोण चौवालीस हो जाते हैं और साथ में कल्याण के चार चक्र हैं, शक्ति के पांच भिन्न चक्र हैं, नौ मूल प्रवृत्तियां हैं, और आठ और सोलह दलों को घेरे हुए तीन वृत्ताकार रेखाएं हैं।

नरं वर्षीयांसं नयनविरसं नर्मसु जडं
तवापाङ्गालोके पतितमनुधावन्ति शतशः ।
गलद्वेणीबन्धाः कुचकलशविस्रस्तसिचया
हठात् त्रुट्यत्काञ्च्यो विगलितदुकूला युवतयः ॥

हे परम शक्ति, आपकी दया दृष्टि पड़ने मात्र से, वयोवृद्ध, कुरूप, प्रेमकला से निरपेक्ष पुरुष के पीछे सैकड़ों युवतियां भागने लगती हैं,

जिनके वेणी के बंधन खुल गए हैं, कलश के समान स्तनों से वस्त्र गिर रहे हैं, कमरबंद टूट चुकी है, और रेशमी साड़ी शरीर से फिसलती जा रही है।

मुखं बिन्दुं कृत्वा कुचयुगमधस्तस्य तदधो
हरार्धं ध्यायेद्यो हरमहिषि ते मन्मथकलाम् ।
स सद्यः संक्षोभं नयति वनिता इत्यतिलघु
त्रिलोकीमप्याशु भ्रमयति रवीन्दुस्तनयुगाम् ॥

हे हर महिषी, आपके मुख को बिन्दु बनाकर, उसके नीचे आपके दोनों स्तनों, और उसके भी नीचे गर्भ, इस प्रकार जो आपकी कामकला का ध्यान करता है, वह तुरंत स्त्रियों को मोहित कर लेता है, क्योंकि ऐसा व्यक्ति तीनों लोक को जीत सकता है, जिसके दो स्तनों के समान सूर्य और चंद्र हैं।

त्वया हृत्वा वामं वपुरपरितृप्तेन मनसा
शरीरार्धं शम्भोरपरमपि शङ्के हृतमभूत् ।
यदेतत्त्वद्रूपं सकलमरुणाभं त्रिनयनं
कुचाभ्यामानम्रं कुटिलशशिचूडालमकुटम् ॥

हे देवी, {परमानंद के रचयिता} शंभू का बायां शरीर ग्रहण करके भी आपका मन तृप्त नहीं हुआ। मुझे शंका होती है कि दूसरे आधे शरीर का भी हरण कर लिया गया है क्योंकि वह सारा शरीर अरुण वर्ण की आभा से आपका ही दिख पड़ता है, उसमें तीन नेत्र हैं और वह स्तनों के भार से झुका हुआ है और चंद्रमा केशों के ऊपर शोभा दे रहा है।

जपो जल्पः शिल्पं सकलमपि मुद्राविरचना
गतिः प्रादक्षिण्यक्रमणमशनाद्याहुतिविधिः ।
प्रणामस्संवेशस्सुखमखिलमात्मार्पणदृशा
सपर्यापर्यायस्तव भवतु यन्मे विलसितम् ॥

मंत्रों को जप की तरह बोलना, प्रदक्षिणा की तरह चलना-फिरना, आहुति के समान खाना-पीना, साष्टांग दंडवत की तरह सोना, सब सुखों

के उपभोग में आत्मसमर्पण की दृष्टि, अर्थात् जो भी मैं अपने आनंद के लिए करता हूं, आप उसे अपनी पूजा विधि में परिवर्तित होने दें।

चतुष्षष्ट्या तन्त्रैः सकलमतिसन्धाय भुवनं
स्थितस्तत्तत्सिद्धिप्रसवपरतन्त्रैः पशुपतिः।
पुनस्त्वन्निर्बन्धादखिलपुरुषार्थैकघटना-
स्वतन्त्रं ते तन्त्रं क्षितितलमवातीतरदिदम्॥

पशुपति शंकर ने चौंसठ तंत्रों के सारे भुवन को भरकर, जो अपनी उन दो सिद्धियों के देने वाले हैं जो प्रत्येक का अपना विषय है, तत्पश्चात आपके आग्रह से सब पुरुषार्थों की सिद्धि देने वाले स्वतंत्र आपके तंत्र को पृथ्वी पर उतारा है—जिसमें धर्म, अर्थ, काम और मोक्ष निहित हैं।

तव स्वाधिष्ठाने हुतवहमधिष्ठाय निरतं
तमीडे संवर्तं जननि महतीं तां च समयाम्।
यदालोके लोकान् दहति महति क्रोधकलिते
दयार्द्रा या दृष्टिः शिशिरमुपचारं रचयति॥

हे जननी, मैं उस विनाशक को नमन करता हूं जो आपके स्वाधिष्ठान चक्र में अग्नि रूप में सदैव वास करता है, साथ ही उस महाशक्ति को भी नमन करता हूं जिसकी दया दृष्टि, शीतल उपचार द्वारा तब रक्षा करती है, जब विनाशक की क्रोध भरी दृष्टि लोकों को जलाने लगती है।

तटित्त्वन्तं शक्त्या तिमिरपरिपन्थिफुरणया
स्फुरन्नानारत्नाभरणपरिणद्धेन्द्रधनुषम्।
तव श्यामं मेघं कमपि मणिपूरैकशरणं
निषेवे वर्षन्तं हरमिहिरतप्तं त्रिभुवनम्॥

आपके मणिपुर चक्र की शरण में गए हुए, श्याम मेघों के रूप धारण करने वाले जल की भी मैं पूजा करता हूं, जिनमें अंधकार की परिपंथिनी अर्थात् प्रतिद्वंद्विनी बिजली की चमक इंद्रधनुष का रूप धारण किए हुए है और जो अग्नि और सूर्य के ताप से संतप्त त्रिभुवन पर दया की वृष्टि कर रहे हैं।

तवाधारे मूले सह समयया लास्यपरया
नवात्मानं मन्ये नवरसमहाताण्डवनटम् ।
उभाभ्यामेताभ्यामुदयविधिमुद्दिश्य दयया
सनाथाभ्यां जज्ञे जनकजननीमज्जगदिदम् ॥

मैं आपके मूलाधार में उस नवात्मा का ध्यान करता हूं, जो नृत्य-प्रेमी शक्ति के साथ, नवरसों से पूर्ण महातांडव नृत्य करता है। इन दो अविभाज्य हस्तियों की कृपा से यह ब्रह्मांड पुनर्जन्म लेता है एवं जनक और जननी दोनों को प्राप्त करता है।

धुनोतु ध्वान्तं नस्तुलितदलितेन्दीवरवनं
घनस्निग्धश्लक्ष्णं चिकुरनिकुरुम्बं तव शिवे ।
यदीयं सौरभ्यं सहजमुपलब्धुं सुमनसो
वसन्त्यस्मिन् मन्ये वलमथनवाटीविटपिनाम् ॥

हे पवित्र आत्मा, पूर्ण रूप से खिले नीले कमलों के समूह के समान आपके केशों के मुलायम और घने गुच्छों को हमारे मानसिक अंधकार को दूर करने दें; जिनकी सहज सुगंधि को प्राप्त करने के लिए, मेरी समझ से, इंद्र की वाटिका के वृक्षों के पुष्प, वहां आ बसे हैं।

तनोतु क्षेमं नस्तव वदनसौन्दर्यलहरी-
परीवाहस्रोतःसरणिरिव सीमन्तसरणिः ।
वहन्ती सिन्दूरं प्रबलकबरीभारतिमिर-
द्विषां वृन्दैर्बन्दीकृतमिव नवीनार्ककिरणम् ॥

आपके मुख की सौंदर्य लहरी के प्रवाह स्रोत के मार्ग के सदृश सिंदूर से भरी आपकी केशों की मांग हमारे क्षेम {कल्याण} का प्रसार करे; जो मांग केशों के भारमय अंधकार रूपी प्रबल दुश्मनों द्वारा कैद उदय होने वाले नवीन सूर्य की अरुण किरण के सदृश है।

अरालैः स्वाभाव्यादलिकलभसश्रीभिरलकैः
परीतं ते वक्त्रं परिहसति पङ्केरुहरुचिम् ।

दरस्मेरे यस्मिन् दशनरुचिकिञ्जल्करुचिरे
सुगन्धौ माद्यन्ति स्मरदहनचक्षुर्मधुलिहः ॥

आपका चेहरा कमलों की शोभा का परिहास करता है, अपनी विनम्र मुस्कुराहट, सुंदर दंतपक्तियों और सुगंध के साथ; इसमें कामदेव का विनाश करने वाले देव {शिव} की भौंरे के समान आंखें परमानंद का मधु पीती हैं; केशों की छोटी लटें उन पर स्वयं को छोटी मधुमक्खियों के समान फैला लेती हैं।

विभक्तत्रैवर्ण्यं व्यतिकरितलीलाञ्जनतया
विभाति त्वन्नेत्रत्रितयमिदमीशानदयिते ।
पुनः स्रष्टुं देवान् द्रुहिणहरिरुद्रानुपरतान्
रजः सत्त्वं बिभ्रत्तम इति गुणानां त्रयमिव ॥

हे देवप्रिया, ये आपके तीनों नेत्र तीन रंग का अंजन लगाने से तीन तरह के अलग-अलग रंगों—लाल, श्वेत, और श्याम में चमक रहे हैं। वो गुणों की त्रयी—रज, सत्व और तम—के समान प्रतीत होते हैं, जो महाप्रलय के समय आपमें समाहित हो गए निर्माण, रक्षा, और विनाश के देवताओं को रचने के लिए धारण किए गए दिखते हैं।

अरालं ते पालीयुगलमगराजन्यतनये
न केषामाधत्ते कुसुमशरकोदण्डकुतुकम् ।
तिरश्चीनो यत्र श्रवणपथमुल्लङ्घ्य विलस-
न्नपाङ्गव्यासङ्गो दिशति शरसंधानधिषणाम् ॥

हे पर्वतराज की पुत्री, आपकी दोनों वक्र कनपटियां किसकी बुद्धि में पुष्पबाण धारण करने वाले धनुष के कोणों का कौतूहल न करेंगी। जहां श्रवण पंथ का उल्लंघन करके आपका तिरछा कटाक्ष कनपटी को लांघकर कान तक पहुंचा हुआ बाण सा दिखता है, जो दोनों भौहों के धनुष पर चढ़ा हुआ है। कनपटियां धनुष के कोण हैं।

असौ नासावंशस्तुहिनगिरिवंशध्वजपटि
त्वदीयो नेदीयः फलतु फलमस्माकमुचितम् ।

वहन्नन्तर्मुक्ताः शिशिरतरनिश्वासगलितं
समृद्ध्या यत्तासां बहिरपि च मुक्तामणिधरः ॥

हे तुहिन गिरि अर्थात् हिमालय के वंश की ध्वजा। आप अपनी नाक, जो बांस के डंठल के समान है, से हम पर शीघ्र, उचित परिणाम की कृपा करें। यह उस बांस के डंठल के समान है जिसके भीतर मोती होते हैं और इतने अधिक होते हैं कि वो बाहर भी आ जाते हैं; बाएं नथुने के माध्यम से गुजर रही श्वास द्वारा ये बाहर लाए जा रहे हैं।

प्रकृत्या रक्तायास्तव सुदति दन्तच्छदरुचेः
प्रवक्ष्ये सादृश्यं जनयतु फलं विद्रुमलता ।
न बिम्बं तद्बिम्बप्रतिफलनरागादरुणितं
तुलामध्यारोढुं कथमिव विलज्जेत कलया ॥

हे सुंदर दांतों वाली भगवती, स्वाभाविक लाल रंग के आरते होंठों की शोभा का सादृश्य करने वाले पदार्थों के नाम कहता हूं: मूंगे की लता में यदि फल आ जाएं, तो वो बिंब फल की लालिमा आपके होंठों के प्रतिबिंब से आएगी; इसलिए क्या वो आपके होंठों की एक कला के बराबर भी तुलना किए जाने से लज्जित नहीं होंगे?

अविश्रान्तं पत्युर्गुणगणकथाम्रेडनजपा
जपापुष्पच्छाया तव जननि जिह्वा जयति सा ।
यदग्रासीनायाः स्फटिकदृषदच्छच्छविमयी
सरस्वत्या मूर्तिः परिणमति माणिक्यवपुषा ॥

हे जननी, बिना थके पति के गुणानुवाद का बारंबार जप करने वाली, तेरी जवाकुसुम की द्युति सदृश लाल जिह्वा की जय है। जिसके अग्र भाग पर आसीन स्फटिक पत्थर के समान शुद्ध कांतिमयी विद्या की देवी का श्वेत रूप माणिक्य सदृश परिवर्तित हो गया है।

कराग्रेण स्पृष्टं तुहिनगिरिणा वत्सलतया
गिरीशेनोदस्तं मुहुरधरपानाकुलतया ।

करग्राह्यं शम्भोर्मुखमुकुरवृन्तं गिरिसुते
कथङ्कारं ब्रूमस्तव चिबुकमौपम्यरहितम् ॥

हे गिरिसुते, उपमारहित तेरी चिबुक (ठोड़ी) का वर्णन हम कैसे करें? जिसे हिमाचल ने अर्थात् आपके पिता ने वात्सल्य प्रेम से अपनी अंगुलियों से स्पर्श किया है और गिरीश ने अधरपान करने की आकुलता से बार-बार उठाया है और जो उस समय ऐसी प्रतीत होती है मानो वह शंभू के हाथ में मुख देखने के लिए उठाए हुए दर्पण का दस्ता हो।

भुजाश्लेषान् नित्यं पुरदमयितुः कण्टकवती
तव ग्रीवा धत्ते मुखकमलनालश्रियमियम् ।
स्वतः श्वेता कालागुरुबहुलजम्बालमलिना
मृणालीलालित्यं वहति यदधो हारलतिका ॥

आपकी ग्रीवा, जिसके रोम त्रिपुरारि की भुजा के नित्य स्पर्श से खड़े हो गए हैं, आपके मुखकमल को धारण करती हुई कमलनाल (मृणाल) जैसी लगती है। नीचे मोतियों का हार, जो स्वत:तो श्वेत है, परंतु चंदन और दूसरे सुगंधित द्रव्यों के लेप में लिपटा होने के कारण मलिन और कमल पत्र के डंठल के समान दिखता है।

नखानामुद्द्योतैर्नवनलिनरागं विहसतां
कराणां ते कान्तिं कथय कथयामः कथमुमे ।
कयाचिद्वा साम्यं भजतु कलया हन्त कमलं
यदि क्रीडल्लक्ष्मीचरणतललाक्षारसचणम् ॥

हे उमा, कृपया हमें बताएं, आपके हाथों की कांति का कैसे वर्णन करें, जिनके नखों की द्युति नवविकसित कमल की अरुणिमा का परिहास करती है। यदि इस पर क्रीड़ा करती समृद्धि की देवी के चरणों की रक्तिम आभा से जोड़कर भी तुलना की जाए, तो लाल कमल आपके हाथों के सौंदर्य के सोलहवां अंश की समानता भी नहीं कर सकता।

समं देवि स्कन्दद्विपवदनपीतं स्तनयुगं
तवेदं नः खेदं हरतु सततं प्रस्नुतमुखम् ।
यदालोक्याशङ्काकुलितहृदयो हासजनकः
स्वकुम्भौ हेरम्बः परिमृशति हस्तेन झडिति ॥

हे देवी, आपके दोनों स्तन हमारे दुखों का हरण करें, जिनके स्तनाग्र से निकलते दूध का पान स्कंद और गणेश कर रहे हैं। उन्हें देखकर, गणेश चिंतित होकर शीघ्रता से अपने हाथों से अपने मस्तक को टटोलते हैं, और आप और प्रभु हंस पड़ते हैं।

हरक्रोधज्वालावलिभिरवलीढेन वपुषा
गभीरे ते नाभीसरसि कृतसङ्गो मनसिजः ।
समुत्तस्थौ तस्मादचलतनये धूमलतिका
जनस्तां जानीते तव जननि रोमावलिरिति ॥

हे पर्वत पुत्री, हर के क्रोध की ज्वालाओं से लिपटे हुए शरीर के साथ कामदेव ने गहरे सरोवर सदृश आपकी नाभि में जब गोता लगाया, उससे लता सदृश उठने वाले धुएं की जो रेखा बनी, उसे जनसाधारण, हे जननी, आपकी नाभि के ऊपर उठने वाली रोमावलि समझते हैं।

यदेतत् कालिन्दीतनुतरतरङ्गाकृति शिवे
कृशे मध्ये किंचिज्जननि तव यद्भाति सुधियाम् ।
विमर्दादन्योऽन्यं कुचकलशयोरन्तरगतं
तनूभूतं व्योम प्रविशदिव नाभिं कुहरिणीम् ॥

हे कल्याणी, हे जननी! यह जो यमुना की बहुत पतली लहर के सदृश रोमावलि आपकी पतली कमर के ऊपर दिख रही है, वह सद्बुद्धि वाले मनुष्यों को ऐसी जान पड़ती है, जैसे आपके कलश के समान स्तनों के बीच का छोटा सा स्थान उन स्तनों के दबाव के कारण वहां से निकलकर आपकी गहरी नाभि में प्रवेश कर रहा है।

स्थिरो गङ्गावर्तः स्तनमुकुलरोमावलिलता-
कलावालं कुण्डं कुसुमशरतेजोहुतभुजः ।

रतेर्लीलागारं किमपि तव नाभिर्गिरिसुते
बिलद्वारं सिद्धेर्गिरिशनयनानां विजयते ॥

हे गिरिजा, आपकी नाभि पल्लवित होती है जैसे गंगा नदी की स्थिर धारा, आपके स्तन रूपी कमल पुष्पों को धारण करने वाली रोमावलि रूपी लता का नदीतल, कामदेव के तेज रूपी अग्नि को धारण करने वाला हवन कुंड, कामदेव की पत्नी रति का क्रीड़ा स्थल, और उस गुफा द्वार के समान, जहां आपके स्वामी के नेत्रों को तप का लक्ष्य प्राप्त होता है।

निसर्गक्षीणस्य स्तनतटभरेण क्लमजुषो
नमन्मूर्तेर्नारीतिलकशनकैस्त्रुट्यत इव ।
चिरं ते मध्यस्य त्रुटिततटिनीतीरतरुणा
समावस्थास्थेम्नो भवतु कुशलं शैलतनये ॥

हे स्त्रीत्व की आदर्श, हे शैलपुत्री,आपकी स्वतः सुडौल कमर सदैव कुशल रहे, जो स्तनों के भार से धीरे-धीरे ऐसे झुक रही है जैसे वो टूटने वाली हो, बिलकुल उस वृक्ष के समान जिसे एक नदी तट पर बाढ़ बहाकर ले जा रही हो।

गुरुत्वं विस्तारं क्षितिधरपतिः पार्वति निजा-
न्नितम्बादाच्छिद्य त्वयि हरणरूपेण निदधे ।
अतस्ते विस्तीर्णो गुरुरयमशेषां वसुमतीं
नितम्बप्राग्भारः स्थगयति लघुत्वं नयति च ॥

हे पार्वती, पर्वतराज हिमालय ने अपने नितंबों से काटकर अपना भारीपन और विस्तार आपको दहेज में दिया था। इसलिए आपके नितंब इतने विस्तीर्ण और भारी हैं कि इन्होंने पृथ्वी की गति को रोक दिया है और उसे छोटा कर दिया है।

पराजेतुं रुद्रं द्विगुणशरगर्भौ गिरिसुते
निषङ्गौ जङ्घे ते विषमविशिखो बाढमकृत ।
यदग्रे दृश्यन्ते दशशरफलाः पादयुगली-
नखाग्रच्छद्मानः सुरमकुटशाणैकनिशिताः ॥

हे गिरि सुते! आपकी दोनों पिंडलियां रुद्र को जीतने के लिए बाणों से भरे कामदेव के दोनों तरकशों के समान हैं। जिनके अग्रफल पैरों की दस अंगुलियों के नखों के अग्र भाग के रूप में दिख रहे हैं जिन्हें देवताओं के मुकुटरूपी सान पर पैना किया गया है।

मृषा कृत्वा गोत्रस्खलनमथ वैलक्ष्यनमितं
ललाटे भर्तारं चरणकमले ताडयति ते ।
चिरादन्तःशल्यं दहनकृतमुन्मूलितवता
तुलाकोटिक्वाणैः किलिकिलितमीशानरिपुणा ॥

जब आप कामक्रीड़ा के दौरान अपने स्वामी के ललाट पर अपने चरणकमलों का प्रहार करती हैं, जब वो दिखाते हैं कि वो किसी दूसरे के साथ प्रेमरत हैं और उसका नाम पुकारते हैं और फिर लज्जा में अपना सिर झुकाते हैं, कामदेव के मन से स्वामी द्वारा उसे जलाए जाने का क्रोध समाप्त हो जाता है, और वो आपके नुपुरों की झंकार के माध्यम से स्वयं को विजयी घोषित करता है।

प्रदीपज्वालाभिर्दिवसकरनीराजनविधिः
सुधासूतेश्चन्द्रोपलजललवैरर्घ्यरचना ।
स्वकीयैरम्भोभिः सलिलनिधिसौहित्यकरणं
त्वदीयाभिर्वाग्भिस्तव जननि वाचां स्तुतिरियम् ॥

हे जननी, आपकी प्रदान की हुई वाक्शक्ति से की गई स्तुति के शब्द इस प्रकार हैं जैसे दीपक की ज्वालाओं से सूर्य की आरती उतारना, अथवा चंद्रकांत मणि से टपकते हुए जलकणों से चंद्रमा को अर्घ्य प्रदान करना, अथवा समुद्र का सत्कार उसी के जल से करना।

उपदेशसाहस्री

उपदेशसाहस्री का शाब्दिक अनुवाद है 'एक हजार शिक्षाएं', और इसे वेदांत पर शंकर की सबसे विस्तृत व्याख्या (उनकी टीकाओं के अतिरिक्त) माना जाता है। यह रचना दो हिस्सों में है, पहली छंद में, और दूसरी गद्य में। इसका उद्देश्य पहले ही श्लोक में बताया गया है, कि आत्मज्ञान और मोक्ष की विधियों और माध्यमों का परीक्षण करना।

शंकर इस रचना में स्पष्ट रूप से अपने वास्तविक आत्म को जानने के महत्व, और इसे मन, शरीर, बुद्धि और अहं से अलग रखने पर जोर देते हैं। आत्म और ब्रह्म के बीच संबंध की भी, अठारहवें अध्याय में 233 श्लोकों के साथ, उपनिषदों के इस महावाक्य : तत् त्वम् असि की विस्तृत व्याख्या के माध्यम से समझाया गया है।

शंकर के प्रकरण ग्रंथों की रोचक बात यह है कि वो उनके दार्शनिक दृष्टिकोण के उपदेशात्मक एकालाप नहीं हैं, बल्कि जीवंत और मनोहर हैं, और उत्सुक शिष्य को परीक्षण और विश्लेषण, तर्क और व्याख्या, और सबसे महत्वपूर्ण सही आध्यात्मिक अंतर्दृष्टि की खोज के लिए मार्ग दिखाते हैं।

इस ग्रंथ की एक समझ देने के लिए, हमने 1941 में मद्रास (अब चेन्नई) स्थित रामकृष्ण मठ द्वारा स्वामी जगदानंद के अंग्रेजी अनुवाद से एक छोटा अंश लिया है।

विद्यायाः प्रतिकूलं हि कर्म स्यात्साभिमानतः ।
निर्विकारात्मबुद्धिश्च विद्येतीह प्रकीर्तिता ॥

अहंकार के साथ, कर्म और ज्ञान का तालमेल नहीं होता। क्योंकि यह तो {वेदांत में} अच्छी तरह ज्ञात है कि ज्ञान चेतना है, और आत्म अचल।

अहं कर्ता ममेदं स्यादिति कर्म प्रवर्तते ।
वस्त्वधीना भवेद्विद्या कर्त्रधीनो भवेद्विधिः ॥

कर्मों की उत्पत्ति इस चेतना से होती है कि व्यक्ति कर्ता है और उसके मन में उस कर्म का फल प्राप्त करने की इच्छा होती है। ज्ञान किसी वस्तु

{इसका अपना उद्देश्य और प्रमाण} पर निर्भर करता है, जबकि कर्म केवल कर्ता पर निर्भर करता है।

प्रत्यवायस्तु तस्यैव यस्याहङ्कार इष्यते ।
अहङ्कारफलार्थित्वे विद्येते नात्मवेदिनः ॥

केवल अहंकार रखने वाला व्यक्ति ही {अपना कर्तव्य छोड़कर} पाप कर सकता है। जिस व्यक्ति को आत्मज्ञान प्राप्त है, उसे ना तो अहंकार होता है और ना ही कर्म का फल प्राप्त करने की इच्छा।

कृतकृत्यश्च सिद्धश्च योगी ब्राह्मण एव च ।
य एवं वेद तत्त्वार्थमन्यथा ह्यात्महा भवेत् ॥

इस प्रकार जिसे आत्म की वास्तविकता का ज्ञान हो जाता है, वो अपने जीवन का लक्ष्य प्राप्त करने में सफल होता है और पूर्ण हो जाता है। वो ब्रह्म का ज्ञाता होता है और उससे एकाकार होता है। इससे अन्यथा आत्म का ज्ञाता आत्महत्या करने वाला कहा जाता है।

आत्मलाभात्परो नान्यो लाभः कश्चन विद्यते ।
यदर्था वेदवादाश्च स्मार्ताश्चापि तु याः क्रियाः ॥

आत्म को प्राप्त करने से ऊंचा और कुछ नहीं है। क्योंकि यही वो उद्देश्य है जिसके लिए वेदों की शिक्षाएं, स्मृतियां और कर्म {वेदों में वर्णित} हैं।

येन वेत्ति स वेदः स्यात्स्वप्ने सर्वं तु मायया ।
येन पश्यति तच्चक्षुः शृणोति श्रोत्रमुच्यते ॥
येन स्वप्नगतो वक्ति सा वाग्घ्राणं तथैव च ।
रसनस्पर्शने चैव मनश्चान्यत्तथेन्द्रियम् ॥

अस्तित्व-ज्ञान जिसके माध्यम से एक स्वप्न में सभी चीजें जानी जाती हैं, वो ज्ञाता है। यह वही सत्ता है जिसे माया द्वारा स्वप्न में जाना जाता है। यह वही चेतना है जिसके द्वारा कोई व्यक्ति देखता है, सुनता है, बोलता है, सूंघता है, स्वाद लेता है, स्पर्श करता है और सोचता है, और जिन्हें क्रमशः आंख, कान, कंठ, नाक, जीभ, त्वचा और मन कहा जाता है।

स गुरुस्तारयेद्युक्तं शिष्यं शिष्यगुणान्वितम् ।
ब्रह्मविद्याप्लवेनाशु स्वान्तध्वान्तमहोदधिम् ॥

गुरु को शीघ्र अपने शिष्य को ब्रह्मज्ञान की नाव में बैठाकर अंधकार के महासागर के पार ले जाना चाहिए, जो उसके भीतर है—उस शिष्य को जो एकाग्र मन का है और एक {सच्चे} शिष्य के गुणों के साथ है।

सत्यं ज्ञानमनन्तं च रसादेः पञ्चकात्परम् ।
स्यामदृश्यादिशास्त्रोक्तमहं ब्रह्मेति निर्भयः ॥

व्यक्ति भयमुक्त हो जाता है जब वो जान जाता है कि वो ब्रह्म है। ज्ञान और अनंत, भोजनादि पांच कोशों से परे हैं, और जिन्हें श्रुति में अगोचर कहा गया है।

बन्धं मोक्षं च सर्वं यत् इदमुभयं हेयमेकं द्वयं च
ज्ञेयं ज्ञेयाभ्यतीतं परमधिगतं तत्त्वमेकं विशुद्धम् ।
विज्ञायैतद्यथावच्छ्रुतिमुनिगदितं शोकमोहावतीतः
सर्वज्ञः सर्वकृत्स्याद्भवभयरहितो ब्राह्मणोऽवाप्तकृत्यः ॥

जिसे बंधन और मुक्ति के कारणों {क्रमशः अज्ञान और ज्ञान} का पूर्ण ज्ञान प्राप्त हो , कार्य और कारण को पूरी तरह समझ चुका हो, और उस एक परम एवं शुद्ध सत्य को उचित ढंग से जान चुका हो, जो ज्ञान के सभी उद्देश्यों के परे है, और वेदांत में जिसका वर्णन है और श्रुति और गुरु द्वारा उसके बारे में शिक्षा दी जाती है, उस ब्रह्मज्ञानी को पुनर्जन्म के भय से मुक्ति मिल जाती है, वो सर्व और सर्वज्ञाता हो जाता है, दुख और भ्रम के परे चले जाता है और अपने जीवन के सर्वोच्च शिखर को प्राप्त कर लेता है।

विवेकात्मधिया दुःखं नुद्यते चलनादिवत् ।
अविवेकस्वभावेन मनो गच्छत्यनिच्छतः ॥
तदानुदृश्यते दुःखं नैश्चल्येनैव तस्य तत् ।
प्रत्यगात्मनि तस्मात्तद्दुःखं नैवोपपद्यते ॥

{सूक्ष्म शरीर के साथ संबंध के कारण उत्पन्न} दर्द समाप्त हो जाता है जब व्यक्ति को {स्थूल शरीर की} गतिविधि इत्यादि का भेदमूलक

ज्ञान होता है {कि वह अंतरात्मा है} और जिसे उपेक्षित किया जाता है {जब व्यक्ति जान जाता है कि वह इससे भिन्न है}। आत्म में तब अप्रसन्नता दिखती है जब मन अज्ञानता के कारण अपनी इच्छा के विरुद्ध भटकता है। लेकिन यह तब नहीं दिखती जब मन स्थिर रहता है। इसलिए, यह तर्कसंगत नहीं है कि अप्रसन्नता अंतरात्मा में रहे।

ब्रह्मज्ञानावलीमाला

शंकराचार्य की यह रचना उनके सद्विचारों का अनमोल संग्रह है। इसकी सबसे बड़ी विशेषता यह है कि केवल 21 छंदों के लघु रूप में ज्ञान की बड़ी बातें समाहित हैं। इन छंदों में न केवल मनुष्य के ब्रह्मज्ञान की प्राप्ति का वर्णन है बल्कि इसे प्राप्त करने के उद्देश्य को भी रेखांकित किया गया है। पहले छंद में, शंकराचार्य स्वयं कहते हैं कि इस रचना को केवल एक बार सुनने से ही सच्चे साधक को मोक्ष की प्राप्ति हो सकती है।

यह रचना अनुष्टुप छंद में रची गई है (अनुष्टुप में चार पद होते हैं और हर पद में आठ अक्षर होते हैं) और इस कारण इसका पाठ करने में आसानी होती है। ध्यान साधना में ये श्लोक काफी सहायक होते हैं, कोई भी एक छंद एकाग्रचित्त होने के लिए उपयोग किया जा सकता है।

सकृच्छ्रवणमात्रेण ब्रह्मज्ञानं यतो भवेत् ।
ब्रह्मज्ञानावलीमाला सर्वेषां मोक्षसिद्धये ॥

ब्रह्मज्ञानावलीमाला के केवल एक बार श्रवण मात्र से ब्रह्म ज्ञान को प्राप्त किया जा सकता है और मोक्ष का मार्ग प्रशस्त होता है।

असङ्गोऽहमसङ्गोऽहमसङ्गोऽहं पुनः पुनः ।
सच्चिदानन्दरूपोऽहमहमेवाहमव्ययः ॥

मैं मुक्त हूं, मैं मुक्त हूं, मैं सभी प्रकार के सांसारिक बंधनों से मुक्त हूं। मैं सच्चिदानंद स्वरूप हूं। मैं अविनाशी हूं और चिरस्थायी हूं।

नित्यशुद्धविमुक्तोऽहं निराकारोऽहमव्ययः ।
भूमानन्दस्वरूपोऽहमहमेवाहमव्ययः ॥

मैं शाश्वत हूं, मैं माया-मोह के बंधनों से मुक्त हूं, मैं पूर्ण रूप से मुक्त हूं। मैं निराकार हूं, मैं अविनाशी और अपरिवर्तनशील हूं। मैं अनंत आनंद में लीन हूं और मैं अनश्वर और चिरस्थायी हूं।

नित्योऽहं निरवद्योऽहं निराकारोऽहमुच्यते ।
परमानन्दरूपोऽहमहमेवाहमव्ययः ॥

मैं शाश्वत हूं, मैं किसी भी प्रकार के दोष से मुक्त हूं, मैं निराकार हूं, मैं अविनाशी और चिर स्थायी हूं। मैं परमानंद स्वरूप हूं और मैं पूरी तरह से अक्षय, अविनाशी, अमर और शाश्वत हूं।

शुद्धचैतन्यरूपोऽहमात्मारामोऽहमेव च ।
अखण्डानन्दरूपोऽहमहमेवाहमव्ययः ॥

मैं शुद्ध चैतन्यरूप हूं, मैं स्वयं में आनंदित रहता हूं। मैं परमानंद स्वरूप हूं और मैं पूर्ण रूप से अक्षय, अविनाशी और शाश्वत हूं।

प्रत्यक्चैतन्यरूपोऽहं शान्तोऽहं प्रकृतेः परः ।
शाश्वतानन्दरूपोऽहमहमेवाहमव्ययः ॥

मैं अन्तर्निहित चैतन्य हूं, मैं शांत {हर प्रकार की उत्तेजना से मुक्त} हूं। मैं माया से परे हूं, मैं शाश्वत आनंद का रूप हूं और मैं अनश्वर और चिर स्थायी हूं।

तत्त्वातीतः परात्माहं मध्यातीतः परः शिवः ।
मायातीतः परंज्योतिरहमेवाहमव्ययः ॥

मैं प्रकृति, महत् और अहंकार आदि भावनाओं से परे हूं। मैं सर्वोच्च सत्ता हूं। मैं माया से ऊपर हूं। मैं ही परम प्रकाश हूं। मैं अविनाशी और चिर स्थायी हूं।

नानारूपव्यतीतोऽहं चिदाकारोऽहमच्युतः ।
सुखरूपस्वरूपोऽहमहमेवाहमव्ययः ॥

मैं विभिन्न रूपों से परे हूं। मैं पूर्ण चैतन्य अवस्था में हूं। मेरा कभी ह्रास नहीं होता। मैं सुखरूपी स्वरूप हूं, मैं ही आत्म हूं, मैं अविनाशी और चिर स्थायी हूं।

मायातत्कार्यदेहादि मम नास्त्येव सर्वदा ।
स्वप्रकाशैकरूपोऽहमहमेवाहमव्ययः ॥

मेरे लिए ना तो माया है और ना शरीर के रूप में उसका प्रभाव है। मैं उसी प्रकृति का हूं और स्व-प्रकाशमान हूं। मैं ही आत्म हूं, अविनाशी और चिरस्थायी हूं।

गुणत्रयव्यतीतोऽहं ब्रह्मादीनां च साक्ष्यहम् ।
अनन्तानन्तरूपोऽहमहमेवाहमव्ययः ॥

मैं तीन गुणों—सत्व, रजस और तमस से परे हूं। मैं ब्रह्म और अन्य का साक्षी भी हूं। मैं अनंत आनंद हूं। मैं ही आत्म हूं, अविनाशी तथा चिरस्थायी हूं।

अन्तर्यामिस्वरूपोऽहं कूटस्थः सर्वगोऽस्म्यहम् ।
परमात्मस्वरूपोऽहमहमेवाहमव्ययः ॥

मैं अंतर्यामी हूं और मैं अपरिवर्तनशील हूं। मैं सर्वव्यापक हूं और मैं परमात्मा स्वरूप हूं। मैं ही आत्म हूं, अविनाशी और चिरस्थायी हूं।

निष्कलोऽहं निष्क्रियोऽहं सर्वात्माद्यः सनातनः ।
अपरोक्षस्वरूपोऽहमहमेवाहमव्ययः ॥

मैं अंशरहित हूं, मैं कर्मरहित हूं। मैं सभी आत्माओं में सनातन हूं। मैं अपरोक्ष स्वरूप हूं, मैं प्राचीन और शाश्वत हूं। मैं प्रत्यक्ष अंतर्भूत स्व हूं। मैं ही आत्म हूं, अविनाशी और चिरस्थायी हूं।

द्वन्द्वादिसाक्षिरूपोऽहमचलोऽहं सनातनः ।
सर्वसाक्षिस्वरूपोऽहमहमेवाहमव्ययः ॥

मैं सभी द्वंद्वों का साक्षी हूं। मैं अचल और सनातन हूं। मैं शाश्वत हूं, मैं हर घटना और वस्तु का साक्षी हूं। मैं ही आत्म हूं, अविनाशी और चिरस्थायी हूं।

प्रज्ञानघन एवाहं विज्ञानघन एव च ।
अकर्ताहमभोक्ताहमहमेवाहमव्ययः ॥

मैं अभिज्ञ हूं और मैं चैतन्य भी हूं। मैं न तो कर्त्ता हूं और न ही भोक्ता। मैं ही आत्म हूं, मैं अविनाशी और चिरस्थायी हूं।

निराधारस्वरूपोऽहं सर्वाधारोऽहमेव च ।
आप्तकामस्वरूपोऽहमहमेवाहमव्ययः ॥

मैं निराधार हूं और मैं सबका आधार हूं। मैं पूरी तरह तृप्त हूं अर्थात् मेरी कोई भी इच्छा अपूर्ण नहीं है। मैं ही आत्म हूं, मैं अविनाशी और चिरस्थायी हूं।

तापत्रयविनिर्मुक्तो देहत्रयविलक्षणः ।
अवस्थात्रयसाक्ष्यस्मि चाहमेवाहमव्ययः ॥

मैं तीनों प्रकार की पीड़ा से मुक्त हूं—चाहे वह शारीरिक हो या फिर किसी अन्य का दिया हो या फिर उच्च शक्ति के कारण हो। मैं स्थूल, सूक्ष्म और कारण शरीर से अलग हूं। मैं जागृत, स्वप्न और गहरी निद्रा—इन तीनों अवस्थाओं का साक्षी हूं। मैं ही आत्म हूं, मैं अविनाशी और चिरस्थायी हूं।

दृग्दृश्यौ द्वौ पदार्थौ स्तः परस्परविलक्षणौ ।
दृग्ब्रह्म दृश्यं मायेति सर्ववेदान्तडिण्डिमः ॥

द्रष्टा {देखने वाला} और देखा जाने वाला—दोनों एक-दूसरे से भिन्न है। ब्रह्म द्रष्टा हैं जबकि जो देखी जा रही है वो माया है। वेदांत इसे प्रमाणित करता है।

अहं साक्षीति यो विद्याद्विविच्यैवं पुनः पुनः ।
स एव मुक्तः सो विद्वानिति वेदान्तडिण्डिमः ॥

कई बार पुनर्विचार और चिंतन के बाद जिसे ये अनुभूति होती है कि वह साक्षी मात्र है, केवल वही विमुक्त है, अर्थात् उसे मोक्ष की प्राप्ति हो चुकी है और वह प्रबुद्ध {परम ज्ञानी} है। ऐसा ही वेदांत में कहा गया है।

घटकुड्यादिकं सर्वं मृत्तिकामात्रमेव च।
तद्वद्ब्रह्म जगत्सर्वमिति वेदान्तडिण्डिमः॥

जिस प्रकार घड़ा, दीवार इत्यादि—ये सभी केवल मिट्टी हैं, उसी प्रकार संपूर्ण ब्रह्मांड और कुछ नहीं केवल ब्रह्म है। ऐसा ही वेदांत में कहा गया है।

ब्रह्म सत्यं जगन्मिथ्या जीवो ब्रह्मैव नापरः।
अनेन वेद्यं सच्छास्त्रमिति वेदान्तडिण्डिमः॥

ब्रह्म सत्य और ब्रह्मांड मिथ्या है {इन्हें वास्तविक या काल्पनिक की श्रेणी में नहीं रखा जा सकता है}। जीव स्वयं ब्रह्म है और अन्य कुछ नहीं। इसे ही शास्त्र का सही रूप में समझना चाहिए। ऐसा ही वेदांत में कहा गया है।

अन्तर्ज्योतिर्बहिर्ज्योतिः प्रत्यग्ज्योतिः परात्परः।
ज्योतिर्ज्योतिः स्वयंज्योतिरात्मज्योतिः शिवोऽस्म्यहम्॥

मैं कल्याण हूं, मैं अंतर्ज्योति और बाह्यज्योति हूं। प्रत्यग ज्योति, सर्वोच्च से भी ऊंचा, सभी प्रकाश पुंजों का प्रकाश, स्वदीप्त, वो प्रकाश हूं जो आत्म है।

स्तोत्र

ज्ञान मार्ग के प्रति शंकराचार्य के अटूट विश्वास और पारंपरिक पूजा पद्धतियों के प्रति उनकी विमुखता को देखते हुए, कुछ लोगों को ये जानकर आश्चर्य होगा कि उन्होंने कई हिंदू देवी-देवताओं की स्तुति के लिए कुछ स्तोत्र भी लिखे। इन रचनाओं में समर्पण और भक्ति की गहरी भावनाएं समाहित हैं। इन स्तोत्रों में सांसारिक दुख-पीड़ाओं और जन्म-पुनर्जन्म के बंधन से मुक्ति देने की ईश्वर से प्रार्थना की गई है।

हमने इस संकलन में शंकराचार्य द्वारा रचित शिव, विष्णु, भवानी, अन्नपूर्णा, देवी मां के साथ ही गंगा और नर्मदा नदियों पर लिखे गये स्तोत्र भी शामिल किये हैं।

यह काफी रोचक है, इनमें कई जगह शंकराचार्य ने ईश्वर के लिए पर्याप्त श्रद्धा भाव नहीं रखने जैसे अपराध के लिए क्षमा-याचना की है। क्षमा-याचना और सर्वव्यापी ईश्वर के प्रति अपनी श्रद्धा को स्वीकार करते हुए उन्होंने विनम्रता और संपूर्ण समर्पण दोनों का भाव प्रस्तुत किया है, जो कि ब्रह्म ज्ञान की प्राप्ति में अनमोल समझा जाता है। ईश्वर की प्राप्ति के लिए पूर्ण समर्पण के भाव का परंपरागत सिद्धांत और मोक्ष के लिए केवल ज्ञान मार्ग की अनुशंसा, दोनों ही आपस में विरोधाभासी प्रतीत होते हैं।

शंकराचार्य द्वारा लिखित भक्ति पद्य (जिसमें भज गोविंदम् भी शामिल है, यद्यपि तकनीकी कारणों से इसे स्तोत्र की जगह एक प्रकरण ग्रंथ की मान्यता दी जाती है) अपनी सरलता और ईश्वर की कृपा पाने के लिए वर्णित सत्यता के कारण काफी लोकप्रिय हुआ। आज भी भारत के साथ ही दूसरे देशों में भी लाखों की संख्या में लोग नियमित रूप से इन सभी स्तोत्रों का पाठ करते हैं, और अक्सर वो लोग, जो ब्रह्म के बारे में और उस महत्वपूर्ण दर्शन के बारे में बहुत कम जानते हैं, जो केवल हिंदू धर्म को ही नहीं, बल्कि वैश्विक दार्शनिक विचारधारा को शंकर का वास्तविक योगदान है।

शिवपंचाक्षरस्तोत्र

नागेन्द्रहाराय त्रिलोचनाय
भस्माङ्गरागाय महेश्वराय।
नित्याय शुद्धाय दिगम्बराय
तस्मै "न" काराय नमः शिवाय॥

यहां पहला शब्द नागेन्द्रहाराय 'न' अक्षर से शुरू होता है। श्लोक में, शिव के स्वरूप के साथ-साथ उनकी ज्ञानातीत प्रकृति की भी अभिव्यक्ति की गई है।

हे महेश्वर! आप नागराज को हार स्वरूप धारण करने वाले हैं। हे त्रिलोचन {तीन नेत्रों वाले}, आप भस्म से अलंकृत, नित्य {अनादि एवं अनंत} एवं शुद्ध हैं। अंबर को वस्त्र समान धारण करने वाले दिगंबर शिव, आपके 'न' अक्षर द्वारा ज्ञात होने वाले स्वरूप को नमस्कार है।

मन्दाकिनीसलिलचन्दनचर्चिताय
नन्दीश्वरप्रमथनाथमहेश्वराय।
मन्दारमुख्यबहुपुष्पसुपूजिताय
तस्मै "म"काराय नमः शिवाय॥

मंदाकिनी का जल शिव के शरीर को स्नान कराने के लिए चंदन के लेप की तरह काम आता है। मंदाकिनी स्वर्ग से उतरने वाली गंगा है। गंगा जब पवित्र केदार से होकर बहती है तो उसे मंदाकिनी कहा जाता है। शिव क्रोधित गंगा को अपनी जटाओं में ग्रहण करते हैं; और उसका जल वहां से टपकते हुए उनके शरीर को भिगोता है।

चंदन से अलंकृत एवं गंगा की धारा द्वारा शोभायमान, नंदीश्वर एवं प्रमथनाथ के स्वामी महेश्वर, आप सदा मंदार एवं अन्य स्रोतों से प्राप्त पुष्पों द्वारा पूजित हैं। हे शिव, आपके 'म' अक्षर द्वारा ज्ञात रूप को नमस्कार है।

शिवाय गौरीवदनाब्जबृन्द-
सूर्यायदक्षाध्वरनाशकाय।

श्रीनीलकण्ठाय वृषभध्वजाय
तस्मै "शि"काराय नमः शिवाय ॥

वो शिव हैं, सभी शुभ के प्रदाता। उनके नाम का पहला अक्षर है 'शि'। वो कमल के गुच्छों अर्थात् पार्वती के चेहरे के लिए सूर्य के समान हैं। देवी को हिमालय की पुत्री के रूप में पुनर्जन्म लेना पड़ा था क्योंकि अपने पिछले अवतार में उन्होंने अपने पिता, दक्ष की गलतियों के कारण आत्महत्या कर ली थी। भगवान शिव दक्ष के यज्ञ को नष्ट कर देते हैं, इसलिए नहीं कि दक्ष ने उनका अपमान किया था, बल्कि वो अपनी पुत्री के आत्मदाह के लिए उत्तरदायी था, जो अपने पति का अपमान सहन नहीं कर सकी थीं।

हे धर्मध्वजधारी, नीलकंठ, 'शि' अक्षर द्वारा ज्ञात महाप्रभु, आपने ही दक्ष के दंभ यज्ञ का विनाश किया था। मां गौरी के मुखकमल को सूर्य समान तेज प्रदान करने वाले शिव, आपके 'शि' अक्षर से ज्ञात रूप को नमस्कार है।

वशिष्ठकुम्भोद्भवगौतमार्य
मुनीन्द्रदेवार्चितशेखराय ।
चन्द्रार्कवैश्वानरलोचनाय
तस्मै "व"काराय नमः शिवाय ॥

देवगण एवं वशिष्ठ, अगस्त्य, गौतम आदि मुनियों द्वारा पूजित देवाधिदेव! सूर्य, चंद्रमा एवं अग्नि आपके तीन नेत्र के समान हैं। हे शिव! आपके 'व' अक्षर द्वारा विदित स्वरूप को नमस्कार है।

यज्ञस्वरूपाय जटाधराय
पिनाकहस्ताय सनातनाय ।
दिव्याय देवाय दिगम्बराय
तस्मै "य"काराय नमः शिवाय ॥

दानवों के साथ युद्ध में देवताओं की जीत हुई थी लेकिन उन्हें इस बात का अहंकार हो गया था और वे अपनी शक्ति के स्रोत, ब्रह्म को भूल

गए थे। उन्हें याद दिलाने के लिए परमपिता ब्रह्माजी उनके सामने पृथ्वी और स्वर्ग के बीच एक प्रकाश पुंज बनकर प्रकट हुए। देवताओं को यह पता नहीं था कि ये यक्ष कौन है। उनका पता लगाने के उद्देश्य से सबसे पहले अग्नि को भेजा गया। जब उन्हें अपनी शक्ति का प्रदर्शन करने के लिए कहा गया तो अग्निदेव घास की एक पत्ती तक को नहीं जला सके। उसी तरह वायु भी घास की एक पत्ती को हिला तक नहीं पाए। आखिर में देवराज इंद्र को इस रहस्य को सुलझाने के लिए कहा गया। इस क्रम में यक्ष उनके सामने से लुप्त हो गए। पुनः इंद्र, पर्वतराज की पुत्री पार्वती के पास पहुंचे और पूछा—यह यक्ष कौन है? पार्वती ने उत्तर दिया—ये ब्रह्मा हैं और इन्हीं के प्रताप से आपने विजय हासिल की है। इस प्रकार पार्वती पहली देवगुरु हुई। उन्होंने ही मोक्ष देने वाले सर्वशक्तिमान शिव के बारे में देवताओं को बताया।

हे यज्ञ स्वरूप,जटाधारी शिव आप आदि,मध्य एवं अंत रहित सनातन हैं। हे दिव्य चिदाकाश रूपी अंबरधारी शिव! आपके 'य' अक्षर द्वारा ज्ञात स्वरूप को नमस्कार है।

दक्षिणामूर्तिस्तोत्रम्

विश्वं दर्पणदृश्यमाननगरीतुल्यं निजान्तर्गतं
पश्यन्नात्मनि मायया बहिरिवोद्भूतं यथा निद्रया ।
यः साक्षात्कुरुते प्रबोधसमये स्वात्मानमेवाद्वयं
तस्मै श्रीगुरुमूर्तये नम इदं श्रीदक्षिणामूर्तये ॥

यह विश्व दर्पण में दिखाई देने वाली नगरी के समान {अवास्तविक} है,स्वयं के भीतर है,मायावश आत्मा ही बाहर प्रकट हुआ सा दिखता है जैसे नींद में अपने अन्दर देखा गया स्वप्न बाहर उत्पन्न हुआ सा दिखाई

देता है; और जिनकी कृपा से, चिरस्थायी और अद्वैत आत्म का ज्ञान प्राप्त हुआ है, उन श्रीगुरु रूपी, श्री दक्षिणामूर्ति को नमस्कार है।

बीजस्यान्तरिवाङ्कुरो जगदिदं प्राङ्निर्विकल्पं पुनः
मायाकल्पितदेशकालकलनावैचित्र्यचित्रीकृतम् ।
मायावीव विजृम्भयत्यपि महायोगीव यः स्वेच्छया
तस्मै श्रीगुरुमूर्तये नम इदं श्रीदक्षिणामूर्तये ॥

बीज के अन्दर स्थित अंकुर की तरह पूर्व में निर्विकल्प इस जगत—जो बाद में पुनः माया से भांति-भांति के स्थान, समय, विकारों से चित्रित किया हुआ है—को जो किसी मायावी जैसे, महायोग से, स्वेच्छा से उद्घाटित करते हैं, उन श्रीगुरु रूपी, श्री दक्षिणामूर्ति को नमस्कार है।

यस्यैव स्फुरणं सदात्मकमसत्कल्पार्थकं भासते
साक्षात्तत्त्वमसीति वेदवचसा यो बोधयत्याश्रितान् ।
यत्साक्षात्करणाद्भवेन्न पुनरावृत्तिर्भवाम्भोनिधौ
तस्मै श्रीगुरुमूर्तये नम इदं श्रीदक्षिणामूर्तये ॥

जिनकी प्रेरणा से सत्य आत्म तत्व और उसके असत्य कल्पित अर्थ का ज्ञान हो जाता है, जो अपने आश्रितों को वेदों में कहे हुए 'तत्त्वमसि' का प्रत्यक्ष ज्ञान कराते हैं। जिनके साक्षात्कार के बिना इस भव-सागर को पार पाना संभव नहीं होता है, उन श्रीगुरु रूपी श्री दक्षिणामूर्ति को नमस्कार है।

नानाच्छिद्रघटोदरस्थितमहादीपप्रभाभास्वरं
ज्ञानं यस्य तु चक्षुरादिकरणद्वारा बहिः स्पन्दते ।
जानामीति तमेव भान्तमनुभात्येतत्समस्तं जगत्
तस्मै श्रीगुरुमूर्तये नम इदं श्रीदक्षिणामूर्तये ॥

अनेक छिद्रों वाले घट के भीतर स्थित विशाल दीपक की उज्ज्वल प्रभा के समान ज्ञान जिनके नेत्र आदि इंद्रियों द्वारा बाहर प्रसरित होता है तथा जैसा मैं समझता हूं कि उसी के प्रकाशित होने पर यह संपूर्ण जगत् प्रकाशित होता है, उन श्रीगुरु रूपी श्रीदक्षिणामूर्ति को मेरा नमस्कार है।

देहं प्राणमपीन्द्रियाण्यपि चलां बुद्धिं च शून्यं विदुः
स्त्रीबालान्धजडोपमास्त्वहमिति भ्रान्त्या भृशंवादिनः ।
मायाशक्तिविलासकल्पितमहाव्यामोहसंहारिणे
तस्मै श्रीगुरुमूर्तये नम इदं श्रीदक्षिणामूर्तये ॥

स्त्रियों, बच्चों, अंधों और मूढ़ के समान देह, प्राण, इंद्रियों, चलायमान बुद्धि और शून्य को 'मैं यह ही हूं' बोलने वाले मोहित हैं। जो माया की शक्ति के खेल से निर्मित इस महान व्याकुलता का अंत करने वाले हैं, उन श्रीगुरु रूपी, श्रीदक्षिणामूर्ति को नमस्कार है।

राहुग्रस्तदिवाकरेन्दुसदृशो माया समाच्छादनात्
सन्मात्रः करणोपसंहरणतो योऽभूत्सुषुप्तः पुमान् ।
प्रागस्वाप्समिति प्रबोधसमये यः प्रत्यभिज्ञायते
तस्मै श्रीगुरुमूर्तये नम इदं श्रीदक्षिणामूर्तये ॥

राहु से ग्रसित चंद्र और सूर्य के समान, माया से सब प्रकार से ढके होने के कारण, चेतना के हट जाने पर अजन्मा सोया हुआ पुरुष प्रकट हो जाता है। ज्ञान देते समय जो यह पहचान करा देते हैं कि पूर्व में सोए हुए यह तुम ही थे, उन श्रीगुरु रूपी, श्रीदक्षिणामूर्ति को नमस्कार है।

बाल्यादिष्वपि जाग्रदादिषु तथा सर्वास्ववस्थास्वपि
व्यावृत्तास्वनुवर्तमानमहमित्यन्तस्स्फुरन्तं सदा ।
स्वात्मानं प्रकटीकरोति भजतां यो मुद्रया भद्रया
तस्मै श्रीगुरुमूर्तये नम इदं श्रीदक्षिणामूर्तये ॥

बचपन आदि शारीरिक अवस्थाओं, जागृत आदि मानसिक अवस्थाओं और अन्य सभी अवस्थाओं में विद्यमान और उनसे अलग, सदा मैं यह हूं की भावना को प्रकट करने वाले, अपने आत्म को स्मरण करने पर जो प्रसन्नता एवं सुंदरता प्रकट कर देते हैं, उन श्रीगुरु रूपी, श्रीदक्षिणामूर्ति को नमस्कार है।

विश्वं पश्यति कार्यकारणतया स्वस्वामिसम्बन्धतः
शिष्याचार्यतया तथैव पितृपुत्राद्यात्मना भेदतः ।

स्वप्ने जाग्रति वा य एष पुरुषो मायापरिभ्रामितः
तस्मै श्रीगुरुमूर्तये नम इदं श्रीदक्षिणामूर्तये ॥

स्वयं के विभिन्न रूपों में जो विश्व को कार्य और कारण संबंध से, अपने और स्वामी के संबंध से, गुरु और शिष्य के संबंध से, पिता एवं पुत्र आदि के संबंध से देखता है, स्वप्न और जागृति में जो यह पुरुष जिनकी माया द्वारा घुमाया जाता सा लगता है, उन श्रीगुरु रूपी, श्रीदक्षिणामूर्ति को नमस्कार है।

भूरम्भांस्यनलोऽनिलोऽम्बरमहर्नाथो हिमांशुः पुमान्
इत्याभाति चराचरात्मकमिदं यस्यैव मूर्त्यष्टकम् ।
नान्यत्किञ्चन विद्यते विमृशतां यस्मात्परस्माद्विभोः
तस्मै श्रीगुरुमूर्तये नम इदं श्रीदक्षिणामूर्तये ॥

जो भी स्थिर और गतिशील जगत में दिखाई देता है, वह जो भूमि, जल, अग्नि, वायु, आकाश, सूर्य, चंद्र और पुरुष आदि आठ रूपों में से प्रकट होता है, विचार करने पर जिससे परे कुछ और विद्यमान नहीं है, सर्वव्यापक उन श्रीगुरु रूपी, श्रीदक्षिणामूर्ति को नमस्कार है।

सर्वात्मत्वमिति स्फुटीकृतमिदं यस्मादमुष्मिन्स्तवे
तेनास्य श्रवणातदर्थमननाद्ध्यानाच्च सङ्कीर्तनात् ।
सर्वात्मत्वमहाविभूतिसहितं स्यादीश्वरत्वं स्वतः
सिध्येतत्पुनरष्टधा परिणतं चैश्वर्यमव्याहतम् ॥

श्री दक्षिणामूर्ति का यह मंत्र स्पष्टतः बताता है कि हर प्राणयुक्त वस्तु की आत्मा ही अंतिम सत्य है; इसलिए इसे सुनने और इसका भजन करने से मनुष्य अविवादित देवत्व हासिल कर लेता है, ब्रह्मा की आठ अनूठी शक्तियां हासिल कर लेता है।

सबके आत्म आप ही हैं, जिनकी स्तुति से यह ज्ञान हो जाता है, जिनके बारे में सुनने से, उनके अर्थ पर विचार करने से, ध्यान और भजन करने से सबके आत्मरूप समस्त विभूतियों सहित ईश्वर स्वयं प्रकट हो जाते हैं, उन श्रीगुरु रूपी, श्रीदक्षिणामूर्ति को नमस्कार है।

वटविटपिसमीपे भूमिभागे निषण्णं
सकलमुनिजनानां ज्ञानदातारमारात् ।
त्रिभुवनगुरुमीशं दक्षिणामूर्त्तिदेवं
जननमरणदुःखच्छेददक्षं नमामि ॥

जो वटवृक्ष के समीप भूमिभाग पर स्थित हैं, निकट बैठे हुए समस्त मुनिजनों को ज्ञान प्रदान कर रहे हैं, जन्म-मरण के दुःख का विनाश करने में प्रवीण हैं, त्रिभुवन के गुरु और ईश हैं, उन श्रीगुरु रूपी श्रीदक्षिणामूर्ति को नमस्कार करता हूं।

चित्रं वटतरोर्मूले वृद्धशिष्या गुरुर्युवा ।
गुरोस्तु मौनं व्याख्यानं शिष्यास्तु छिन्नसंशयाः ॥

आश्चर्य तो यह है कि उस वटवृक्ष के नीचे सभी शिष्य वृद्ध हैं और गुरु युवा हैं। साथ ही गुरु का व्याख्यान भी मौन भाषा में है, किंतु उसी से शिष्यों के संशय नष्ट हो गए हैं।

ओं नमः प्रणवार्थाय शुद्धज्ञानैकमूर्तये ।
निर्मलाय प्रशान्ताय दक्षिणामूर्तये नमः ॥

जो प्रणव के अर्थ रूप हैं, शुद्ध ज्ञान की मूर्ति के स्वरूप हैं और जो निर्मल तथा परम प्रशान्त हैं, ऐसे श्रीदक्षिणामूर्ति को नमस्कार है ।

निधये सर्वविद्यानां भिषजे भवरोगिणाम् ।
गुरवे सर्वलोकानां दक्षिणामूर्तये नमः ॥

गुरु के मौन रहते हुए शिष्यों के सभी संशय दूर हो रहे हैं। ऐसे सभी ज्ञान के आधार, सभी रोगों के निवारणकर्ता और सभी लोकों के गुरु श्रीदक्षिणामूर्ति को नमस्कार है।

मौनव्याख्याप्रकटितपरब्रह्मतत्त्वं युवानं
वर्षिष्ठान्तेवसदृषिगणैरावृतं ब्रह्मनिष्ठैः ।
आचार्येन्द्रं करकलितचिन्मुद्रमानन्दमूर्तिं
स्वात्मारामं मुदितवदनं दक्षिणामूर्तिमीडे ॥

ब्रह्मनिष्ठ, ऋषियों से घिरे युवा गुरु मौन रह कर परब्रह्म के सत्य को प्रकट कर रहे हैं। अपने हाथ की ज्ञान मुद्रा द्वारा उपदेश करते हुए ऐसे आनन्दरूप गुरुओं के गुरु श्रीदक्षिणामूर्ति को मैं प्रणाम करता हूं।

वेदसार शिवस्तोत्र

पशूनां पतिं पापनाशं परेशं
गजेन्द्रस्य कृत्तिं वसानं वरेण्यम् ।
जटाजूटमध्ये स्फुरद्गाङ्गवारिं
महादेवमेकं स्मरामि स्मरामि ॥

सजीव प्राणियों के ईश्वर, सर्वशक्तिमान, पापमोचक, जो सभी के प्रशंसनीय हैं, जिनकी जटाओं में गंगा मंडराती हैं, उनका मैं ध्यान करता हूं। महेश्वर, कामनाशक, अद्वितीय, शिव का मैं ध्यान करता हूं।

महेशं सुरेशं सुरारातिनाशं
विभुं विश्वनाथं विभूत्यङ्गभूषम् ।
विरूपाक्षमिन्द्वर्कवह्नित्रिनेत्रं
सदानन्दमीडे प्रभुं पञ्चवक्त्रम् ॥

महेश, सुरेश, असुरनाशक, जो सभी में व्याप्त हैं, जगदीश हैं, जिनका शरीर भस्मीभूत है, उनकी मैं स्तुति करता हूं; जिनके त्रिनेत्र सूर्य, चंद्र और अग्नि हैं: उन सदानंद, पंचमुखी शिव की मैं स्तुति करता हूं।

गिरीशं गणेशं गले नीलवर्णं
गवेन्द्राधिरूढं गुणातीतरूपम् ।
भवं भास्वरं भस्मना भूषिताङ्गं
भवानीकलत्रं भजे पञ्चवक्त्रम् ॥

गिरीश, गणेश, नीलकंठ, तीनों गुणों से परे, मूल कारण, दीप्तिमान, जिनका शरीर भस्म से श्वेत है, जो नंदी की सवारी करते हैं, जिनकी भार्या भवानी हैं, उन पंचमुखी शिव की मैं पूजा करता हूं।

शिवाकान्त शम्भो शशाङ्कार्धमौले
महेशान शलिन् जटाजूटधारिन् ।
त्वमेको जगद्व्यापको विश्वरूपः
प्रसीद प्रसीद प्रभो पूर्णरूप ॥

हे उमापति! शंभू, जिनकी भौंहों पर अर्धचंद्र सजा है। हे महादेव, त्रिशूलधारी, जटाधारी। आप ही ब्रह्मांड में व्याप्त हैं, हे विश्वरूप, पूर्णरूप, प्रभु हम पर कृपा करें।

परात्मानमेकं जगद्बीजमाद्यं
निरीहं निराकारमोङ्कारवेद्यम ।
यतो जायते पाल्यते येन विश्वं
तमीशं भजे लीयते यत्र विश्वम ॥

परमात्मा, अद्वितीय, जो ब्रह्मांड का कारण हैं, निराकार मूल हैं, जिन्हें ओम् के उच्चारण से प्राप्त किया जाता है, मैं उनकी पूजा करता हूं। जिनसे यह जगत जन्मा है, जिनके द्वारा इसका पोषण होता है, और जिनमें यह विलीन हो जाता है, उन शिव की मैं पूजा करता हूं।

न भूमिर्न चापो न वह्निर्न वायु-
र्न चाकाशमास्ते न तन्द्रा न निद्रा ।
न चोष्णं न शीतं न देशो न वेषो
न यस्यास्ति मूर्तिस्त्रिमूर्तिं तमीडे ॥

जो ना पृथ्वी हैं ना जल, जो ना अग्नि हैं ना वायु, जो निद्रारहित हैं, फिर भी सदा अजर हैं, जो ऊष्मा और शीत से परे हैं, उनकी मैं पूजा करता हूं। निराकार, त्रिमूर्ति उन शिव की मैं पूजा करता हूं

अजं शाश्वतं कारणं कारणानां
शिवं केवलं भासकं भासकानाम् ।
तुरीयं तमः पारमाद्यन्तहीनं
प्रपद्ये परं पावनं द्वैतहीनम् ॥

अजन्म, शाश्वत, सभी कारणों के कारण, ज्ञानतीत, जो सभी अंधकार के परे हैं, कल्याणकारी हैं, स्वयंभू हैं, जिनका ना आरंभ है और ना अंत, मैं उनकी शरण में जाता हूं। परम पावन, अद्वितीय, मैं उन शिव की शरण में जाता हूं।

नमस्ते नमस्ते विभो विश्वमूर्ते
नमस्ते नमस्ते चिदानन्दमूर्ते ।
नमस्ते नमस्ते तपोयोगगम्य
नमस्ते नमस्ते श्रुतिज्ञानगम्य ॥

हे सर्वव्यापी आत्मा! आपका दृश्य रूप यह ब्रह्मांड है। आपको मैं बारंबार नमन करता हूं। हे प्रभु, आप चेतना और परमानंद के अवतार हैं। आपको मैं बारंबार नमन करता हूं। आप योग और आत्मनियंत्रण द्वारा पाए जा सकते हैं, आपको मैं बारंबार नमन करता हूं। आपको केवल वेदों के ज्ञान द्वारा जाना जा सकता है, आपको मैं बारंबार नमन करता हूं।

प्रभो शूलपाणे विभो विश्वनाथ
महादेव शंभो महेश त्रिनेत्र ।
शिवाकान्त शान्त स्मरारे पुरारे
त्वदन्यो वरेण्यो न मान्यो न गण्यः ॥

हे प्रभु, हे सर्वव्यापी आत्मा, त्रिशूलधारी, विश्वविधाता, महादेव, आनंददाता! हे परमेश्वर, त्रिनेत्र, पावन, उमापति, असुरसंहारक, कामनाशक शिव! हे प्रभु, हम केवल आपका ध्यान और सम्मान और स्तुति करते हैं।

शम्भो महेश करुणामय शूलपाणे
गौरीपते पशुपते पशुपाशनाशन् ।

काशीपते करुणया जगदेतदेकस्-
त्वं हंसि पासि विदधासि महेश्वरोऽसि ॥

हे शंभू, आनंददाता, दयालु, सर्वशक्तिमान, गौरीपति, पाशुपति, आपने जगत के सारे बंधनों को नष्ट कर दिया है। हे काशीपति, केवल आप ही श्रेष्ठ हैं। करुणा के अधीन होकर आप इस जगत की रचना, पोषण और संहार करते हैं।

त्वत्तो जगद्भवति देव भव स्मरारे
त्वय्येव तिष्ठति जगन्मृड विश्वनाथ ।
त्वय्येव गच्छति लयं जगदेतदीश
लिङ्गात्मकं हर चराचरविश्वरूपिन् ॥

हे प्रभु एवं आद्य कारण! मदननाशक! केवल आपसे इस संसार की उत्पत्ति हुई है। हे करुणामय! आप सर्वेश हैं, हे शिव, आप स्वयं सभी सजीव प्राणियों को प्रकट करते हैं और सभी निर्जीव को भी। और आपमें ही यह संसार अंत में लौट जाता है।

शिवनामावल्यष्टकम्

हे चन्द्रचूड मदनान्तक शूलपाणे
स्थाणो गिरीश गिरिजेश महेश शम्भो ।
भूतेश भीतभयसूदन मामनाथं
संसारदुःखगहनाज्जगदीश रक्ष ॥

हे महादेव, हे कल्याणमय, आपके भाल पर चंद्र विराजमान है, मदननाशक, त्रिशूलधारी, अचल, हिमालयपति! हे दुर्गापति, पाशुपति! आप भयभीत की निराशा को दूर करते हैं, इस दुख भरे जगत के पथविहीन वन से मुझ असहाय की रक्षा करें।

हे पार्वतीहृदयवल्लभ चन्द्रमौले
भूताधिप प्रमथनाथ गिरीशचाप ।
हे वामदेव भव रुद्र पिनाकपाणे
संसारदुःखगहनाज्जगदीश रक्ष ॥

हे पार्वती हृदयावल्लभ, हे चंद्रमौलि, हे पाशुपति, हे प्रमथनाथ, हे पार्वतीपति, हे वामदेव, स्वयंभू! हे रुद्र, धनुर्धारी, इस दुख भरे जगत के पथविहीन वन से मुझ असहाय की रक्षा करें।

हे नीलकण्ठ वृषभध्वज पञ्चवक्त्र
लोकेश शेषवलय प्रमथेश शर्व ।
हे धूर्जटे पशुपते गिरिजापते मां
संसारदुःखगहनाज्जगदीश रक्ष ॥

हे नीलकंठ, वृषभध्वज, पंचवक्त्र, लोकेश, अपनी कलाइयों पर सर्पों को धारण करने वाले! हे कल्याणमय, शिव, पाशुपति, हे गिरिजापति, इस दुख भरे जगत के पथविहीन वन से मुझ असहाय की रक्षा करें।

हे विश्वनाथ शिव शङ्कर देवदेव
गङ्गाधर प्रमथनायक नन्दिकेश ।
बाणेश्वरान्धकरिपो हर लोकनाथ
संसारदुःखगहनाज्जगदीश रक्ष ॥

हे विश्वनाथ, शिव शंकर, देवाधिदेव, आप अपनी जटाओं में गंगा को धारण करते हैं। आप प्रमथ और नंदिका के स्वामी हैं। हे हरे, लोकनाथ, इस दुख भरे जगत के पथविहीन वन से मुझ असहाय की रक्षा करें।

वाराणसीपुरपते मणिकर्णिकेश
वीरेश दक्षमखकाल विभो गणेश ।
सर्वज्ञ सर्वहृदयैकनिवास नाथ
संसारदुःखगहनाज्जगदीश रक्ष ॥

हे काशिराज, मणिकर्णिका की श्मशान भूमि के स्वामी! हे दक्षमहाकाल, हे सर्वव्यापी, हे प्रमथनाथ, सर्वज्ञानी, केवल आप सभी

के हृदयों में वास करते हैं। हे प्रभु, इस दुख भरे जगत के पथविहीन वन से मुझ असहाय की रक्षा करें।

श्रीमन्महेश्वर कृपामय हे दयालो
हे व्योमकेश शितिकण्ठ गणाधिनाथ।
भस्माङ्गराग नृकपालकलापमाल
संसारदुःखगहनाज्जगदीश रक्ष ॥

हे महादेव, करुणामय, हे दयालु, हे व्योमकेश, नीलकंठ! हे भूताधिपति, आपका शरीर पर भस्म का लेप है, आप नर कपालों की माला धारण करते हैं, इस दुख भरे जगत के पथविहीन वन से मुझ असहाय की रक्षा करें।

कैलासशैलविनिवास वृषाकपे हे
मृत्युञ्जय त्रिनयन त्रिजगन्निवास।
नारायणप्रिय मदापह शक्तिनाथ
संसारदुःखगहनाज्जगदीश रक्षव ॥

हे कैलाश पर्वत के निवासी, आपका वाहन वृषभ है। हे मृत्युंजय, त्रिनयन, त्रिलोकस्वामी, नारायणप्रिय, कामनाशक, आप शक्तिनाथ हैं, इस दुख भरे जगत के पथविहीन वन से मुझ असहाय की रक्षा करें।

विश्वेश विश्वभवनाशक विश्वरूप
विश्वात्मक त्रिभुवनैकगुणाभिवेश।
हे विश्ववन्द्य करुणामय दीनबन्धो
संसारदुःखगहनाज्जगदीश रक्ष ॥

हे विश्वनाथ, हे विश्वरूप, हे विश्वात्मा, हे प्रभु आपमें ही संसार के अनंत गुणों का वास है। हे सर्वप्रशंसनीय, करुणामय, दीनबंधु, इस दुख भरे जगत के पथविहीन वन से मुझ असहाय की रक्षा करें।

शिवापराधक्षमापणस्तोत्रम्

आदौ कर्मप्रसङ्गात्कलयति कलुषं मातृकुक्षौ स्थितं मां
विण्मूत्रामेध्यमध्ये कथयति नितरां जाठरो जातवेदाः ।
यद्यद्वै तत्र दुःखं व्यथयति नितरां शक्यते केन वक्तुं
क्षन्तव्यो मेऽपराधः शिव शिव भो श्रीमहादेव शम्भो ॥

इस संसार के प्रकाश को देखने के भी पहले, मेरे पिछले जन्मों के पापों, जिनसे मैं अपने कर्मों के फल की इच्छा से गुजरा था, ने मुझे मेरी माता के गर्भ में दंडित किया। वहां मैं गंदगी के बीच झुलस रहा था: माता के गर्भ में शिशु को होने वाले दर्द का वर्णन कौन कर सकता है? इसलिए, हे शिव, हे महादेव, हे शंभू, मैं प्रार्थना करता हूं, मुझे मेरे पापों के लिए क्षमा करें।

बाल्ये दुःखातिरेको मललुलितवपुः स्तन्यपाने पिपासा
नो शक्तश्चेन्द्रियेभ्यो भवगुणजनिताः जन्तवो मां तुदन्ति ।
नानारोगातिदुःखाद्रुदनपरवशः शङ्करं न स्मरामि
क्षन्तव्यो मेऽपराधः शिव शिव भो श्रीमहादेव शम्भो ॥

हे शंकर, आपको भूलकर, बाल्यकाल में मेरे दुखों का कोई अंत ना था; मेरा शरीर धूल से ढका था और मैं अपनी माता के स्तनों के लिए तड़पता था। मेरे शरीर और भुजाओं पर मेरा नियंत्रण नहीं था; मुझे मक्खी और मच्छर परेशान करते थे; रात-दिन मैं कई रोगों के दर्द से रोता रहता था। इसलिए, हे शिव, हे महादेव, हे शंभू, मैं प्रार्थना करता हूं, मुझे मेरे पापों के लिए क्षमा करें।

प्रौढोऽहं यौवनस्थो विषयविषधरैः पञ्चभिर्मर्मसन्धौ
दष्टो नष्टो विवेकः सुतधनयुवतिस्वादसौख्ये निषण्णः ।
शैवीचिन्ताविहीनं मम हृदयमहो मानगर्वाधिरूढं
क्षन्तव्यो मेऽपराधः शिव शिव भो श्रीमहादेव शम्भो ॥

युवावस्था में ध्वनि और दृश्य, स्वाद और स्पर्श और गंध के सर्पों ने, मेरी जीवनी शक्ति को बांध लिया था और मेरा विवेक हर लिया था; मैं

संपत्ति और पुत्रों और युवा पत्नी के आनंद में डूबा था। मेरा ह्रदय शिव के ध्यान से रहित, अहंकार और घमंड से भरा था। इसलिए, हे शिव, हे महादेव, हे शंभू, मैं प्रार्थना करता हूं, मुझे मेरे पापों के लिए क्षमा करें।

वार्धक्ये चेन्द्रियाणां विगतगतिमतिश्चाधिदैवादितापैः
पापै रोगैर्वियोगैस्त्वनवसितवपुः प्रढिहीनं च दीनम् ।
मिथ्यामोहाभिलाषैर्भ्रमति मम मनो धूर्जटेर्ध्यानशून्यं
क्षन्तव्यो मेऽपराधः शिव शिव भो श्रीमहादेव शम्भो ॥

अब वृद्धावस्था में मेरी इंद्रियों ने उचित निर्णय और कर्म करने की शक्ति खो दी है; मेरा शरीर, हालांकि पूरी तरह निर्जीव नहीं है, अनेक पापों और व्याधियों और दुखों के कारण कमजोर और जीर्ण है; लेकिन अभी भी मेरा मन, शिव का ध्यान करने की बजाय, व्यर्थ की इच्छाओं और खोखले भ्रमों के पीछे दौड़ता है। इसलिए, हे शिव, हे महादेव, हे शंभू, मैं प्रार्थना करता हूं, मुझे मेरे पापों के लिए क्षमा करें।

नो शक्यं स्मार्तकर्मप्रतिपदगहनप्रत्यवायाकुलाख्यं
श्रौते वार्ता कथं मे द्विजकुलविहिते ब्रह्ममार्गे सुसारे ।
ज्ञातो धर्मो विचारैः श्रवणमननयोः किं निदिध्यासितव्यं
क्षन्तव्यो मेऽपराधः शिव शिव भो श्रीमहादेव शम्भो ॥

स्मृति द्वारा बताए गए कर्तव्य—संकटमय और दुर्बोध—अब मेरी समझ से परे हैं; मैं, ब्रह्म प्राप्ति के साधन के रूप में, ब्राह्मणों के लिए वैदिक निर्देश के बारे में कैसे बोल सकता हूं? कभी भी मैंने उचित ढंग से, विवेक के माध्यम से, गुरु से शास्त्रों को सुनने और उनके निर्देशों पर सोचने का अर्थ नहीं समझा? फिर कैसे बिना व्यवधान के मैं सत्य के बारे में बोल सकता हूं? इसलिए, हे शिव, हे महादेव, हे शंभू, मैं प्रार्थना करता हूं, मुझे मेरे पापों के लिए क्षमा करें।

स्नात्वा प्रत्यूषकाले स्नपनविधिविधौ नाहृतं गाङ्गतोयं
पूजार्थं वा कदाचिद्बहुतरगहनात्खण्डबिल्वीदलानि ।

नानीता पद्ममाला सरसि विकसिता गन्धधूपौ त्वदर्थं
क्षन्तव्यो मेऽपराधः शिव शिव भो श्रीमहादेव शम्भो ॥

एक बार भी मैंने सूर्योदय के पूर्व स्नान नहीं किया और गंगाजल लाकर पवित्र मूर्ति को स्नान नहीं कराया; ना ही कभी घने जंगल से बेल की पत्तियां लाकर आपकी पूजा की; ना ही मैंने झीलों से कमल एकत्र किए, ना आपकी पूजा के लिए दीपों और सुगंधियों का प्रबंध किया। इसलिए, हे शिव, हे महादेव, हे शंभू, मैं प्रार्थना करता हूं, मुझे मेरे पापों के लिए क्षमा करें।

दुग्धैर्मध्वाज्ययुक्तैर्दधिसितसहितैः स्नापितं नैव लिङ्गं
नो लिप्तं चन्दनाद्यैः कनकविरचितैः पूजितं न प्रसूनैः ।
धूपैः कर्पूरदीपैर्विविधरसयुतैर्नैव भक्ष्योपहारैः
क्षन्तव्यो मेऽपराधः शिव शिव भो श्रीमहादेव शम्भो ॥

मैंने आपकी प्रतिमा को दूध और शहद, मक्खन और अन्य लेपों से स्नान नहीं कराया; मैंने उस पर सुगंधित चंदन का लेप नहीं लगाया; मैंने आपकी पूजा सुनहरे पुष्पों, सुगंधियों, कपूर की ज्वाला, और प्रसाद से नहीं की। इसलिए, हे शिव, हे महादेव, हे शंभू, मैं प्रार्थना करता हूं, मुझे मेरे पापों के लिए क्षमा करें।

ध्यात्वा चित्ते शिवाख्यं प्रचुरतरधनं नैव दत्तं द्विजेभ्यो
हव्यं ते लक्षसङ्ख्यैर्हुतवहवदने नार्पितं बीजमन्त्रैः।
नो तप्तं गाङ्गतीरे व्रतजपनियमैः रुद्रजाप्यैर्न वेदैः
क्षन्तव्यो मेऽपराधः शिव शिव भो श्रीमहादेव शम्भो ॥

मैंने ब्राह्मणों को उचित उपहार नहीं दिए, हे महादेव! मैंने पवित्र अग्नि में घी की आहुति नहीं दी, अपने गुरु द्वारा बताए गए पवित्र मंत्रों को नहीं दोहराया, ना ही मैंने गंगा के तट पर तपस्या और वेदों का अध्ययन किया। इसलिए, हे शिव, हे महादेव, हे शंभू, मैं प्रार्थना करता हूं, मुझे मेरे पापों के लिए क्षमा करें।

स्थित्वा स्थाने सरोजे प्रणवमयमरुत्कुम्भके सूक्ष्ममार्गे
शान्ते स्वान्ते प्रलीने प्रकटितविभवे ज्योतिरूपे पराख्ये ।
लिङ्गज्ञे ब्रह्मवाक्ये सकलतनुगतं शङ्करं न स्मरामि
क्षन्तव्यो मेऽपराधः शिव शिव भो श्रीमहादेव शम्भो ।।

मैं पद्मासन में नहीं बैठा, ना ही मैंने कभी ओम का उच्चारण करते हुए प्राणायाम किया; कभी मैंने अपने मन की विचलित लहरों को रोका नहीं, ना ही आत्मदीप्त ओम से विलय किया। दैदीप्यमान साक्षी-चेतना में, जिसकी प्रकृति सर्वोच्च ब्रह्म की है, मैंने कभी, समाधि में शंकर का ध्यान लगाया, जो हर रूप में आंतरिक मार्गदर्शक है। इसलिए, हे शिव, हे महादेव, हे शंभू, मैं प्रार्थना करता हूं, मुझे मेरे पापों के लिए क्षमा करें।

नग्नो निःसङ्गशुद्धस्त्रिगुणविरहितो ध्वस्तमोहान्धकारो
नासाग्रे न्यस्तदृष्टिर्विदितभवगुणो नैव दृष्टः कदाचित् ।
उन्मन्यवस्थया त्वां विगतकलिमलं शंकरं न स्मरामि
क्षन्तव्यो मेऽपराधः शिव शिव भो श्रीमहादेव शम्भो ।।

हे शिव, मैंने कभी आपका शुद्ध, निर्मोही, नग्न, त्रिगुणातीत, भ्रम और अंधकार से मुक्त, ध्यानमग्न, और संसार की वास्तविक प्रकृति का ज्ञानी रूप नहीं देखा; ना ही लालसायुक्त हृदय के साथ, मैंने आपके कल्याणकारी और पापनाशक रूप का ध्यान लगाया। इसलिए, हे शिव, हे महादेव, हे शंभू, मैं प्रार्थना करता हूं, मुझे मेरे पापों के लिए क्षमा करें।

चन्द्रोद्भासितशेखरे स्मरहरे गङ्गाधरे शङ्करे
सर्पैर्भूषितकण्ठकर्णयुगले नेत्रोत्थवैश्वानरे ।
दन्तित्वक्कृतसुन्दराम्बरधरे त्रैलोक्यसारे हरे
मोक्षार्थं कुरु चित्तवृत्तिममलामन्यैस्तु किं कर्मभिः।।

हे मन, मोक्ष प्राप्त करने के लिए, पूर्ण रूप से शिव का ध्यान कर, जो जगत के वास्तविक आधार हैं, हितकारी हैं, जिनके माथे पर अर्धचंद्र चमकता है और जिनके केशों में गंगा छिपी रहती हैं; जिनकी तेजमय

नेत्र कामदेव को समाहित कर लेते हैं; जिनके गले और कानों पर सर्प लिपटे हैं; जिनका ऊपरी वस्त्र सुदर्शन गजचर्म है। अन्य सभी प्रथाएं किस काम की हैं?

किं वानेन धनेन वाजिकरिभिः प्राप्तेन राज्येन किं
किं वा पुत्रकलत्रमित्रपशुभिर्देहेन गेहेन किम् ।
ज्ञात्वैतत्क्षणभङ्गुरं सपदि रे त्याज्यं मनो दूरतः
स्वात्मार्थं गुरुवाक्यतो भज मन श्रीपार्वतीवल्लभम् ॥

हे मन। संपत्ति या अश्व, हाथी या साम्राज्य किस काम के हैं? पुत्र, पत्नी, मित्र, पशु, शरीर और घर किस काम के हैं? इन्हें क्षणिक समझकर शीघ्र इनका त्याग कर दो; अपने गुरु के निर्देशों के अनुसार, आत्म-ज्ञान प्राप्त करने के लिए, शिव की पूजा करो।

आयुर्नश्यति पश्यतां प्रतिदिनं याति क्षयं यौवनं
प्रत्यायान्ति गताः पुनर्न दिवसाः कालो जगद्भक्षकः ।
लक्ष्मीस्तोयतरङ्गभङ्गचपलां विद्युच्चलं जीवितं
तस्मात्त्वां शराणागतं शरणद त्वं रक्ष रक्षाधुना ॥

दिनों-दिन मनुष्य मृत्यु के नजदीक आता है; उसकी युवावस्था दूर जाती है; बीता हुआ दिन कभी लौटता नहीं है। सर्वशक्तिमान समय सभी वस्तुओं को निगल लेता है; नदी की लहरों की तरह भाग्य की देवी भी क्षणिक है, जीवन स्वयं बिजली के समान क्षुद्र है। हे शिव, हे सभी को आश्रय देने वाले, मेरी रक्षा करें, जो आपके चरणों में आश्रय ले रहा है।

वन्दे देवमुपापतिं सुरगुरुं वन्दे जगत्कारणं
वन्दे पन्नगभूषणं मृगधरं वन्दे पशूनां पतिम् ।
वन्दे सूर्यशशाङ्कवह्निनयनं वन्दे मुकुन्दप्रियं
वन्दे भक्तजनाश्रयं च वरदं वन्दे शिवं शङ्करम् ॥

मैं देवों के आत्मदीप्त गुरु, उमापति को नमन करता हूं; मैं ब्रह्मांड के कारण को नमन करता हूं; मैं पशुपति को नमन करता हूं, जो सर्पों से

सज्जित हैं; मैं शिव को नमन करता हूं जिनकी तीन आंखें सूर्य, चंद्रमा और अग्नि के समान चमकती हैं; मैं कृष्णप्रिय को नमन करता हूं; मैं शंकर को नमन करता हूं, जो अपने भक्तों को वरदान देते हैं और उन्हें आश्रय देते हैं; मैं कल्याणमय शिव को नमन करता हूं।

गात्रं भस्मसितं सितं च हसितं हस्ते कपालं सितं
खट्वाङ्गं च सितं सितश्च वृषभः कर्णे सिते कुण्डले ।
गङ्गाफेनसिता जटा पशुपतेश्चन्द्रः सितो मूर्धनि
सोऽयं सर्वसितो ददातु विभवं पापक्षयं सर्वदा ॥

हे शिव! आपका शरीर भस्म से ढका और श्वेत है; जब आप मुस्कुराते हैं तब आपके श्वेत दांत चमकते हैं! आपके हाथ में रखा कपाल श्वेत है; आपका दंड श्वेत है जिससे दुष्ट डरते हैं! आपके कानों से लटक रहे कुंडल श्वेत हैं; गंगा के फेन से आपकी जटा श्वेत दिखती है; आपके ललाट पर चमकने वाला चंद्रमा श्वेत है! हे सर्वश्वेत, सर्वशुद्ध, मेरे पापों के लिए मुझे क्षमा का वैभव प्रदान करें।

करचरणकृतं वाक्कायजं कर्मजं वा
श्रवणनयनजं वा मानसं वाऽपराधम् ।
विहितमविहितं वा सर्वमेतत्क्षमस्व
जय जय करुणाब्धे श्रीमहादेव शम्भो ॥

हे शिव, मेरे सभी पापों को क्षमा करें जो मैंने हाथों या पैरों, कानों या आंखों, शब्दों या शरीर, मन या हृदय से किए हैं; मेरे सभी पापों को क्षमा करें जो अतीत में हुए हैं और जो भविष्य में होने वाले हैं। हे शिव, करुणासागर, महेश, कल्याणमय, आपकी जय हो।

अन्नपूर्णास्तोत्रम्

नित्यानन्दकरी वराभयकरी सौन्दर्यरत्नाकरी
निर्धूताखिलघोरपावनकरी प्रत्यक्षमाहेश्वरी।
प्रालेयाचलवंशपावनकरी काशीपुराधीश्वरी
भिक्षां देहि कृपावलम्बनकरी मातान्नपूर्णेश्वरी॥

नित्य आनंद प्रदायिनी, वर और अभयदायिनी, सौन्दर्य की प्रतिमूर्ति, सम्पूर्ण दुखों को हरनेवाली, प्रत्यक्ष माहेश्वरी, हिमवंश को पवित्र करनेवाली काशी की अधीश्वरी, कृपा और आश्रय प्रदान करनेवाली, हे मां अन्नपूर्णेश्वरी मुझे भिक्षा दो।

नानारत्नविचित्रभूषणकरी हेमाम्बराडम्बरी
मुक्ताहारविलम्बमानविलसद्वक्षोजकुम्भान्तरी।
काश्मीरागुरुवासिता रुचिकरी काशीपुराधीश्वरी
भिक्षां देहि कृपावलम्बनकरी मातान्नपूर्णेश्वरी॥

हे मां अन्नपूर्णा, अनगिनत रत्नों से जड़ित आपके वस्त्र चमकते रहते हैं, आपकी साड़ी का सुनहरा रंग सुंदरता को और बढ़ा देता है। आपके सुदर्शन वक्षस्थल पर मोतियों का कंठहार सुशोभित होता रहता है। आपकी सांसों से चंदन और केसर की सुगंध आती है, आपका मुख देखकर आंखें प्रसन्न हो जाती हैं। हे काशी की अधीश्वरी, कृपा और आश्रय प्रदान करनेवाली, हे मां अन्नपूर्णेश्वरी मुझे भिक्षा दो।

योगानन्दकरी रिपुक्षयकरी धर्मार्थनिष्ठाकरी
चन्द्रार्कानलभासमानलहरी त्रैलोक्यरक्षाकरी।
सर्वैश्वर्यसमस्तवाञ्छितकरी काशीपुराधीश्वरी
भिक्षां देहि कृपावलम्बनकरी मातान्नपूर्णेश्वरी॥

हे मां, आप योग का आनंद प्रदान करती हैं, आप शत्रुओं का नाश करने वाली हैं। आप धर्म और अर्थ से परिपूर्ण करने वाली हैं। आपकी आभा प्रकाश के किरणों अथवा सूर्य, चंद्रमा और अग्नि की

भांति देदीप्यमान है। आप तीनों लोकों की रक्षक हैं, आप धन-वैभव प्रदान करने वाली और हर इच्छा पूरी करने वाली हैं। हे काशी की अधीश्वरी, कृपा और आश्रय प्रदान करनेवाली, हे मां अन्नपूर्णेश्वरी मुझे भिक्षा दो।

कैलाशाचलकन्दरालयकरी गौरी उमा शङ्करी
कौमारी निगमार्थगोचरकरी ओङ्कारबीजाक्षरी।
मोक्षद्वारकपाटपाटनकरी काशीपुराधीश्वरी
भिक्षां देहि कृपावलम्बनकरी मातान्नपूर्णेश्वरी॥

हे गौरी, हे उमा, हे शंकरी, हे कौमारी, पवित्र कैलाश पर्वत पर आपका वास है। आप पवित्र वेदों के अर्थ का बोध कराने वाली हैं, आप ओम् जैसे गूढ़ शब्द को अभिव्यक्त करने वाली हैं। आप ही मोक्ष के द्वार के कपाट खोलने वाली हैं। हे काशी की अधीश्वरी, कृपा और आश्रय प्रदान करनेवाली, हे मां अन्नपूर्णेश्वरी मुझे भिक्षा दो।

दृश्यादृश्यप्रभूतवाहनकरी ब्रह्माण्डभाण्डेश्वरी
लीलानाटकसूत्रभेदनकरी विज्ञानदीपाङ्कुरी।
श्रीविश्वेशमनःप्रसादनकरी काशीपुराधीश्वरी
भिक्षां देहि कृपावलम्बनकरी मातान्नपूर्णेश्वरी॥

हे मां, आप संसार की सभी दृश्य और अदृश्य चीजों को जानने वाली हैं। पूरा ब्रह्मांड आपके गर्भ में समाया हुआ है। इस जीवनरूपी रंगमंच की सूत्रधार आप ही हैं। आप ही बुद्धि और ज्ञान की ज्योति को प्रकाशित करती हैं और आप ही भगवान शिव को प्रसन्न रखती हैं। हे काशी की अधीश्वरी, कृपा और आश्रय प्रदान करनेवाली, हे मां अन्नपूर्णेश्वरी मुझे भिक्षा दो।

उर्वीसर्वजनेश्वरी भगवती मातान्नपूर्णेश्वरी
वेणीनीलसमानकुन्तलहरी नित्यान्नदानेश्वरी।
सर्वानन्दकरी दशाशुभकरी काशीपुराधीश्वरी
भिक्षां देहि कृपावलम्बनकरी मातान्नपूर्णेश्वरी॥

हे मां भगवती, पूरे संसार पर आपका प्रभुत्व है। हे मां अन्नपूर्णा, हे महादात्री, करुणासागर, आपके घुटनों तक लटके हुए लंबे केश नदियों की उद्विग्न धारा की तरह लहराते रहते हैं और नीले रत्न की भांति चमकते रहते हैं। हे मां, आप सदैव हमें अन्न, आनंद और सौभाग्य देने के लिए आतुर रहती हैं। हे काशी की अधीश्वरी, कृपा और आश्रय प्रदान करनेवाली, हे मां अन्नपूर्णेश्वरी मुझे भिक्षा दो।

आदिक्षान्तसमस्तवर्णनकरी शम्भोस्त्रिभावाकरी
काश्मीरा त्रिजनेश्वरी त्रिलहरी नित्याङ्कुरा शर्वरी।
कामाकाङ्क्षकरी जनोदयकरी काशीपुराधीश्वरी
भिक्षां देहि कृपावलम्बनकरी मातान्नपूर्णेश्वरी॥

हे मां, आप आदि से अन्त तक समस्त घटनाओं का वर्णन करने वाली हैं। आप इस ब्रह्मांड की माता हैं, आप सूक्ष्म और स्थूलकाय हैं। आप पृथ्वी, बैकुंठ और दूसरे लोक के राजाओं की भी माता हैं। आप स्वयं में सृष्टि, पोषण और संहार तीनों के भाव को समाहित की हुई हैं। आप शाश्वत हैं और संहार के गहन अंधकार के स्वरूप हैं। आप ही मनुष्य के चित्त में इच्छा की उत्पत्ति करती हैं और इस संसार का कल्याण करती हैं। हे काशी की अधीश्वरी, कृपा और आश्रय प्रदान करनेवाली, हे मां अन्नपूर्णेश्वरी मुझे भिक्षा दो।

दर्वी स्वर्णविचित्ररत्नरचिता दक्षे करे संस्थिता
वामे स्वादुपयोधरी प्रियकरी सौभाग्यमाहेश्वरी।
भक्ताभीष्टकरी दृशा शुभकरी काशीपुराधीश्वरी
भिक्षां देहि कृपावलम्बनकरी मातान्नपूर्णेश्वरी॥

हे मां अन्नपूर्णा, आपके दाहिने हाथ में रत्नों से जड़ित सोने का एक चम्मच है और बायें हाथ में स्वादिष्ट भोजन का एक पात्र है। आप सौभाग्य प्रदान करने वाली हैं और पलक झपकते ही अपने भक्तों की सभी इच्छाओं को पूरा करने वाली और उनका कल्याण करने वाली हैं। हे काशी की अधीश्वरी, कृपा और आश्रय प्रदान करनेवाली, हे मां अन्नपूर्णेश्वरी मुझे भिक्षा दो।

चन्द्रार्कानलकोटिकोटिसदृशा चन्द्रांशुबिम्बाधरी
चन्द्रार्काग्निसमानकुण्डलधरी चन्द्रार्कवर्णेश्वरी।
मालापुस्तकपाशकाङ्कुशधरी काशीपुराधीश्वरी
भिक्षां देहि कृपावलम्बनकरी मातान्नपूर्णेश्वरी॥

हे मां, आपके मुख की आभा, सूर्य, चंद्रमा और अग्नि से लाखों गुना ज्यादा है। चंद्रमा का प्रकाश आपके होंठों की परछाई के समान है। आपके कानों के कुंडल, सूर्य, चंद्रमा और अग्नि के समान प्रकाशमान हैं। हे महारानी, आपने अपने चारों हाथों में गुलाब की माला, पुस्तक, अंकुश और स्फटिक धारण किए हुए हैं। हे काशी की अधीश्वरी, कृपा और आश्रय प्रदान करनेवाली, हे मां अन्नपूर्णेश्वरी मुझे भिक्षा दो।

क्षत्रत्राणकरी महाभयकरी माता कृपासागरी
साक्षान्मोक्षकरी सदा शिवकरी विश्वेश्वरश्रीधरी।
दक्षाक्रन्दकरी निरामयकरी काशीपुराधीश्वरी
भिक्षां देहि कृपावलम्बनकरी मातान्नपूर्णेश्वरी

क्षत्रियों की रक्षा करने वाली, भक्तों को अभयदान देने वाली, कृपा करने वाली, असीम अनुकंपा करने वाली, मां आप साक्षात् मोक्ष प्रदान करने वाली हैं। मां, आप सभी कष्टों को हरने वाली हैं और सबका कल्याण करने वाली हैं। हे काशी की अधीश्वरी, कृपा और आश्रय प्रदान करनेवाली, हे मां अन्नपूर्णेश्वरी मुझे भिक्षा दो।

अन्नपूर्णे सदापूर्णे शङ्करप्राणवल्लभे।
ज्ञानवैराग्यसिद्ध्यर्थं भिक्षां देहि च पार्वति॥

हे मां अन्नपूर्णा, आपके भंडार में कभी किसी वस्तु की कमी नहीं होती, भगवान शंकर का हृदय आपसे बंधा हुआ है। हे मां पार्वती, मुझ पर दया कीजिए। मैं आपसे बुद्धि और त्याग का वरदान मांगता हूं।

माता मे पार्वती देवी पिता देवो महेश्वरः।
बान्धवाः शिवभक्ताश्च स्वदेशो भुवनत्रयम्॥

मेरी मां देवी पार्वती हैं और मेरे पिता शिव हैं, जिनकी शक्ति के आगे कोई नहीं टिक सकता; उनके भक्त मेरे बंधु-बांधव हैं और ये तीनों लोक स्वदेश के समान हैं।

भवान्यष्टकम्
(भवानी को समर्पित आठ श्लोक)

न तातो न माता न बन्धुर्न दाता
न पुत्रो न पुत्री न भृत्यो न भर्ता।
न जाया न विद्या न वृत्तिर्ममैव
गतिस्त्वं गतिस्त्वं त्वमेका भवानि ॥

मेरा कोई पिता नहीं है, ना माता, ना मित्र,
ना पुत्र, ना पुत्री, ना पत्नी, ना पौत्र,
ना सेवक या स्वामी, ना विद्या, ना व्यापार,
केवल आप मेरा सहारा हैं,
आपमें, मेरी सहायता और शक्ति है, हे भवानी

भवाब्धावपारे महादुःखभीरुः
पपात प्रकामी प्रलोभी प्रमत्तः।
कुसंसारपाशप्रबद्धः सदाहं
गतिस्त्वं गतिस्त्वं त्वमेका भवानि ॥

मैं जन्म-मरण के इस अपार भवसागर में पड़ा हुआ हूं,
भवसागर के महान दुःखों से भयभीत हूं।
मैं पाप, लोभ और कामनाओ से भरा हुआ हूं,
एवं घृणायोग्य संसार के बंधनों में बंधा हुआ हूं,
केवल आप मेरा सहारा हैं,
आपमें, मेरी सहायता और शक्ति है, हे भवानी

न जानामि दानं न च ध्यानयोगं
न जानामि तन्त्रं न च स्तोत्रमन्त्रम् ।
न जानामि पूजां न च न्यासयोगं
गतिस्त्वं गतिस्त्वं त्वमेका भवानि ॥

मैं न तो दान देना जानता हूं और न ध्यानयोग मार्ग,
तंत्र, मंत्र और स्तोत्र का भी मुझे ज्ञान नहीं है,
पूजा तथा न्यास योग भी मै नहीं जानता हूं,
केवल आप मेरा सहारा हैं,
आपमें, मेरी सहायता और शक्ति है, हे भवानी

न जानामि पुण्यं न जानामि तीर्थं
न जानामि मुक्तिं लयं वा कदाचित् ।
न जानामि भक्तिं व्रतं वापि मात-
र्गतिस्त्वं गतिस्त्वं त्वमेका भवानि ॥

मैं न पुण्य जानता हूं, ना ही तीर्थों को,
न मुक्ति का पता है, न मन पर नियंत्रण का,
भक्ति और व्रत का भी मुझे ज्ञान नहीं है,
केवल आप मेरा सहारा हैं,
आपमें, मेरी सहायता और शक्ति है, हे भवानी

कुकर्मी कुसङ्गी कुबुद्धिः कुदासः
कुलाचारहीनः कदाचारलीनः।
कुदृष्टिः कुवाक्यप्रबन्धः सदाहम्
गतिस्त्वं गतिस्त्वं त्वमेका भवानि ॥

मैं कुकर्मी, कुसंगी {बुरी संगति में रहने वाला},
कुबुद्धि, गलत विचारों का दास हूं, गलत कार्यो को करता हूं,
सदाचार से हीन, कुत्सित दृष्टि और दुर्वचन बोलने वाला हूं,
केवल आप मेरा सहारा हैं,
आपमें, मेरी सहायता और शक्ति है, हे भवानी

प्रजेशं रमेशं महेशं सुरेशं
दिनेशं निशीथेश्वरं वा कदाचित् ।
न जानामि चान्यत् सदाहं शरण्ये
गतिस्त्वं गतिस्त्वं त्वमेका भवानि ॥

मैं ना ब्रह्मा को जानता हूं, ना विष्णु या शिव को,
ना इंद्र, सूर्य, चन्द्र, या अन्य देवताओं को जानता हूं,
हे पापमोचिनी! केवल आप मेरा सहारा हैं,
आपमें, मेरी सहायता और शक्ति है, हे भवानी

विवादे विषादे प्रमादे प्रवासे
जले चानले पर्वते शत्रुमध्ये ।
अरण्ये शरण्ये सदा मां प्रपाहि
गतिस्त्वं गतिस्त्वं त्वमेका भवानि ॥

विवाद में या विषाद में, प्रमाद में या प्रवास में,
जल में, अग्नि में, वन में, पर्वतों में,
शत्रुओं के मध्य में , मेरी रक्षा करें।
केवल आप मेरा सहारा हैं,
आपमें, मेरी सहायता और शक्ति है, हे भवानी

अनाथो दरिद्रो जरारोगयुक्तो
महाक्षीणदीनः सदा जाड्यवक्त्रः।
विपत्तौ प्रविष्टः प्रणष्टः सदाहम्
गतिस्त्वं गतिस्त्वं त्वमेका भवानि ॥

अरक्षित हूं मैं—रोगी, जीर्ण और असहाय,
दुर्बल, दीन और मूक, निराशाग्रस्त,
दुखों से घिरा हुआ, और पूरी तरह नष्ट।
केवल आप मेरा सहारा हैं,
आपमें, मेरी सहायता और शक्ति है, हे भवानी

देव्यपराधक्षमापणस्तोत्रम्

न मन्त्रं नो यन्त्रं तदपि च न जाने स्तुतिमहो
न चाह्वानं ध्यानं तदपि च न जाने स्तुतिकथाः ।
न जाने मुद्रास्ते तदपि न जाने विलपनं
परं जाने मातस्त्वदनुसरणं क्लेशहरणम् ॥

हे मां! न मैं मंत्र जानता हूं न यंत्र, मुझे स्तुति का भी ज्ञान नहीं है। न आह्वान का पता है, न ध्यान का। स्तोत्र और कथाओं का भी ज्ञान नहीं है। न तो मैं तुम्हारी मुद्राएं जानता हूं और न मुझे व्याकुल होकर विलाप ही करना आता है। परन्तु एक बात जानता हूं कि तुम्हारा अनुसरण करना, तुम्हारी शरण में आना सब क्लेशों और सारी विपत्तियों को हरने वाला है।

विधेरज्ञानेन द्रविणविरहेणालसतया
विधेयाशक्यत्वात्तव चरणयोर्या च्युतिरभूत् ।
तदेतत्क्षन्तव्यं जननि सकलोद्धारिणि शिवे
कुपुत्रो जायेत क्वचिदपि कुमाता न भवति ॥

हे मां, सबका उद्धार करने वाली कल्याणमयी माता, मैं पूजा की विधि नहीं जानता, मेरे पास धन का भी अभाव है। मैं स्वभाव से भी आलसी हूं तथा मुझसे ठीक-ठीक पूजा का संपादन भी नहीं हो सकता है। इन सब कारणों से आपके चरणों की सेवा में जो त्रुटि हो गई है, उसे क्षमा कर देना, क्योंकि पुत्र का कुपुत्र होना तो संभव है किन्तु माता कभी कुमाता नहीं हो सकती।

पृथिव्यां पुत्रास्ते जननि बहवस्सन्ति सरलाः
परं तेषां मधे विरलतरलोऽहं तव सुतः ।
मदीयोऽयं त्यागः समुचितमिदं नो तव शिवे
कुपुत्रो जायेत क्वचिदपि कुमाता न भवति ॥

हे मां, इस पृथ्वी पर आप के सीधे-सादे पुत्र तो बहुत हैं किन्तु उन सबमें मैं ही आपका अत्यंत चपल बालक हूं। मेरे जैसा चंचल कोई बिरला

ही होगा। हे शिवे, आपने जो मुझे त्याग दिया है, यह आपके लिए कदापि उचित नहीं है, क्योंकि संसार में पुत्र का कुपुत्र होना संभव है, किन्तु माता कभी कुमाता नहीं हो सकती है।

जगन्मातर्मातस्तवचरणसेवा न रचिता
न वा दत्तं देवि द्रविणमपि भूयस्तव मया।
तथापि त्वं स्नेहं मयि निरुपमं यत्प्रकुरुषे
कुपुत्रो जायेत क्वचिदपि कुमाता न भवति॥

हे जगदम्बा माता, मैंने आपके चरणों की सेवा कभी नहीं की। हे देवी! आपको अधिक धन भी समर्पित नहीं किया, तथापि मुझ जैसे अधम पर जो आप अनुपम स्नेह लुटाती हैं, इसका कारण यह है कि संसार में कुपुत्र तो पैदा हो सकता है पर कहीं भी कुमाता नहीं हो सकती।

परित्यक्ता देवाः विविधविधिसेवाकुलतया
मया पञ्चाशीतेरधिकमपनीते तु वयसि।
इदानीं चेन्मातस्तव यदि कृपा नापि भविता
निरालम्बो लम्बोदरजननि कं यामि शरणम्॥

हे श्रीगणेश को जन्म देनेवाली माता, मुझे विविध प्रकार की सेवाओं में व्यग्र रहना पड़ता था। अब मध्याह्न से अधिक अवस्था बीत जाने पर मैंने देवताओं को छोड़ दिया है। अब उनकी सेवा-पूजा मुझसे नहीं हो पाती, अतएव उनसे कुछ भी सहायता मिलने की आशा नहीं है। इस समय यदि आपकी कृपा नहीं होगी तो मैं अवलंब होकर किसकी शरण में जाऊंगा ?

श्वपाको जल्पाको भवति मधुपाकोपमगिरा
निरातङ्को रङ्को विहरति चिरं कोटिकनकैः।
तवापर्णे कर्णे विशति मनुवर्णे फलमिदं
जनः को जानीते जननि जपनीयं जपविधौ॥

हे माता! आपके मंत्र का एक भी अक्षर जिसके कान में पड़ जाए तो उसका फल यह होगा कि मूर्ख चांडाल भी मधुपाक के समान मधुर

वाणी उच्चारण करने वाला उत्तम वक्ता हो जाता है। निर्धन व्यक्ति करोड़ों मुद्राओं से संपन्न होकर चिरकाल तक निर्भर विहार करता रहता है। जब मंत्र के एक अक्षर के श्रवण का ऐसा फल है तो जो लोग विधिपूर्वक जप में लगे रहते हैं उनके जप से प्राप्त उत्तम फल कैसा होगा? इसको कौन मनुष्य जान सकता है ?

चिताभस्मालेपो गरलमशनं दिक्पटधरो
जटाधारी कण्ठे भुजगपतिहारी पशुपतिः।
कपाली भूतेशो भजति जगदीशैकपदवीं
भवानि त्वत्पाणिग्रहणपरिपाटीफलमिदम् ॥

हे भवानी, जो अपने अंगों में चिता की राख का लेपन किए रहते हैं, जिनका विष ही भोजन है, जो दिगंबरधारी {नग्न रहनेवाले} हैं, मस्तक पर जटा और कंठ में नागराज को हार के रूप में धारण करते हैं तथा जिनके हाथ में कपाल सुशोभित है, ऐसे पशुपति भी, जो एकमात्र 'जगदीश' की पदवी धारण करते हैं, इसका क्या कारण है? इतना महत्व उन्हें कैसे मिला? यह केवल आपके पाणिग्रहण का फल है।

न मोक्षस्याकाङ्क्षा भवविभववाञ्छापि च न मे
न विज्ञानापेक्षा शशिमुखि सुखेच्छापि न पुनः ।
अतस्त्वां संयाचे जननि जननं यातु मम वै
मृडानी रुद्राणी शिव शिव भवानीति जपतः ॥

मुख पर चंद्रमा जैसी शोभा धारण करने वाली मां, मुझे ना मोक्ष की इच्छा है ना संसार के वैभव की। न ज्ञान की अपेक्षा है, न सुख की, अतः आपसे मेरी यही याचना है कि मेरा जन्म मृडानी, रुद्राणी, शिव-शिव भवानी, इन नामों का जपते हुए बीते।

नाराधितासि विधिना विविधोपचारैः
किं रूक्षचिन्तनपरैर्न कृतं वचोभिः ।
श्यामे त्वमेव यदि किञ्चन मय्यनाथे
धत्से कृपामुचितमम्ब परं तवैव ॥

मां श्यामा, विविध प्रकार की पूजन सामग्रियों से सभी विधिपूर्वक आपकी आराधना मुझसे न हो सकी। सदा कठोर भाव का चिंतन करने वाली मेरी वाणी ने कौन सा अपराध नहीं किया है? फिर भी आप स्वयं ही प्रयत्न करके मुझ अनाथ पर जो कृपादृष्टि रखती हैं, यह आपके जैसी दयामयी माता के ही योग्य है।

आपत्सुमग्नः स्मरणं त्वदीयं
करोमि दुर्गे करुणार्णवेशि।
नैतच्छठत्वं मम भावयेथाः
क्षुधातृषार्ताः जननीं स्मरन्ति॥

हे मां दुर्गे, करुणासिंधु महेश्वरी, मैं विपत्तियों में फंसकर आज जो आपका स्मरण करता हूं, इसे आप मेरी शठता न मान लीजिएगा, क्योंकि भूख-प्यास से पीड़ित बालक माता का ही स्मरण करता है।

जगदम्ब विचित्रमत्र किं
परिपूर्णा करुणास्ति चेन्मयि।
अपराधपरम्परावृतं न हि
माता समुपेक्षते सुतम्॥

हे जगदम्बे, मुझ पर आपकी कृपा बनी हुई है, ये आश्चर्य की बात है। पुत्र के निरंतर अपराध करते रहने पर भी माता उसकी उपेक्षा नहीं करती।

मत्समः पातकी नास्ति
पापघ्नी त्वत्समा न हि।
एवं ज्ञात्वा महादेवि
यथा योग्यं तथा कुरु॥

हे महादेवी, इस संसार में मेरे समान कोई पापी नहीं है और आपके समान कोई पाप हरने वाला नहीं। इसे ध्यान में रखते हुए मां आपको जो उचित लगता है वो कीजिए।

विष्णुषट्पदी
(विष्णु को समर्पित छह श्लोक)

अविनयमपनय विष्णो दमय मनः शमय विषयमृगतृष्णाम् ।
भूतदयां विस्तारय तारय संसारसागरतः ॥

हे विष्णु, मेरे अहंकार को दूर कीजिए, मेरे मन का दमन कीजिए और विषयों की मृगतृष्णा को शांत कर दीजिए। हे कृपालु, अपने इस विनम्र प्राणी को संसार के महासागर से बचाइए।

दिव्यधुनीमकरन्दे परिमलपरिभोगसच्चिदानन्दे ।
श्रीपतिपदारविन्दे भवभयखेदच्छिदे वन्दे ॥

मैं आपके उन चरणकमलों की पूजा करता हूं, जिनका शहद पवित्र गंगा है, जिनकी सुगंध ज्ञान, सत्य और परमानंद है। मैं लक्ष्मीपति के चरणों की पूजा करता हूं, जो संसार के भय और दुख को दूर करने वाले हैं।

सत्यापि भेदापगमे नाथ तवाहं न मामकीनस्त्वम् ।
सामुद्रो हि तरङ्गः कचन समुद्रो न तारङ्गः ॥

हे नाथ! मुझमें और आप में भेद नहोने पर भी मैं ही आपका हूं, आप मेरे नहीं हैं, क्योंकि तरंग ही समुद्र की होती है, तरंग का समुद्र कहीं नहीं होता।

उद्धृतनग नगभिदनुज दनुजकुलामित्र मित्रशशिदृष्टे ।
दृष्टे भवति प्रभवति न भवति किं भवतिरस्कारः ॥

हे गोवर्धनधारी! हे राक्षसकुल के शत्रु, हे सर्वशक्तिमान, जिनके नेत्र सूर्य और चंद्र हैं, आप जैसे प्रभु के दर्शन होने पर इस संसार की मृगमरीचिका नष्ट हो जाती है, क्या इस बात में कोई संदेह है?

मत्स्यादिभिरवतारैरवतारवताऽवता सदा वसुधाम् ।
परमेश्वर परिपाल्यो भवता भवतापभीतोऽहम् ॥

हे परमेश्वर, मत्स्यादि अवतारों से अवतरित होकर पृथ्वी की सदा रक्षा करने वाले, मैं संसार के ताप से भयभीत हूं, आप मेरी रक्षा करें।

दामोदर गुणमन्दिर सुन्दरवदनारविन्द गोविन्द ।
भवजलधिमथनमन्दर परमं दरमपनय त्वं मे ॥

हे गुणमन्दिर, हे दामोदर, हे मनोहर मुखारविंद, हे गोविंद, समुद्र का मंथन करने के लिए मंदार का रूप धरने वाले, मेरे भय को आप दूर कीजिए।

नारायण करुणामय शरणं करवाणि तावकौ चरणौ ।
इति षट्पदी मदीये वदनसरोजे सदा वसतु ॥

हे करुणामय नारायण, मैं आपके चरणों की शरण में हूं। यह षटपदी {छह पदों की स्तुति रूपी भ्रमरी} सर्वदा मेरे मुखकमल में निवास करे।

गंगा स्तोत्र

देवि सुरेश्वरि भगवति गङ्गे
त्रिभुवनतारिणि तरलतरङ्गे ।
शङ्करमौलिविहारिणि विमले
मम मतिरास्तां तव पदकमले ॥

हे देवी, सुरेश्वरी, भगवती गंगे, आप तीनों लोकों को तारने वाली हैं। आप शुद्ध तरंगों से युक्त हैं। महादेव शंकर की जटाओं में विहार करने वाली हैं। हे मां, आशीर्वाद दें कि मेरा मन सदैव आपके चरण कमलों पर रहे।

भागीरथि सुखदायिनि मातस्
तवजलमहिमा निगमे ख्यातः ।

नाहं जाने तव महिमानं
त्राहि कृपामयि मामज्ञानम् ॥

हे मां भागीरथी, आप सुख प्रदान करने वाली हैं, आपके दिव्य जल की महिमा वेदों में भी कही गई है। मैं आपकी महिमा से अनभिज्ञ हूं। हे कृपामयी माता, आप कृपा कर मेरा उद्धार करें।

हरिपादपद्मतरङ्गिणी गङ्गे
हिमविधुमुक्ताधवलतरङ्गे ।
दूरीकुरु मम दुष्कृतिभारं,
कुरु कृपया भवसागरपारम् ॥

हे देवी, आपका जल श्रीहरि के चरणामृत के समान है। आपकी तरंगें बर्फ, चंद्रमा और मोतियों के समान धवल हैं। कृपा कर मेरे सभी पापों को नष्ट कीजिए और इस संसार के महासागर को पार करने में मेरी सहायता कीजिए।

तव जलममलं येन निपीतं
परमपदं खलु तेन गृहीतम् ।
मातर्गङ्गे त्वयि यो भक्तः
किल तं द्रष्टुं न यमः शक्तः ॥

हे माता, आपका दिव्य जल जो भी ग्रहण करता है, वह परम पद पाता है। हे मां गंगे, यमराज भी आपके भक्तों का कुछ नहीं बिगाड़ सकते।

पतितोद्धारिणि जाह्नवि गङ्गे
खण्डितगिरिवरमण्डितभङ्गे ।
भीष्मजननि खलु मुनिवरकन्ये
पतितनिवारिणी त्रिभुवनधन्ये ॥

हे जाह्नवी गंगे, पापनाशिनी, गिरिवर को खंडित कर निकलता हुआ आपका जल, आपके सौंदर्य को और भी बढ़ा देता है। आप भीष्म की माता और ऋषि जह्नु की पुत्री हैं, आप पतितों का उद्धार करने वाली हैं। तीनों लोकों में आप धन्य हैं।

कल्पलतामिव फलदां लोके
प्रणमति यस्त्वां न पतति शोके।
पारावारविहारिणी गङ्गे
सुरवनिताकृततरलापाङ्गे ॥

हे मां, कल्पवृक्ष की भांति आप अपने भक्तों की सभी मनोकामनाएं पूर्ण करने वाली हैं। आपको प्रणाम करने वालों को शोक नहीं करना पड़ता है। हे गंगे, आप सागर से मिलने के लिए आपकी क्रीड़ा को स्वर्ग की अप्सराएं भी आश्चर्य से छिपकर देखती हैं।

तव कृपया चेत् स्रोतः स्नातः पुनरपि जठरे सोऽपि न जातः।
नरकनिवारिणी जाह्नवि गङ्गे कलुषविनाशिनी महिमोत्तुङ्गे ॥
परिलसदङ्गे पुण्यतरङ्गे जय जय जाह्नवि करुणापाङ्गे।
इन्द्रमुकुटमणिराजितचरणे सुखदे शुभदे सेवकशरणे ॥

हे मां, आपके जल में स्नान करने वाले पुनर्जन्म नहीं होता। हे जाह्नवी, आपकी महिमा अपरंपार है, आप अपने भक्तों के समस्त कलुशों का विनाश कर देती हैं और नरक से मां उनकी रक्षा करती है। संसार आपकी महिमा और गौरव को स्वीकार करता है।

परिलसदङ्गे पुण्यतरङ्गे जय जय जाह्नवि करुणापाङ्गे।
इन्द्रमुकुटमणिराजितचरणे सुखदे शुभदे सेवकशरणे ॥

हे जाह्नवी, आप करुणा से परिपूर्ण हैं, आप अपने दिव्य जल से अपने भक्तों को विशुद्ध कर देती हैं, आपके चरणों में देवराज इंद्र अपने मणियों से सुशोभित मुकुट भी झुकाते हैं। शरण में आने वाले को आप सुख और सौभाग्य प्रदान करती हैं।

रोगं शोकं तापं पापं हर मे भगवति कुमतिकलापम्।
त्रिभुवनसारे वसुधाहारे त्वमसि गतिर्मम खलु संसारे ॥

हे भगवती, मेरे समस्त रोग, शोक, ताप, पाप और कुमति को हर लीजिए। आप त्रिभुवन का सार हैं और वसुधा {माता पृथ्वी} का हार हैं। हे देवी, इस समस्त संसार में मुझे केवल आपका ही आश्रय है।

अलकानन्दे परमानन्दे कुरु मयि करुणां कातरवन्द्ये ।
तव तटनिकटे यस्य हि वासः खलु वैकुण्ठे तस्य निवासः ॥

हे गंगे, प्रसन्नता की कामना करने वाले आपकी वंदना करते हैं। हे अलकापुरी के लिए आनंद स्रोत, हे परमानंद स्वरूपिणी, आपके तट पर निवास करने वाले बैकुंठ में निवास करने वालों की तरह ही सम्मानित हैं।

वरमिह नीरे कमठो मीनः किं वा तीरे सरटः क्षीणः ।
अथवा श्वपचो गव्युतिदीनः न च तव दूरे नृपतिकुलीनः ॥

हे देवी, आपसे दूर होकर एक सम्राट बनकर जीने से अच्छा है कि आपके जल में मछली या कछुआ बनकर रहना, या आपके तट पर एक छिपकली बनकर रहना, अथवा आपके तट पर निर्धन और चांडाल बनकर रहना।

भो भुवनेश्वरी पुण्ये धन्ये देवि द्रवमयि मुनिवरकन्ये ।
गङ्गास्तवमिदममलं नित्यं पठति नरो यः स जयति सत्यम् ॥

हे ब्रह्मांड की स्वामिनी, ऋषिपुत्री, दयालु माते, आप अपने पवित्र जल से हमें विशुद्ध करें। जो भी इस गंगा स्तोत्र का प्रतिदिन जप करता है, वह निश्चित ही विजयी होता है।

येषां हृदये गङ्गाभक्तिस्तेषां भवति सदा सुखमुक्तिः ।
मधुरमनोहरपज्झटिकाभिः परमानन्दाकरललिताभिः ॥
गङ्गास्तोत्रमिदं भवसारं वाञ्छितफलदं विगलितभारम् ।
शङ्करसेवकशङ्कररचितं पठतु च विषयी तद्गतचित्तम् ॥

जिनके हृदय में मां गंगा की भक्ति है, उन्हें सुख और मोक्ष निश्चित ही प्राप्त होते हैं। यह मधुर लयमुक्त गंगा स्तोत्र आनंद का स्रोत है। यह सौम्य और उत्कृष्ट रचना भगवान शंकर के सेवक शंकराचार्य ने स्वयं की है। हे मूर्ख मनुष्य, यदि तुम हमेशा आनंद की इच्छा रखते हो तो प्रतिदिन इसका पाठ किया करो।

नर्मदाष्टकम्

सबिन्दुसिन्धुसुस्खलत्तरङ्गभङ्गरञ्जितं
द्विषत्सु पापजातजातकादिवारिसंयुतम् ।
कृतान्तदूतकालभूतभीतिहारिवर्मदे
त्वदीयपादपङ्कजं नमामि देवि नर्मदे ॥

जीवन के अंत समय में, यमदूतों तथा कालभूतों के भय का हरण कर, रक्षा करने वाली, हे मां नर्मदा देवी, अपने जल-कणों द्वारा समुद्र की उछलती हुई लहरों में रोचक दृश्य उत्पन्न करने वाले तथा शत्रुओं के भी पाप को नाश करने वाले, निर्मल जल सहित आपके चरण कमलों को मैं नमस्कार करता हूं।

त्वदम्बुलीनदीनमीनदिव्यसम्प्रदायकं
कलौ मलौघभारहारिसर्वतीर्थनायकम् ।
सुमच्छकच्छनक्रचक्रवाकचक्रशर्मदे
त्वदीयपादपङ्कजं नमामि देवि नर्मदे ॥

मछली, कछुआ, मगरमच्छ इत्यादि जल-जीव समुदाय तथा चक्रवाक आदि पक्षी समुदाय को सुख देने वाली हे नर्मदा देवी, आपके जल में मग्न रहने वाले छोटी मछलियों को दिव्य पद देने वाले तथा कलियुग में पाप के भार को हरने वाले और सभी तीर्थों में श्रेष्ठ ऐसे जल-युक्त आपके चरण कमलों को मैं प्रणाम करकता हूं।

महागभीरनीरपूरपापधूतभूतलं
ध्वनत्समस्तपातकारिदारितापदाचलम् ।
जगल्लये महाभये मृकण्डुसूनुहर्म्यदे
त्वदीयपादपङ्कजं नमामि देवि नर्मदे ॥

इस महान संसार के प्रलय में ऋषि मृकण्डु {ऋषि मार्कण्डेय ऋषि मृकण्डु के पुत्र थे} को आश्रय देने वाली, हे नर्मदा देवी, अत्यंत गंभीर जल के प्रवाह के द्वारा पृथ्वी-तल के पापों को धोने वाले तथा अपने

कल-कल ध्वनि द्वारा समस्त पातकों का नाश करने वाले, संकटों के पर्वतों को विदीर्ण करने वाले, ऐसे आपके जलयुक्त चरण-कमलों को मैं प्रणाम करता हूं।

गतं तदैव मे भयं त्वदम्बु वीक्षितं यदा
मृकण्डुसूनुशौनकासुरारिसेवितं सदा।
पुनर्भवाब्धिजन्मजं भवाब्धिदुःखवर्मदे
त्वदीयपादपङ्कजं नमामि देवि नर्मदे॥

ऋषि मृकण्डु के पुत्र, ऋषि शौनक एवं असुरों के शत्रु {अर्थात् देवताओं} द्वारा पूजित, आपके दिव्य जल को जिस समय मैंने देखा, उसी समय इस सांसारिक जीवन से मेरा मोह दूर हो गया...आपका जल पुनर्जन्म के कारण उत्पन्न संसाररूपी महासागर के दुखों से कवच के समान रक्षा करता है, हे देवी नर्मदा, आपके चरण-कमलों को मैं प्रणाम करता हूं, कृपया मुझे आश्रय दें।

अलक्ष्यलक्षकिन्नरामरासुरादिपूजितं
सुलक्षनीरतीरधीरपक्षिलक्षकूजितम्।
वसिष्ठशिष्टपिप्पलादिकर्दमादिशर्मदे
त्वदीयपादपङ्कजं नमामि देवि नर्मदे॥

वशिष्ठ, शिष्ट, पिप्पल तथा कर्दम आदि ऋषियों को सुख देने वाली, हे मां नर्मदा देवी, आपकी पूजा किन्नरों {स्वर्ग के संगीतकार}, देवताओं और असुरों और अन्य समान लाखों अदृश्य प्राणियों द्वारा की जाती है; आपके पवित्र जल-शरीर, और शांत नदी तट पर लाखों पक्षियों की मधुर ध्वनि गंजती है। हे देवी नर्मदा, आपके चरण-कमलों को मैं प्रणाम करता हूं, कृपया मुझे आश्रय दें।

सनत्कुमारनाचिकेतकश्यपात्रिषत्पदैः
धृतं स्वकीयमानसेषु नारदादिषतपदैः।
रवीन्दुरन्तिदेवदेवराजकर्मशर्मदे
त्वदीयपादपङ्कजं नमामि देवि नर्मदे॥

सूर्य, चंद्र, रंतिदेव और इंद्र आदि देवताओं के कार्यों को सफल कर उन्हें सुख देने वाली, हे मां नर्मदा, सनतकुमार, नचिकेता, कश्यप, नारद आदि ऋषियों ने भ्रमर के रूप में अपने हृदय में आपके चरण-कमलों को धारण किया है, हे देवी नर्मदा, आपके चरण-कमलों को मैं प्रणाम करता हूं, कृपया मुझे आश्रय दें।

अलक्षलक्षलक्षपापलक्षसारसायुधं
ततस्तु जीवजन्तुतन्तुभुक्तिमुक्तिदायकम्।
विरिञ्चिविष्णुशंकरस्वकीयधामवर्मदे
त्वदीयपादपङ्कजं नमामि देवि नर्मदे॥

ब्रह्मा, विष्णु तथा शंकर को अपना पवित्र धाम देने वाली हे मां नर्मदा, ऐसे असंख्य पाप—जिनकी गणना भी संभव नहीं है—का नाश करने के लिए तीक्ष्ण तलवार के समान तथा आपके किनारे पर रहने वाले जीव-जन्तु-तन्तु अर्थात् समस्त प्राणियों को भक्ति {इस लोक का सुख} तथा मुक्ति {परलोक का सुख) देने वाले, आपके चरण-कमलों को मैं प्रणाम करता हूं,कृपया मुझे आश्रय दें।

अहो धृतं स्वनं श्रुतं महेशिकेशजातटे
किरातसूतबाडबेषु पण्डिते शठे नटे।
दुरन्तपापतापहारि सर्वजन्तुशर्मदे
त्वदीयपादपङ्कजं नमामि देवि नर्मदे॥

शंकर की जटाओं से उत्पन्न, आपके जल-शरीर से आती हुई, आपके तट पर मुझे केवल अमृत के समान आनंददायक कलकल ध्वनि सुनाई देती है। समस्त जाति के प्राणियों को सुख देने वाली हे देवी नर्मदा, किरात, सूत {सारथी}, वाडव {ब्राह्मण}, पंडित {विद्वान} और शठ {कपटी}—इनके अनंत पाप पुंजों के तापों को हरण करने वाले, ऐसे आपके चरण-कमलों को मैं प्रणाम करता हूं, कृपया मुझे आश्रय दें।

इदं तु नर्मदाष्टकं त्रिकालमेव ये सदा
पठन्ति ते निरन्तरं न यन्ति दुर्गतिं कदा।

सुलभ्यदेहदुर्लभं महेशधामगौरवं
पुनर्भवा नरा न वै विलोकयन्ति रौरवम् ॥

जो भी इस नर्मदाष्टक का प्रतिदिन तीन समय पाठ करते हैं, वे कभी भी दुर्गति को नहीं प्राप्त होते तथा अन्य लोकों को दुर्लभ सुंदर शरीर धारण कर शिवलोक गमन करते हैं। साथ ही इस लोक में सुख पाते हैं और पुनर्जन्म के बंधन से मुक्त होकर नरक भोगने से भी मुक्ति पाते हैं।

शारदा भुजङ्ग प्रयाताष्टकम्
(देवी शारदा की स्तुति में आठ श्लोक)

सुवक्षोजकुम्भां सुधापूर्णकुम्भां
प्रसादावलम्बां प्रपुण्यावलम्बाम् ।
सदास्येन्दुबिम्बां सदानोष्ठबिम्बां
भजे शारदाम्बामजस्रं मदम्बाम् ॥

मैं सर्वदा अपनी मां शारदाम्बा की पूजा करता हूं। उनके वक्ष घड़े के समान हैं और उनके पास अमृत से परिपूर्ण एक घड़ा भी है। मां शारदाम्बा स्वभाव से दयालु हैं और गुणों की खान हैं। उनका चेहरा चंद्रमा के समान उज्ज्वल है और उनके होंठ वरदायी हैं।

कटाक्षे दयार्द्रां करे ज्ञानमुद्रां
कलाभिर्विनिद्रां कलापैः सुभद्राम् ।
पुरस्त्रीं विनिद्रां पुरस्तुङ्गभद्रां
भजे शारदाम्बामजस्रं मदम्बाम् ॥

मैं सर्वदा अपनी मां शारदाम्बा की प्रार्थना करता हूं। उनकी एक झलक करुणा से द्रवित कर देती है। मां के हाथ ज्ञानमुद्रा में रहते हैं। विभिन्न कलाओं में वो संपूर्ण हैं। गले में मोतियों का हार धारण किए हुए वो

बहुत ही शुभ दिखती हैं। महिलाओं में वो सबसे अग्रणी हैं और पूर्ण चैतन्य अवस्था में रहती हैं। उनके सामने से तुंगभद्रा नदी प्रवाहित होती है।

ललामाङ्कफालां लसद्गानलोलां
स्वभक्तैकपालां यशःश्रीकपोलाम् ।
करे त्वक्षमालां कनत्प्रत्नलोलां
भजे शारदाम्बामजस्रं मदम्बाम् ॥

मैं नियमित रूप से अपनी मां शारदाम्बा की आराधना करता हूं। उनके ललाट पर आभूषण सुशोभित है। मां को मधुर संगीत बहुत ही प्रिय है। वो सदैव अपने भक्तों की रक्षा करती हैं। उनके कपोल बहुत ही सुंदर हैं और वो हाथ में एक माला धारण किए हुए हैं। वो दिव्य सौंदर्य और पुरावाणी की प्रतिमूर्ति हैं।

सुसीमन्तवेणीं दृशा निर्जितैणीं
रमत्कीरवाणीं नमद्वज्रपाणीम् ।
सुधामन्दिरास्यां मुदाचिन्त्यवेणीं
भजे शारदाम्बामजस्रं मदम्बाम् ॥

मैं निरंतर अपनी देवी मां की आनंदपूर्वक आराधना करता हूं। उनकी वेणी सुसज्जित है और देखने में वो काली हिरणी से श्रेष्ठ हैं। उनकी आवाज तोते की भांति विनोदी है। उनके हाथ में झुकी हुई अवस्था में वज्र स्थित है। उनकी मुखाकृति अमृत के भंडार के समान है और उनकी वाणी का प्रवाह अवर्णनीय है।

सुशान्तां सुदेहां दृगन्ते कचान्तां
लसत्सल्लताङ्गीमनन्तामचिन्त्याम् ।
स्मरत्तापसैः सङ्गपूर्वस्थितां तां
भजे शारदाम्बामजस्रं मदम्बाम् ॥

मैं देवी मां शारदाम्बा की पूजा करता हूं। वो पूर्ण शांत हैं, उनकी काया श्रेष्ठ सौंदर्यपूर्ण है। उनके केश की लटें, नेत्रों के किनारे को छूती हैं।

लताओं के समान लहराता हुआ उनका शरीर देदीप्यमान है। वो अनंत हैं और विचारों की सीमा के पार हैं। पूर्व में वो तपस्वियों की संगत में थीं, जो सदैव उनकी पूजा करते थे।

कुरङ्गे तुरङ्गे मृगेन्द्रे खगेन्द्रे
मराले मदेभे महोक्षेऽधिरूढाम् ।
महत्यां नवम्यां सदा सामरूपां
भजे शारदाम्बामजस्रं मदम्बाम् ॥

मैं निरंतर मां शारदाम्बा की प्रार्थना करता रहता हूं। नवमी तिथि के दिन मां हिरण, घोड़े, शेर, गरुड़, हंस, मदमत्त हाथी और शक्तिशाली बैल की सवारी करती हैं। वो सदैव साम {वेद} और दया की मूर्ति के रूप में रहती हैं।

ज्वलत्कान्तिवह्निं जगन्मोहनाङ्गीं
भजन्मानसाम्भोजसुभ्रान्तभृङ्गीम् ।
निजस्तोत्रसङ्गीतनृत्यप्रभाङ्गीं
भजे शारदाम्बामजस्रं मदम्बाम् ॥

मैं सर्वदा मां शारदाम्बा की आराधना करता हूं। वो अग्नि के तेज की भांति सदा प्रकाशमान रहती हैं। उनकी काया काफी सुंदर हैं और संपूर्ण ब्रह्मांड को आकर्षित करने वाली है। मैं उस भ्रमरी की पूजा करता हूं जो सदैव मेरे हृदय-कमल में विचरती है। वो संगीत की श्रेष्ठता से दीप्तिमान हैं और मैं उनकी स्तुति में नृत्य करता हूं।

भवाम्भोजनेत्राजसम्पूज्यमानां
लसन्मन्दहासप्रभावक्त्रचिह्नाम् ।
चलच्चञ्चलाचारुताटङ्ककर्णां
भजे शारदाम्बामजस्रं मदम्बाम् ॥

मैं सदैव मां शारदाम्बा की प्रार्थना करता हूं। ब्रह्मा, विष्णु और महेश उनकी पूजा करते हैं। उनके मुख पर सदैव एक सौम्य मुस्कान बनी रहती है। उनके हिलते हुए कर्णफूल उनकी आंखों की सुंदरता को और बढ़ा देते हैं।

आभार

1. *द भगवद्गीता विद दि कमेंट्री ऑफ श्री शंकराचार्य*, ए. माधव शास्त्री द्वारा अंग्रेजी में अनूदित, मैसूर, 1901.
2. *आत्मबोध*, स्वामी निखिलानंद द्वारा अनूदित, श्री रामकृष्ण मठ, माइलापुर, मद्रास, 1947.
3. *तत्त्ववोध*, स्वामी तेजोमयानंद द्वारा अनूदित, सेंट्रल चिन्मय मिशन ट्रस्ट, मुंबई, 2001.
4. *विवेकचूडामणि*, स्वामी माधवानंद द्वारा अनूदित, अद्वैत आश्रम, मायावती, अल्मोड़ा, हिमालय, 1921.
5. *गुर्वष्टकम्*, आत्मबोध के परिशिष्ट से, स्वामी निखिलानंद द्वारा अनूदित, श्री रामकृष्ण मठ, माइलापुर, मद्रास, 1947.
6. *मनीषापंचकम्* (संस्कृत) वाणी विलास प्रेस द्वारा; और अंग्रेजी अनुवाद http://www.eternalworksofshriadisankara.com/strotras.php से.
7. *दशश्लोकी*, वैद्य एन. सुंदरम द्वारा अनूदित, http://sanskritdocuments.org/doc_z_misc_shankara/dashashl. html?lang=sa से.
8. *सौंदर्य लहरी*, वी.के. सुब्रमणियन द्वारा अनूदित, मोतीलाल बनारसीदास पब्लिशर्स प्रा. लि., दिल्ली, पहला संस्करण, 1977.
9. *उपदेशसाहस्त्री*, स्वामी जगदानंद द्वारा अनूदित, श्री रामकृष्ण मठ, माइलापुर, मद्रास, 1941.

10. *ब्रह्मज्ञानावलीमाला*, अंग्रेजी अनुवाद, https://sanskritdocuments.org/sites/snsastri/brahmajnaanaavalimaalaa.pdf से.
11. *शिवपंचाक्षर स्तोत्र, अंग्रेजी अनुवाद,* http://www.eternalworksofshriadisankara.com/strotras.php
12. *नर्मदाष्टकम्*, अंग्रेजी अनुवाद, http://greenmesg.org/mantras_slokas/devi_narmadanarmadashtakam.php